新世纪高等学校教材

历史学专业课系列教材

（第3版）

古代罗马史

GUDAI LUOMASHI

李雅书　杨共乐　著

北京师范大学出版集团
BEIJING NORMAL UNIVERSITY PUBLISHING GROUP
北京师范大学出版社

图书在版编目（CIP）数据

古代罗马史/李雅书,杨共乐著.—3版(修订本)—北京:
北京师范大学出版社,2010.2
（历史学专业课系列教材）
ISBN 978-7-303-10751-3

I. 古… Ⅱ. ①李…②杨… Ⅲ. 古罗马-历史 Ⅳ.
k126

中国版本图书馆 CIP 数据核字（2004）第 013056 号

营销中心电话　　010-58802181　58808006
北师大出版社高等教育分社网　http：//gaojiao.bnup.com.cn
电子信箱　　beishida168@126.com

出版发行：北京师范大学出版社　www.bnup.com.cn
　　　　　北京新街口外大街 19 号
　　　　　邮政编码：100875
印　　刷：唐山市润丰印务有限公司
经　　销：全国新华书店
开　　本：170 mm×230 mm
印　　张：19.75
字　　数：380 千字
版　　次：2010 年 2 月第 3 版
印　　次：2010 年 2 月第 1 次印刷
定　　价：32.00 元

策划编辑：李雪洁　　　　责任编辑：李雪洁
美术编辑：高　霞　　　　装帧设计：高　霞
责任校对：李　菡　　　　责任印制：李　丽

历史学专业课系列教材编辑委员会

出版说明

　　新中国成立六十年以来，史学研究成就巨大，近年来尤为如此。就历史学人才培养而言，如何将这些成就转化为教学资源，使学生通过了解最新学术进展，把握学科走向，从而迅速成长为时代所需的人才，是关键所在。在这方面，教材建设显然至关重要。而教材建设，恰恰是北京师范大学历史学科所一直致力者。

　　在北京师范大学百余年的发展历程中，历史学科始终占有重要地位。经过几代人的不懈努力，今天的北师大历史学院业已成为历史教学和科研的重要基地，不仅学术上出精品，而且注重教学改革，更新教学内容与课程体系，完善教材建设。

　　2004 年起，历史学院组织力量对 20 世纪 90 年代编写出版的历史学基础课程教材进行修订和补充，同时新编了若干种，使之成为新世纪"历史学专业课系列教材"，目前已出版就绪。由于具有精审谨严、结构合理、分量得当、适应面广的优势与特色，这套教材在历史学科的教学中得到充分运用，不仅满足了本院历史学专业学生的学习需要，而且在其他高校历史学系也受到较为普遍的欢迎。其中大部分已被列入普通高等教育"十一五"国家级规划教材或北京市精品教材。

　　在强化基础课教材建设的同时，历史学院也十分关注专业课教材的建设。早在 20 世纪 80 年代，由著名历史学家白寿彝先生所主持的教学改革，便将重点放在了教学内容和课程体系的改革上。其核心是突破以往仿照苏联高等师范教育模式设计课程的局限性，在教学时数和教学内容上，将专业课与基础课并重，从而使得师范院校的历史课程体系走出原有的狭窄轨道，引导学生朝宽广的基础知识与精深的专业素养并举的方向发展。由此而展开的教材建设中，专业课教材亦成为重点，出版了一些历史学科专业选修课程教材，在全国同行中得到较为广泛的使用。

时至今日，历史教学并重基础课和专业课的理念得到了众多师范院校同行的认可。通过引入最新学科信息和最佳专业内容，强化专业课教学，以培养21 世纪所需的各类历史学专业人才，已成为大家的共识。有鉴于此，北京师范大学历史学院决定在原有专业课教材基础上，联合部分师范大学同行，组建"历史学专业课系列教材编辑委员会"，进一步编撰出版高水准的历史学科专业课教材，以适应学科发展和人才培养的时代需求，并弥补全国历史学科专业课教材品类不足的缺失。

教材建设是千秋大计，来不得半点马虎。尽管我们已慎之又慎，但仍难免会有所疏漏，还望方家不吝赐教。

历史学专业课系列教材编辑委员会

2009 年 11 月

目 录

第一章
上古意大利

一、意大利的自然条件

古罗马国家发祥于意大利半岛。意大利位于欧洲南部地中海中央,它在地中海的中心位置是使其得以发展的一个重要因素。从地形上说,意大利可以分为南北两部分:南部是一个窄长的半岛,形状像一只长筒皮靴,深入地中海,靴尖外是西西里岛,这里是古代地中海世界著名的粮食出产地;北部是比较宽广的第伯河水系平原。平原以北是高耸入云的阿尔卑斯山脉,漫长的阿尔卑斯山脉构成了意大利和中欧的分界线,在古代具有十分重要的地位。

意大利半岛部分三面环海,东面为亚得里亚海,西面为第勒尼安海,南面为爱奥尼亚海。半岛全长约1000千米,宽度在150~200千米之间,全岛形状窄而长,亚平宁山脉像一条脊椎纵贯全境,故又称亚平宁半岛。山脉的两侧有许多横向的山梁把半岛分割成许多大小不同的丘陵和峡谷。亚平宁山脉的平均高度约为1200米,最高峰也不到3000米,在半岛中部更是低于终年积雪线。山峰之间有河流峡谷和山口,东西交通并不因中央的山脊而完全受阻。半岛东侧面向亚得里亚海,山势陡峭近海,多悬崖峭壁,河流短而急,内河航行相当困难。这里的海岸线较为平直,缺少较好的港湾。半岛西侧面向第勒尼安海,山势较缓,多丘陵,河流较长,便于航行。阿诺斯(Arnus)河、第伯(Tiber)河、伏尔图诺斯(Volturnus)河和利瑞斯河等是这一地区较大的几条河流,在它们的旁边分别形成了埃特鲁里亚①、拉丁姆、坎佩尼亚等较大的平原。与东侧相比,这里的海岸线较长,港湾也较多。附近有西西里、科西嘉、撒丁尼亚三大岛及厄尔巴等小岛,通往西部地中海的航路比较便利。意大利山脉、河流、海岸线、港湾以及岛屿的分布等方面的特点使半岛西半部比东半部发展得早而且快。

从地形上说,意大利北半部的第伯河平原同亚平宁半岛有很大的不同。这里东西宽达500千米,南北长约100余千米。第伯河及其许多支流流贯中央形成辽阔的平原河谷。平原以南和西南横亘着亚平宁山,使第伯河流域与亚平宁半岛在一定程度上相隔离。平原以北,气势磅礴的阿尔卑斯山脉成扇形向东伸展,形成意大利对中欧的天然屏障。阿尔卑斯山的山势南面险峻,发源于这里的河流多形成深谷急流。而北面山坡却比较平缓,较易攀登。因此,中欧与意大利的交通来往和人口迁移,古来就没有因为高耸的阿尔卑斯山而受到阻隔。正因为如此,汉尼拔能顺利地带领数万精兵从山北进入山南。

意大利半岛属典型的地中海型气候,冬雨夏旱,年平均气温较高,但少酷暑和严寒,因为经常能得到地势较高的丘陵和附近海风的调节。半岛南部近似亚热带气候,中部各地因山势高低和离海远近而略有差异。第伯河流域气候近似欧洲大陆,冬季山坡积雪很厚,夏季有雨,四季明显,温差很大。

---

① 有些学者用英译模式,将 Etruria 译成伊达拉里亚。

意大利境内有75％的土地是山地，其地形和气候非常适合农牧业的发展。古代丘陵和河谷到处覆盖着茂密的植物，有森林、灌木林和草坡。河流水量丰富，气候比现在湿润。加以阳光充足、土壤肥沃，特别是半岛西部几个较大的平原，农牧业很早就得到发展。山坡丘陵地带都是良好的牧场，适宜于马、牛、羊等牲畜的繁殖。平原地区宜于种植谷类和豆类。葡萄、橄榄等经济作物的栽培也很普遍，至共和末、帝国初更是发展迅速。葡萄、橄榄和麦类构成了意大利的三大生命资源。

意大利的金属矿产不很丰富，不过也有不少种类：埃特鲁里亚地区有铜、铅、锡、锌等，厄尔巴有铁。

意大利的地理位置和自然环境对于罗马国家的产生和发展影响显著，它为罗马的成功扩张提供了十分重要的条件。这些条件包括：第一，意大利类似海岛，周围有大海环绕，形成可靠的藩篱，北边有高山为其屏障。第二，意大利西部港湾宽阔，有利于意大利与地中海其他地区间的相互联系。第三，意大利位于各种不同的气候地带，它有各种各样的动物、植物以及人所需要的一切东西。而正是由于这些条件，才促进和保证了罗马后来的强大。

二、上古意大利的居民及其文化遗迹

意大利半岛位于地中海中央，海路无论从东方、西方或南方来，都可畅通无阻，北面阿尔卑斯山虽然高峻，但山口很多，穿越方便。因此，从远古以来意大利就是一个易于被各方移来的人居住的地方①。

现代的研究表明，早在旧石器时代，意大利就有人类居住，考古学家已经在利古里亚地区发现了由这些人创造的旧石器文化遗迹。当时，人们居住于洞穴，使用石斧、石刀等粗制工具。大约在公元前5000年左右，意大利进入了新石器时代。这些新石器时代居民的文化遗迹分布于半岛的北、中和南部以及西西里岛的广大地区，而且种类也很多：有茅屋群、墓葬和各种遗物。意大利新石器时代居民有些可能是从旧石器时代延续下来的，但更多是新移来的。这些新来者在移居意大利时可能已知畜牧业和农业。从体型上说，意大利新石器时代的居民基本上属地中海型：长头、中等身材，与北非、西班牙人体型相似，可能来自西北方和北非。利古里亚人是北方的代表，西西里和南意的居民（希腊人到来之前）是南方的代表。中意，特别是亚平宁山以东的新石器时代居民同前者稍有不同，他们可能来自伊利里古姆，是经亚得里亚海来到意大利的。

大约过了3000年，也即到了公元前2000年左右，在北意大利阿尔卑斯山以南第伯河以北的湖区，又出现了一种新的文化。这种文化的主要特点是在湖上立木桩修建住

---

①　国外科学家对动植物及气候土壤的研究表明，在古第四冰川期以前，意大利和北非通过西西里，在陆上几乎通连，各种生物可以通过这条通道从非洲到达意大利。

房。历史学家把这种文化称作巴拉非特（Palafette）湖上文化，它与前面所提到的新石器时代的居民所创造的文化完全不同，但与瑞士和多瑙河区属金石并用时期的湖上居民的文化有许多相似之处。他们显然是从北方穿越阿尔卑斯山新移来的，属于最早一批移入意大利的印欧语系居民。

在第伯河流域及其支流地区，发现有一种仿湖上居住形式而在陆上垫起土台和木桩修筑居所的村落。这种古代文化遗迹被称为特拉马拉（Terramara）文化。特拉马拉文化比巴拉非特文化时代较晚，约始于公元前1700年左右。所发现的特拉马拉文化的村落都有相同的格局。它们都建在一块四边形的土地上，两条长边平行，周围绕以壕沟，挖沟的土筑成围墙，围墙内房屋排列整齐，一排排建在木桩和堆起的平台上，成行成街，直角交叉，进村要通过一座桥跨过壕沟。

这种文化的主人可能是刚刚从北方移入的，其水平比巴拉非特文化所有者要高，但也可能是巴拉非特文化南移，放弃湖居移到陆地的结果。特拉马拉文化居民已知农业和畜牧业，在其遗迹中，我们发现有麻、豆和麦种，有马、牛、羊、猪、狗等牲畜，有黑色光滑的陶器，青铜武器有矛尖、短剑和两面刃长剑。装饰属中欧型。埋葬方式是火葬用骨灰罐，与湖上居民相同。特拉马拉文化主要分布在北方，特别在第伯河以南的爱米利亚省。公元前2000年代后半期，一部分南移到了中意，在埃特鲁里亚和拉丁姆都发现有特拉马拉式的村落，再往南就没有了。这些有青铜武器的特拉马拉文化持有者可能是最早到达中意大利的印欧语系居民之一。

此外，在中部意大利和亚平宁山脊及其以东的地方近年来还发现另一种文化遗迹，可称作亚平宁文化，青铜是这一文化的主要特点。其居民属印欧语系，可能来自亚得里亚海彼岸。

大约在公元前2000年代末叶南部意大利地区也出现了青铜文明。这一文明可能与先进的爱琴文明有密切的关系。从西西里和利巴里岛的发掘结果我们可以看出：当时的青铜器有双刃斧、长剑、短剑和各种装饰品，还有双耳细颈瓶。这些物品的形状与迈锡尼时期的器物形状非常相似，它显然同迈锡尼式有联系。

公元前1000年代初，意大利半岛出现了铁器，进入了铁器时代。因这种文化最先发现于第伯河以南爱米利亚省波仑尼亚附近的威兰诺瓦镇，故将其命名为威兰诺瓦（Villanovan）文化。威兰诺瓦铁器文化分布于意大利的各个地区。其主要特点是：较大规模地使用铁器、火葬和带双耳的陶制骨灰罐。拉丁姆地区除此之外还多见茅屋形骨灰罐，有圆有方，很有特色。如果把在帕拉丁发现的小茅屋基作为基础复原一个小茅屋的话，那同这样一个小骨灰罐很相似。显然这种罐就是仿照实际生活中的住房用陶土烧制的。可能认为人死后还要住在这样的房子里。

威兰诺瓦文化的持有者可能来自中欧，他们的墓葬同阿尔卑斯山以北中欧各地发现的骨灰罐墓园极其相似。在那些墓园有密集埋葬的骨灰罐，往往数以百计，显然是氏族墓地。在中意大利东部安科纳附近和阿普利亚也发现有类似的墓地，时间早在公元前 12 世纪。这很可能是最早从亚得里亚海进入意大利的威兰诺瓦文化的原型。这种文化的拥有者由中欧经阿尔卑斯山或亚得里亚海从公元前 2000 年代末开始陆续一批一批地来到意大利，逐渐分散到整个半岛。历史上把这些人称作意大利部落的先驱。他们来到罗马地区的时间可能在公元前 9 至前 8 世纪之间。

在罗马各山岗和广场地区发现的铁器时代墓葬，时间多数发生在公元前 8 至前 6 世纪。较早的多为火葬，较迟的多为土葬。帕拉丁最重要的是 1954 年发现的一个属于公元前 8 世纪的火葬墓，此外，在这里还发现了属于公元前 8 世纪的小茅屋（1948 年发现，1951 年发表报告）。奎里那尔山的墓葬属于公元前 8 世纪，也是火葬，至前 7 世纪时出现土葬。厄斯奎林山发现的墓葬最多，主要是土葬，时间是公元前 8 至前 6 世纪。低地广场上发现有大批墓葬，有不同类型的土葬和火葬，时代为公元前 8 至前 6 世纪。

从墓葬的分布和数量可以看出：罗马在铁器时代人口突然增多了，显然是从外面新来了移民。从墓葬的类型还可以看出：罗马诸山在公元前 8 至前 6 世纪有不同的文化因素：（1）双耳骨灰罐是中欧型威兰诺瓦文化，可能属于较早的意大利部落。（2）茅屋形骨灰罐为拉丁姆所特有，学者特别称之为拉丁型（Latial）以别于其他威兰诺瓦文化，可能属较晚到来的一支意大利部落，亦即拉丁部落。（3）土葬型，可能是南意大利或亚平宁山区来的部落，属亚平宁文化系统。他们可能是在青铜时代由海外移入而传下来的。

三、公元前 8 世纪以后意大利主要居民分布概况

公元前 8 世纪以后，意大利主要居民的分布状况日益明显。从现有的资料中，我们基本上能够确定当时分布于意大利各个地区的居民以及他们的大致情况。这些居民主要包括：

1. 旧石器时代和新石器时代遗留下来的民族。早在印欧语系的意大利部落和腓尼基人、希腊人等到来之前，意大利就已经居住了许多民族。这些民族后来由于受文化较高的其他民族的征服和驱逐，到公元前 8 世纪时已逐渐被消灭、吸收、同化或排挤到边缘的地区了。进入文明时代以后还留存下来的前印欧语系的居民已经不多，主要有：意大利西北部的利古里亚人、科西嘉和西西里岛的部分居民以及撒丁人、西卡尼人、埃里米人等，他们都属古地中海型。此外，居住在意大利东北部山地的尤干尼人（Euganei）和里提人（Raeti）也属前印欧民族。不过，他们的人员更少。

2. 青铜时代和铁器时代来到意大利的印欧语系部族。大约在公元前 2000 年到公元前 1000 年之间，有数批操印欧语的部族从北方穿越阿尔卑斯山到达意大利，其势力逐渐从北部向中意和南意发展。特拉马拉文化、亚平宁文化和威兰诺瓦文化可能是他们留下的遗迹。公元前 8 世纪以后这些人已成为意大利的主要居民，北意、中意、南意都有，主体分布在中部意大利。他们是意大利人的祖先。从现有的材料看，这些意大利人可以分为两大部族：第一大部族是翁布里—萨伯利部族，他们主要分布在第伯河中

上游以及该地区以南的亚平宁山区。这一部族包括很多分支,主要有翁布里人、萨宾人、伏尔西人、萨姆尼特人和一些说奥斯其语的萨伯利人,其中有些人发展到南方,如路卡尼亚人和布鲁提人都是萨伯利人的分支。另一大部族是拉丁族,住在拉丁姆平原,有拉丁人、赫尔尼其人、厄魁人、马尔西人、法利斯克人等。此外,南意西半部和西西里岛还住有西库里人。他们是较早到来的印欧语系部落。后来的罗马人就是拉丁人的重要一支。

3. 意大利半岛东部沿亚得里亚海地区的居民。从北往南有威尼斯人、匹赛浓人、美萨皮亚人和亚皮古人等。这些人种语言也属印欧语系,但不同于意大利各部,可能来自亚得里亚海彼岸的伊利里古姆。他们的到来也在铁器时代之前。

4. 拉丁北边的埃特鲁里亚人。公元前8世纪埃特鲁里亚人随威兰诺瓦文化之后出现于阿诺斯河与第伯河之间的埃特鲁里亚平原。埃特鲁里亚人的文化有很多独特之处,他们的语言属于非印欧语系,其来源也有不同说法。他们对罗马早期历史的发展有很大的影响,对此下面将专节叙述。埃特鲁里亚人最强盛时曾向北发展占领了第伯河流域,在拉丁姆、坎佩尼亚、科西嘉和撒丁建有殖民地,在意大利有一定的势力。

5. 希腊人。从公元前8世纪开始,希腊进入大殖民时代。有许多希腊人从希腊半岛出发来到意大利南部和西西里进行殖民活动。优卑亚人和爱奥尼亚人是希腊人向西殖民的先锋,他们最先在西西里建立了一些殖民城,在意大利半岛尖端建立里吉乌姆,在坎佩尼亚建库麦城。接踵而来的是多利安人,科林斯在西西里建立叙拉古城,麦加拉人建立麦加拉,亚加亚人建立克洛顿,斯巴达人建塔兰托,等等。这些老殖民城又分别建立了一些新殖民城。公元前8至前5世纪期间,意大利半岛南部的东边和西边沿海以及西西里岛的东南沿海都是希腊人的势力范围,称为大希腊①。公元前5世纪是希腊殖民地最强盛的时期。公元前480年,叙拉古僭主基隆(Gelon)在西美拉(Himera)大败迦太基。公元前474年其弟僭主西仑(Hieron)又在库麦击败埃特鲁里亚人,排除了其在南意大利和西西里的竞争者。公元前5世纪末至前4世纪初,西西里诸希腊城邦在叙拉古僭主狄奥尼修斯(公元前404—前367年)领导下曾组织过一支很强的力量,与迦太基争夺西地中海的贸易权。后来南意诸希腊城邦受萨姆尼特人进攻,势力渐衰。到公元前4世纪后半期只剩下塔兰托、图里依和里吉乌姆等几个城市还保持着独立的地位。

6. 腓尼基人。古典史家记载,腓尼基人于公元前814年首先在北非创立殖民地迦太基。迦太基依靠经营海上贸易而发展起来,在西西里西半部、撒丁、西班牙等地建立了一些殖民城。这些城市都受希腊文明的影响。他们对意大利的影响是带来奢侈品

---

① 希腊人的拉丁名称 Graeci 是罗马人加给他们的。希腊人自称 Hellas 或 Hellenes。希腊人在意大利的殖民地总称为大希腊(Magna Graecia),主要分布在意大利南部和西西里东部地区。

和奢侈的生活方式。

　　7. 高卢人（又称克尔特人）。高卢人到达意大利的具体时间争议很大，但可以肯定他们比上述各种人要晚。李维认为，大约在公元前 600 年左右，高卢克尔特国王因人口众多，无法治理，命令一部分高卢人离开本土，到外部殖民①。据说，国王的外甥培洛维苏斯（Bellovesus）最先带领六个人口过多的部落越过阿尔卑斯山到达第伯河以北，他们在那里驱赶了当地的埃特鲁里亚人，建立了新的殖民地。随后，又有几批高卢人进占第伯河南北，直到亚平宁山。他们不仅驱赶了埃特鲁里亚人，也驱赶了翁布里亚等意大利部落。他们基本上停留在亚平宁山以北。到公元前 4 世纪初，一部分曾侵入埃特鲁里亚和拉丁姆，一度对罗马形成严重的威胁。

　　根据考古材料，克尔特人到意大利的时间似乎没那么早。从考古出土的墓葬看，克尔特人主体在公元前 5 世纪以前并未到达意大利。他们的大批到来可能是在公元前450—前 400 年之间。其来源地也不见得是高卢（法国），而应该是中欧、波希米亚一带。他们带给意大利的是中欧铁器文化，有利剑、马和战车。

　　上古意大利居民的种族语言和文化情况非常复杂。上面只选其重要者概略地说明其分布情况作为了解拉丁和罗马源起的背景。从这里我们可以看出原始时代的罗马人不过是众多意大利居民中的一支，拉丁部族中的一小部分。它是经过长期的奋斗，吸取了邻人，尤其是希腊人和埃特鲁里亚人的文化而逐渐发展起来的。

四、埃特鲁里亚人之谜

　　公元前 8 世纪，亚平宁山以西、第伯河以北的地方被一个与意大利各族很不相同的民族所占据。希腊人称这族人为第勒尼人（Tyrenni），罗马人称之为埃特鲁斯其人（Etrusci）或托斯其人（Tusci）②，但他们自称为罗散那人（Rosanna）。

　　从种族和语言上说，埃特鲁里亚人同意大利人和希腊人都不相同。他们之出现于意大利至今仍为历史上的一个谜。古典作家关于他们的来源就有不同的说法。希罗多德说他们来自小亚细亚的吕底亚，狄奥尼修斯则说他们是当地土著。研究者从他们的贸易航海联系以及文化艺术特点看，认为他们可能同希腊人以前的一支爱琴海居民有关，那里有一种人被称为第勒尼（Tyrenni）人③。也许在古希腊诸族南下的浪潮中，他们离开爱琴海或小亚等地向西航海到达意大利半岛西岸，以其较高的文化征服了当地原有的居民。第勒尼安海或者也因他们而得名。不过这只是一种假定，还没有可靠的证据足以证明。然而根据现有文献也不能否认移民的传说。考古材料证明在埃特鲁里亚居民中一直有两种因素。

---

① Livy, *History of Rome*, 5.

② 罗马后来的托斯坎尼（Tuscany）就是因此而得名的。

③ 或认为这种人与公元前 13 世纪侵入埃及的海上民族 Tursha 人有关。

直到公历纪元开始的时候，埃特鲁里亚语还在罗马托斯坎尼地区使用。我们关于这种语言的知识主要来自考古发现的数以千计的铭文和一部亚麻书。[①]

学者们经过艰苦的努力已经学会了这种文字的读音，读懂了个别单词的意思，但整段文字的含义还是不能解读。铭文虽多但多重复，无法解释。到目前为止还不知埃特鲁里亚语同哪种语言直接有关。由于缺乏对照的文字，目前似乎还无法解读。这种语言虽然受印欧语系的影响，但肯定不属印欧语系。

除了铭文之外，考古还发现很多埃特鲁里亚人的遗迹。古典文献中说到埃特鲁里亚人有12座城，考古已发现有大小17座城，其中有些看出是筑有防御工事的石块砌的城墙。发现很多墓葬和遗物。较早的有火葬，长形墓，埋骨灰罐，可能是威兰诺瓦文化留下来的居民。埃特鲁里亚人似乎带来的是土葬，用石棺。但由于受原有居民影响，后来他们也使用了火葬。墓的形式多种多样，有用土堆的，有用石堆的，有沿山坡挖石洞的。有的石洞基有很深很长的墓室，室中有墓壁画。我们关于埃特鲁里亚人的知识很多来自墓壁画。

埃特鲁里亚人的文化比其同时代的意大利人要高。他们经常利用厄尔巴的铁、科西嘉的铜以及埃特鲁里亚本土的铜和锡矿资源，善制镜和烛台，金银工匠技术很高。有磨光的黑陶。农业方面已种葡萄、橄榄和谷物。他们也是海上民族，与腓尼基、迦太基和希腊都有贸易往来。公元前6世纪采用希腊式银币。公元前6世纪，埃特鲁里亚曾联合迦太基抵制希腊人，阻止他们染指西部地中海；也曾抵制腓尼基人，迫使他们放弃在科西嘉的殖民地。其间埃特鲁里亚曾独霸第勒尼安海。他们在古代也有海盗名声。

埃特鲁里亚人的艺术制品，从瓶画、壁画、镜画、棺画、陶器装饰到建筑都受了希腊艺术的强烈影响。但它没有希腊艺术的理想化境界，而是保持了一定的天然、生动和强有力的精神。

埃特鲁里亚人同意大利各部落很不同的一点是它完全是以城市为主的文化。这同意大利的农业村落生活相距很远。在埃特鲁里亚人的遗物中，有奢华的财物和华丽的装饰，给人的印象似乎他们只是少数的征服者，是城镇的上层，在居民中可能并不占多数。他们似乎肤浅地吸取了希腊文化，又把它们带给意大利人。在宗教方面，他们保持自己的迷信巫术，善于占卜，并把这些也传给了后来的罗马人。

埃特鲁里亚人强盛了200年左右。公元前6世纪时，海上称霸第勒尼安海，同时与迦太基在西地中海平分秋色。陆上向北占领第伯河流域；向东越亚平宁山，到达亚得里亚海；向南进入拉丁姆和坎佩尼亚，并在这里建立了一些殖民地，如加普亚和诺拉城。有一段时期还统治了罗马和拉丁姆许多地区。

公元前6世纪末5世纪初，埃特鲁里亚人的势力开始衰落。先是于公元前505年，

---

① 这部书写在萨格勒布发现的一具木乃伊的包裹布上。

拉丁人同库麦城的希腊人联合击败埃特鲁里亚人于阿利其亚（Arcia）。公元前474年埃特鲁里亚海军攻打库麦，被叙拉古僭主西伦所败，它在科西嘉、厄尔巴的势力都丧失了。差不多同时罗马也挣脱了埃特鲁里亚人的统治。公元前438年，埃特鲁里亚人在加普亚又被萨姆尼特人击败，丧失了其在坎佩尼亚的势力。

公元前400年前后，克尔特人从北方移入第伯河流域，埃特鲁里亚人受到克尔特势力的压挤，逐渐退回自己本土，不久之后就销声匿迹了。

埃特鲁里亚人在其本土有十几个城市，但似乎从未统一。其向外扩张也只是个别集团而不是整个民族。对罗马和拉丁一些地方统治了一些年，但没有同化当地居民的实力。文化虽然很高，也很富足奢华，但始终没有正式建立一个民族国家。作为中间人，他们把希腊文化和东方奢侈品带给了罗马；也把他们自己喜好的角斗、占卜以及统治者的服饰、冠冕、权杖、宗教、生活方式等许多东西带给了罗马人，成为罗马传统文化的重要来源之一。

第二章
早期罗马

第一节 罗马城的起源

一、拉丁平原和罗马原址

罗马的发源地拉丁平原位于意大利半岛中部，亚平宁山以西，第伯河以南。这里西临第勒尼安海，沿海沿河是平原地带，其余地方山岭起伏。这个地区从远古就有人类居住，属于公元前2000年代的青铜文化和铁器时代的居民在这里都留有遗迹。到公元前1000年代时，拉丁平原已散居了许多以农业和畜牧业为生的意大利部落。这些部落有些可能是从青铜时代发展下来的，有些是后来移入的。

拉丁平原的北半部，包括第伯河下游、阿尔巴山周围和沿海地带居住的是拉丁各部族。平原南半部主要是伏尔西人。拉丁平原以东亚平宁山麓地带，从南往北住有赫尔尼其人、厄魁人和第伯河中上游的萨宾人。第伯河右岸是埃特鲁里亚人的地区，不过紧靠河岸地区，也有一支拉丁部族，称为法利斯克人。拉丁平原的这些居民都是罗马人的近邻，在早期罗马的历史上与罗马发生过极密切的关系。他们实际上也是罗马民族和国家成长过程中重要的构成因素。

古罗马城的原址就在拉丁平原北端，第伯河下游的左岸，距海边约十五里，是一片山岗地带。这地方的地理位置有很突出的有利之点：首先陆路交通四通八达，它是许多条天然通道的聚合点。这些天然通道自古就被居住在这里的人类所利用，后来罗马人又在这些古道的基础上修筑了若干条交通干线，其中有名的有阿庇亚大道、瓦莱利亚大道、拉丁那大道和弗拉明尼亚大道等。

陆路交通的畅通使罗马十分容易接触意大利的其他文化，吸收它们的优秀成果。罗马以后的强盛显然是与道路建设的发达分不开的。

除陆路外，罗马还有第伯河航行之利以及海港通海之便。古典作家西塞罗、李维、斯特拉波都论述过罗马优越的地理位置。

另外，罗马也是第伯河的一个重要渡口。第伯河在这里有一个河心岛，这也是河中唯一的小岛，它使渡河比较容易，古来两岸居民沿河下行到海边去取盐，形成一条盐道，这里成为重要的渡口和集散地。很早的时候在这里又修了一座桥，更便利了两岸的交通，使这里成为一个贸易口岸。

除了交通贸易之利，罗马的这片山岗还是有险可守的地方，特别是帕拉丁和卡皮托里两个山岗，有陡峭的山崖，易于防守。而且帕拉丁山上又有大片平坦的坡地适于居住，因此，牧民们很早就在这里建立村落。

这一片大大小小的山岗大致可以分为七组，它们分别以附近七座较大的山为中心。靠近第伯河一面中间是面积最大的帕拉丁（Palatine）山，稍北为悬崖陡峭的卡皮托里

（Capitoline）山，稍南为阿芬丁（Aventine）山。远离第伯河的一面，从北往南数有奎里那尔、维米纳尔、厄斯魁林和凯里乌斯四个山岗。各山岗之间的谷地，在远古多溪涧或沼泽，后来经排水、疏导、铺筑等许多工程才变成几个平坦的大广场，这是很晚才完成的。第伯河右岸贾尼库鲁母地区是以后才发展起来的。现代的罗马城大体上也是这样的范围。

由于地理位置优越，这片地区很早就有来自不同地方的人居住。除拉丁人外，周围其他部族，如以第伯河中上游为大本营的萨宾人，以第伯河北岸托斯坎尼平原为大本营的埃特鲁里亚人都有分支在这一带殖民，占据一些山头，所以这里从远古时起就是一个五方杂处的地方。

二、关于罗马城起源的传说

一切古代民族和国家起源的历史都难免和神话传说混在一起。关于罗马国家的起源，自古以来也同样流传着很多神话，而且非常著名。古典作家中的很多人转述了罗马起源的神话，至于其中到底隐藏了多少史实，却一直没有分辨清楚。作为罗马古典史家代表人物的李维曾很明白地说明他对古代传说的态度。他说：

> 关于建城以前时代的传说以及关于罗马城本身的创建的传说都充满了诗意的神话，它们不是建筑在可靠的史料之上的。但我建议不必肯定它们，也不必否定它们①。

我们今天讲古代罗马史还要转述这些连古人也不相信的神话传说有我们自己的目的。我们认为这些神话传说中隐藏着一部分远古民族和文化起源的历史事实，转述这些材料便于我们进一步分析、研究古代民族和国家的起源。

关于古罗马起源的神话故事有很多，有些希腊作家把远古罗马与希腊神话联系在一起，故事越发复杂离奇。狄奥尼修斯就转述了很多这类的神话。其中最值得我们注意的主要有两组：一是关于拉丁人起源的神话，以伊尼阿的故事为中心；二是关于罗马起源的神话，以罗慕路斯和勒莫斯孪生兄弟的故事为中心。

伊尼阿的故事由于伟大诗人维吉尔的诗篇而变得永垂不朽了。传说在特洛耶失陷（传统年代为公元前1184年）后，有一些幸免于难的特洛耶英雄带领族人逃了出来。其中有两人，一个是伊尼阿，另一个是安提诺（Antenor）。后者带领其本部依尼提人（Eneti）辗转来到了亚得里亚海湾，在北意东半部阿尔卑斯山和海湾之间定居下来，即后来的威尼提人。而伊尼阿则漂流得更远。据说他带着本族许多人，包括父亲安契塞斯（Anchises）、儿子阿斯迦尼乌斯（Aseanius）和特洛耶人的保护神潘那特斯（Pena-

---

① Livy, *History of Rome*, 1.

tes）的神龛等沿爱琴海各港口出航，一路颇多奇遇，历尽艰辛，几经周折终于来到了意大利。又经南意、西西里等地最后到达拉丁姆海岸，在劳仑丁地方上岸。由于得到神兆启示，决定在这里定居。

当地土著居民称为阿布奥瑞金人。他们的国王拉丁努斯对突然侵入的特洛耶人最初感到恐惧，后来得神启示，双方协议，决定划地给特洛耶人，准许他们建城，友好相处。伊尼阿与拉丁努斯的女儿拉维尼亚缔结了婚姻，并把新建的城命名为拉维尼亚。原与拉维尼亚有婚约的相邻的鲁图林人（Rutulian）王图努斯兴师问罪，伊尼阿助战得胜。于是伊尼阿手下的特洛耶人和拉丁努斯领导的原本地居民进一步通婚，两方的法律、宗教等都结合起来，伊尼阿决定把自己的人和拉丁努斯的人一起都以国王拉丁努斯之名为名，称为拉丁人。

在这一切进展的过程中，拉丁努斯本人战死。而不甘失败的鲁图林人的首领图努斯又求助于当时很强盛的埃特鲁里亚人，与之联合出兵攻打伊尼阿。伊尼阿率领拉丁人，据说又与当时住在帕拉丁山上、从阿卡底亚的帕拉但乌母城（Pallanteum）来的埃万德结盟，得到埃万德的援助，共同抵抗埃特鲁里亚人的进攻。据说战斗结果拉丁人打胜了，但伊尼阿本人战死。据狄奥尼修斯说这是在特洛耶失陷后第七年发生的事。

此后又过了约30年，伊尼阿之子阿斯迦尼乌斯因拉维尼亚城太小，地点也不好，决定在阿尔巴山与阿尔巴湖之间另建一城，称为阿尔巴龙加（Alba longa）。阿尔巴龙加地形优越，很快繁荣起来。埃特鲁里亚人也不敢再来进攻，双方讲和，以阿尔布拉河（Albula），即后来的第伯河为界。阿尔巴龙加的拉丁人几代之后又建立了一些殖民地，都称为古拉丁人（Latini Prisci）。传说拉丁人共建有30座城，散布在拉丁平原的北半部。他们共尊阿尔巴龙加为首城，有共同的宗教节日，共尊伊尼阿和拉丁努斯为祖先。这就是关于拉丁平原上的拉丁人起源的传说的梗概。

按狄奥尼修斯的说法，在伊尼阿到拉丁平原之前，已有好几批人从希腊移民到这里。第一批是伊尼阿在拉丁姆沿岸遇到的所谓土著居民，即以拉丁努斯为首的阿布奥瑞金人。据说他们来自伯罗奔尼撒，是英雄时代人物奥诺图鲁斯（Oenoturus）领导的一些希腊人从阿卡底亚来到意大利的。他们到这里之后赶走了原来的居民西西尔人（Sicels）。第二批是皮拉斯吉人，来自希腊的帖撒利亚。第三批是来自阿卡底亚帕拉但乌母城的埃万德及其属下。第四批是赫尔固利斯（Hercules）统领的一批伯罗奔尼撒人，从西班牙远征回来，其中一部分人留在意大利。第五批才是伊尼阿及其随从的特洛耶人。这些传说神话当然不可全信。

到目前为止，没有任何考古材料能证实伊尼阿的传说是根据真实历史记忆而来的。在埃特鲁里亚，特别是在维伊城发现的陶人，有一组被解释为伊尼阿背负父亲带着家神的形象。有的陶瓶上的绘画，也被认为是这一题材，时代都属公元前6世纪。看来这一故事流行得比较早而且广泛，艺术品上已用来作为题材。但伊尼阿的传说看来不像是根据事实的记忆而来，而更像是一种古代常见的故事：海外来的英雄娶了本地国王之女，继承了岳父的王位，又有争婚者与之作战，等等。这类故事所反映的新来移民与原有土著居民通婚，两族结合是古代传说中常见的事。迈锡尼时代有，荷马史诗中也有。至于伊尼阿以及前几批移民的领导人，拉丁努斯、埃万德等显然只是神话人物，说他们来自希腊某城等都靠不住。编造这些故事的古罗马人或希腊人无非是想把罗马的先人都说成不是起于草莽的无名之辈，而是有赫赫威名的远古英雄的后裔。

在这些传说中，人物和出处以及故事细节都不可信，但其中有一些基本的东西却可能是真实历史的记忆：

首先，确曾有一批一批外来的，操近似语言的移民到意大利来定居。这些移民可能就是分批从北方、东方和南方进入意大利半岛的印欧语系的意大利部落。

其次，这些印欧语系部落中有一支称为拉丁人，散居在拉丁姆平原，拉维尼亚可能是最古的居住地，地势最高的阿尔巴龙加则是全拉丁人的宗教中心，也就是政治中心。

再次，拉丁人同也在这一带居住的埃特鲁里亚人曾为争居住地而战斗，最后以第伯河为界，拉丁人住在河左岸，埃特鲁里亚人住在河右岸。

第二个神话是关于罗马城的创建的故事。关于罗马城的创建，有许多不同的神话，其中被母狼所乳养的罗慕路斯和勒莫斯两兄弟的故事在古代最为人所熟知。故事是这样的：伊尼阿和拉丁努斯的后代在拉丁人的首府阿尔巴龙加城传了 15 代，传到努米特和阿穆利乌斯兄弟。阿穆利乌斯用阴谋手段篡夺了王位，排挤了长兄努米特，杀害了努米特的儿子并把他的女儿丝尔维亚送去做维斯塔贞女祭司，使她不能结婚，以免有后代争王位。但是丝尔维亚却怀孕生了一对孪生子。阿穆利乌斯得知后命人把孪生子弃于第伯河。但第伯河水把盛婴儿的篮子冲到荒凉的河岸，搁浅在岸边一棵无花果树旁。适逢一位名叫富斯图鲁斯（Faustulus）的牧人经过这里，看到一只狼在舐舐这两个摔出篮子满身泥污的婴儿，大为惊奇，就把两个婴儿带回家交给他妻子劳伦提亚去喂养。李维提到，有人认为因为劳伦提亚名声不好，在牧人中有母狼的绰号，故编出这一段传奇故事，并非真有母狼。但据狄奥尼修斯说，罗马古史家琴其乌斯（Cincius）、迦图和比索都追随着最老的年代记史家皮克脱的说法，说到母狼和孪生子的故事。据狄奥尼修斯说，距离这地点不远有一片树林和一座祭祀林神的祭坛，还有一个石洞有泉水流出。当时乳喂孩子的母狼在牧人的驱赶下走到这个洞里藏了起来。后来人为纪念这事在这地方立了一组铜像，塑造一只母狼喂两个婴儿的形象①。可见古典时代广泛流传这个故事。

故事继续说孪生子在富斯图鲁斯和他妻子的照料下，在牧人中成长。一个取名叫

---

① 在帕拉丁山下的群像是公元前 295 年奥加尔尼乌斯兄弟（Gn. Ogalnius 和 Q. Ogalnius）立的。另一座更有名的像是在卡皮托里山顶上，现保存在罗马帕拉座博物馆（Palazzo）。狼是 500—600 年间的作品，两个婴儿是文艺复兴后添加的。

罗慕路斯，一个叫勒莫斯。富斯图鲁斯从他们的情况已经明白他们是丝尔维亚的孪生子，但没有向他们说明。他们在牧人中长大成人，过着粗犷的牧人生活，住在用茅草和树枝搭造的小茅屋里。据狄奥尼修斯说，直到他写作的时代还有一个叫做"罗慕路斯小茅屋"的遗迹保留在帕拉丁卡马卢斯山头的一侧。在古典时代，人们庄重地一代代保留这个小屋，使之保存原样作为纪念①。

罗慕路斯和勒莫斯与一伙青年牧人为伴，他们活泼健壮，在林中嬉戏并常与人发生殴斗。有一次勒莫斯被他外祖父努米特的牧人劫走，他们因而得见努米特，又经牧人富斯图鲁斯透露，他们得知了自己的身世。于是他们设计杀死了阿穆利乌斯，把阿尔巴龙加的王位交还给他们的外祖父努米特。但他们自己不愿在阿尔巴龙加住下去，决定在他们被牧人发现的地方建立一个城。准确地点在帕拉丁山岗西部靠近第伯河的一面，即卡马卢斯山岗的西部。根据另一神话，卡马卢斯山岗就是早在伊尼阿来到意大利之前已在帕拉丁定居的埃万德居住的地方。埃万德来自阿卡底亚的帕拉但乌母，这个山岗因而得名帕拉丁。

关于罗慕路斯和勒莫斯因建罗马城而争执的传说是附属于建城神话的另一个神话。古典作家也有不同的报道。其中李维说法最简单。他说当时两兄弟决定另辟一城是因为旧阿尔巴龙加城太小容不下他们的牧人部落。但由于他们两人是孪生不分长幼，所以决定用飞鸟占卜，看谁应为王。罗慕路斯在帕拉丁，勒莫斯在阿芬丁，各有一群从者为证人，两人同时观望天空的飞鸟，看谁先得吉兆。据说勒莫斯观察的那片天空首先出现了6只飞鹰，他的追随者大为高兴，立即祝贺他为王，并飞报在帕拉丁的罗慕路斯。正当消息到来时，罗慕路斯的天空也出现了一排飞鸟数目是12只，他的从者也立即向他行礼尊他为王。于是双方发生了争执：一方是吉兆出现在先，而另一方是飞鸟数目加倍多，各不相让，罗慕路斯一怒之下杀了勒莫斯②，独自称王。所以罗慕路斯建立了最早的罗马城③。

据说罗慕路斯用一头白色的母牛和一头公牛拉犁围绕帕拉丁犁出一条沟作为他的城墙的界线，从者沿这条沟挖泥土筑墙。墙两侧一定距离都经举行宗教仪式宣布为圣界，谁也不准使用，修造房屋都不准靠近这道界墙，后来罗马人称罗马界墙为圣界墙（Pomoerium）④。全部罗马的历史据说就这样开始了。

破土建城的日子据皮克脱说是公元前747年4月21日。西西里的提迈乌斯说是在

---

① 普鲁塔克《罗慕路斯传》第20节也提到罗慕路斯茅屋，还提到在卡皮托里也保留一个类似的小屋。维特鲁维乌斯也提到用草和树枝搭造小屋之事。

② 狄奥尼修斯说罗慕路斯与勒莫斯的冲突是经过较长期的酝酿，为建城在帕拉丁或阿芬丁而发生武装冲突，各有从者，斗争中勒莫斯死。

③ 奥维德：《古历》（第四章）详细描述了建城的细节。

④ 这种建城方法在古代记载中很常见，据说来自埃特鲁里亚。

公元前 814 年，与迦太基的创建同年。瓦罗说是在公元前 753 年。另外还有许多其他说法，而瓦罗说法最为古代史家所公认。但古典时代每年 4 月 21 日都在帕拉丁举行严肃的建城纪念宗教仪式，叫做帕利利亚，献祭牧猎神帕利斯。每年 2 月 15 日在帕拉丁举行另一个节庆，称为卢波卡里亚，祭林猎神祈求保护牧畜①。这两种古老的宗教仪式似乎都说明帕拉丁是这支牧人部落最早的定居地，所谓建城不过是游牧部落建立的定居村落。

前面提到，第一个神话，即关于伊尼阿和拉丁人起源的故事，到目前为止没有任何考古材料可资佐证。而第二个，即关于罗马建城的神话，近代考古发现的材料却似乎有些可以作为证据，证明这一神话传说中包含着一些历史的记忆。

三、有关罗马城起源的考古材料

19 世纪末在罗马市政建筑工程中最先发现了厄斯魁林墓群和奎里那尔墓群以及神庙。20 世纪，意大利考古学者开始进行有系统的发掘，在罗马、拉丁平原和其他地区都发现了不少古物和遗迹，其中以波尼和瓦格雷瑞在帕拉丁和市政厅广场的发现最为重要②。

波尼在帕拉丁山的东半部、弗拉维圆形剧场之下发现了史前土茅屋的残留地基，有立柱子用的孔洞和涂抹有泥巴的树枝篱笆墙的碎片，同时还发现了属于早期铁器时代的陶器。这看来很像古典作家报道的类似罗慕路斯时代的茅屋的遗迹。

古典作家报道说古典时代，在帕拉丁的卡马卢斯山头的西端曾一直保留有一座所谓罗慕路斯小茅屋作为纪念罗慕路斯的圣地。为了追根究底，1948 年意大利考古学者瓦格雷瑞尝试在这一地点进行挖掘，1951 年发表了成果：竟然真的挖出了三个茅屋的屋基和不少陶器。因为地层属火山岩，所以屋基保存很好，可以清楚地看出房屋的设计：有立柱子用的孔，一间较大的屋有 15 尺 5 寸×11 尺 9 寸之大。房屋的结构可以从在拉丁姆发现的陶制茅屋形骨灰罐中看出。屋子有中间支柱，人字形屋顶，门口有个小门廊，可能还有一个窗。整个房子是用树枝茅草抹上灰泥搭盖的。

这一考古发现说明在帕拉丁的卡马卢斯山头的西端，确曾有过一群小茅屋组成的牧民居住区，同传说中罗慕路斯兄弟成长和建城的地方相符，时间也在公元前 8 世纪。看来关于罗慕路斯建城的神话传说可能确有可证实的历史事实，神话是围绕着可靠的记忆发展起来的。

波尼和瓦格雷瑞在帕拉丁发现的陶器中有一些形状各异装饰简单的陶罐，值得注

---

① Varro, *On Latin Language*, Loeb Classicai Library, Massachusetts：Harvorvcl University Press，1998，6. 以下引文版本同此。

② 德国学者布劳赫曾向学界介绍过波尼和瓦格雷瑞等人的考古发掘成果。参见 A. 莫米格里亚诺：《关于罗马起源问题的报告》，《罗马研究杂志》，1963 年，第 53 期。

意的是其中有些罐呈茅屋形状，是用来装骨灰的。在阿尔巴山和北拉丁平原的其他一些地方也发现有类似的陶器。从花纹和形状看，这些和在这一带发现的威兰诺瓦文化遗物有一脉相承的迹象①。很可能早期拉丁文化是承袭威兰诺瓦文化发展下来的带有地方特点的铁器文化，时代约在公元前8世纪中叶。

从所发现的帕拉丁古茅屋群地址再深挖下去还发现有更为古老的一层堆积物。积层不厚，只有约8寸，多陶器碎片，有炭灰、陶炉的遗迹，看来仍属早期铁器时代。古典传说从帕拉但乌母来的阿卡底亚希腊人埃万德于伊尼阿时代在帕拉丁住过，从考古材料看似乎曾确有人在罗慕路斯到来之前在这里住过。

除了帕拉丁以外，在罗马市政厅广场（即古代山岗之间的低地）进行的发掘也有很大的发现。发现这些低地在早期铁器时代是一片墓葬场，从陶器看与帕拉丁的茅屋属同一时代。在一个火葬墓中发现一个大坛子，里面放了一个茅屋形罐和几个陶瓶，和山上的陶器碎片相似。从情况估量可看出这些低地是山岗居民埋葬死者的地方。由于住在四周几个不同山岗上的人习惯不同，所以这里发现的墓有火葬，也有土葬。大体上火葬墓出现时间较早，土葬较晚。

古典文献和考古材料都有证据说明在罗马原址很早以前就有几种不同的部族在这里居住：拉丁人和萨宾人是最主要的两大支。此外还有埃特鲁里亚人和更早的一些居民，如西西尔人和古拉丁人②。萨宾人与亚平宁文化有联系，是从亚平宁文化发展下来的。而拉丁—埃特鲁里亚人则似乎与威兰诺瓦铁器文化有联系。至少其中有一部分是直接从威兰诺瓦文化发展下来的。另外可能有外来的成分。

第二节　罗马国家的起源

一、关于王政时代前四王的传说

据罗马古典传说，罗马从公元前753年建城③到公元前509年推翻王政改行共和政制为止共244年。经历了7个国王④。罗马史家称这一时期为王政时期。关于七王的业绩，按历史发展的实情，可以分为两个阶段。下面先叙述有关前四王的传说。

第一王罗慕路斯（公元前753—前717）。相传罗慕路斯建罗马城称王之后，首先修建帕拉丁城堡，扩大城区范围，同时召集人民开会，制定王者仪仗以示尊严，为自己

---

① 在埃特鲁里亚发现的一些属于威兰诺瓦文化的遗物也与此有相似之处。

② 古典作家似乎对以罗马为代表的拉丁人和所谓古拉丁人有所区别。似乎古拉丁人是早先移入的，罗马人是较后移入的。

③ 此处采用多数古典史家承认的瓦罗的说法。

④ 如计算与罗慕路斯共治了几年的萨宾王第度·第提斯，则应为8个王。

立了 12 名执武器的卫士①。其次他感到国家人丁不多，不够壮大，就采用古典时代建城者普遍采用的办法，从四方招募人口来充实自己的队伍。他把卡皮托里下面山坡地带的两片树林之间的空地划为收容新来者的地区。据说他不分自由人或奴隶，来者不拒，收容了许多逃亡者，并一律接受其为罗马公民，分给二犹格的土地。此外，他还在全体公民中指定了 100 人为元老，组织了一个参政机构，称之为元老院。被指定的元老，或称父老（Patre），都是公民中各较大的氏族或家族的首脑。这些被挑选的家族首脑的子弟和家族，就被称为父族或贵族（Patrician）。所以按古典传统说法，早在罗慕路斯时代，从罗马公民中就已分出了第一批贵族。

罗慕路斯时代另一著名传说是所谓抢劫萨宾妇女的事。故事说罗慕路斯新建的罗马城招募了很多壮丁，但缺少妇女。他征得元老院同意，派使者到相邻诸城要求通婚，但都遭到了拒绝甚至嘲讽。罗马人怀恨，就诡称新城将举行盛大敬神赛会，诱骗邻近各城合家老小来看热闹。而在人们欢笑时，趁人不备，出动大批青壮年劫走了来看赛会的邻邦青年妇女。狄奥尼修斯甚至具体说共抢了 683 人，都同罗马人成了婚。

被劫的妇女来自最邻近的村落，有凯尼纳人、安提母内人（二者可能属阿布奥瑞金族）、克卢斯图美人②和萨宾人③。各受害村落的男子都极愤怒，纷纷集合力量准备向罗马人报复。

当时萨宾大城奎里斯的国王第度·第提斯在这一带最有威望，各村镇都要求他做首领，率兵向罗马人讨还人债。但萨宾人谨慎缓慢，凯尼纳、安提母内和克卢斯图美人都迫不及待，分别采取行动向罗马进攻。3 种人都被新建城的罗马人轻而易举地击败了。罗慕路斯合并了这 3 个城（村），把愿移居罗马的人都收为罗马公民，编入特里布斯和库里亚，与罗马人混合。据说携妻带子迁来者不下 3000 家，至此，罗马第一次有了 6000 步兵。

萨宾人是最后来兴师问罪的。萨宾是一大部族，主体在亚平宁山④，在罗马附近的是其一支移民，主要住在奎里那尔山。萨宾人经过较长一段时期的商议才最后推举奎里斯王第提斯为统帅，组成一支萨宾联合大军，决定集中之前先遣使到罗马进行谈判。

---

① 王者仪仗和执武器的卫士出现较晚，开始于第五王老塔克文时期，罗慕路斯时显然还没有。

② 克卢斯图美城在罗马东北数十里。这里所说大概是住在七山头之一的凯里乌斯山的一支殖民。据说那时有一名第仓尼的克卢斯图美将军住在凯里乌斯山，显系埃特鲁里亚人。

③ 萨宾人为一大部族，主体住在中意亚平宁山区，占地面积很广，有许多较大的城市，其中最著名的是奎里斯（Cures），距罗马百余里。这里所说的显然是住在奎里那尔山的一支萨宾人殖民。

④ 据迦图说，萨宾人住地东距亚得里亚海 280 罗里（Stadiumg≌185 米），西距第勒尼安海 240 罗里，全长近 1000 罗里。

罗马人这期间也有所准备：收编了新合并的 3 个城（村）的人口，实力增强了。不仅在帕拉丁修工事设防，还在卡皮托里和阿芬丁两山设防。

据说有一位名叫卢库莫（Lucumo）① 的将军带了一支第勒尼人（即埃特鲁里亚人）雇佣兵前来助战。罗马母邦阿尔巴·龙加也派来了一队人马，其中还包括能制造作战机械的技术兵。

抢妇女事件的第二年春季，萨宾人在奎里那尔和卡皮托里两山之间的平川地方驻扎了大军，罗马人则扼守帕拉丁、卡皮托里和阿芬丁几个山头严阵以待。

据狄奥尼修斯说，这次战事萨宾人动员步兵 25 000，骑兵 1000，罗马人方面总共有步兵 20 000，骑兵 800②。数字虽不尽可信，但可看出这是两大部族争夺这个地区的较大规模的战争。

战争伊始，萨宾人先占领了卡皮托里山③。以后战争拖延很久不分胜负，双方均有伤亡，都处于困境，共拖了将近三年。这时，当初被抢的妇女都已在罗马生儿育女成立了家庭，她们不愿看到自己双方亲人继续战斗，便出头说服双方讲和。最后和谈成功，两国合并，罗慕路斯和第提斯并立为王，国名称罗马，而公民则采用萨宾奎里斯城名，叫"魁里特"（Quirites）④。萨宾人都编入罗马的特里布斯和库里亚之中，参加各地的祭祀典礼。第提斯和三个萨宾人将都留在罗马。萨宾人总人数不少于罗马人。

这样罗马总人口增加了一倍，于是又从萨宾人中选出 100 人为元老，元老院增为200 人，他们的家族称为新贵族。

此后第提斯驻在奎里那尔和卡皮托里，罗慕路斯驻在帕拉丁、凯里乌斯和厄斯魁林。两人打了 3 年，共治 5 年，第 6 年，第提斯在劳仑丁城被人民打死，罗慕路斯又变成了唯一的罗马王。

据说，罗慕路斯时期，罗马人民已分成 3 个部落，每部落下有 10 个库里亚，共 30个库里亚，每库里亚下 10 个氏族，共 300 个氏族。据说 3 个部落的名称为罗慕奈斯、

---

① Lucumo，埃特鲁里亚文 Lauchme，原意为王、大祭司，即埃特鲁里亚首领。

② Dionysius of Halicarnassus, *Roman Antiquities*, Loeb Classical Library, Massachusetts：Harvard University Press, 1998, 2. 以下引文版本同此。

③ 传说罗马守卡皮托里山将领的女儿塔尔皮雅（Tarpeia）由于喜爱萨宾人的首饰（镯子和戒指），私与萨宾将领第提斯约定以城堡钥匙交换首饰。卡皮托里因这一背叛行为而失守，塔尔皮雅也被萨宾人所杀。另一说塔尔皮雅欲诱敌入城以便歼灭，后因罗马援军未到而失败。后来罗马人把卡皮托里山的险峻山崖命名为塔尔皮雅崖。每年还用酒祭奠塔尔皮雅，似乎后一说更可信。但前一说流行较广。

④ 古典史家记载罗马政治家讲演时称呼罗马全体公民时都称"魁里特们"意即公民们。有人认为这种称呼不是起源于萨宾的奎里城 Cures，而是起源于库里亚 Curiae。

第提埃斯和卢契列斯（Ramnenses, Titienses, Lueeres）①，似乎分别按罗慕路斯、第度·第提斯和卢库莫3个人名来命名，可能分别代表拉丁人、萨宾人和埃特鲁里亚人。因为这数字太整齐了，很可能是后来拼凑的。不过最初的罗马人主要由这3种成分组成或许是可信的。

罗慕路斯共统治了37年。这期间他对罗马周围各邻邦不断地进行战争，扩大了罗马的土地，使罗马从一个由乌合之众建起的牧人村落变成在意大利土著居民中，在古拉丁诸城、萨宾诸城以及埃特鲁里亚诸城中有一定影响的一个部族。

据说，罗马普通公民和士兵都喜欢罗慕路斯，而元老贵族却不喜欢他。传说一次罗慕路斯在练兵场阅兵，忽然起了一阵风暴，刹那间飞沙走石、天昏地暗，对面不见人。风暴过后，罗慕路斯就失踪了。公民们和士兵都因失去了国王而感到惊恐忧伤。后来元老院宣称罗慕路斯已被神接走升天成神了。但另有人说罗慕路斯被元老们害死了②。

没有国王，元老院就在元老中推举了一个10人团，每人轮流摄政几天，反复轮流，共摄政一年。次年，元老院经库里亚大会同意，选了一个来自奎里斯城的萨宾人努玛·庞庇里乌斯继位为王（公元前716—前673），是为罗马王政时期的第二个王。

据说努玛继位之初，罗马社会秩序混乱，元老贵族分裂为两派。旧的阿尔巴派自恃资格老，要求更高的荣誉和优先权，而后来者，尤其是萨宾派则认为当初拉丁人与萨宾合并是站在同等地位，因而后来的元老不应在任何方面逊于旧元老。贵族各派的被保护人也跟随其保护人而分成派别，彼此对立，互不相让。

非贵族阶层中也有很多人由于来罗马较晚，没参加罗慕路斯的东征西讨，所以没分过任何土地和战利品。其中有些人投靠了贵族成为被保护人，但还有很多人无依无靠，无以为生，成为罗马社会中的不安定因素。努玛为平息这种不满情绪，曾从公有地中划出一定地界，把它割成小块分给无地人民。对元老，则给后来者以应有的权利。

据说努玛决心整顿社会，以法制伦理和礼仪教导人民。传说的努玛立法和教育都是带有宗教性的。这显然是氏族部落时期的特征。

他要求人民对神虔信，对人保持正义。

他首先把罗慕路斯神化了，称他为魁里努斯神（罗马人民神），为他立庙，每年奉献牺牲祭祀。

他规定了一系列宗教祭仪，指定一定人专司，要求全体人民遵守宗教法规：

1. 指定由各库里亚的长老（30人）主持各库里亚的公共祭神典礼，奉献牺牲。

2. 设专职祭司专司某种的祭献事宜。这种祭司神职称为弗拉明。有马尔斯神弗拉

---

①　Varro, *On Latin Language*, 5；李维认为这是3个骑兵百人队的名称（Livy, *History of Rome*, 1）。

②　Livy, *History of Rome*, 1.

明，朱庇特神弗拉明等。他们还负责制定祭仪规章。

3. 指定骑兵司令专司举行与国王卫队和骑兵有关的宗教仪式，并制定祭仪。

4. 由占卜巫师专司解释各种神兆吉凶。

5. 建全国灶神维斯塔庙，由贞女看管神火①。

6. 创立两个以歌颂战神马尔斯为目的的萨利舞蹈团。它们分别由有地位的拉丁和萨宾贵族青年组成。拉丁青年以帕拉丁山为中心，萨宾青年以奎里那尔山为中心。

7. 创立和平谈判使团，在未宣战之前，负责与敌方谈判，辨明是非，务使罗马不陷于不义之战。整个使团是具有宗教性质的官职。

8. 设大祭司长。有重大司法责任。负责记录各种宗教活动的进行：日期、地点、牺牲数目和内容、主持人、经费来源等。记录重大人事变动、王位继承、战争等和自然界事故：天灾、地震、异兆等。正因大祭司有这种逐年做记录的责任，所以大祭司的记录就成了最早的编年史，起了史料收集人的作用。为此也创了历法，原用阴历，为了调整，增加了闰月。规定有公休日。

此外，据说努玛还有一些其他开创活动：

1. 定地界。他为使人们不相争，命人们都把自己的地界划出界线，立上界石标明是某某人的地界。公有地也同样做，以免人们互相侵犯。他还把地界也神圣化、宗教化，创立一个地界神和祭神节庆以利于人们遵守。实为保护最初的私有地。反映私有制的最初确立。

2. 创"守信神"。教人们言而有信，无论定契约，许诺言都要守信，不能食言。立专司守信的神，要人们尊崇。

传说努玛所创的这种带有道德纲常伦理教育性质的宗教，实际上是用伦理约束人而假托神意。在国家没有形成，法制没确立之前，这可能是必经的阶段。

最后，据说努玛认为要使人民具有虔诚、公正、守信、敬神等伦理道德观念，首先必须丰衣足食。因而采取办法促进农业，把土地划分为区，每区设专职官员巡查，敦促人民努力耕种，使更多的人从事农业并长期安居。努玛在位 43 年，把罗马变成一个和平、安定、丰足的国家。

第三王是图鲁斯·荷斯提里乌斯（公元前 672—前 641），拉丁人，祖母是萨宾人。据说他继位为王后第一件事是制定了满足平民土地要求的法案。他把以前从罗慕路斯时代开始由国王私人支配的土地拿来分割成小块分给无地平民。又把凯里乌斯山岗并入罗马城，以便让人民在这里建造住宅，他自己也把住宅建在这个山岗上。罗马人民都有了土地，内部安定了，图鲁斯就转而向外扩张势力。关于图鲁斯时代的传说，最

---

① 狄奥尼修斯认为阿尔巴有灶神维斯塔庙。罗马初建国时没有，罗慕路斯时三十库里亚各有自己的灶神庙。努玛时才建共同庙由贞女看管。维斯塔庙位于最早的罗慕路斯方形罗马城之外，可证明非罗慕路斯所建。

著名的是有关对阿尔巴的合并。据说图鲁斯好大喜功想吞并阿尔巴，有意挑起争端。罗马同阿尔巴本是殖民城与母邦的关系，都是拉丁人，人民之间关系也很密切。他们之间发生争端就给外族人，特别是埃特鲁里亚人以可乘之机，从中渔利。为了避免发生这种事，据说罗马王图鲁斯就同阿尔巴龙加的独裁者麦提乌斯·福弗提乌斯协商决定两国合并。但在谁统治谁的问题上只能武力解决。据传说，为了避免双方重大伤亡，决定由少数人代表全体来战斗以决胜负。恰好双方各有一组同胎所生三兄弟：罗马方面是赫拉西家的三兄弟，阿尔巴是库里阿西家的三兄弟，他们本是亲戚，年龄相近。于是双方便决定让他们代表两国战斗。6个人在众目睽睽之下进行了认真的残酷的相互刺杀，结果5人死亡，只有赫拉西家一个人生还。于是罗马宣告胜利，双方订立和约①。

据说，这时适逢埃特鲁里亚人维伊城和菲丹那城联合来攻，罗马与阿尔巴订约一致对敌。但在战斗中，阿尔巴独裁者背叛，使罗马军处境危急，幸赖图鲁斯机智勇敢才转劣势为优势并取得最后胜利。

对于临阵背叛的阿尔巴首领麦提乌斯·福弗提乌斯，图鲁斯采取了严厉的报复手段，将他车裂而死。此外，图鲁斯还派军迫令阿尔巴居民全部撤出，迁到罗马去居住。居民离开后，罗马军把整个阿尔巴城夷平。

图鲁斯把阿尔巴人民作为平民编入罗马的特里布斯和库里亚里，大多安置在凯里乌斯山。部分家庭被吸收作为贵族，他们中的部分首领也参加了元老院。

据说由于灭了阿尔巴，罗马人口又增加了一倍，骑兵增加了300人，步兵也有所增加。图鲁斯在凯利乌斯山修建了王宫，在广场上建了库里亚大厦，称为荷斯提里乌斯大厦。这座大厦直到有史时代还是罗马元老院活动的中心。

图鲁斯是好战的，灭阿尔巴之后，继而又击败萨宾和埃特鲁里亚的联合军队。罗马国势强盛。不久罗马发生瘟疫，图鲁斯病死。有人说他遭雷击而死，也有说他是被人谋害而死。

图鲁斯共治32年，以武功闻名。

图鲁斯死后，元老院选努玛女儿的儿子安库斯·马尔契乌斯（公元前640—前616年）继位为王。据说安库斯希望恢复努玛时代的和平局面，鼓励人民从事农业和畜牧业生产，停止对邻邦的进攻。但由于拉丁诸城不遵守以前的和约，安库斯决定征伐他们。这些拉丁城都是阿尔巴龙加在过去几百年建立的殖民地，所以又称城中人为古拉

---

① 关于灭阿尔巴的战争，传统还夹有一些神话和传说故事。据说最后得胜的赫拉西家的三兄弟之一，由于他的妹妹哀悼其未婚夫（阿尔巴库里阿西家三兄弟之一）的死，一怒之下杀了自己的妹妹，因此被本民族首领判了死刑。但其父出面表示应对儿子宽恕，认为应以民族国家为重，家庭氏族次要，于是免了其子的死刑。这故事反映在这一时期古老的氏族关系开始被打破，爱国主义战胜了血亲复仇。

丁人。

据说安库斯对外的征战主要是把一些试图独立的古拉丁城降服了，他把拉丁人都收容为罗马公民，让他们迁到罗马，主要住在阿芬丁山岗和阿芬丁与帕拉丁之间。这样一来罗马公民的人数又一次猛增。地区也扩大了，不仅包括阿芬丁，连第伯河右岸的贾尼库鲁母也包括了。为便于两岸来往，安库斯主持重修了第伯河上的木桥。又为低地修排水沟，叫做魁里特水沟。

据说由于人口增多，犯罪的事时有发生，为警戒人民，安库斯建了一座监狱。

在治理内部的同时，安库斯也向外扩张了罗马的疆界。从维伊人那里取得了一片森林地带。又顺第伯河下行在河口建立了奥斯提亚港城，在该城附近建立了盐场。

安库斯在位24年。死后由他下属一名官员卢西乌斯·塔克文继位为王。

二、王政时代前期的罗马社会

从上面概述的关于七王中前四王的事迹的传说来看，罗马王政时代前期的社会和政治情况显然属于氏族制末期。

当时罗马社会的组织仍分为3个部落（特里布斯）、30个库里亚（胞族）和300个氏族。

最基本的政治管理机构是：

1. 国王（Rex 勒克斯），握有军政、司法和宗教大权。身兼军事统帅、最高法官和最高祭司，是由库里亚大会选出，经元老院批准而任命的终身职位。

2. 库里亚大会，也就是罗马的民众大会。初时按库里亚分别召开，原则上参加者是各氏族的成员，但看来库里亚中还包括一些较后移入的、没有氏族联系的零散居民。可能根据氏族制末季尚流行的民主制原则，一切被接受为罗马公民的人都被编入库里亚（不一定有氏族）。在库里亚大会，选举国王，宣战，讲和，通过法律，决定死刑及其他重大刑事案的判决。

3. 元老院：由主要氏族的首脑人物组成的一种议会，协助国王处理国事。传统说法是：罗慕路斯曾挑选了100名氏族父老成立了元老院。合并萨宾人时，增选了100名萨宾氏族的父老。后来第五王老塔克文时，又从他的支持者中选择了100名，前后共300人。

4. 其他公职人员：这时显然还没有一整套官阶制度，但从传说看也有一些管理公共事务的辅助人员，例如传说努玛创立的各种祭司团就是公务员。其中有专司各神祭祀事务的弗拉明祭司（Flamens），负责纪年的大祭司（Pontifices），对外谈判的使节（Fetiales）、看管圣火的灶神女祭司（Vesta virgin），等等。他们所具有的宗教色彩说明其原始性。

根据传说，古罗马从所谓·"建城"之始、王政时期之初就建立了国家，具备了一套基本的国家制度，而且逐步完善起来。但配合考古材料来看，我们发现上古罗马的情况同古典史家的报道并不完全一样。显然有些较晚出现的东西被古典史家推到上古去了。例如国王的仪仗卫兵之类在罗慕路斯时肯定是没有的，而且国家的组织和机构也不会如描述的那样完善。不过传统史料中还是保存了一些基本史实，这需要我们用考古材料去配合，才能更好地分析和解释。

根据近代卓越的罗马史学家和考古学家在罗马和拉丁姆的考古发现和研究，我们得知公元前 8 至前 6 世纪之初，第伯河畔这一片山岗地带是处于一种缓慢的，但连续不断的发展时期。考古学者在帕拉丁、厄斯魁林和凯里乌斯等山上发现了最早的，由类似传说的"罗慕路斯小茅屋"之类的住所组成的小村落。在奎里那尔和维米纳尔山也有类似的发现。而在山岗之间的低地，属于这期间的发现则以墓葬为主。据考古学家吉尔斯塔德（Gierstad）的证据，到公元前 670 年以后，山岗间的低地除继续有墓葬外，也开始有了茅屋村落，开始有人居住。到公元前 6 世纪初，低地的墓葬才不见了，而有了其他建筑物的残迹。

除茅屋屋基和墓葬外，属公元前 8 至前 7 世纪的还发现有一些简陋的祭坛和奉献牺牲残余的灰烬、动物骨骼和内脏等废弃物的堆积层。墓葬中发现的陶器以骨灰罐和各种大小瓶罐为主。有粗制的本地陶器，也有较光滑的埃特鲁里亚式的黑色陶器，陶器上有凸起的条网形装饰。属公元前 7 世纪下半叶的有一些科林斯式有图画装饰的陶瓶碎片，可能来自南意大利。更精美的爱奥尼亚式的花瓶碎片，到公元前 6 世纪初才有，显然是从希腊进口的。

从属于公元前 8 至前 7 世纪的考古材料来看，茅屋之简陋，村落之稀少，葬品之贫乏，陶器之粗朴以及祭坛之单调都说明，在王政初期，在埃特鲁里亚人未到来之前，罗马物质文明的发展水平是很低下的。看来那时并没建立什么城市，所谓国家可能只是小山头上的几个牧人村落。如同考古发现的那些茅屋村落遗址一样。关于罗慕路斯建城的传说，其内核有可能是游牧的拉丁人初从游牧生活转为定居的最早史实的记忆。这种记忆被后来的史家理解为罗马国家的建立。

看来王政时代早期，既没有城市，也没有一个高高在上的统治阶级和国家权力机构。正如恩格斯所说，罗慕路斯之流应该是氏族时代部落联盟的军事领袖。当时实行的是氏族成员的民主制而不是阶级压迫的国家。所以罗马在王政初期，亦即前四王时期还不能被看作是国家。其特里布斯、库里亚、氏族、勒克斯、元老院、库里亚大会等只能说是罗马氏族公社的组织和机构。

事实上罗马传统史家也并没有强调前四王时期罗马国家的规模。例如报道罗慕路斯在帕拉丁建城时的做法，说他用双牛拉犁犁出一道界线就是他的城①。可以想象这不会是个城，大约只是个居住地的界线。而住所的情况，按考古发现材料看，只是极原

---

① 这据说是埃特鲁里亚人建城的做法。在古代世界流传很广。罗慕路斯是否真这样做也无法证实。

始的用茅草、树枝、泥土搭盖的小屋而已。

此外，古典史家还报道罗马上古曾有过一个七丘联盟的时期（Septimontium）。后来罗马每年12月11日庆祝一个所谓七丘节①，纪念古代的这种联盟。据罗马作家费斯图斯及其他作家的报道，古七丘联盟的七丘并不是后来罗马城的七个大山岗，而是七个较小的山头。

它们是帕拉丁的三个山头（卡马卢斯、帕拉丁和维利亚）、厄斯魁林的三个山头（法古尔、欧庇乌斯、西斯庇乌斯），加上凯里乌斯山的一部分。这同考古发现的分布在三个大山岗上的最早的茅屋小村落很相符。换句话说七丘也是分布在三个大山岗上。

值得注意的是七丘联盟不包括山岗间的大片低地，显然当时低地还没有住人。卓越的考古学家吉尔斯塔德证实公元前670年前后低地部分开始有了茅屋村落，开始有人居住。这可以证明七丘联盟的时间必早于公元前670年。即在前四王的初期。

当低地尚为一片沼泽，几个山头不能连成一片的时候组成的这个七丘联盟，显然只能是一种组织不严密的部落联盟。这样的联盟选出来的首领勒克斯被后人译为"国王"，恩格斯说过他们不是现代意义的"国王"，而是氏族时代的一种军事领袖，或称为军事民主制时代的军事首长。

罗马的七丘联盟大约也是这类的军事联盟。罗慕路斯这个传说中的国王很可能只是这种七丘联盟的首脑。后来合并了更多的部落和氏族，才建立起具有一定规模但保持氏族民主制的罗马公社。这时的勒克斯如前四王那样，也并非完全脱离人民的统治者。

传统说罗马王政时期三部落、30库里亚、300氏族之分固然过于人工化不可全信，但这是当时主要的社会组织是可信的。

罗马的部落称为特里布斯（Tribus）②。三部落的名称瓦罗曾提到分别为罗慕奈斯、第提埃斯和卢契列斯③。名称的来源和含义都不清楚。有人认为它们分别代表拉丁人、萨宾人和埃特鲁里亚人三个种族。名称可能来自各族的强大氏族。最初的特里布斯显然同种族有关。这样的特里布斯起源可能很古老。

随着时代的进展，不断有新来的人进入罗马公社。古典传统时代常提到国王收容新来者把他们编入特里布斯和库里亚。这样一来特里布斯就不能单纯以种族区分了。他们原来居住的山头就可能成为特里布斯的范围。于是特里布斯逐渐有了地区的含义。前四王时代的特里布斯似乎已经达到了这一发展阶段。

特里布斯之下，氏族是基本单位。各氏族首领集合在一起讨论共同的事务就是长

---

① Varro, *On Latin Language*, 6.

② 据瓦罗解释，特里布斯（Tribus）来自"Tri"原意为三分之一，最初罗马分三部落，每部落称为 Tribus 三分之一。

③ Varro, *On Latin Language*, 5.

老会议，是元老院的起源。遇有大事，氏族制的民主习惯是召集全体氏族成员开会商讨，就是群众大会。如果因为人太多不能全特里布斯一起开而分库里亚开，就成为库里亚大会了。

库里亚是处于氏族与特里布斯之间的组织，出现可能较晚。显然是血缘相邻近的一些氏族结合的。也可能有地缘关系。李维说库里亚是罗慕路斯创建的，用萨宾妇女的名字命名。这姑且不论。只看一下保存下来的库里亚的名称所暗示的情况。有 6 个名字，其中有两个值得注意，一个是 Foriensis，另一个是 Veliensis。显然前者来自 Forum，即后来市政厅广场低地的一部分。后者来自 Velia，是低地中的一块高岗地。可见库里亚至少有一部分是按地方命名的，而且起源较晚，因为如前提到广场低地是在公元前670 年以后才能住人的。这样看来，有些库里亚是由国王们创设的也可信。不过无论如何库里亚还是以血缘氏族为最初的基础，因为同血缘的各氏族，依自然发展，最初也是同住在一块土地上的。

创立了库里亚之后，该地区如有富裕的土地，还可能把新来的人口，甚至整氏族编进去。明显的例子是老塔克文①。公元前 7 世纪末，他率领了一大批埃特鲁里亚人从塔奎尼城来到罗马。据说国王安库斯接收了他们，并把他们编入特里布斯和库里亚②。

概括起来说，王政时期前半期的罗马，亦即前四王时期的罗马社会是处于氏族社会逐步向国家的过渡阶段。氏族、库里亚和特里布斯是这个社会的基本组织。但开始打破单纯血缘关系，逐渐以地缘为基础。行政方面：国王（勒克斯）、氏族长老会议（元老院）和库里亚大会都还带有原始公社的民主性质。

三、关于王政时代后三王的传说

罗马王政时期七个王之中，前四王是拉丁人和萨宾人，都是经元老院和人民大会正常选出的。从第五王开始后三个王是埃特鲁里亚人，他们继位的方式却都夹有阴谋和暴力的因素。这后三王在罗马的建树与前四王也很不相同。如前所述，前四王时罗马还属氏族制末季，正在解体的氏族社会还保留着氏族公社的民主制（向地域公社转化），王（勒克斯）还不是有绝对统治权的国王，而只是部落联盟的军事首长和祭司长。国家物质和文化生活也还停留在农牧村落式的简陋粗朴的水平。

从第五王起的后三王开始大力建树，把罗马从一个村落式的氏族部落聚居地发展

---

① Dionysius of Halicarnassus, *Roman Antiquities*, 3.

② 较晚的一个例子是萨宾人 Attius Clausus，后改名阿庇乌斯·克劳狄乌斯（Appius Claudius）。据说他于公元前 505—前 503 年率全民族及大批被护民（光是能拿武器者，即达 5000 人）投奔罗马。罗马接受他们全体为公民，拨阿尼奥河畔的土地给他们独立建一个特里布斯。是为著名的克劳狄乌斯氏族的来源。在这里可见特里布斯既有种族血缘联系，又有地缘关系。

成为一个真正的国家。研究者认为后三王时期是罗马的北邻埃特鲁里亚人在罗马统治的时期，这时期罗马形成了阶级社会。下面我们先叙述古典史料关于后三王事迹的传说，再论述罗马国家的形成问题。

罗马王政时期第五王卢西乌斯·塔克文，或称老塔克文（公元前616—前578）。关于他的来历有不同的传说。据说他是埃特鲁里亚人，来自塔奎尼城。其先世来自希腊的科林斯。塔克文又称卢库莫，妻子塔那其是埃特鲁里亚名门。他们由于在塔奎尼城遭人轻视，决心移居罗马，因闻说当时罗马对外来人不歧视，甚至选外来人为王。

传说卢库莫带领妻子和家人及大批被保护人连同大量财产、车马在第四王安库斯时代，和平移居罗马。据说他把财产献给安库斯，受到优遇，全家被编入特里布斯和库里亚。他改名卢西乌斯·塔克文，在罗马用各种手段广为交往，得以接近权贵，还以才智受到安库斯的赏识和信任。安库斯王把他当成重要顾问，一切公私事务都同他商量，最后在遗嘱中指定他为自己子女的监护人。

据说安库斯死后，塔克文用计把安库斯的两个快成年的儿子遣到远方，自己乘机游说人民和元老院把自己选为罗马王。

得了王位之后，他首先从罗马的埃特鲁里亚居民中选100人为元老加入元老院，称他们为晚辈贵族。这些晚辈贵族由于对提拔他们进入元老院的国王感激不尽而忠实地支持他。不过从这点也可以看出罗马元老院并不是很赞成选他为王，他为了巩固自己在元老院的势力才增加元老院的人数。至此罗马元老人数增至300人。

老塔克文的政绩据说对外首先是攻克和降服了一些一再起来反抗罗马的古拉丁城，把它们再次置于罗马势力之下。另外是对萨宾人作战很久，夺得了柯拉其亚城。

对内，据说老塔克文采用了许多新制。除上面提到的增加100名新元老外，老塔克文引用了全套埃特鲁里亚式的王权仪仗：戴金王冠，坐镶嵌象牙雕饰的宝座，执鹰头节杖，着紫色金线绣的紧身衣，外披绣花长袍，由12名持鞭斧的卫队经常护卫。用这样的排场目的似乎是为了增加国王的威严、尊贵和声势，使国王具有凌驾于人民之上的地位。

另外对罗马城，据说也有一些建树应归功于他：

1. 修筑排水道，把各山头之间低地的积涝沼地的水顺水道引入第伯河，排干了帕拉丁和卡皮托以及奎里那尔等山之间的低地，亦即后来的市政厅广场地带。

2. 在广场铺筑路面、街道，修建房屋和有顶棚的柱廊使之成为集会和商业活动的场所。

3. 用大块方石修筑城墙。

4. 在帕拉丁和阿芬丁之间的低地修建一座大圆形剧场，或称跑马场，周围修了有顶棚的座位看台，据说罗马人按座位看戏的习惯由此开始。座位按库里亚分配，各库里亚有自己指定的地方。剧场外还设商店和旅舍。

5. 在卡皮托里建立朱庇特大神庙，或说建朱庇特、朱诺和米涅娃三神庙。

从传说来看，老塔克文是把更为发达的物质文明，更为奢华的生活和城市的规模带到了罗马，给原来罗马质朴、粗陋、简单的农民和牧民生活添加了新的因素：更壮丽的建筑、平展的街道、商店、旅馆、剧场、大神庙、赛会、广场、下水道等，使罗马的面貌发生了很大的变化。把以前的乡村式的罗马变成了埃特鲁里亚式的城市。

前王安库斯之子长大成人之后，对老塔克文用计取得王位怀恨在心。加以塔克文宠信女婿塞尔维乌斯·图里乌斯，因之安库斯之子决定下手杀害塔克文夺取王位。传说他买通两个牧人伪装争吵，请塔克文评理，并乘机进入塔克文住所用斧头砍杀了塔克文。

塔克文死后，王后塔那其看到当时王位继承上的危机，便当机立断，出面主持，密不发丧，宣称老王没有死，只是受伤，将养一阵就会好，命令女婿塞尔维乌斯先代理政事。过了几天，人心安定下来，她才宣布老塔克文死，由塞尔维乌斯继位为王。

这是在古代历史上常见的一种故事。它的真实性当然是难以确认的，不过说明当时已经是对统治权有争夺的时代，不再像氏族时代按规定顺利选出领导人，而是经过阴谋和斗争，才确定继承者。

罗马王政时期的第六位国王是塞尔维乌斯·图里乌斯（公元前578—前535）。据说他父母原是拉丁城科尼库鲁母的贵族。该城被罗马征服时，他母亲正身怀有孕，被俘后交罗马王后。王后塔那其把她留在宫里厚待她。生子图里乌斯。因其母处奴仆地位故取名塞尔维乌斯（出身 Servile "奴役"）。据说他幼年时人们曾见他睡时头周围有火焰，醒来火焰即不见。王后塔那其善解异兆①，认为这儿童天赋非凡，将成大器。就把他留在宫中，给以良好教养和待遇，成年后又把女儿嫁给他，使他成了国王的女婿。

根据另一些材料，特别是不久前在里昂发现的一个青铜版上保存的罗马克劳狄皇帝在48年的一次演说词，似乎说塞尔维乌斯不是拉丁人。这上面提到埃特鲁里亚人马斯塔尔那（Mastarna）就是塞尔维乌斯。因此有人认为塞尔维乌斯不像古典史家所说的是拉丁人，而是埃特鲁里亚人。

1857年阿列萨德罗·弗朗索瓦（Alessandro Franseois）在乌尔西发掘的一个属于公元前3世纪的古墓里的壁画似乎对皇帝克劳狄的话有所证实。画上有乌尔西（Vulci）王马斯塔尔那的名字，似乎他率兵与罗马人战斗，夺取了罗马王位。据此认为这个马斯塔尔那到罗马为王后改名为塞尔维乌斯·图里乌斯。

还有些学者根据种种理由认为塞尔维乌斯不是埃特鲁里亚人，而是拉丁人。这种争议目前还不能解决，但至少有一点是可以肯定的，即塞尔维乌斯继承了老塔克文的王位，是罗马埃特鲁里亚朝的一个国王。

塞尔维乌斯的政绩中最著名的是他所进行的政治和军事改革。

据说过去罗马有大事召开民众大会都是分特里布斯按库里亚召集，会场上人们也

---

① 塔那其来自埃特鲁里亚。传统认为埃特鲁里亚人都精通占卜，善于解释异兆。

按自己的氏族和库里亚分队投票。显然仍沿袭氏族、胞族和部落的区分。出征时的军队也按库里亚分队。据说罗慕路斯建国之初 3 个部落,各组织一个骑兵队,共 300 骑。30 库里亚,各出一个步兵队,共 3000 人。后来多次征服周围地域,人口几次倍增,吸收了萨宾人、埃特鲁里亚人、阿尔巴人、古拉丁人等。壮丁增多,骑兵和步兵人数均有增加,但到底有多少没有记载。据说塞尔维乌斯所作的最重要的一件大事就是在全国范围作了一次人口和财产的普查。要求人民都来登记,不登记者要受处罚,因此人们纷纷来了。结果有 8 万人登记。据老编年史家法比乌斯·皮克脱说这是能拿武器的人丁的数,人们同时报上自己的财产数量。调查的主要目的可能就是为了征兵和征税。

于是他根据登记的结果,把居民按财产多寡分为六个等级,作为征兵和纳税的基础:

第一级:财产在 10 万阿司以上①。属于这一阶级的人可以编成 80 个百人兵队。45 岁以下的青壮年 40 队,战时出征。45 岁以上的为老年队,也编成 40 队,战时守卫城池。武装全部都是自备:计有头盔、圆盾、胸甲、胫甲、矛、剑等,都用青铜。此外另组两个技术百人队,管理战争机械。

第二级:财产在 7.5 万至 10 万阿司之间者,组织 20 个百人队,如前,青、老各 10 队。武装除盾为椭圆,无胸甲外,其余与第一级相同。

第三级:财产在 5 万阿司以上者,同第二级,组织 20 个百人队。武装再减胫甲,其余同。

第四级:财产在 2.5 万阿司之上者。同前,出 20 个百人队。武装只有矛和标枪。

第五级:财产在 1.1 万阿司之上,出 30 个百人队。武装只有投石索和石块。有吹号手两队附在这一级。

第六级:其余财产在 1.1 万阿司以下者均属这一级。人数众多,不服兵役,只象征性地组织一个百人队。

六级总合共包括 175 个百人队,都是步兵。另外从最富有的旧父族阶级中组织 18 个骑兵百人队。据说由国库给每人 1 万阿司作为买马费;而养马费据说是责令富有的寡妇和未婚妇女每人每年交纳 2000 阿司来提供。18 个骑兵百人队同步兵加在一起,共 193 个百人队②。

据说这种百人队既是军队又是行使政权的单位。凡有大事召开民众大会,以前按特里布斯和库里亚召开,现在在马尔斯广场召开,全体成年人按各级百人队分别排列站队。由国王和大祭司举行仪式。供献三牲(猪、羊、牛)祭神,然后再对所议的大

---

① 阿司是最早的货币单位,是铜钱。罗马人在那样早的时代不会有如此之多的货币,最初财产可能是按土地计算的。无土地的工商业者或者折合成钱币。

② 百人队 Centuria 音译森都里亚,原义百人队,但实际上并非固定百人,数目有时差别很大。

事举行投票，如宣战，媾和，选举国王等。投票时，每百人队一票，按次序先从骑兵队和第一级叫起，总数 193，过半数赞成就通过。这样叫完第一级，加上骑兵队，已经是 98 票过了半数，如意见一致就通过了，不必再往下叫。如不一致，再依次往下叫第二、第三级等。一般情况，不等叫到后来几级，事情已经解决了。所以后面的几级很少有投票的机会。

在投票过程中，表面看来好像很民主，因为每个成年壮丁的意见都征询过了。但投票时每人所占的比重却很不相等。第一级因为组成的百人队数多，所以几乎所有的成年壮丁都能参加。有些百人队有时只有几十人，也投一票。其他级百人队数少，有时很多人算在一个百人队里也投一票。第六级全级人数有几万总共只有一票。

塞尔维乌斯的人口、财产调查和改革看来似乎把过去由库里亚全体平均担负的出兵、出钱的担子都转到了富有阶级身上，但同时把政权也都交给了这些富有的阶层。

在马尔斯广场召开的这种以百人队为单位的大会就称为森都里亚（Centuria）大会，它最初可能只是军人大会，后来发展成了参政者的大会。这是第一次打破库里亚体系的民众大会，人民不再按氏族和胞族（库里亚）来划分，而按以财产为基础的等级来划分。此后库里亚大会虽仍存在，但它只在涉及氏族组织的事上有些活动，在平民议会（或称特里布斯大会）出现以前，森都里亚大会有一段时间可能是主要的民众大会。

在塞尔维乌斯时期罗马的男丁登记者有 8 万，加上妇女应有人口 16 万，再加上未成年的儿童和其他，总人口应再加一倍或更多，所以罗马当时自由人口应在 40 万左右。据说为了使日益增长的人口能有足够的地方居住，塞尔维乌斯扩大罗马城时把维米纳尔山和奎里那尔及厄斯魁林山的外部也都包括到罗马城里来，把土地分给无家的罗马公民居住。他自己也住到厄斯魁林山去。至此，连同以前的五个大山岗共七个大山岗都由罗马人占用了。它们是帕拉丁、卡皮托里、凯里乌斯、奎里那尔、阿芬丁、厄斯魁林和维米纳尔。

接着，塞尔维乌斯建筑圣墙、堡垒和壕沟，把新建的罗马城分为四区，用山头命名，计为：帕拉丁、苏布仑、奎里尼、厄斯魁林四区。此后，凡征兵、收税及其他公民义务都不再以从前的三部落为依据，而以四个地区为依据。新成立的四个区也称为特里布斯。每个特里布斯有自己的首领，建自己的神庙，奉自己的英雄像，每年举行祭献节称为帕加纳里阿（Paganalia）。按人口收捐，男女老幼分别捐献借以计算户口。生老病死也都要登记纳税，这也是计算户口的手段之一。一个区的居民，不再像以前由于同部族或同氏族的血缘关系而相联系，而是由于地域关系、邻居关系、同乡关系而相连。

塞尔维乌斯的改革，把以前库里亚贵族统治，全体库里亚内的人民参政的制度，变成了富有的阶级统治而由一切有产者参政的制度。无产者或财力微薄者被剥夺了参政权。有产者由于自己利益攸关，确实也认真关心国家大事。财产愈多，兵役负担和税收负担愈重。原则是保卫国家同时是保卫自己的财产，国家的事也就是有产者的事。所以塞尔维乌斯打乱了过去氏族贵族阶级与平民之间的界限，而改以财产的多少划阶级。富有的平民，即使没有人口众多的家族和源远流长的家世，也可以成为第一级，甚至成为骑兵级。恩格斯说塞尔维乌斯的改革破坏了旧的氏族的血缘关系，建立了新的以财产为区分的阶级关系和以地区为联系的邻里关系。这是从氏族社会向国家转变的重要一步，可以作为罗马国家形成的划时代标志。

皮克脱说塞尔维乌斯把城区分为四区，把城以外的乡村分为26区，也称特里布斯，加上城里的四区，罗马共分30个特里布斯。另有人说他把乡村地方分为31区，和城区一起共35个特里布斯。这种发展实际上不可能是塞尔维乌斯一个时代完成的，显然是后来经较长时间在共和国时期共形成了35个特里布斯。据说在城里修建有避难所，战时村民可以退入城里，连同畜群有时都赶进城里避难。

此外，塞尔维乌斯还释放了一部分债务奴隶，把一些公有地，其中包括贵族早已占用的公有地，分配给无地的平民。并把一些被释奴隶也编入户籍，登记财产，给以公民权。这些做法引起了贵族的不满。小塔克文（或称高傲者塔克文）后来就利用这一点争取到一些元老贵族的支持反对塞尔维乌斯。

对外，塞尔维乌斯对埃特鲁里亚人诸城曾多次出兵并取得胜利。对萨宾诸城也取得了胜利。对拉丁诸城采用和平外交手段，诱迫拉丁人同罗马人合作，共同在罗马的阿芬丁山建戴安娜神庙，奉为共同保护神。建庙后，制定拉丁诸国公法要求大家遵守。在广场立铜柱，刻上法案并记载参加国及会议始末。用希腊字母、拉丁语写成。这等于要拉丁诸城承认罗马为统治拉丁诸城的首城。传说塞尔维乌斯共为王44年，最后被他的女婿，老塔克文的儿子（或孙子）① 所杀，并失去王位。

第七王小塔克文，或称高傲者塔克文（公元前535—前509），是罗马王政时代的末王，传说中的暴君。

据说他和他的妻子（塞尔维乌斯之女）用暴力杀死塞尔维乌斯，夺取了政权，在未经元老院和人民大会同意的情况下做了罗马王。这和王政时期各王经元老院选举的做法完全不同。老塔克文尽管有人说他是用阴谋取得王权的，但后来也经过了元老院和人民的选举。塞尔维乌斯是经老塔克文之妻塔那其一力保举的，后来也补了人民选举的手续，只是未经元老院推举。而小塔克文则完全是自己用暴力夺取的。

高傲者塔克文当权后，执行暴政。

首先剥夺元老院的权力，遇事不照旧例与元老商议，而是独断专行，或只与自己家人商议。因夺权时未得人民和元老的拥护，所以他极力用恐怖政策对待人民和元老。对元老，他不惜用诬告、杀人、抄家、放逐等手段消灭他认为原来曾支持塞尔维乌斯

---

① 传统有两种说法。李维说多数古代作家说是儿子。狄奥尼修斯认为从年龄看不可能是儿子，只能是孙子。

的元老。对平民则更采取镇压手段：取消一切法律，遇事由他一人专断。他改变塞尔维乌斯的税制，要求贫富一律缴纳。又取消了塞尔维乌斯在广场树立的铜柱法。他迫使平民服各种劳役，其中有公共建筑工程：如在大马戏场修柱廊，修排水沟使之通向第伯河。还有其他劳役和工匠活：如开石、伐木、运输、铁工、木工、泥瓦工等。为防止平民反抗，他禁止大规模集会，并经常派遣特务到处探访向他汇报。他自知树敌太多，特设卫队保卫自己，宫廷里戒备森严，他本人也深居简出不常露面。

对外，首先是对拉丁人用软、硬、骗兼施的手段诱使拉丁诸城同他重订和约。为了加强对拉丁人的控制，他决定把拉丁青年和罗马青年混合编制在军团和百人队内。同时他还与厄魁人和埃特鲁里亚人订立了和约。此外，在他任期内又与盘踞在拉丁平原南部的伏尔西人发生战争，获胜，抢劫 40 塔兰特财物。并用这钱在卡皮托里山修建朱庇特大庙，从埃特鲁里亚雇工匠装饰。

高傲者塔克文和他的 3 个儿子的暴行使元老贵族和平民都对他不满。被激怒的人们在几个与王家有亲谊的高官贵族的领导下联合起来采取行动推翻了塔克文的统治。当时的领导人其实都与塔克文王家有亲戚。其中卢契乌斯·朱尼乌斯·布鲁图斯（Lucius Junius Brutus）是塔克文的外甥，卢西乌斯·塔克文·柯来提务是塔克文的堂侄，斯普里乌斯·卢克里契乌斯（Spurius Lucretius）是柯来提务的岳父①。

据说起事之时，塔克文正在出征的军营中，听说罗马城反叛，急带兵回城。斯普里乌斯·卢克里契乌斯将其拒于城外，并宣布元老院已放逐他。他再赶回军营，布鲁图斯在军营也阻止他回来。塔克文势单力孤，无法反抗，只好会同两个儿子投奔埃特鲁里亚的凯勒城去了。时为公元前 509 年，高傲者塔克文共在罗马统治了 25 年。

不久，元老院召集会议，宣布推翻塔克文，推举斯普里乌斯·卢克里契乌斯为摄政官，暂主持政务。罗马人从此决定终止一人当权的王政，改为从贵族中选出两人为执政官。

于是召集森都里亚大会，在会上选举了推翻塔克文有功的卢契乌斯·朱尼乌斯·布鲁图斯和塔克文·柯来提务为执政官。延续了 244 年的王政至此结束了，罗马进入了一个新的历史时期即共和国时期。

四、埃特鲁里亚人在罗马的统治

自从埃特鲁里亚人老塔克文于公元前 616 年以和平方式入主罗马之后，经塞尔维乌斯到高傲者塔克文，连续三代继承王位的都是埃特鲁里亚人。他们在罗马接连统治了一百多年，因此有人说他们实际上是建立了一个埃特鲁里亚人的王朝。公元前 509 年高

---

① 在推翻高傲者塔克文的活动中，传说还有一段柯来提务之妻卢克里提亚因被塔克文之子污辱自杀而死的故事。历史上善良妇女遭暴君迫害往往作为激怒人民反抗暴君的直接原因。罗马史上同样有这种传说。

傲者塔克文被赶下王位，罗马的王政制度也终止了，随后建立了贵族共和的政治制度。但是从种种迹象看，埃特鲁里亚人的势力似乎并没有随着王政的终止而完全消失，可能直到公元前5世纪70年代，他们才最后在罗马销声匿迹。

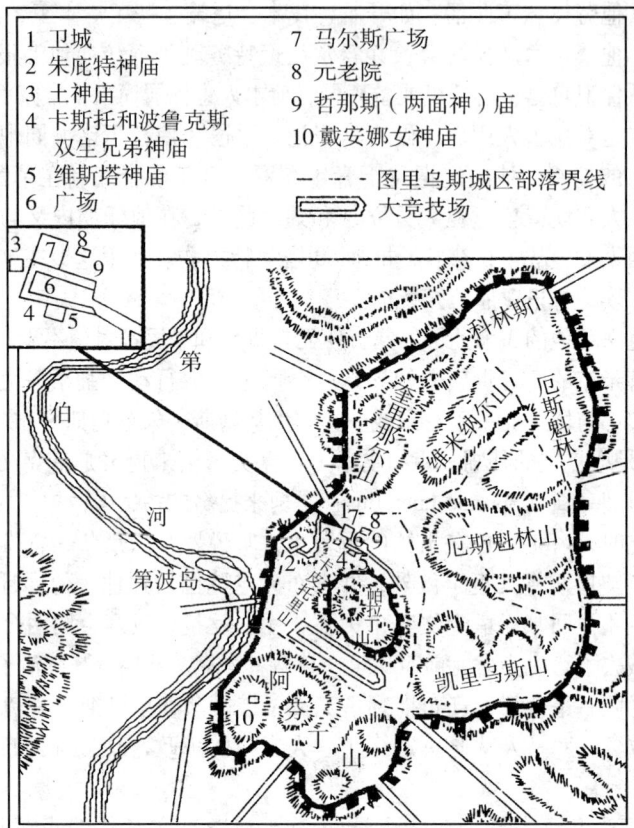

1 卫城
2 朱庇特神庙
3 土神庙
4 卡斯托和波鲁克斯
  双生兄弟神庙
5 维斯塔神庙
6 广场
7 马尔斯广场
8 元老院
9 哲那斯（两面神）庙
10 戴安娜女神庙
— ·— · 图里乌斯城区部落界线
大竞技场

共和国早期的罗马城

传统把罗马城的许多建树归功于埃特鲁里亚诸王。他们把埃特鲁里亚的城市规模和生活方式带到了罗马。在罗马城大举修水道，排积水，铺筑广场，建神庙和大纪念性殿堂，筑城墙，修桥，发展工商业，进行军事和财政改革，定城乡区划，建森都里亚大会，改革选举法，增加王权，扩张领土，等等，历一百余年把罗马从一个质朴无华的乡村变成一个可与埃特鲁里亚诸城邦或南意诸希腊城邦相比拟的一个城市。

考古材料也证实，罗马在埃特鲁里亚诸王统治时期确实大有改变。公元前8至前6世纪中叶的东西都是简陋粗朴的，没有大建筑。但公元前6世纪中叶以后的遗物则明显地与前很不相同。这时期在低地的墓地已经消失，所以考古材料不再以墓葬为主，而更多来自一些古建筑废墟。

在卡皮托里发现的巨大屋基和很多彩色陶瓦碎片与传说中塔克文修建的规模雄伟的三神庙可能有关。还发现有工程相当大的地下排水沟的残迹。有一段保留下来的城墙据说属于埃特鲁里亚诸王统治时期。墙是用六面的平整石块相错平铺砌成，不用灰浆，黏接牢固，建筑技术相当高。不过时代不那样久远，可能是后来在原基础上翻建的。

除这些大规模建筑的遗迹外，在罗马的各山岗和广场区还发现不少五颜六色的陶器碎片。其中有很多是亚狄加式的杯子和花瓶，上面有黑色或红色的人物装饰，从其精美程度看显然是希腊进口的。也有很多彩色琉璃瓦碎片，看来是神殿墙壁和柱子的装饰。数量之多说明在罗马城里带有复杂装饰的建筑已不稀奇。这些遗物的时代属公元前 6 世纪后半叶至前 5 世纪初，大致在公元前 575—前 475 年之间，比古典传统关于塔克文三王的时间迟 30 多年。传统与考古材料在时间上的这种误差并不能否定它们之间的联系，因为罗马史家关于这段历史时期的记录很混乱，其中还有许多隐晦不明的事有待考证。

关于埃特鲁里亚人的统治，有几个问题值得注意。

第一是关于埃特鲁里亚人与罗马人的关系。事实上早在拉丁人在罗马建居住地之初，其联合的人口中有一部分就是埃特鲁里亚人，那时他们居住在后来的凯利乌斯山岗一带，是第伯河北岸埃特鲁里亚人大本营的一个分支。传统讲到最初与古拉丁人战斗的鲁图林王图努斯和他的同盟者看来就是埃特鲁里亚人①。到罗马来参加罗慕路斯对萨宾人战斗的将领卢库莫也是埃特鲁里亚人②。这些人在罗马建城之初就包括在罗慕路斯的最初居民之中，同拉丁人、萨宾人一起成为罗马最初居民的基本成分。他们一起也可能是罗马三部落居民的基础。西塞罗说罗马的三个部落早在罗慕路斯时就已形成，可能代表拉丁人、萨宾人和埃特鲁里亚人。三部落的名称为罗慕奈斯、第提埃斯和卢契列斯，分别以罗慕路斯、提梯斯和卢库莫的名字命名③。根据瓦罗的说法，这三个部落的名称都是埃特鲁里亚语的④。

这样看来，有一支埃特鲁里亚人很可能从来就是构成罗马人的一部分，早就和拉丁人、萨宾人一起住在罗马诸山。他们同后来的塔克文王朝建立者并不相同（不过当塔克文取得罗马王权后，可能利用过这部分人）。三部落名称为埃特鲁里亚语并不一定证明是在埃特鲁里亚人入主罗马之后才形成三个部落，名称很可能是后出现的，而部落本身是早已形成的。

---

① Livy, *History of Rome*, 1.

② Dionysius of Halicarnassus, *Roman Antiquities*, 2.

③ Cicero, *On the Republic*, Loeb Classical Library, Massachusetts：HarVard University Press, 1998, 1. 以下引文版本同此。

④ Varro, *On Latin Language*, 5.

老塔克文及其从者显然是另一支埃特鲁里亚人。据传统的说法他们来自第伯河以北的大城市（塔奎尼或凯勒，说法不一），以和平的或非和平的手段在罗马取得了统治权，把埃特鲁里亚的生活方式和文明水平带到了罗马，使罗马从乡村变成了城市，有了许多新的建筑。

罗马历来五方杂处，是个多民族的地区。拉丁人、萨宾人和埃特鲁里亚人似乎都可做主人，对内是不同族人，对外都称罗马人。罗马人从来就是个多民族的联合体。因此，埃特鲁里亚人的入主只在统治阶层引起斗争，在民间可能没产生什么波动。更像改朝换代，不像民族征服。埃特鲁里亚人统治延续了一百余年，最后统治者塔克文家族撤走，拉丁贵族又夺回了统治权。罗马的埃特鲁里亚人曾和拉丁人并肩对付暴君塔克文。

第二个问题是关于塞尔维乌斯改革的意义。塞尔维乌斯所进行的财产调查、等级划分、军团的创建、民众大会的设立和行政区划的重分等都具有划时代的意义，它把罗马从一个以氏族出身为基础来划分等级的社会变成以财产的多寡为基础来划分人的等级的社会。以前是出身氏族贵族的阶层占统治地位，改革后不再论出身，而是有财产的阶层占统治地位。这就打破了旧的氏族贵族闭关自守的统治阶级小圈子。此后，经营工商业致富的非贵族也能进入统治阶级了。改革的革命意义也就在于打破了氏族制度，向氏族贵族的特权提出了挑战。

据古典传统报道，从很早罗马社会就有了贵族和非贵族的区别。李维说罗慕路斯从世系久远的家族中挑了100名父老，组成元老院。这些父老（元老）的族人就称为父族或贵族。后来合并萨宾人时也这样挑选了100名元老。第三王图鲁斯吞并阿尔巴时也从中挑选了一些有名望的古拉丁大家族的首领参加元老院补缺，这些人的家族自然也变成了"贵族"。老塔克文之时，又添了100名埃特鲁里亚人的父老。于是罗马元老院有了300名元老，也就有了300个贵族家族。

从古典传统我们还知道，罗马从一开始就不断从外面招募人员来充实自己的队伍。来者除了那些整门的大家族外，也必有很多零散的人丁和说不出世系的小家庭。这些人不能入选为元老，不能成为贵族。为了生活上的便利，他们大约分别投靠各父族名门，成为各氏族的被保护人。狄奥尼修斯就说过罗马的平民都是贵族的被保护人（Client）。这一说法后来人多认为是错误的，但看来也许符合最早期氏族未解体时的情况。因为那时城市还未兴起，土地都在各氏族间分配了，外来人必须投靠氏族贵族，为贵族耕种土地，成为贵族的佃户或其他服务者，才能在罗马社会生存。这些人就是贵族的被保护人。所以罗马贵族家族内应包括两种人，一种是生为贵族者，另一种是投靠他们的被保护人。这些贵族家族都居住在最早的七丘。他们是早期罗马国家的主人，握有军、政、经济、土地、宗教等一切大权。最初，贵族与其被保护人以及住在七丘以外其他地区的氏族之外的人，经努玛和图鲁斯等王分配土地，可能比较相安无事。但是继续发展下去，出现了城市。外来移民日益众多起来。他们有些居住在城区市镇上，从事独立的手工业和商业，有些整族被征服，被安置在新的土地上。这些人既不能入选为贵族，也不可能都投靠父族成为被保护人，他们在罗马社会成为一种新的因素——平民。平民的来源研究者说法不一，概括起来大约有下列几种：

1. 在罗马扩张领土的过程中被征服合并的居民，其中包括最早的七丘以外的土著居民，例如原住在奎里那尔、维米纳尔、卡皮托里等北方山岗外围以及凯里乌斯山岗外围的居民。还有被强迫移入的居民，例如移到阿芬丁的阿尔巴人和拉丁人等。

2. 从贵族家族中遣散出来的被保护民。

3. 自由移居来的外族人，多住在城里，从事手工业和商业。

可能就在埃特鲁里亚诸王时代，新来的从事工商业的外来居民多起来，其中有些人逐渐富有起来，特别是埃特鲁里亚人。但是他们与罗马氏族贵族没有联系，所以没有参政权，不参军、不纳税，分不到土地。随老塔克文来到罗马的埃特鲁里亚人有一部分被接受进入库里亚，编入特里布斯[①]，但大部分留在库里亚之外，尤其是经营工商业的城里居民，而这部分是平民中最富有、也是最热衷于要求权利的人。

就是在这种情况下，塞尔维乌斯改革应运而生。改革最初的目的可能只不过着重在征兵和征税。财产调查、四城区的划分、军团的建立、森都里亚大会的创建等都是为了征税和建立军队。但这些措施在客观上又产生了政治作用，打破了氏族界限，建立了公共权力机构——军队和人民大会——从而为国家的形成奠定了基础。不过传说中的这全套改革不可能是一次完成的，可能在埃特鲁里亚人统治时期开始，后来拖了很长时期才达到最后的形式。而且由于塞尔维乌斯之后紧跟着暴君高傲者塔克文专政的时代，改革很可能有相当一段时间不能推行。例如传统记载著名的法比乌斯氏族（Fabius gens）于公元前 479 年在克列美拉（Cremera）一役中全军覆没一事，就是以一个氏族之力对付一方面的敌人，可见塞尔维乌斯军事改革并不包括一切军队。

第三点关于埃特鲁里亚人在罗马统治终了的时间问题。根据传统故事，多数史家认为当公元前 509 年高傲者塔克文被赶出罗马时，同时终止了埃特鲁里亚人在罗马的统治。但是根据考古材料，他们撤退的时间似乎稍晚几十年。

考古材料显示，从公元前 6 世纪末到前 5 世纪初，罗马在文化上与公元前 6 世纪以来的发展一脉相承，没有发生什么变化，直到公元前 5 世纪 80 年代之后才有所改变。如果承认公元前 6 世纪以来在罗马出现的比较繁荣的文化是埃特鲁里亚人统治的结果，那么这些人直到公元前 5 世纪初还没有离开罗马。到公元前 480 年以后，那种装饰复杂、华丽多彩的建筑和进口的精美陶器才不见了，手工业和商业繁荣的迹象消失了，明显地又回到简陋贫穷的农牧业生活。

据此，有些学者认为公元前 509 年可能是推翻暴君同时终止王政建立共和政体的时间，而不是埃特鲁里亚人终止其在罗马的政治势力的时间。古典史家关于这段时间的

---

① Dionysius of Halicarnassus, *Roman Antiquities*, 3.

叙述特别暧昧混乱，不过从中也可以看到一些问题：

首先直接参与而且主持推翻暴君的有埃特鲁里亚统治阶级，甚至是王室的亲戚。赶走暴君之后选出的两个执政官布鲁图斯和柯来提努都是塔克文家至亲，前者是塔克文姐姐之子，后者是塔克文堂兄之子，高傲者塔克文之被逐更像是统治阶层争夺统治权的斗争而不像是推翻埃特鲁里亚人统治的斗争。

其次塔克文被赶后会同其两子求助于维伊、塔奎尼和克卢西等埃特鲁里亚大城。克卢西王波森那（Porsinna）支持他，率大军进攻罗马，占了河右岸的贾尼库鲁母，继续威胁罗马城。

古典史家在这里插进两个神话故事用以说明罗马人如何使波森那退兵：一个故事是单身守桥阻止波森那军过河的英雄科克里斯（Horatus Cocles），后因伤变成独眼。另一故事是爱国英雄斯凯沃拉（Marcius Scaevola）孤身闯入波森那帐中行刺，被俘后以手臂置于火上烧焦而面不改色以示罗马人爱国的决心。据说波森那慑于罗马人的英雄气概，情愿与罗马讲和退兵，这样解了罗马之围，而英雄则因一臂受伤变成了独臂①。

这两个故事的真实性是可疑的。流传在北方各印欧民族中的远古神话里，有个独眼神，也有个独臂神。这两个故事很像印欧民族神话的变种。插进这样两个故事用来说明罗马迫使敌人退兵，很难令人信服。显然这段历史有伪造和讳避的地方。塔西佗在他的《历史》中曾说到罗马曾向波森那投降，把城池交给他。如果塔西佗的记载可信，罗马曾被波森那占领过，也就是说塔克文之后，有一段时期罗马仍在埃特鲁里亚某一王的统治之下。如果能这样看，与考古材料就比较符合。

另外有一情况也有助于这一看法。古典传统说波森那从罗马撤兵后曾去攻打拉丁城阿利西亚（公元前507—前506），当时周围的拉丁城和希腊大城库麦（Cume）都派兵来助阿利西亚，而近在咫尺的罗马却没有派兵，很可能这是因为当时在罗马统治的不是拉丁人而是埃特鲁里亚人。

还有，根据古典记载我们知道从公元前509年到公元前475年之间，在罗马有过好几次较重大的宗教活动：

1. 公元前509年在卡皮托里建成朱庇特等三神庙，举行大祭祀礼；
2. 公元前496年建意大利农业神萨冬神庙；
3. 公元前495年建塞勒斯丰收谷神庙和麦库里商业神庙；
4. 公元前484年建拉丁农神狄奥斯库里神庙。

短期间建这样多神庙，其中我们知道至少塞勒斯庙是一座在希腊匠人指挥下装饰华丽的建筑。祭奉的神也以埃特鲁里亚神占多数。如果说这些都是在埃特鲁里亚人被赶走之后由拉丁贵族领导进行的，未免令人难以置信。

根据上述种种材料看，罗马很可能在公元前509年之后，还有一段时间处于埃特鲁

---

① Livy, *History of Rome*, 2；Dionysius of Halicarnassus, *Roman Antiquities*, 5.

里亚人统治之下，波森那很可能占领了罗马并在这里统治了一段时期。直到公元前474年，在拉丁和希腊诸城联合的打击下，埃特鲁里亚在库麦被彻底打垮，他们才离开罗马回到第伯河以北去。

　　根据吉尔斯塔德的考古材料，从发现的希腊陶片的数量看，罗马与希腊的商业联系，以公元前6世纪下半叶为最多，公元前5世纪上半叶虽稍有减少，但没有突变，到公元前5世纪中叶以后这种联系才突然减少以致中断了①。当时罗马与希腊雅典的贸易往来主要是由埃特鲁里亚商人作为中介。希腊陶器遗迹的变化也约略可以表明埃特鲁里亚人在罗马统治的时间。

---

　　①　拉丁考古发现，在公元前500—前450年间希腊亚狄加红花装饰陶片有53块，而属于公元前450—前420年间的只有两块。M. Cary and H. H. Scullard, *A History of Rome, down to the Reign of Constantine*, New York, St. Martin's Press, 1977, 64. 以下引文版本同此。

第三章
罗马贵族共和制
国家的发展

第一节　新共和国及其近邻

罗马废除王政建立共和制政权之后，国家的处境仍然是四面受敌。首先不甘失败的塔克文家族引了埃特鲁里亚诸城之兵来攻。罗马一度败给克卢西城的国王波森那领导的大军，可能曾被他统治过一段不长的时期。波森那在阿利西亚之战失败后，埃特鲁里亚人在拉丁姆的势力开始衰落。当时罗马可能还是他们的一个据点①，但显然此后罗马逐渐摆脱了他们的影响，开始独立了。但除了埃特鲁里亚人之外，罗马周围还有拉丁人、萨宾人、厄魁人、伏尔西人和赫尔尼其人等强邻，彼此经常互相袭击。新共和国的最初一百余年，对外是在不断与近邻战斗中度过的。

一、罗马与拉丁诸城的关系

传说阿尔巴龙加在建立罗马城之前，已建立了 30 个拉丁城，都分布在拉丁平原北半部，李维称这些拉丁城人为古拉丁人。其实他们和罗马的拉丁人同文同种，可能基本上没什么区别。这些拉丁城一向以阿尔巴为盟主形成一个联盟。据说罗马第三王图鲁斯在灭了阿尔巴后，想使罗马成为拉丁盟主，但诸拉丁城不服，双方征战了 5 年之久，最后和平解决，拉丁诸城和罗马订立了和约②。

到第四王安库斯时，有些拉丁城要独立，想摆脱同盟的约束，被安库斯出兵降服。他把大批拉丁人迁到罗马，给以公民权，命他们居住在阿芬丁和阿芬丁与帕拉丁之间的空旷地带。老塔克文时也曾多次出兵征服一些要独立的拉丁城。第六王塞尔维乌斯则采用怀柔政策，在阿芬丁山建立拉丁人共同崇奉的戴安娜女神庙，并制定拉丁诸城公约，要各拉丁城共同遵守。这样给罗马取得了拉丁诸城盟主的地位。高傲者塔克文也曾和拉丁人订立和约。所以在王政末季罗马已经是拉丁诸城的盟主，控制着拉丁平原北半部约 350 平方英里的土地。

但是推翻王政时的动乱以及随后对波森那战争的失败使罗马变得自身难保。在拉丁诸城的威信也因而丧失殆尽，拉丁同盟处于瓦解状态。拉丁诸城甚至联合起来抗击罗马。传说拉丁同盟以托斯库母为首在利吉卢斯湖（Lake Regillus）曾与罗马展开一场激战。战争的激烈和艰苦程度给罗马人留下长久的记忆。围绕这次战役有许多爱国主义的神话，其中最著名的是关于骑兵神双生兄弟卡斯托和波鲁克斯（Castor and Pullux）

---

① 据李维记载，阿利西亚战后，一部分败退下来的埃特鲁里亚人逃到了罗马，在那里受到款待，治好伤痛，有些人回去了，但很多人留在罗马住下来，他们的居住区后来称为托斯库村。显然当时埃特鲁里亚人在罗马还有一定势力。Livy, *History of Rome*, 2.

② Livy, *History of Rome*, 1; Dionysius of Halicarnassus, *Roman Antiquities*, 3.

助罗马取胜的事。10 年后，罗马人为了还愿，在广场为双生兄弟神建了庙并规定 7 月 15 日为骑兵节，祭祀双生兄弟神。

罗马取胜不易。而当时拉丁诸城背后也经常受到山地半游牧诸意大利部落：萨宾、厄魁、赫尔尼其等的袭击。为了对付这些更有威胁性的共同敌人，拉丁诸城决定与罗马讲和。公元前 493 年，双方订立了同盟条约，称为 Foedus Cassianus（公平条约），公布于广场。据说直到公元前 1 世纪还能见其铭文。条约内容是成立军事联防，双方提供同等数量的部队共同对敌，平分战利品。另外互相给予公民权，通贸易、通婚。共同敌人是指埃特鲁里亚人和各山地部族。

据说此后不久，即公元前 486 年，罗马同赫尔尼其人也订了类似的盟约。这就意味着 3 家联防共同对付埃特鲁里亚人、厄魁人、萨宾人和伏尔西人等。

此后一百多年拉丁诸城同罗马大体上保持了同盟关系。公元前 390 年罗马人败于高卢人之后，有些拉丁城曾行动起来企图摆脱罗马的羁绊。公元前 360 年，拉丁城提布尔（Tibur）和普列纳斯特（Praeneste）同赫尔尼其人联合反罗马，被击败。公元前 358 年，罗马和拉丁同盟再订和约，表面上是重申公元前 493 年盟约的条款，实际上是订了一个新条约。它把以前的同盟关系变成了附属关系：拉丁同盟的全部军权都由罗马控制；同盟总部设立两个每年改选的长官，实际上是罗马执政官的下属。罗马还兼并了一些拉丁土地建立新的特里布斯。

公元前 359—前 351 年间，罗马曾利用拉丁同盟的大军挫败埃特鲁里亚人，迫使他们订立 40 年和平条约。由于分配战利品（土地）不均，拉丁人怀有不满情绪。公元前 349 年高卢人一度进逼罗马，拉丁人有意不睬。公元前 340 年拉丁人乘罗马忙于同萨姆尼特人周旋的时机要求恢复以前同罗马的平等伙伴关系，罗马拒绝。于是拉丁诸城联合坎佩尼亚的加普亚等希腊城市反抗罗马，被罗马人分别打垮。这次战争在罗马史上称为大拉丁战争。

公元前 338 年，罗马和拉丁诸城再订和约。这次罗马改变了政策：以前是拉丁同盟全体为一方与罗马订约，现在是每一城市分别同罗马订和约。但为了避免逼拉丁人造反，罗马采取了很温和的做法。它给一些拉丁城以完全的罗马公民权，城市保留自己的市政府，如托斯库鲁母、阿利西亚等四五个城。给另一些城以半公民权（有司法权，没有选举权和被选举权），这多半是非拉丁语的城市，如伏尔西人城市和坎佩尼亚的加普亚、库麦等各城保留自治政府。另外一些拉丁城则让它们仍旧作为罗马的同盟，但不是全体作为一个同盟，而是各城分别与罗马缔结盟约。另外还有如安提乌姆（Antium）这个靠海的城市，罗马将其收为自己的殖民地。

罗马安置拉丁人和其他近邻的这一套分而治之的做法有很深远的影响。后来罗马统治整个意大利组成一个联邦国，基本上也是采用这个方法。他们只要求盟邦提供军队共同战斗，而不要求纳税或交贡赋。因为这样更容易取得忠诚团结的效果。

二、与萨宾人、厄魁人和伏尔西人的斗争

除埃特鲁里亚人和拉丁人之外，罗马还经常要同东面和南面的萨宾人、厄魁人和伏尔西人周旋。这些人有时分别来，有时同时来，几乎每年都有战事，常使罗马几面受敌应接不暇。和罗马订立同盟的拉丁和赫尔尼其人也不能时常和平相处，不过大体上能共同对付其他各族。

据说萨宾人中有一部分不愿同罗马发生战争。大约在公元前6世纪末，一个萨宾首领阿提乌斯·克劳苏斯（Attius Clausus）带领了他的大批随从和被保护人离开萨宾投到罗马方面来。这一举动有利于罗马人对萨宾人的最后胜利。罗马人把克劳狄乌斯的人都接收为公民，分给土地，把他们安置在阿尼奥河北岸，成立一个独立的新特里布斯，罗马史家称之为老克劳狄乌斯部落。克劳狄乌斯本人被接收为元老贵族，是为后来在罗马史上起重要作用的克劳狄乌斯贵族家族。

除了常有的小冲突外，大约在公元前460年前后，萨宾人曾一度夜间偷袭占领了卡皮托里山的城堡。罗马幸得拉丁城托斯库鲁母之助迫降了这伙人。

与厄魁人的战斗也很频繁，其中最著名的是关于独裁官辛辛纳图斯的故事。据说公元前458年前后，罗马受到萨宾人袭击，同时出征厄魁人的罗马大军又遭到包围，元老院当时派不出得力将领，决定起用做过三任执政官的老将昆提乌斯·辛辛纳图斯，任命他为独裁官去解围。故事说当元老院代表到第伯河彼岸他的四犹格土地上找他时，他正在干着农活。他迅速擦净汗土，穿上礼袍，随代表回城就职。他下令紧急动员，在全国大力支持下组成一支大军，迅速开拔到厄魁战场，与被包围的罗马大军里应外合打垮了厄魁人，迫使他们全军在三支矛搭起的轭门下通过，以示屈辱。罗马军胜利返城，举行了凯旋式。据说辛辛纳图斯放弃6个月的法定任期，只做了16天独裁官，完成任务后就辞职，解甲归田。后世把他的行为赞誉为罗马元老淳朴清廉、尽忠爱国高尚风格的典范。

罗马和拉丁诸城最可怕的敌人是伏尔西人。伏尔西人占据利瑞斯河谷一带，从这里发展到拉丁姆南部沿海一带，时常北上，侵入到阿尔巴山以南的拉丁地区。传说高傲者塔克文曾经侵袭伏尔西人，抢劫大批钱财，并用这钱修建朱庇特大庙。为了防止伏尔西人的报复，罗马和拉丁同盟又在边境建立了一些拉丁殖民城，派罗马人和拉丁移民去充实镇守。早在公元前490年建立的殖民城有科拉（Cora）、西格尼亚（Signia）、维利特莱（Velitrae）和诺尔巴（Norba）等，都在拉丁和伏尔西的边界。此后双方在这一带拉锯不断，战争频繁，罗马有数次被伏尔西人打败。

直到公元前5世纪后半叶，罗马人对其近邻的斗争才逐渐转入优势。公元前431年，罗马军在阿尔及杜斯山口打垮了厄魁人，同时还不断挫败伏尔西人，先后夺回伏尔西人占领的沿海拉丁土地。并在沿海的安提乌姆（Antium）和阿尔底亚（Ardea）建立了拉丁殖民地。这种拉丁殖民城的建立是罗马人所创立的统治征服地区的有效办法。

派去的移民都成了殖民城的主人，代表罗马统治这些地方。到公元前 338 年，罗马在拉丁姆已建立了 14 个这样的殖民地。

三、维伊城之战

维伊位于罗马城东北，第伯河北岸，距罗马约 12 英里，是埃特鲁里亚人的一个大城。据考古材料证明，早在公元前 10 世纪这里就有人居住，公元前 8 世纪这地方已被埃特鲁里亚人所控制。从其神庙、陶器等残遗物看，他们同希腊人有贸易来往，受希腊文化影响，比罗马富强。早在王政时代，维伊就作为埃特鲁里亚人向南发展的前锋而同罗马发生矛盾，第三王图鲁斯和第四王安库斯都曾同维伊发生过战争。埃特鲁里亚人统治时期的罗马，同维伊也并不和平相处，塞尔维乌斯和高傲者塔克文都曾对维伊用兵。

自从塔克文被逐，埃特鲁里亚联军在阿利西亚败于诸拉丁城之后，埃特鲁里亚退守第伯河右岸。维伊在第伯河右岸的菲丹那地方保留了一个营地作为其最南的据点。这地方原来为罗马所有。公元前 5 世纪初，维伊时常以菲丹那为据点出来骚扰罗马城郊各部落的农牧区。公元前 483—前 480 年之间多次发生小规模战斗。罗马军团出来，维伊人退，罗马军团走，他们又出来打劫，罗马各部不堪其扰。因为罗马同时还要对厄魁人和伏尔西人以及萨宾人用兵，很难对付埃特鲁里亚人的纠缠。据传说当时在罗马战功赫赫的法比乌斯氏族，主动向元老院请战，让元老院把军团之力用来照顾其他战场，把对付维伊的战事交给法比乌斯氏族去承担，人力财力都由这一氏族承担。据说这一氏族贵族战士共 306 人，加上被保护人等组成一支不大的部队，于公元前 479—前 478 年间支撑了对维伊的战斗。据说罗马军在初期还取得了若干胜利，夺取了维伊人设在第伯河右岸的重要据点菲丹那，但不久，却遭到了维伊人的伏击，结果 306 名法比乌斯族战士全部战死，只有留在家里的一个未成年男孩延续了后嗣。这是在罗马流传很广的一个爱国故事。

半个世纪之后，罗马人再次率军攻打菲丹那，罗军主将执政官柯苏斯亲手杀死维伊王，剥取甲胄奉献于神庙，报了法比乌斯氏族惨败之仇。

此后，双方平静了 20 多年。到公元前 405 年，罗马第三次发动对维伊城的战争，目的就是要消灭和吞并维伊。这次战争可以说标志着罗马征服世界大业的第一个坚定的步伐。据罗马传统说法，包围维伊达 10 年之久（公元前 405—前 396），这可能是仿特洛伊的故事而编造的。不过包围维伊之战的确消耗了罗马极大的精力。由于战士须在田野中过冬曾引起罗马平民极大不满。因为历来罗马军队都是春季出征，冬季回城的。大概也是在这次战争中，罗马开始采用给兵士付饷银的做法。

维伊是个大城，地势高峻陡峭，三面有深谷沟壑围绕，本来难以攻克。但当时维伊得不到各埃特鲁里亚城市的援助，从塔奎尼和一两个小城来的援兵也被罗马及其拉丁同盟军打退。公元前 396 年，罗马将军卡米卢斯（Camillus）终于攻克维伊。对维伊居民大肆屠杀，生存者皆被卖为奴隶。

罗马洗劫维伊城得到大量财富和肥沃土地。罗马领土因之约扩大一倍，贫穷的公民分到了较大块的土地。罗马的埃特鲁里亚劲敌，从此消除。

四、高卢人的入侵

公元前4世纪时，意大利又来了新的入侵者克尔特人。大约在公元前7世纪中叶，在东欧波希米亚和巴伐利亚一带住有克尔特人。从考古墓葬材料中得知他们有战车和铁器。可能后来他们有一部分南迁越过阿尔卑斯山进入北意大利。这支克尔特人一浪接一浪不断进入北意，到公元前4世纪初已占领了第伯河南北大片肥沃平原。北意本来居民稀少，当时第伯河南部有一些埃特鲁里亚人的殖民城，可能因无力抵抗勇猛的新来的游牧部落，也逐渐退回到埃特鲁里亚本土去了。北意大利落入克尔特人之手，此后这地区便称为山南高卢。因为克尔特人又称高卢人。

高卢人身高、金发、碧眼，勇武好战，是养牛和经营原始农业的部落，以两面有刃的长剑为武器。在北意发现的石版画上有北意居民抗拒克尔特人的图景：他们在马上与赤裸的高卢人战斗。

据说在公元前391年，一支高卢人在一个名叫布仑努斯的头领的带领下闯入埃特鲁里亚，直达克卢西城。克卢西城向罗马求救，元老院派使者去警告高卢人，令其退兵。据说因此引来了高卢人。第二年，高卢人进攻罗马，在距城10里的阿里亚小河与罗马大军交战。罗马虽然有拉丁同盟军之助，但高卢人来势勇猛。按罗马的作战方法，远距离时先用投矛，但投矛挡不住高卢人，只有短兵相接。这时高卢人的长剑比罗马人的短剑就有利了。战争的结果罗军大败，高卢人于是便长驱直入攻入罗马，除设防的卡皮托里卫城外，在全城大肆破坏屠杀。从近代在市政厅广场和帕拉丁考古发现的灰烬可见毁坏焚烧的程度。据说高卢人围困卡皮托里达7个月之久。最后罗马人可能因粮尽而投降议和，高卢人接受一笔很大的赎金后退走。

高卢人来去如此突然，显然是游牧部落重抢劫而不重征服的表现。但围绕这一很带戏剧性的事件，罗马人传颂着许多神话。

一个故事说，高卢人攻进罗马城后，惊讶地发现在元老院里高龄的罗马元老们像神像一样，庄严地端坐在自己镶嵌象牙的圈椅上一动不动地等待高卢人的屠杀。另一故事即是著名的鹅救罗马的故事。还有一个故事说已被罗马放逐在外的卡米卢斯，即攻克维伊的英雄，在维伊集合了一支拉丁人和罗马流亡者组成的队伍，在高卢人回去的路途中截击并两次打败他们；他还试图说服罗马人放弃被破坏的罗马城，迁到维伊去。另外还有一些其他故事。之所以出现这样多爱国主义的传说故事，很可能是由于对真正史实有所避讳。但显然这些故事掩饰不了当时罗马遭受高卢占领的事实。当时高卢如果是一个更为成熟的征服者，很可能夷平罗马，把人民卖为奴隶，消灭这个国家。

　　通过重金赎买，高卢人撤退，罗马人赢得了此后 800 年的历史，直到公元 410 年，西哥特阿拉里克时罗马才再次遭外敌占领。

　　但是，阿利亚之战的失败，使罗马经一个世纪的努力才在近邻间取得的优势又毁于一旦了。厄魁人、伏尔西人和埃特鲁里亚人又公开进行敌对战争，连以前的盟友赫尔尼其和拉丁人也试图挣脱罗马的羁绊，联合反叛了。

　　经受了严重创伤的罗马人，一方面努力恢复元气，修复、加固和改建设防的城池；另一方面，改革军队的组织，改进武器和战术。又奋斗了 50 年，同各邻族进行了无数次战争，才逐渐恢复了在拉丁姆及中意大利的优势，同时也锻炼和加强了自己。

　　其间高卢人曾几次再来，一度深入到南意大利，但都绕开了罗马。公元前 360 年，高卢人曾出现于阿尔巴山，罗马按兵未动，高卢人退走。公元前 349 年再到拉丁姆，罗马人有所戒备，但未交锋，高卢人再退。这时高卢人已经在北意大利定居。公元前 331 年其主要部落赛诺尼与罗马订立了和约。此后很少再接触了。

　　罗马对所征服的近邻地区的统治方法一般来说不是吞并，而是订立和约或盟约。同时在各地建立拉丁殖民城，派遣罗马公民或拉丁公民去移殖，实际上是监督和统领这些地区。各城同罗马的关系，有自治、半自治或同盟等不同方式。罗马这种不拘一格分而治之的方法很灵活方便，所以在意大利，这曾经很长时期是罗马统治广大领域的办法。

第二节　共和国早期罗马内部的等级斗争

一、贵族和平民区分的起源

　　古罗马贵族和平民等级区分的起源是一个许多世纪以来议论纷纷的问题。由于史料不足，学者们的各种假设都无法证实。

　　20 世纪早些时候，有些罗马史学者根据古典作家关于罗马人民起源于拉丁、萨宾和埃特鲁里亚三部落的记载而认为罗马平民贵族之分与种族部落有关。但他们根据不同记载得出的结论又很不一致：有人认为拉丁人是贵族，萨宾人是平民。也有人相反，得出结论萨宾人是贵族，拉丁人是平民。埃特鲁里亚人也有说是贵族，也有说是平民的。可见史料不能为种族区别的主张提供坚实的证据，因此关于罗马平民贵族等级之分源于种族差别一说显然是不能成立的[①]。

　　近年来多数研究者比较倾向于接受尼布尔早已提出的见解，即贵族起源于早期各

---

　　① 参见 Endre Ferenczy，*From the Patrcian State to the Paricio – Plebian State*，Amsterdam，A. M. Hakkert Press，1976，pp. 15 – 16。

部落中的世家，而平民则是由来源不同的非世家人民组成的。这种区分开始于王政时代。

不过还有阵容很强的一些研究者认为王政时代没有等级的区分，认为贵族和平民之分是共和国之初才形成的，是在克劳狄乌斯氏族移入罗马（约公元前 504 年）之后才形成的①。二者都有强有力的证据。

从古典史家的记载来看，贵族和平民作为自觉的等级，确实只是在王政废除之后，即公元前 6 世纪末 5 世纪初才存在，这是无可争辩的。从那时开始，平民向贵族争权利，开始了两个等级之间延续 200 年的尖锐斗争。这种斗争是早期共和国内部历史的主要内容。

然而，尽管贵族和平民作为自觉的等级形成于共和制初期，他们的源起显然还应该早得多。因为社会阶级的形成只能是长期发展的结果，两个等级不会在开始出现时就成为对抗的阶级。所以贵族平民之分可能早在王政时代已经有了，开始时并不相互仇视。古典史家的记载也支持了这种看法。

据记载，罗慕路斯建国之初就在国人中指定能说出其先人世系的家庭的家长 100 人组成元老院，称他们为父老或元老，他们的家人和后代就称为父族或贵族②。

又据说罗慕路斯合并萨宾时，罗马人口增加了一倍，又从萨宾世家中选出了 100 人为元老，其家族也称为贵族。

分出了贵族，其余不能入选为贵族的人就属于平民的范畴了。各部落都是如此。贵族和平民在职业上有区别：贵族担任社会上的公职和神职、军职，管理罗马城一切公共事务和保卫疆域，平民则从事农牧业生产和经商。管理公务的阶层掌握了权力和法律，逐渐形成了一个特权阶级，同下面的平民阶层就有了界限，分成等级。所以罗马的贵族平民之分，其实也不过是古代许多民族从氏族末期开始产生的等级制度（卡斯特制度）的一种类型。

据记载，起初罗马的平民等级似乎也都在库里亚组织之内，都有公民权，只是没有任公职和元老的资格。而最初据说罗慕路斯让所有非贵族都各挑选一家贵族为自己的保护人，形成一种称作保护制度的社会关系（Patronum）：即每一家非贵族都由贵族为之代理一切有关政、教、法方面的事务，使人人都包括在社会组织之内。所以起初，平民和贵族虽有等级差别，但似乎并不对立。后来随着国家的发展，平民阶层扩大了，平民和贵族之间才产生了矛盾对立③。

据记载，罗马第三王图鲁斯灭阿尔巴时，迁其全部人口到罗马，安置在凯里乌斯

---

① 持这种观点的学者很多，其中影响较大的有：E. 吉尔斯塔德（E. Gjerstad）、R. 布劳赫（R. Bloch）、H. 腊斯特（A. Last）和 A. 莫米格里阿诺（A. Momigiano）等。

② Livy, *History of Rome*, 1.

③ Dionysius of Halicarnassus, *Roman Antiquities*, 2.

山，把人民分别编入特里布斯和库里亚成为平民，让一些卓越家庭的家长进入元老院为元老，其家族成为贵族。据说这样的家庭有朱理（Julii）、塞维里（Servillii）、库里亚提（Curiatii）、昆提里（Quintilii）、克洛克里（Cloclii）、吉干尼（Geganii）和美提里（Metilii）等①。

又据记载，老塔克文取得王位后，增加了100名新元老。李维说他是为了加强自己的势力，所选都是支持自己的人，称他们为晚辈贵族②。据说这些人因塔克文提拔他们进入库里亚而感激塔克文，似乎这些人原来不在库里亚之内，也就是说当时罗马已有很多人（可能是平民）不在库里亚之内。狄奥尼修斯更明白地说，塔克文是从全体平民中选了100名聪明勇敢的人，把他们收编为贵族，命他们进入元老院为元老的③。

又据记载，推翻高傲者塔克文之后，第一任执政官布鲁图斯因元老缺额（高傲者塔克文处死很多元老而不补缺），也曾从骑士中挑选一些人（狄奥尼修斯就是从平民中挑选的），使其进入元老院补足300名元老名额。为使新人有别于以前的父老，称新元老为征召元老（Patre Conscripte）④。

从以上材料看，早在王政时期时就已形成了贵族和平民两个阶层，不过他们之间的界限并不严格，经常从非贵族中吸收新人进入贵族集团，所以贵族经常得到新生力量的补充。每征服或合并一个地区，大批吸收人口时，也往往使其领袖成为贵族，老塔克文和阿庇乌斯·克劳狄乌斯就是著名的例子。

由此看来，罗马的贵族来自组成罗马国家的各种成分：有罗慕路斯手下最初的罗马拉丁人，有萨宾人，有阿尔巴来的古拉丁人，也有塔克文的追随者埃特鲁里亚人，还有稍后从平民中选出来补充元老缺额的各族人，并不一律是纯血缘联系的某些氏族。

与贵族形成的同时，如前所述那些不入选为贵族的各族人民显然就成为平民，所以他们也是由组成罗马贵族同样的各族居民组成，而且他们人数众多，是罗马国家的主要居民。平民"Plebeian"一词与"Plenus"有关，原意就是众多，就是指人众。

平民不仅人数众多，而且其来源也比贵族要复杂。如前所述，罗马历来对外开放，允许外来人自由移入，所以除了征服合并的各族外，还有零散自由迁入来经商、贸易、做工匠的各色人等。这些人显然都属于平民的范畴。

最初的平民都包括在库里亚之内自不待言，即使稍后收容的人，起初也是收编入库里亚的。例如，罗慕路斯征服一个叫卡美利亚的地方（Cametia），就曾把4000人收为罗马居民编入库里亚⑤。又，前面提到图鲁斯把阿尔巴龙加的居民也都编入特里布斯

---

① Livy, *History of Rome*, 1；Dionysius of Halicarnassus：*Roman Antiquities*, 3.

② Livy, *History of Rome*, 1.

③ Dionysius of Halicarnassus, *Roman Antiquities*, 3.

④ Livy, *History of Rome*, 2.

⑤ Dionysius of Halicarnassus, *Roman Antiquities*, 2.

和库里亚，使他们成为公民。但到老塔克文时，李维提到老塔克文所提拔的新元老由于感激他使他们进入库里亚而坚决支持他，似乎这些人已不在库里亚之内①。

可能随着罗马地域范围的扩大，新增加的人口日益增多，很难再把人们都编入旧的库里亚和旧的 3 个特里布斯了。新的城区特里布斯和乡村特里布斯随后发展起来了。至于从什么时候开始不再把新来者编入库里亚，现在尚无从考证，大概到埃特鲁里亚人统治时已不再这样收编了。

这样，罗马城发展到一定范围，人口增长到一定程度时，旧的 3 个特里布斯和它下面的库里亚组织已经不能包容所有的居民，除了原来编入库里亚的贵族和平民外，另外又存在一种不在库里亚之内的居民，这些人可能是后来真正的平民。前已编入库里亚的平民，可能随着时代的发展而有所分化，其中有些由于保护制关系而成为贵族忠实的跟随者。而另一些则由于保护关系的松弛而疏远了与贵族的联系，加入了平民的队伍。

在罗马上古史上，保护制，特别是被保护人和平民的关系是个纠缠不清的问题。

按保护制习惯法，保护人和被保护人双方互有权利义务。保护人在法律、契约事务上帮被保护人办理交涉。被保护人则有义务出钱出力帮助保护人备办陪嫁女儿等事。遇保护人或其家庭成员被敌人俘虏时，被保护人有义务出金赎买。遇有诉讼，要帮助缴纳罚金。双方应互相照看，不相为敌，选举时被保护人必须对保护人投赞成票。违背这种习惯会被认为背叛，有可能受到惩罚。罗马的保护制既有习惯法性质，又有宗法和宗教性，还夹杂有社会舆论的压力。

不仅罗马的平民投靠贵族做被保护人，各殖民地和各盟邦、被征服地区的平民也往往投靠罗马高官贵族成为被保护人。发生问题时，元老院时常找他们的保护人交涉，有时甚至把某城的反叛者送交其罗马保护人②。

狄奥尼修斯曾说，起初除贵族外所有居民都是被保护人。19 世纪罗马史家蒙森采纳了这一说法，认为平民来源于被保护人。他说起初除贵族外，其他居民都是被保护人。后来由于种种原因保护制松弛了，很多人脱离了被保护关系变成了平民③。后来的学者对这种说法多持否定态度。但这说法中可能有一部分是对的，因为后来的平民中显然有脱离保护关系的早先的被保护人。不过他们不是平民的主要成分。

如前所述，平民主要来自稍晚被罗马征服合并的各族居民。他们人数众多，不能再编入库里亚，也不可能投靠个别贵族成为被保护人。这些人分别居住在后合并的几个山岗及其外围地区。可能有自己的氏族组织和宗教信仰。

---

① Livy, *History of Rome*, 1.

② Dionysius of Halicarnassus, *Roman Antiquities*, 2.

③ Theodor Mommsen, *History of Rome*, Everyman's Library, London, J. M. Dent and Sons Ltd. 1920, Vol. 1, pp. 84 - 91. 以下引文版本同此。

平民的另一重要来源是陆续零散移入的外来居民。他们多经营工业和商业，住在城区。这些居民的经济实力随着时间的推移而日益雄厚，但是他们没有组织联系。

平民的另一来源是被释放的奴隶。这些人很多进入城区，加入了工商业者队伍。

由此看来，罗马的平民来自较迟合并的各族普通居民和自由零散移来的居民，以及由罗马氏族库里亚中脱离出来的被保护民和被释奴隶。

二、平民和贵族矛盾的由来和发展

王政时代罗马社会已发生严重分化。贵族拥有大量的土地和财富，在政治、军事和宗教方面享受特权，把持各种公职，掌握国家权力。而平民的社会和政治地位低下，他们的权利则是不完全和不充分的。平民虽然享有作为私法权的通婚权和财产权，但在实际上却受到种种限制。平民有产者有权参加公民大会，参军服役，可是不能进入元老院和担任国家其他要职。城市平民中只有少数人由于经营工商业发财致富，大多数人生活比较困难，甚至处于贫困境地。乡村中的平民缺少土地以至没有土地。穷困的平民向贵族租佃土地，借贷财物，受着贵族的压榨和盘剥，甚至遭受贵族的奴役。

尽管如此，但由于在王政时代贵族和平民等级划分刚刚产生，两个等级之间界限还不十分严格和分明，他们虽然存在矛盾，尚未发展到严重对立的地步。另外，王政后期埃特鲁里亚人入主罗马，埃特鲁里亚王采取一系列政策措施，笼络平民，压制打击贵族势力，以加强和巩固自己的统治地位。据说塞尔维乌斯·图里乌斯实行改革，不分贵族和平民，将全体罗马居民根据财产资格划分等级并确定其相应的权利和义务，因而在一定程度上提高了平民有产者的地位；他还把贵族霸占的公有地分给平民。高傲者塔克文压制和打击元老贵族，处死了一些元老贵族，以至于元老院出现空额也不增补。这些措施可能钳制了贵族势力的发展，起到了暂时延缓等级矛盾发展的作用。

然而，在公元前510—前509年推翻王政和建立共和国以后，平民和贵族的矛盾与斗争日益尖锐起来。贵族直接掌握政权后，力图巩固自己的特权，扩大政治和经济方面的势力，同时，他们为了维护自己的特权地位，在内部实行联姻，封闭起来，逐渐发展成为一个完全排他性的等级。这样，贵族和平民逐渐等级界限森严，泾渭分明，他们在政治和社会方面的权利不平等，必然导致这两个等级发生冲突。同时，在新的历史条件下，平民的处境更加恶化了。他们在政治上继续受到贵族的压迫，在经济上也日渐贫困化。由于共和早期工商业的衰落，一部分原先经营工商业活动的平民不得不转向农牧业生产，加上人口增加，少地和无地的平民数目急剧增加起来。虽然随着罗马的对外扩张，兼并而来大片公有地，但大部分被贵族所侵占，平民很少分得土地。同时，连年的战争也加重了平民的兵役和捐税的负担，加之敌人蹂躏乡村田地，以及遭受天灾人祸，往往造成平民负债累累，家破人亡。贫苦的平民有些投靠贵族，充当依附民；有些则向贵族借贷钱粮，维持生计。但在当时高利贷盛行，利息很高，又按债务习惯法，借债须以债务人及其家属的人身为抵押，到期不能偿还，债主有权拘禁奴役抵债者，甚至将其出卖到国外。因此，平民迫切要求改善自己的困苦境地，在经济上围绕着争取土地和取消债务奴役制问题展开斗争。同时在政治上，平民也强烈要求提高自己的地位，保障人身自由和合法权益，特别是富有平民要求享受与贵族平等的权利，参与政权，结束贵族独揽大权的局面。

三、共和初期平民的斗争

根据传统说法，平民反对贵族斗争最早发生在公元前494年，这次冲突的起因是债务问题。当时，平民不堪忍受债务奴役，特别是服役出征的平民战士甚至有战功的军官都因负债遭受残酷折磨，纷纷起来抗议。在军事形势紧张的情况下，为了平息平民的义愤，执政官塞维利乌斯颁布法令①，禁止债主出售服役军士的财产和子女。不料在战争胜利后，另一执政官克劳狄拒不执行这条法令，听任债务人受债主的摆布。因此，再次出征的平民群情激愤，集体撤离到安尼奥河对岸、离城5千米的圣山上，表示要与罗马脱离关系。这一行动使贵族大为惊慌，因为当时罗马周围强敌如林，战争此伏彼起，平民的军事力量对罗马来说是至关重要的。于是，贵族不得不作出让步，派使者和平民进行谈判，最后取得了和解。根据达成的协议，平民得到了推选自己的官员的权利，即每年从平民中选出两位保民官。保民官的人身不可侵犯，其职责是保护平民不受贵族官员的横暴侵犯。他们行使的否决权后来获得进一步发展，可以制止和否定国家官员的决定乃至国家机关的法案。大概在保民官产生的同时或稍后，又设置了两个平民市政官作为保民官的助手，他们负责阿芬丁山上平民神庙的祭祀、档案保管等，后来其权力也有所扩大。平民第一次撤离斗争的结果，可能还争取到释放当时被拘禁抵债的人，取消了未偿还的债务，但并没有废除债务奴役制。

保民官最初是如何产生的，由于缺乏确凿可靠的史料，难以断定。根据公元前471年保民官普布利里乌斯·沃来罗法推断，当时由平民按特里布斯组织召开只有平民才能参加的特里布斯平民大会（Concilium Plebis）已获得正式承认，当年的保民官就是在平民大会上选举产生的。据说平民大会投票时斗争十分激烈，保民官命令无投票权的人走开，贵族青年不走，几乎到了动武的地步。特里布斯平民大会是平民的政治集会，它推选平民自己的官员，可能还审理粗暴侵犯平民权利而处以罚金的案件。特里布斯平民大会通过的决定（Plebiscita）起初只对平民有效，后来围绕着平民大会决定不经任何批准即对罗马全体公民具有法律效力问题展开了长期和复杂的斗争。但是，无论如何，到公元前471年，平民经过斗争得到选举保民官和创设平民大会的权利，这是确凿无疑的。

共和初期平民还开展争取土地的斗争。相传公元前486年的执政官斯普里乌斯·卡西乌斯是第一个提出土地法案的人。他建议把刚从赫尔尼其人那里夺来的土地的一半

①　共和之初，罗马的最高官职可能不称为执政官（Consul），而称作行政长官（Praetor）。

分给平民。另外他还想收回贵族占有的公有地，和新获得的土地一起进行分配，这样可以较彻底地解决平民缺少土地的问题。这一法案遭到贵族激烈反对，卡西乌斯被指控僭取王权而被处死了。在这以后连续十几年，保民官都提出土地法案，但均未获得通过。在此期间大多是法比乌斯和克劳狄氏族贵族当政，他们顽固地反对平民的土地法案，执政官克劳狄在公元前 480 年收买了一个保民官反对另一个保民官以阻挠土地法案的通过。在公元前 473 年还发生了保民官简努西乌斯被暗杀的事件。直到公元前 456 年，根据保民官伊启里乌斯提议通过了一项法令，把阿芬丁山上的土地分给平民以供居住。总之，在共和之初平民争取土地斗争经常受挫，没有取得显著的成果。

四、十二铜表法的制定和随后的斗争

直到公元前 5 世纪中叶，罗马的法律只依习惯法，因循先例，没有成文规定。习惯法的规范比较含糊，对法律的解释权和司法审判权掌握在贵族官员手中，他们时常滥用职权欺压平民。平民为了保障自身的安全和财产，反对贵族司法上的专横行为，要求编纂成文法。据说为此而进行的斗争持续数年之久。公元前 462 年保民官哈尔撒提议编纂成文法，遭到贵族坚决反对。直到公元前 451 年才组成十人团，其成员全是贵族，赋以全权，制定法律。相传十人团只编出了十个法表。次年另选了第二个十人团，继续编纂工作，又加上了两个法表①。这些法律条文刻在铜板上，故称为"十二铜表法"。

从法律条文来看，十二铜表法基本上是习惯法的汇编，包含着产生于不同时代、互相矛盾的各种法规。就阶级实质来说，这部法典严格维护私有财产，是保护贵族利益的。但因为法律既已编制成明确条文，量刑定罪以此为准，这就在一定程度上限制了贵族的司法专横。不过，由于贵族仍然保持特权地位，平民在法律上还不能和贵族处于平等地位。例如，在法典中虽已规定了诉讼程序，但平民对起诉时所用术语和具体程序不熟悉，法庭开庭日期也未公布，因而平民起诉受到限制。尤其是在法典中规定禁止平民和贵族通婚，更是说明他们社会地位的不平等。在这以前，贵族不与平民通婚而在内部实行联姻，可能习以为常，但从未有过法律禁令。十二铜表法中规定这两个等级不许通婚，反映了贵族维护特权实行封闭达到顶点。这条被西塞罗等人斥之为不公正的立法，遭到平民强烈的反对，过了 5 年通过的坎努利优斯法案②，才取消了这个法律禁令。

据说，因为十人团期满后不肯交卸权力，尤其是其领袖克劳狄专横跋扈，欺凌平民，导致了平民第二次撤离。这里不免有虚构的成分。可能真正的原因是，平民在达到公布法律目的以后要求恢复并改进原来的政制，又进行了一番斗争。结果，十人团

① 许多学者对另选第二个十人团的传说持怀疑态度，认为是不真实的。

② 坎努利优斯法案通过的年代为公元前 445 年。

被迫下台。公元前449年选出瓦列里乌斯和荷拉提乌斯为执政官,他们实施了三项法律。第一条法律是恢复了上诉权(Provocatia),即当公民被高级长官判处死刑或其他重刑时,他有权向公民大会提出上诉。据记载,在公元前509年罗马公民已获得上诉权,可是后来被十人团取消了,因此公元前449年立法重申这一法律①。第二条法律是确认平民大会通过的决定为全体人民都必须遵守②。这样,平民大会的地位和作用大为提高,发展成为罗马立法机构之一。第三条法律是涉及保民官人身的神圣不可侵犯性,根据这一法律,凡是侮辱保民官的人都要被处死,并没收其财产。以前保民官的人身不可侵犯是由平民立誓惩处侮辱者得到保障,到公元前449年则正式得到法律保护。大概在公元前471年保民官已增至4人,到公元前449年可能增至10人。

以后,大约在公元前445年,平民在争取到和贵族通婚合法权的同时,他们又要求担任执政官之职。贵族当然不愿把高级官职轻易让给平民,但为了应付平民要求参政的斗争,答允设置军政官这种特殊职位;每年选举产生执政官还是军政官则由元老院决定。军政官具有协议性质的执政官的权力,初为3人,后增至6人,无论是贵族还是平民皆可出任。这种改变可能也出于军事方面的原因,因为当时罗马对外战争频繁,两个执政官不胜军职,需要更多的军事指挥官,而平民在军队中占有相当大的数量,历来担任各级军官,具有作战经验。据说,公元前444年选出的三个军政官之一是平民。尽管如此,由于军政官是在森都里业大会选举产生,在那里贵族占据优势,因此在公元前400年以前担任军政官的主要是贵族,平民当选为军政官的甚少。

---

① 西塞罗认为:早在王政时代罗马公民已有上诉权;李维则认为:一直要到公元前509年执政官瓦列里乌斯立法才授予公民上诉权;以后,公元前450年十二铜表法、公元前449年瓦列里乌斯和荷拉提乌斯法、公元前300年瓦列里乌斯法案皆提到了上诉权。有些学者认为,上诉权得到法律确认并付诸实现并非简单易行之事,因而需要一次次立法加以重申。另一些学者认为,古典作家有关上诉权问题的记载有误,前几次立法的记载不过是重述了公元前300年事例而已。另外,他们对于上诉权所涉及的案件本身,也有不同的看法。

② 据李维记载,除了公元前449年通过此项法律以外,公元前339年独裁官披罗和公元前287年独裁官霍腾西乌斯也都通过了同样内容的法律。罗马史学家对此问题有着各种不同的解释。有的认为,公元前449年立法不具有历史真实性,它只不过是复述了以后立法的事例;有的坚持传统观点,认为贵族不服从新法律,因而不得不在后来一再重新加以确认。也有学者认为,李维的记载混淆了平民和人民的概念,此项法律是在公元前449年产生的特里布斯民众大会上通过的,后被误认为平民大会所通过。还有学者认为,公元前449年平民决定具有法律效力的立法在当时可能附有条件,即首先要取得元老院批准,然后再提交森都里亚大会通过,这些条件后在公元前339年和前287年先后被取消了。另有学者认为,公元前449年的法案是在特里布斯民众大会和平民大会上通过的,但都要获得元老院批准才能具有法律效力,而这种元老贵族对上述两个立法机构的批准权,分别在公元前339年和前287年被废除了。

公元前 443 年，设置两个监察官职位，规定只能由贵族担任。据说这也同平民反对贵族斗争有关。因为设立军政官之职后，平民担任此职握有执政官大权，而贵族不愿把执政官全部权力交给平民，于是另设监察官来分担执政官的部分职权。起初，监察官的职权是对公民进行财产调查，分配公民到相应的财产等级和部落，后来权力扩大，负责掌管国家契约，编制元老院名册，监督社会风尚等。公元前 421 年，原先作为执政官助手的财务官由 2 人增至 4 人，负责管理国家财政，并对平民开放。据说公元前 409 年四个财务官中有三个是平民。可见，到公元前 5 世纪下半期，平民已经获得担任国家一些官职的权利，贵族垄断政权的局面开始改观。

五、公元前 4 世纪平民斗争的逐步胜利

公元前 5 世纪末和前 4 世纪初，罗马贵族和平民的斗争一度沉寂下来，究其原因，大概是和当时接连不断地进行对外战争有关。面对厄魁人、沃尔斯奇人、伊达拉里亚人和高卢人的威胁和入侵，平民和贵族不得不暂停斗争，团结对敌。可是，在高卢战争后，两个等级之间的斗争重新爆发了。平民经过前一阶段的斗争虽然在政治和社会方面取得一些权利，但与平民下层密切相关的经济问题并未解决。随着罗马的扩张，公有地数量有所增加，贵族乘机大量侵占土地，平民所得无几，土地仍感不足。据说在公元前 396 年罗马征服维伊以后，曾分给每个公民 4 犹格（一说 7 犹格）土地，平民的土地要求得到部分满足。可是，长期战争特别是高卢战争的破坏，加速了小农的破产和土地的集中，同时债务盘剥和奴役也更严重了。因此，土地、债务和争取政治上平等权利问题结合起来，又提到斗争的日程上来。

公元前 376 年到前 367 年间，平民和贵族展开了激烈的斗争，终于迫使贵族作出让步，在公元前 367 年通过了著名的保民官李锡尼乌斯和绥克斯图斯法案：（1）已付债息一律作为偿还本金计算，未偿还部分分 3 年归还；（2）占有公有地的最高限额为 500犹格；（3）取消军政官，重选执政官，两个执政官之一须为平民所担任。而绥克斯图斯本人在公元前 366 年当选为第一个平民出身的执政官。

既然平民获得担任国家最高官职的权力，其他的官职也就对平民陆续开放了。公元前 366 年从执政官职权中分出审判权交给新设的行政长官，起先这一职务只能由贵族担任，到公元前 337 年允许平民也可担任。在公元前 367 年设置了两个贵族市政官，过了一年便规定由贵族和平民每年轮流出任。公元前 356 年和前 351 年平民鲁提鲁斯先后担任独裁官和监察官，说明这两个国家重要官职也可为平民担任。公元前 342 年通过盖努西乌斯法，规定两个执政官皆可为平民担任。公元前 339 年平民出身的独裁官披罗又实施了三项法律：（1）两个监察官之一须从平民中选出。（2）把元老院对公民大会通过的决议的批准权，改为高级长官提交公民大会通过的议案事先经过元老院审议。这一法律看起来是改变了元老院批准公民大会决议的程序，实际上则是削弱了元老院的权力。（3）重申平民决定具有法律效力。

平民在政治斗争中取得的胜利，加强了他们的阵地，有利于他们在社会和经济方面斗争的开展。公元前 357 年保民官图伊利乌斯和墨纳尼乌斯把借贷的最高利息限定为 1/12，即 $8\frac{1}{3}$%。公元前 352 年国家设立五人团，帮助负债人解决困难。公元前 347 年又把原有利率减半。公元前 344 年宣布了延期偿付令。公元前 342 年通过简努西乌斯法，禁止高利贷①。公元前 326 年通过了波提利乌斯法案，禁止以人身抵债，废除了债务奴役②。从此以后，平民的人身自由得到了保障。公元前 304 年市政官弗拉维乌斯把诉讼程序和法庭术语汇编成册，公诸于众，并公布了开庭日和不开庭日，这使贵族失去了对法律和司法知识的垄断，保证平民在法律方面享受到实际平等的权利。公元前 300 年通过瓦列里乌斯法，重申公民对包括独裁官在内的高级官员的判决有上诉公民大会的权利。同年还通过了保民官欧古尔尼乌斯兄弟法案，把大祭司和占卜官各由 4 人增至 9 人，所增加的人数都从平民中选出。宗教职务在罗马被认为是神圣的，一直为贵族所把持，现在也被平民分享。至此，平民和贵族在担任国家公职方面已经没有任何重要区别了。

六、平民反对贵族斗争的结果

平民对贵族最后一场大规模的斗争发生在公元前 287 年，据说这次斗争的起因是债务问题，但比较可能的是，其原因带有政治性质。当时平民举行了最后一次撤离，占领了第伯河对岸的雅尼库路姆山。后来，平民首领霍腾西乌斯被任命为独裁官，他公布一项法律平息了平民骚动，这项法律再次批准平民决定对全体公民都有法律效力。这样，由公元前 449 年瓦列里乌斯和荷拉提乌斯法案所提出的权利，经过长达百余年的斗争，终于得到最后确认。一般认为，这一事件标志着平民反对贵族斗争的胜利结束。

平民反对贵族斗争的结果，首先是平民的地位有了明显的提高。

经过两百余年的斗争，平民在政治、社会和经济方面不同程度地取得了成果。全体平民在政治和法律上争得了与贵族享受平等的权利，在法理上成了共和国的主人。平民与贵族通婚的合法化，使平民取得和贵族平等的社会地位。平民的经济地位通过斗争也有所改善。这就使得罗马公民内部关系得到调整，扩大了共和国的社会基础。特别是废除债务奴役制，划清了自由民和奴隶之间的界限，开创了罗马奴隶主不再奴役本国公民，而是奴役外籍奴隶的道路。后来随着奴隶制的进一步发展，罗马公民内部矛盾逐渐让位于奴隶主阶级和奴隶阶级之间的对立，使罗马发展成为一个典型的奴隶制国家。

平民地位的提高，特别是国家高级官职对平民开放，对于平民中的富裕上层具有

---

① 李维对此法曾表示怀疑，实际上此法是行不通的。

② 按李维的说法，此法通过于公元前 326 年；按瓦罗的说法，则是在公元前 313 年。

重要意义。他们一旦当选为高级官员，便有可能经过遴选参加元老院。同时通婚权又使他们通过联姻方式与贵族融合起来。大约在公元前4世纪下半叶和公元前3世纪初，平民上层便与贵族逐渐合流，形成所谓"新贵"，共同把持政权。因为在等级斗争过程中，贵族日趋衰落，他们屡屡参战，死亡枕藉，家族凋敝。狭隘的贵族内婚习俗也使其世系不健全。相反，平民的政治影响和势力与日俱增，特别是富有平民参与政权，成为当时社会上显赫人物。贵族之中许多人抛门第之见，开始与平民上层结好；而平民上层也有意攀附贵族，互相联姻，逐渐融为一体。他们独揽大权，排斥异己，利用职权大量侵吞公有地，大规模使用奴隶进行生产劳动，变成为新的奴隶主阶级上层。据说，李锡尼乌斯和绥克斯图斯法案通过后不久，李锡尼乌斯、绥克斯图斯和吉努西乌斯等平民家族首先变成了新贵。以后新贵陆续增加，到公元前4世纪末出现了十几家新贵。在新贵之中也有来自拉丁姆和坎佩尼亚城市的显要人物，如图斯库罗姆城的弗尔维乌斯家族便是拉丁人中最著名的新贵家族。

富有的平民变为新贵分出去，余下的平民主要是占有土地或缺少土地的农民、城市手工业者和商人以及贫民。他们在等级斗争过程中地位有所改善。尽管土地问题没有得到根本解决，但随着罗马对外侵略扩张，建立军事殖民地以及分配少量的公有地，也满足了部分平民对土地的要求。据统计，从公元前343—前264年，大约把6万份地分给拉丁人和罗马人，其中罗马人约占4万份。债务的减免，土地集中有所缓和，也使罗马小农得以维持。

自由农民积极支持并参与罗马对外侵略扩张活动，他们构成了罗马军队的主要来源。另外，由于罗马地位提高和城市工商业的发展，以及公民权的扩展，吸引了大批移民特别是拉丁人移居罗马，使城市人口迅速增加。他们之中包括大量的被释放奴隶和脱离保护关系的依附民。同时，由于大土地所有制的发展，奴隶劳动开始大规模使用，使农民丧失土地和工作机会，失去土地的农民流入城市，与原来的城市贫民汇合而成流氓无产者。这样，在作为奴隶主统治阶级上层的新贵出现的同时，也形成了与之相对立的新的平民阶层。

其次是促进了罗马国家制度的完善。

在平民和贵族长期斗争的过程中，罗马的政治组织和官制也有发展。罗马的宪法从来不是由哪个立法家全面想出来的，而是在长期实践中逐渐形成的，所以它不成完整的体系，机构之间职权的界限也不很明确，基本上按习惯先例办事。

民众大会总共包括四种形式，这与历史发展有关系。旧有的该废除的没废除，所以保留下来的机构常常有重叠之弊。

1. 库里亚大会。库里亚大会是氏族末期的群众大会，共和国以来日益不重要，但始终没废除。到共和末期，开会只为讨论遗嘱和继承等问题。另外所剩的唯一职权就是在会上举行向执政官和行政长官授"强制权"典礼。公元前1世纪时出席大会的只有主持官一名（执政官或大祭司）和30名卫士代表30个库里亚。

2. 森都里亚大会。这个传说起源于塞尔维乌斯时期的大会，可能真正成立的时间稍晚一些。无论如何在共和国早期这是一个重要的人民大会。在会上选举执政官、行政长官和监察官等重要官职。它也是人民上诉的最高法庭。对外宣战讲和的决定也在这个大会作出。

森都里亚大会的范围比库里亚大会要广泛一些，包括了平民，特别是其中的有产者。但这个议会也不是很民主的。首先是富人的票数占着绝对多数。其次是老年人占重要地位。在进行选举时都是从骑士中先选一个第一投票人让他先投并宣布结果。这种做法影响很大，因为人们都有追随领头人或追随先例的习惯。能通过第一票控制选举。

3. 部落会议或称特里布斯大会。这个大会据说出现于公元前449年。参加者和森都里亚大会的参加者基本上是一样的。只是这个会议是在部落里分别开，比较方便，不必把193个森都里亚集合在一起开。也是由执政官或副执政官召开。在森都里亚大会上占优势的是财富和年龄，而在部落会议上一些小的农村土地所有者，作为部落的骨干，可能有较大影响。

与森都里亚人会的另一个不同点是四个城区部落的众多无产者也都能够投票，不过只限在四个城区部落，他们比起人数少的乡村部落，每人投票的效力就要小了。克劳狄乌斯曾试图就这方面进行改革但没有成功。不过无论如何，部落大会比森都里亚大会要更为民主一些。它逐渐分得了森都里亚大会的一些职权，在这个会议上选举财务官和显贵市政官。它受理上诉案、罚款案等。有许多立法提案在部落议会中通过。最初这种决议要经元老院批准。公元前339年之后部落会议通过的决议不经元老院批准即可成为有效的法律。

4. 平民议会。平民议会和部落议会一样以部落为基础，但参加者只有平民。由保民官召开。据说在公元前471年已经出现，最初不受重视。后来随着平民地位的提高和保民官职权的增长，平民议会逐渐具有了立法机构的资格。在平民议会上选举保民官和平民市政厅，在这里也审理一些案件。公元前287年以后平民议会也获得了独立立法的资格。它的决议不经元老院批准就成为法律。

两个部落会议都是立法机构，其构成的成分也很相像（因为贵族通常也很少参加部落会议）。两个议会有时职权分不清，作家也常混着提。

关于官制的发展，除共和初的两执政官、独裁官和神职官外，又出现了一系列新的官职。因为随着国家的扩张，执政官事务繁多，不得不把一部分职务分摊给另一些公民承担。在古罗马做官是一种荣誉，没有薪俸。这意味着尽管平民得到任官职权利，但只有富人能担任。而且虽说官员是全体公民选的，但是选举时并不是所有公民都能来参加。有生产工作和无钱的人往往不能来投票，而且选举可能被人控制使之有利于某些人。因此，新贵族（nobilities）有可能一代代相继担当某些官职。生人想进入这个统治阶级圈子是很难的。

到公元前4世纪大约有下列这些官职：执政官2人，行政长官2人，监察官2人，市政官（营造官）4人，财务官4人，必要时设独裁官1人。

另外有保民官，不算罗马正式官职。

除这些主要官职外，还有一些助手和下属低级公务人员：有侍从、文书、信使、传令官，下级或地方法官、警官及各种顾问参谋等。

执政官是最显贵的职务。共和国早期罗马战事频繁，军事统帅日益重要。执政官逐渐减少日常职务而趋向纯军事首领，因为胜利愈多军事领导愈神气。有成就的将军可举行凯旋式，分得大份额的战利品（一般他须将所获金钱投放到公益事业上）。在统治阶级家庭中，各家庭的光荣要看他家出过多少执政官，有多大军功。各家都为祖先塑造蜡像，在上面慎重地记下他的军功，庄重地陈列在贵族家庭的大前厅里。

在紧急情况下，仍旧可选一名独裁官代替两名执政官主持一切。

行政长官是执政官之下的首席长官，主管民事诉讼。他听取申诉、发布指令给下级法官或由较年轻的元老组成的3人审理组，让他们分析证据和案情，决定判决意见。

行政长官的另一职务是公布法令汇编，特别对法典上没明确规定办法的案件制定处置原则。行政长官还提名地方法官（Praefecti）的人选。地方法官在其他城市（最初在坎佩尼亚，后在意大利各地）执行司法职务和监察官职务。

此外行政长官也作为执政官的代表负责召集元老会议。有时行政长官也随执政官出征。行政长官也有强制命令权。这一官职可能是在公元前366年才确立的。

监察官最早设于公元前443年，两人，任期初为5年，后改一年半。任务是调查统计公民人数和财产，登记造册作为划分等级、征兵、征税的依据。监察官有权甄别等级的划分，认为不够格的公民可以给予降级。除财产资格外也考虑其他方面，例如在战场上表现怯懦，滥用公款，私生活荒唐或行为残酷等都可作为降级的理由。监察官评语尽管不是法律，但对于评价一个人的人格有很大影响。受监察官贬黜的人同受正式法律制裁一样不光彩。公元前4世纪至前3世纪监察官的职权更增加了。他负责拟定元老院的人选，通过甄别也干预到元老贵族的私人生活，于是有了监察官员道德水平的性质，具有了现代监察官含义的职责。他的纪律权因而也达到了罗马统治家庭。不过监察官没有强制权，他的这种权力还不完全是法律性质的，能否执行得好还要看公民整体的道德水平。监察官本人也必须品行端正。因此监察官位置一般都由卸任执政官，曾经受严格考验、资历深厚、德高望重的元老担任。

监察官在公共财政方面也承担重任。他负责和承包商订立公共工程承包契约，如修桥，修水道等。

有执政官权的军团司令官。公元前444年到前367年之间，罗马由于特殊历史条件的需要曾经有50多年不选执政官，而选举几个军团司令官，并给他们以执政官权。这期间只有二十几年选过执政官。军团司令官的人数不完全一样，有时3人，有时4人或6人，还曾有一次为8人，一次为9人。用军团司令官代替执政官的原因和情况因无史料不能详知。不过从共和国这时期的历史看，可能由于那时几面受敌、战事频仍，两位执政官不敷需要，故此任命较多的军团司令官，各领一路人马应战不同来路的敌人。大约在公元前367年之后，这种做法就停止了。

平民保民官。这一官职的兴起在罗马最引人注意。平民保民官不算罗马的正式官员。他没有强制权，也没有执政官等高官所具有的紫边拖裾服装、饰以象牙的坐椅、武装卫士等尊荣，也不能主持神圣的占卜仪式，但是他们实际上对罗马政治影响很大。到公元前300年之际保民官已成为举足轻重的角色。他们这一独特地位来自他的否决权（Veto）。他代表被压抑的平民阶层向当权的贵族阶层办交涉，主要依持他有权否决所有官方的决议。无论是普通官员或地方官的命令，以至元老院和各人民大会的议案保民官都有权否决。他可以随意使用否决权，可以制止一切事情的进行，而且这样做不能算违法。不过实际上这种权力的实行也不是绝对没有限制，首先要靠贵族肯于妥协才能有效。其次，贵族当权者可以利用煽动群众的办法使某保民官失去拥护者，任满后不再当选，他的提案也就无效了。有时贵族还可利用保民官中另一人反对提案，或对某一保民官的否决再加以反否决，从而阻止保民官意旨的通过。

财务官出现较早，最初可能是执政官的助手，主管钱财方面的事，也带有助手副官的性质。它由公民投票选举，初为2人，公元前421年增为4人，其中2人主管财政，另外2人为执政官助理。

市政官最初可能是平民的官，大约在公元前450年前后，平民争取到把在阿芬丁山管理谷神庙建筑的官员变成平民的市政官，主管平民居住区的治安、市政工程、道路、市场、剧院及建筑物等。后来贵族也选2人管理全城的这类事务，称为显贵市政官（Curule Aediles）。大约到公元前364年，两种市政官合并改为4人，平民也可任显贵市政官。

代行官（Promagistrates）。罗马的官职大多数任期一年，一般不连任。公元前342年更规定重任原职必须经十年间隔之后。这种办法造成许多不便。有时战事拖得很长，做指挥的执政官因任期届满不得不中途让位给新人，工作间断，造成损失，特别是有才干的指挥官不能充分发挥作用。为克服这种缺陷，罗马采用了延长执政官军职的办法，即执政官任期届满时，可卸执政官职而不卸指挥军团的职务。这种延长任期的指挥官多是在外作战的将官，称为Proconsul。这个办法第一次使用是在公元前326年那不勒斯之战时。当时元老院提出要求部落会议延长独裁官普布里利乌斯·披罗（Publilius Philo）的任期以便使他能够完成对那不勒斯的包围战。此后，这种任命代行官的方法经常使用，而且范围也有了扩大，除了有执政官级的代行官外，还出现了其他官职的代行官，如行政长官级的代行官Propraetor等。

公元前4世纪末，罗马政府的官制基本定型。整个罗马共和国时期也基本如此，只到末期才有较大变动。

各官职间的升迁有比较固定的阶梯次序。青年人从政的起点是先当兵，在军队中服役若干年，担任低级军官。大约 17 岁到 27 岁在军中度过。然后如想进入政界即可从财务官（或助理官）做起，下一步是营造官。然后是行政长官，最后是执政官。监察官通常由卸任的执政官担任。

一切公职人员都能否决其同僚的行动。但为了避免过多利用这一权力而对公共利益发生有害影响，当两个执政官都在城内时，按月轮流执政，都在外指挥时则按日轮流。较高级的公职人员握有高于其下级的权力，通常可以驳斥下级的行动。执政官或独裁官可以控制其他一切公职人员。一切公职人员都有权，但只有执政官、独裁官和行政长官有强制权。所以只有他们能指挥军队和召集人民大会。不过所有公职人员都有权使用一些办法来迫使人们服从命令，例如可以逮捕拒绝服从命令的人。对公职人员的尊重是罗马早期社会的一个特点。不过元老院集体的权力又在一切公职人员之上。所以在罗马共和国，实权往往最后握在元老院手里。

当官的来去短暂，而元老院却常存，元老们任期终身，他们对政治局势的发展变化都了解得比执政官等人更清楚。凡应付紧急情况或对付复杂局面时，元老院更能集思广益拿出应付的办法，因此元老院等于政府的心脏。按规定元老院不能立法，但习惯上元老院的决议（Senatus Consulta）被普遍尊重。一切官员实际上都按元老院制定的政策办事。元老院掌握重要的财政和外交大权，也握有其他方面的广泛权利。公元前 4 世纪中叶以前，凡各人民会议的决定都要经元老院最后批准才有效。后来几经人民的激烈斗争才免除了元老院最后的批准（或否决）权。

元老院由卸任的执政官组成，而一切高官又都由罗马的豪门贵族包办。所以元老院长期大权在握，而这正说明了罗马早期共和国的贵族性质。新贵族则是平民和旧贵族长期斗争后出现的，是平民有产者和旧贵族的联盟。

总之，平民反对贵族斗争的结果，虽然并没有改变罗马共和国的贵族性质，但它确实在某种程度上完善了罗马的国家机器，缓和了自由民内部的矛盾，调整了自由民各阶层之间的关系，保障了自由平民的利益，为罗马成功地对外扩张奠定了基础。

第四章
罗马在意大利的胜利

第一节　罗马人和萨伯利人争夺中意和南意的斗争

一、说奥斯其语的萨伯利人

公元前 5 至前 4 世纪，当罗马竭尽全力进行内外斗争，扩大势力范围，在拉丁姆及其周围埃特鲁里亚和坎佩尼亚等部分地方站稳脚跟时，住在南亚平宁山的萨伯利部族也把势力扩张到了中意和南意的大片地区。

这一支从很古的时代就住在亚平宁山南半部的意大利部族自称萨庇奈人（Sapineia），罗马人称他们为萨伯利人（Sabelli）。他们同萨宾人有关联，但又非同族。他们的语言被称为奥斯其语（Oscan）。本来奥斯其人（Osci）是萨伯利人到南意来之前，住在南意的一支土著居民，主要在坎佩尼亚。当萨伯利人侵占坎佩尼亚之后，入侵者萨伯利人的语言也被人称为奥斯其语。而萨伯利人的语言又随他们征战的足迹散布在南意各地分成许多支派。后来各地的萨伯利人笼统被称为"说奥斯其语的萨伯利人"。

萨伯利人是一支很大的部族，原来住在亚平宁山区，他们同厄魁人和伏尔西人之进入拉丁姆一样，也由于人口压力而向中南意平原海岸扩展。公元前 5 世纪，在坎佩尼亚的埃特鲁里亚人和沿海的希腊人都抵挡不住萨伯利人的压力。公元前 450 年后不久，萨伯利人就逐步控制了坎佩尼亚：公元前 423 年占了加普亚，公元前 420 年占了库麦。此后又向南发展占据了路卡尼亚（Lucanja），把本地居民赶到半岛的靴尖部分，把希腊人也挤到狭窄的海边地带。到公元前 4 世纪中叶，在靴尖部分的居民也受其影响变成说奥斯其语了，他们自己独居一区脱离路卡尼亚，称为布鲁提（Bruttii）。在半岛东岸阿普里亚以北地方，萨伯利人到达了亚得里亚海，再往南就受到了阿普里亚土著居民和希腊大城塔兰托（Tarentum）的顽强抵抗。但总之，到公元前 350 年之际，南意大利的大部分地区已经落入萨伯利人之手。

用攻占土地的面积来衡量，萨伯利人的成就比罗马人还要大。但是他们不像罗马人成体系、有中心。萨伯利人可能按古意大利部落称作"初生奉献"的习俗，认为出生于某固定时刻的孩子长大后应到新地方去移居。这其实是一种神圣化的分散人口的做法。这种做法往往不是有组织的以国家为后盾的移民，因此分出去的人口与母邦彼此间有分歧和对抗，不能团结成一个民族。

萨伯利部族中最大的一支是萨姆尼特人，原居亚平宁高地，发展之后东达亚得里亚海，西达坎佩尼亚沿海，南与路卡尼亚接界，盘踞在意大利半岛中部被称为萨姆尼乌姆的大片地区。萨姆尼特人本是吃苦耐劳的牧民和小农，居住地以村庄（Pagus）为主，没有城镇。也有较大的土地所有者，但财富不均初时还不明显。每一谷地或高原台地自成一村，有选出的首领称米底克斯（Medix），主要负责战事和司法事宜。一些村庄松散地联合成类似部落的组织，称为图托（Touto），有首领。一些图托又联合成更大的部落联盟，以波维阿罗姆（Bovianum）为中心。这里有各部落首长共同选出的部落联盟、军事首长和联盟议会①。

公元前4世纪时，住在萨姆尼乌姆的萨姆尼特人已很稠密，他们的政治组织仍是部落联盟性质，地区差别和阶级分化导致的内部矛盾还不明显。不过各地区地理上的孤立、分散妨碍了更密切的政治集中。联盟对外不进行大规模战争时，常常有小股人出来袭击邻人。他们又有出去给意大利和西西里的希腊诸城邦当雇佣兵挣钱的习惯。这些散兵使萨姆尼特人在意大利各部族中声名狼藉。

住在路卡尼亚的萨伯利人，生活习俗语言同萨姆尼特人基本相同，但是他们自成一体，有自己的军事领袖，成一独立的部落联盟。

住在坎佩尼亚的萨伯利人不仅独立于其他奥斯其语的部族，而且采纳了不同的生活方式。他们吸收了埃特鲁里亚和希腊人的先进文化，过上了城市生活。偶尔有些年轻人仍出去当雇佣兵，但城市工商业已经发展起来，特别是加普亚已经成为意大利的一个重要工商业中心，出现了手工业者和商人以及富裕的城市上层统治阶级。政治上建立了希腊式的城邦，像拉丁诸城或埃特鲁里亚诸城一样组成城市联盟，以加普亚为首。其统治阶级学了埃特鲁里亚人的骄奢生活，用壁画装饰居室，让掠来的萨姆尼特人互相角斗取乐。手工业则以希腊人为学习对象。公元前4世纪时，在坎佩尼亚定居过城市生活的萨伯利人和在山区过粗野村居生活的萨姆尼特部的萨伯利人已经相去很远，迥然不同了。总之，到公元前350年前后，原来的萨伯利部族已经分散演变成几个不同的支系，各自独立发展，甚至互相为敌，相互战争了。

二、罗马与萨姆尼特人的第一次和第二次战争

罗马人同萨姆尼特人最初的接触是友好的。公元前354年，双方为防御高卢人的入侵曾缔结过一个同盟条约。公元前349年，高卢人来到拉丁姆又不战而退可能就是慑于罗马和萨姆尼特人的联盟。

但到公元前343年，由于加普亚的诱因，罗马人和萨姆尼特人开始反目。原来加普亚因常受萨姆尼特人的骚扰而寻求罗马的帮助。罗马虽然与萨姆尼特人有盟约在先，但这时竟派了一支相当大的部队支援加普亚。罗马改变政策的原因不明。很可能新兴的富有平民领导人看到了与富庶的加普亚联盟在经济上有利。事实上作为意大利半岛上两个最强大的民族，罗马和萨姆尼特人为争夺南部意大利而展开斗争是不可避

---

① 关于萨姆尼特人的历史可参阅 E. T. salmoll：*Samnium and samnites*，Carabridge Cambrjdge University Press，1967。

免的①。

由于战事拖得很久，罗马军士不愿为加普亚人而长期在外地作战，发生了哗变。罗马只好罢兵，和萨姆尼特人重新议和，公元前341年订立了条约。李维称这次战争为第一次萨姆尼特战争，并且以相当的篇幅对战争的细节作了描述②。但罗马史学家们对于这次战争的有无多抱怀疑态度，认为李维的描述与较晚的第二次和第三次萨姆尼特之战重复。

无论如何，公元前341年罗马人和萨姆尼特人之间有一个友好条约，而坎佩尼亚人又联合拉丁人和伏尔西人等同罗马启衅。开始了所谓大拉丁战争。

经过了两年左右的激烈战争，罗马人终于取得了拉丁战争的最后胜利，建立了在拉丁姆地区的绝对优势。在解除了后顾之忧之后，它便再返回来对付萨姆尼特人。公元前338年对拉丁诸城和坎佩尼亚一些城市所订立的和约多少有团结西海岸平原人民反对山区居民的意味。公元前334年罗马在坎佩尼亚边缘加莱斯（Cales）建立一个拉丁殖民地，以帮助加普亚抵御萨姆尼特人的入侵。公元前334年罗马还同萨姆尼特的敌人塔兰托城缔结了个条约，这也疏远了罗马与萨姆尼特的关系。公元前328年罗马又在利瑞斯河谷的弗雷洁莱（Fregellae）建立殖民地，企图阻止萨姆尼特人到坎佩尼亚的通路。这一系列不友好的行动终于导致了公元前327年在争夺那波勒斯（Neapolis）问题上双方的公开冲突。开始了所谓的第二次萨姆尼特战争（公元前327—前304年）。

在这次战争中罗马人第一次遇到了在山地作战的困难。最初在平原地区双方僵持，萨姆尼特因罗马人的阻截，不能沿利瑞斯河和沃尔图诺河下到平原地带，罗马也不愿冒险沿河上溯深入到山区腹地。公元前325年，罗马军在萨姆尼特以北穿过优西努斯（Eucinus）湖区，越亚平宁山第一次到达亚得里亚海。从这里向南想进入萨姆尼特境时受阻而止。但在中亚平宁地区得到了几个同盟城，有马尔西（Marsi）、拍里格尼（Paeligni）等城。

据李维记载，罗马曾经夺回那不勒斯，并在平原地区几次打败萨姆尼特人。萨姆尼特人遣使求和，罗马人不允。于是萨姆尼特人设计扬言萨军已包围阿普里亚的卢西利亚城（Luceria），将迫使它投降。后者是罗马的同盟，为了防止萨姆尼特势力进入阿普里亚，罗马决定前去支援。

公元前321年，罗马军2万人从加普亚附近动身，试图穿过亚平宁进入阿普里亚去援助卢西利亚。

当罗马人进入考底昂地方两山之间的一个狭窄通路时，遭到了萨姆尼特伏军的阻截。由于逃脱无路，被迫投降。议和条件是萨姆尼特人取得弗雷洁莱等罗马据点，以600名罗马骑士为人质，而且要罗马全体官兵身着短装，在一个用矛架起来的轭下通过

---

① M. Cary and H. H. Scullard, *A History of Rome*, *down to the Reign of Constantine*, 591.

② Livy, *History of Rome*, 60.

以示屈辱。

考底昂峡谷（Caudire Forks）的耻辱使罗马人极为震惊。李维记载罗马元老院不承认所订条约，并在不久之后报仇雪耻以同样办法对待萨姆尼特人①。这显然是出于爱国主义的伪造，不大可信。这次耻辱的教训使罗马人改进武装，扩大兵力和改革作战方法大约是确实的。大约在这期间罗马从 2 个军团增至 4 个军团。每团 4200 人。建立了灵活的中队，即每两个小队（百人队）组成一个中队，作战时中队可以单独行动，改变了全团一致的大部队作战方法。同时从盟国征召同等数量的部队。大规模作战时，总数可达 3.5 万至 4 万人。

也在这时，为行军方便，在著名的监察官阿庇乌斯·克劳狄乌斯主持下，于公元前 312 年修建阿庇亚大道：从罗马直达拉丁姆沿海大城塔拉其那（Tarracina），再从此沿海岸向东南直达加普亚，成为极重要的一条通向南意大利的干线，平坦的大道有利于行军速度的加快。

这期间，萨姆尼特人曾经煽动坎佩尼亚和埃特鲁里亚的一些城市以及亚平宁山区罗马新降服的一些城市起来反抗罗马，但都被罗马一一击败。

罗马这时在西边沿海已稳稳地把坎佩尼亚的奥斯其语人控制在手。北面和中亚平宁诸城建立了同盟友好关系：有马尔西、拍里格尼、韦思提尼（Vestini）等。南面同阿普里亚的首城卢西利亚同盟。实际上从三方面包围了萨姆尼特人。公元前 312 年，罗马人还建立了一支规模不大的海军，巡逻西方沿岸。

深感孤立无援的萨姆尼特人于公元前 304 年向罗马寻求和解。罗马由于疲于拖延了20 年的战争，所以也乐于言和，并听任萨姆尼特人保持其独立地位。罗马满足于在坎佩尼亚、中亚平宁和阿普里亚等地的新收获以及对埃特鲁里亚的新胜利。在这期间罗马通过武力把埃特鲁里亚的贵族城邦一一合并了。

第二次萨姆尼特战争以罗马的胜利而告结束。随后罗马为了巩固胜利成果，修建了通向中亚平宁地区的瓦莱利亚大道（Via Valeria），并沿途建立了阿尔巴·夫森（Alba Fucens）和卡塞奥利（Carseoli）两个拉丁殖民地。在利瑞斯河上也建立了索拉（Sora）拉丁殖民地，以加强对中亚平宁地区的控制。

这次战争使罗马人同中亚平宁东部亚得里亚海沿岸的匹赛浓（Picenum）以及萨宾以北的翁布里（Umbri）发生了接触。这两个地区的居民都慑于高卢人入侵而愿与罗马同盟。当时匹赛浓是部落联盟，而翁布里已形成一些城市。罗马分别同他们订立了同盟条约，罗马为建筑一条穿过翁布里通往亚得里亚海岸的大路，在第伯河和纳尔（Nar）河汇流处建立了一个拉丁殖民城纳尔尼亚（Narnia），这条大道就是后来著名的

---

① Livy, *History of Rome*, 4.

弗拉明尼亚大道①。它的建成不但缩短了罗马与亚平宁半岛东北部的距离，而且也加强了罗马与上述地区的联系。

三、第三次萨姆尼特战争

第二次萨姆尼特战争之后，罗马人一方面积极巩固刚刚取得的胜利成果；另一方面采取各种措施加强与周边各民族之间的联系，准备以更强的力量迎接萨姆尼特人的挑战。与此同时，萨姆尼特人也不甘示弱，他们主动与路卡尼亚人接触，试图与路卡尼亚人结成反对罗马的联盟。路卡尼亚人居住于意大利的西南部地区，与萨姆尼特人属同文同种，而且关系一直不错。然而这次结盟活动却遭到了路卡尼亚人的拒绝，对此萨姆尼特人非常不满，他们派兵侵入路卡尼亚地区。公元前 298 年，路卡尼亚人向罗马求援，罗马派一支援军帮助赶走了萨姆尼特人。罗马史上所谓的第三次萨姆尼特战争由此爆发。从交战的战场看，第三次萨姆尼特战争，与其说是发生在意大利中部地区，倒不如说是发生在意大利北部。交战的双方，与其说是罗马人与萨姆尼特人，倒不如说是罗马人与萨姆尼特联盟。

战争初期，罗马把主力突入萨姆尼特和路卡尼亚境内，力图在萨姆尼特人境内结束战争，但萨姆尼特人在他们的优秀将领埃格纳提乌斯（（Gellius Egnatius）的领导下，主动把军队撤离家乡，向北迁回。他们成功地越过了罗马在亚平宁山区的一道道殖民地防线，经萨宾直上翁布里，到达高卢赛诺尼部族（Senones）占据的亚得里亚海沿岸。埃格纳提乌斯一路行军，一路收服包括高卢人和埃特鲁里亚诸城部队在内的各族兵力，组成了一支由半岛中部和北部众多部落组成的数量庞大的反罗马大军。罗马将领西庇阿·巴尔巴图斯（罗马史上第一个出名的西庇阿家族成员）追踪埃格纳提乌斯到翁布里，在卡美利努姆（Camerinum）遭到了萨姆尼特和高卢联军的阻击，罗马军大败。卡美利努姆一战的失利，强烈地震惊了罗马人。元老院深感局势严重，决定全国厉兵秣马，加强防卫，并大举召集退役老兵和被释奴隶，组成一支 4 万人的临时军队，由老将法比乌斯（Fabius Rullianus）和平民将领德西乌斯（Decius Mus）领导，对付埃格纳提乌斯带领的北方部族大联军。在翁布里北部森提乌母地方双方展开一场决战。决战开始，高卢的战车使罗马步兵屡屡受挫，伤亡惨重。据说，正在这极端危急的时刻，罗马大将德西乌斯以自我牺牲的爱国主义精神，奋不顾身，带头冲进敌阵。士兵们在其将领精神的感召下，奋勇杀敌。一时杀声震天，几乎崩溃的颓势迅速得到了扭转。德西乌斯牺牲后，主将法比乌斯利用坎佩尼亚盟军的骑兵最后冲垮了萨姆尼特大军，埃格纳提乌斯阵亡，萨姆尼特联盟分崩离析，四处逃亡。罗马军转败为胜。

---

① 据说，弗拉明尼亚大道为 C. 弗拉明尼乌斯任监察官时所建。弗拉明尼乌斯在任执政官时曾带领罗马军队与汉尼拔作战。公元前 217 年特拉西美努斯湖一战，弗拉明尼乌斯遭到惨败。

随后，罗马以武力迫使高卢人、翁布里人和埃特鲁里亚人向其求和。

公元前 290 年萨姆尼特与罗马签订和约，罗马提出了十分苛刻的条件。萨姆尼特必须让出一部分土地，并强迫其变成罗马人的同盟。罗马在它的附近设立了几个强大的拉丁殖民地，以监视它的一举一动。此外，罗马还合并了全部萨宾地区，把罗马领地直伸到亚得里亚海，从而彻底割断了萨姆尼特和北方各部族之间的联系。

罗马和萨姆尼特人在中南意大利长期争雄的战争，最后以罗马的胜利而告结束。双方论勇武和决心本不相上下，只是萨姆尼特缺少罗马人有体系的战略战术，也缺乏巧妙的外交手段，而罗马正是依靠这些优势才最终击败了萨姆尼特人。

第二节　罗马人和希腊人的南意大利之争

一、南意大利的希腊人

从公元前 8 世纪起，南意大利沿海各地就有希腊人来殖民。公元前 7—前 6 世纪，希腊人在这一地区的殖民活动更加频繁，从半岛"靴跟"部分的塔兰托，沿"靴脚"部分海岸，经"靴尖"直达坎佩尼亚的那不勒斯湾，希腊人建立了几十个殖民城。那不勒斯湾以北因为有埃特鲁里亚人势力的存在，所以这一带没有希腊人的殖民地。但越过这一段，希腊人在法国南部沿海也建立了殖民地，著名的马赛尼亚就位于这里。西西里岛也是希腊人殖民的重点。至公元前 6 世纪，西西里岛逐渐形成了两股势力。在此岛的东部和南部地区，希腊人建立的殖民城占重要地位，而西部地区则属于迦太基人的势力范围。公元前 480 年，西西里希腊殖民大城叙拉古在其僭主吉隆（Gelon）的领导下向迦太基人开战，双方在希美拉（Himeta）发生激战，迦太基失败。希美拉一战基本上奠定了希腊人在西西里东半部的统治地位。6 年后，他的弟弟和继承人，叙拉古僭主西伦（Hieron）在库麦击败埃特鲁里亚人，解除了库麦和那不勒斯对埃特鲁里亚人的惧怕。公元前 5 世纪是意大利的希腊殖民城最强盛的时期。

不过，希腊各殖民城有一个非常明显的弱点：即与它们的母邦一样，各殖民城之间非常不团结，因此很难建立统一的政治集团。公元前 5 世纪末，坎佩尼亚的库麦和那不勒斯由于一再受到强邻埃特鲁里亚人、萨姆尼特人和罗马人的压迫和争夺，逐渐失去了自己的独立地位。南方各城也常受到路卡尼亚和布鲁提等奥斯其语部落的侵袭，处境非常困难。

在叙拉古僭主狄奥尼修斯一世（公元前 405—前 367 年）的时候，曾打着保护希腊各城利益的旗号，将希腊各城联合起来，从而使希腊各城的势力有所增强。但在联合过程中，希腊各城也发现：它们实际上是失掉了许多独立性，变成了叙拉古强国的附庸。因此，公元前 367 年狄奥尼修斯一世死后，希腊各城纷纷退出联合体，从而使各城的力量更加涣散，更加削弱，这无形中就为操奥斯其语的邻邦意大利部族吞并他们创造了条件。

公元前 4 世纪，希腊殖民城中较强的只有塔兰托、图里依（Thurii）、里吉乌姆（Rhegium）等几个城。其中以塔兰托实力最强。他们尚能抵御意大利部族的侵袭保住自己不被吞并。

塔兰托是斯巴达人在公元前 8 世纪末创建的殖民城，它发展繁荣的时间最长。这是一个手工业和商业城市。它的财富主要来自畜牧业，有羊毛加工，纺织毛料，染紫色等工业。公元前 4 世纪时又成为陶瓷业中心。贸易范围以亚得里亚海为主，上达第伯河和阿尔卑斯山区，政治较民主，比较稳固，势力达到阿普里亚。有较强的军队，约 1.5 万人（公元前 4 世纪），还有一支海军，在大希腊诸城中，多少处于一种领导人和保护者的地位。

与意大利诸部族相比，塔兰托的实力又远远不如对手。但因为与希腊人有较好的关系，所以，常常能从希腊邀请援兵，似乎总有一些希腊的军事冒险家愿意来帮助塔兰托。公元前 338 年，他们曾请来斯巴达王阿奇达母斯（Archidamus）帮助对路卡尼亚人战斗。4 年之后又请到伊庇鲁斯王亚历山大（马其顿亚历山大的叔父），帮助他们打败了路卡尼亚、布鲁提等敌人，并同罗马订立了和约。再稍晚在公元前 303 年他们又请来斯巴达王克里昂尼母斯（Cleonymus），经斗争与路卡尼亚和罗马人讲和。过了几年，叙拉古最后一个僭主阿迦托克里斯（Agathocles）也曾帮助希腊诸城对抗过布鲁提人（公元前 298 年）。

公元前 298 年阿迦托克里斯去世，叙拉古消沉了，南意诸希腊城又陷于群龙无首的状态。

公元前 3 世纪以前罗马人同南意希腊人本没什么利害关系。在对萨姆尼特人战争期间，罗马势力开始伸到阿普里亚和路卡尼亚。多数希腊城对罗马南下抱欢迎态度，认为罗马人可作为阻止奥斯其语部族南侵的中介力量。但塔兰托人对此却顾虑重重，他们深恐罗马人闯入自己的势力范围，损害自己的利益。

公元前 282 年希腊城图里依遭到路卡尼亚人侵袭，图里依向罗马求助。罗马派兵支援，并很快击溃了包围图里依的路卡尼亚人。解救图里依的成功提高了罗马人在南意希腊人中的威信，图里依及其附近的希腊城市如洛克里和里吉乌姆等纷纷与罗马结成同盟，并允许罗马派军驻守。

罗马在南意的活动早已使塔兰托不满。因为早在公元前 334 年，罗马曾同塔兰托有约，不派兵到塔兰托湾。公元前 315 年，罗马在阿普里亚的卢西利亚设殖民地已使塔兰托不悦。现在进而把势力伸到海湾诸希腊城来更为塔兰托所不能容忍。因此，当一些罗马船来到塔兰托湾时，塔兰托人便毫不犹豫地击沉了其中的 5 艘，并乘机把罗马驻军从图里依赶走。当时，因为罗马正与高卢和埃特鲁里亚人有战事，所以只派使者交涉，要求赔偿。塔兰托拒绝，于是罗马便派兵侵入塔兰托，罗马与塔兰托之间的战争爆发。

二、罗马对皮鲁斯的战争

罗马与塔兰托战争爆发后，塔兰托又同以前一样从希腊本土搬来援军。这次搬来的是伊庇鲁斯国王皮鲁斯的军队。皮鲁斯是希腊化时代最杰出的将领之一，当时他正幻想在西地中海建立一个西方大帝国，塔兰托的求援正符合他向西扩张的愿望。公元前 280 年，皮鲁斯率领一支 2.5 万人的大军，其中包括重装步兵 2 万人，骑兵 3000 人，轻装弓箭手 2000 人，战象 20 头，来到意大利。同年，罗马军与皮鲁斯军在赫拉克里亚发生第一次激战。罗马新改革的步兵中队成功地顶住了马其顿方阵的进攻，但骑兵出了问题，马其顿的大象吓住了从未见过大象的罗马战马，从而扰乱了罗军的阵脚，使罗军大败。皮鲁斯取得了在意大利的第一次胜利，不过其损失也很惨重。但无论如何，这次战斗改变了罗马人在南意的优势，克洛顿、洛克里等希腊城市纷纷投向皮鲁斯，路卡尼亚和萨姆尼特也站到了他的一边。皮鲁斯乘胜北上，穿过坎佩尼亚直达拉丁姆。后由于未能得到更多的援助且又遇到罗马的顽强抵抗，皮鲁斯被迫撤兵回到南部意大利休整。

赫拉克里亚战役之后，皮鲁斯派使者启那乌斯（Cineus）到罗马，与罗马商议交换俘虏等事宜，要求罗马退出南部意大利，但遭到罗马元老院的拒绝。

公元前 279 年，双方在阿普里亚的阿斯库努姆展开第二次大规模的战斗。据说皮鲁斯军投入兵力达 4 万或 5 万人，罗军人数也相仿。战斗残酷地进行了两整天，结果罗马军败。形势对罗马相当不利。

不过，对皮鲁斯而言，虽然已经取得了两次胜利，但也付出了巨大的代价。据说，他在阿斯库努姆战后曾感叹地说："要是再来一次这样的胜利，我就没有军队回家了"。所以历史上常常把那些得不偿失的战争称为是"皮鲁斯式的胜利"。阿斯库努姆战后，皮鲁斯认识到与罗马人作战，只能用速决战，而不能用持久战。于是，他又派使者与罗马和谈，这次所提出的要求低于前次，只要求保证希腊人自由，再就是给予其同盟路卡尼亚等一定的赔偿。罗马元老院经商讨，再一次拒绝了皮鲁斯的和谈建议。罗马在此时之所以坚决拒绝皮鲁斯的和谈建议，显然与迦太基使者在罗马有关。当时，西西里的希腊城市看到皮鲁斯在意大利的两次胜利，信心大增。他们迅速派使者到意大利，要求皮鲁斯到西西里去，帮助他们抵制迦太基。迦太基人不愿意皮鲁斯到西西里去，所以积极游说罗马，坚决支持罗马对皮鲁斯的战争，并希望与之订立和平条约。其目的就是想让皮鲁斯留在意大利，从而不去西西里干涉西西里的事务。迦太基使者马哥（Mago）在第二次到达罗马时，终于与罗马达成有益于双方的协议①。皮鲁斯的使者只能无功而返。

---

① 波利比乌斯在其著作《历史》中曾记录了迦太基与罗马之间的条约，签约的时间为公元前 279—前 278 年，条约的内容对罗马有利。

皮鲁斯在与罗马人的外交努力失败后，决定放弃不抱任何希望的意大利战场，转而接受西西里希腊人的邀请，前往西西里，帮助那里的希腊人作战。

西西里的希腊人在叙拉古僭主阿迦托克里斯于公元前 298 年死后，处境日益艰难：一方面迦太基在西西里的实力大增，大有卷土重来之势；另一方面，一部分原来由阿迦托克里斯雇佣的雇佣兵占领了墨西拿（Messana），并以此为基地经常出来侵袭劫掠希腊城市①，使当地的希腊人苦不堪言。

皮鲁斯在西西里停留了 3 年。和在意大利一样，起初取得了一些胜利，把迦太基人挤到极西端的利利倍乌母（Lilybaeum）地区。胜利了的皮鲁斯得意洋洋，盛气凌人，时时摆出一副统治者的架势，从而使西西里的希腊人害怕不已，主动放弃了对他的支持。于是，他决定离开西西里，接受他在意大利的盟邦萨姆尼特人的请求，再次回到意大利。

公元前 275 年，皮鲁斯到达意大利。不过，再次来到意大利的皮鲁斯无论就实力，还是就受欢迎的程度都大不如前。他虽然很快组织了一支军队，并将其开到萨姆尼特人境内去抵抗罗马人，但贝内温图（Beneventum）一战，皮鲁斯军惨遭重创，被迫退回塔兰托。贝内温图一战使皮鲁斯建立西方帝国的幻想彻底破灭。此后，他只好收拾残军回转希腊。但在走前，他还是在塔兰托留驻了一支军队。

皮鲁斯回伊庇鲁斯之后，为争夺马其顿又进行了一些战争。公元前 272 年，他召回在意大利的留守军，此后不久，他就在希腊战死。

皮鲁斯的一段冒险插曲就这样结束了。塔兰托在皮鲁斯撤军后不久便落到了罗马人的手中。它和其他意大利南部的希腊城邦一样，都成了罗马的"同盟"，受到罗马人的控制。罗马随后又降服了南部意大利的其他部族：萨姆尼特人、路卡尼亚人、布鲁提人和阿普里亚人等。至此，罗马才顺利地完成了对南部意大利的征服。

三、罗马的意大利政策

罗马在完成了对中部意大利和南部意大利的征服之后，分别采用了不同的方法，对它们实行统治。

首先对南方的希腊城市，罗马与它们订立同盟条约。主要条件是要它们提供海船而不是陆军。这种海军同盟（Socii Nauales）有维利亚（Velia）、赫拉克里亚、图里依、克洛顿（Croton）、洛克里等城。塔兰托虽然也获得了同盟者的地位，但必须接受惩罚，向罗马交纳人质并允许罗马在塔兰托驻军。

罗马对布鲁提的政策是保留它们的自治权，只需它们交出一些林地，其数量约占它全部林地的一半。

---

① 占领墨西拿的雇佣兵自称马美尔提人（Mamertini），意为战神马尔斯之子。这些人来自坎佩尼亚，主要是说奥斯其语的萨伯利人和萨宾人。他们称战神为马美尔（Mamer）。

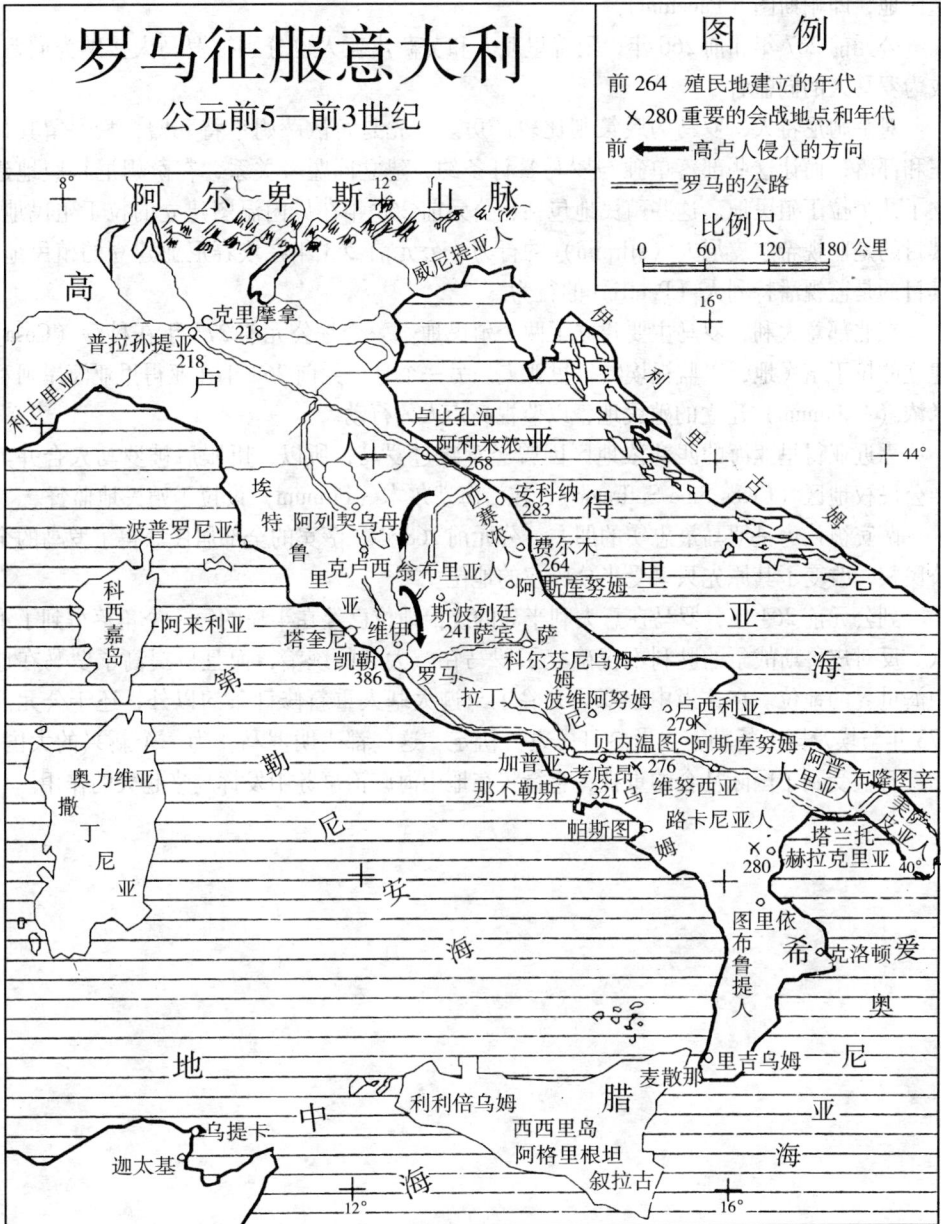

罗马征服意大利

公元前5—前3世纪

图 例

前 264 殖民地建立的年代

╳280 重要的会战地点和年代

前 ← 高卢人侵入的方向

══ 罗马的公路

比例尺

0 60 120 180 公里

阿尔卑斯山脉

高

威尼提亚人

利古里亚人

克里摩拿 218

普拉孙提亚 218

卢

卢比孔河

阿利米浓亚 268

埃特鲁里亚

波普罗尼亚

阿列契乌母

克卢西

翁布里亚人

安科纳 283

菲索浓

费尔木 264

阿斯库努姆

得

科西嘉岛

阿来利亚

第

勒

塔奎尼

维伊

斯波列廷 241

萨宾人 萨

罗马

科尔芬尼乌母 姆

凯勒 386

拉丁人

波维阿努姆

尼

卢西利亚 279╳

里

亚

海

奥力维亚

撒

丁

尼

亚

尼

安

加普亚

那不勒斯

考底昂 321

贝内温图

维务西亚

阿斯库努姆

阿斯库努姆 276

大

阿

普

里

亚

人

布隆图辛

美散

帕斯图

路卡尼亚人

╳280

塔兰托

赫拉克里亚 40°

海

图

里

依

布

鲁

提

人

希

克洛顿

爱

奥

尼

地

中

麦散那

里吉乌姆

腊

亚

海

利利倍乌姆

乌提卡

西西里岛

阿格里根坦

叙拉古

迦太基

罗马征服意大利

罗马人对路卡尼亚人也很宽大，允许其保留自治，他们只在这里建立了一个拉丁殖民地，即帕斯图（Pacetum）。

公元前267年和前266年，阿普里亚人和美萨皮亚人也分别被罗马人接纳为同盟，成为罗马人的同盟者。

对萨姆尼特人，罗马的政策则比较严厉。首先是解散萨姆尼特联盟，只保留其村庄和部落，而让这些部落单独与罗马签订条约，建立同盟者关系，在萨姆尼特腹地建立了几个拉丁殖民地。这些殖民地包括：公元前268年在贝内温图建立的拉丁殖民地，其目的是监视希尔皮尼人（Hirpini）的行为；公元前263年在埃赛尼亚建立的殖民地，其目的是监视潘特利人（Pentri）的行为。

在北部意大利，罗马主要建立了两个殖民地。一个是公元前273年在科萨（Cosa）建立的拉丁殖民地，以监视埃特鲁里亚人。另一个是公元前268年在亚得里亚海岸阿利米浓（Ariminum）建立的殖民地，以监视高卢人的行动。

靠近亚得里亚海的匹赛浓地区因曾经背叛过罗马，所以，臣服后被罗马人合并为半公民权地区（Cives Sine Suffragio），在沿海费尔木（Firmum）设拉丁殖民地监督。

萨宾被认为是罗马最忠实的朋友。公元前268年，萨宾的全部居民获得了罗马的全公民权，改变了其原先只享受半公民权的地位。

到公元前264年，罗马在意大利半岛的统治地位已经在半岛的每一个角落得到了承认。反对皮鲁斯战争的胜利不仅确立了罗马在意大利的统治，而且也提高了罗马在地中海世界的地位。在这当中，罗马人除了与迦太基人重新修订条约以外，还于公元前273年与埃及国王托勒密二世签订了友好协定。这些都表明罗马作为一个新兴的大国，已经日益受到了国际社会的重视，它行将在地中海政治事务中发挥越来越大的作用。

第五章
罗马在地中海
世界的胜利

第一节　第一次布匿战争

公元前 3 世纪上半叶罗马已经变成了意大利半岛的主人，但当时的罗马国家却仍只是一个由贵族元老统治和领导的共和制国家。国家以农业为本，大体上还遵循氏族时代沿袭下来的古老的法制和城市国家的规范。人民质朴勤劳，统治阶级也尚未沾染奢华习俗和贪婪风气。无论是元老还是人民都关心自己的农业和耕地。唯一和以前不同的是，从前一直困扰罗马人的土地问题在征服意大利半岛之后，得到了部分的解决。至于向海外发展、殖民、贸易和劫掠财富等，当时的罗马人似乎还不是很重视。

当罗马人在意大利崛起的时候，地中海地区一直被几个大国控制着。在东方有希腊化的马其顿、埃及和叙利亚；在西方则有迦太基。罗马自从征服意大利之后也变成了地中海强国，加上南意希腊诸盟邦的影响，尽管当时罗马人尚无准备与地中海诸强国发生冲突，但已不可避免地要卷入地中海世界的政治旋涡了。从公元前 264 年开始，罗马人同迦太基人开展了一场争夺西部地中海地区霸权的长期斗争。这场斗争的时间之长以及影响之深远，甚至连罗马的统治阶层也是始料不及的。它对以后罗马历史的发展起了非常重要的作用。

一、迦太基国家[①]

古迦太基城位于北非今突尼斯地区的东北部，旁边有巴拉格达河。古典传说谓此城的创建人为推罗国王之女爱利撒（Elissa）或狄多（Dido），她所建的殖民地称为 Karthadasht，意为"新镇"，以别于腓尼基人在乌提卡建立的旧殖民地，希腊人改称为 Karchedon，罗马人又改称为 Carthage。这一地区因位居地中海中部，又是东西地中海的商业要冲，所以，建立之后发展很快。到公元前 6 世纪，腓尼基母邦推罗、西顿等大城先后被巴比伦和波斯占领，迦太基便独立并发展起来。它排挤了当时的主要竞争对手希腊人，成为西地中海的首要商业城邦。到公元前 3 世纪初，迦太基已成为西部地中海实力最强的国家。其领土以迦太基为中心，主要包括北非沿岸从利比亚到直布罗陀、西班牙南岸和东岸、科西嘉、撒丁、西西里绝大部分和西地中海诸岛屿。迦太基与其他地区主要依靠船队来加强联系。

古典作家对于迦太基的政治制度报道很少，也很不一致[②]，大体上说迦太基初时

---

① 罗马称迦太基人为布匿人（Poeni），此词来自腓尼基人（Phoenioians），后转为 Punic，即布匿。

② 其主要内容散见于亚里士多德的《政治学》、波利比乌斯的《历史》以及西塞罗的《论共和国》等著作中。

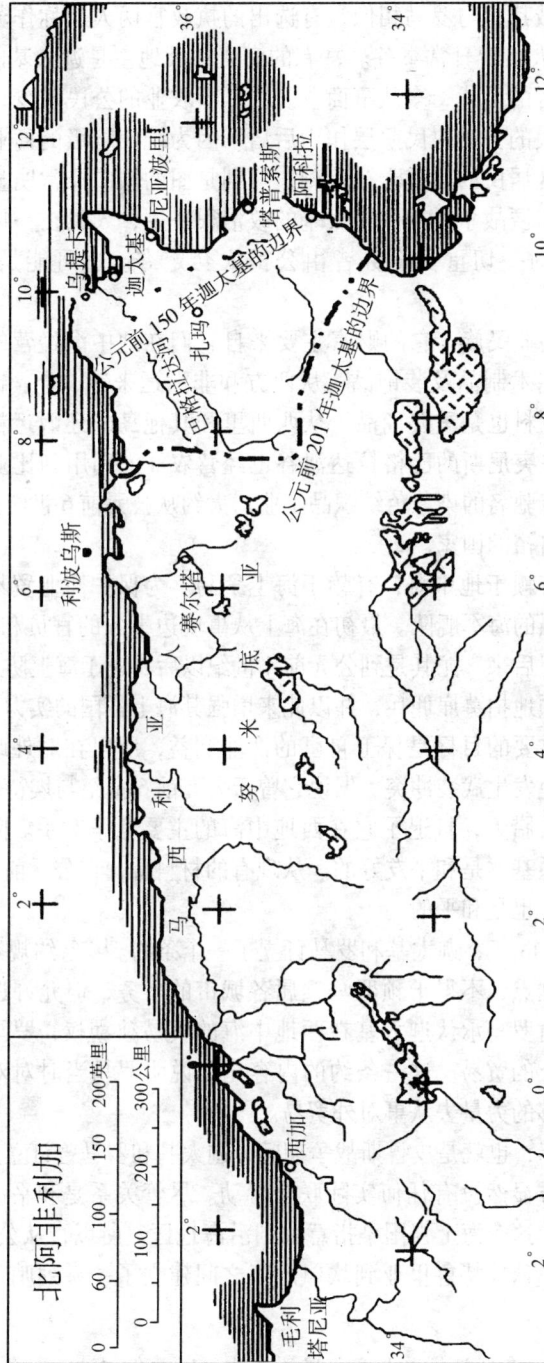

北阿非利加

是一种寡头贵族制城邦,与罗马相像,有选出的执政官两人,称作苏菲特,元老议会300人,其中有30人负责日常事务。富有的商人和大地主是迦太基的当权阶级,城邦公民是腓尼基殖民者的后代,多从事商业。因从事农业的公民较少,所以迦太基不像罗马那样有一个强大的公民农民阶层作为后盾,因为统治阶级的商业性质,所以迦太基人对于被征服地区居民的压榨十分苛刻,唯利是图的倾向非常明显。又据波利比乌斯报道,在第二次布匿战争时期,迦太基的政治很民主,人民在一切的创举方面都有最大的力量,国家的一切重要事务皆由公民大会定夺。这可能是战争时期的权宜之计。

迦太基是一个商业民族,它的财富主要来自它们在地中海经营的贸易。它们从东方贩来陶器和青铜艺术制品及装饰品,从西方和非洲运来锡、金、银、象牙等。它们自己生产的绛紫色颜料也是重要商品。从西西里和其他岛屿还贩运粮食和橄榄油。除商业外,迦太基人在突尼斯的巴格拉达河谷也经营农业,利用利比亚土著居民和奴隶耕种土地。手工业有驰名的染紫色纺织品工业。大约从公元前6世纪开始,迦太基一直是西地中海地区最富裕的国家。

迦太基的繁荣有赖于地中海,有赖于海上贸易。为保护商业贸易利益,它们从很早就建立了一支较强的海军舰队。最初在海上从事戍边事务的官员和水手(除桨夫外)可能都是公民兵。但后来,尤其是到公元前4世纪以后,由于海上防卫工作需要量的加大,它们又从各占领地招募雇佣兵,并以此来增强其海上强国的实力。

由于迦太基的主要的目标是保卫自己的商业利益,所以在对外政策方面,它喜用外交手段,尽量避免发生武装冲突。据说它曾于公元前6世纪与埃特鲁里亚人联合在意大利的库麦击败过希腊人,打退了它在西地中海的主要竞争对手。除此之外,迦太基与各强国之间的关系基本是和平友好的。从现有的材料看,在公元前3世纪上半叶以前它们与罗马的关系,也是和平的。

大约在公元前348年,迦太基和罗马订立了一个条约。① 条约规定:迦太基不得在拉丁姆建立永久性据点,不得干预罗马领属各城市的事务,但允许迦太基人在意大利沿岸购买奴隶。同时罗马承认迦太基在西地中海的贸易独霸权,罗马只保留对西西里东部和对迦太基本土的贸易。这一条约的内容充分说明罗马当时对对外贸易并不感兴趣,或许它没有足够的力量去从事对外贸易。

在公元前279年,也就是皮鲁斯战争期间,迦太基和罗马曾订立过联合反抗皮鲁斯的友好条约,但双方显然没有任何实际联合行动。尽管关系是和平的,但罗马对迦太基显然怀有戒心,怕这个海上强国染指意大利沿海地区。所以,从公元前4世纪开始,罗马在沿意大利海岸从埃特鲁里亚到坎佩尼亚之间建立了一系列哨站殖民地,并派船

---

① 李维和波利比乌斯记载迦太基和罗马在共和国初年订过一个条约,还提到第二个条约,但未记年代。狄奥多洛斯只记录了公元前348—前347年间的条约。

只巡逻海防沿线。不过直到公元前 264 年以前，罗马和迦太基双方都没有发生过大规模的冲突。

二、战争的起因

公元前 3 世纪初时，罗马由于自身实力有限，在意大利以外还没有重大的商业或政治利益。但随着罗马对意大利的征服以及征服成果的不断被巩固，罗马跨出意大利、走向地中海也是必然的事。而要走向地中海，首先要面临的显然是西西里。当时西西里大部分属于迦太基，只有东部两个大城为希腊人的殖民城：一个是叙拉古，另一个是墨西拿。叙拉古一直很强盛，在僭主阿迦托克里斯死后，他的一群原从南部意大利和坎佩尼亚招来的雇佣兵在公元前 288 年强占了西西里东北角的城市——墨西拿。这伙人自称"玛尔美提"，意为"战神之子"。叙拉古将领希耶罗曾多次率军打击他们，但均未达到目的。公元前 264 年，希耶罗率领叙拉古军队包围墨西拿。玛尔美提向一支在海峡巡行的迦太基舰队求助，援军赶走了围城的希耶罗军。但迦太基人也有自己的打算，他们希望在此长驻下去，这显然是与玛尔美提人的愿望相违背的。为了保卫自己的利益，玛尔美提人又只得向刚刚征服南部意大利的罗马求助。这就给罗马人出了一道难题：是出面干预还是不予理睬，这不纯粹是帮助"玛尔美提"人打仗的问题，而更重要的是关系到罗马人的发展前途。一方面，如果让迦太基得到墨西拿，他们会使之成为进攻意大利的据点。再者如迦太基占领海峡区，他们可能威胁罗马希腊盟邦的商业利益。但另一方面，干预西西里会使迦太基人认为罗马不守信约，可能引起战争。而且玛尔美提人声名狼藉，出师帮助这些人可能有负众望。为此元老院意见不一，只得把问题提交给人民大会去解决。最初，人民大会对对外战争并不感兴趣，因为皮鲁斯战争之后，人心思静，不愿轻举妄动。但是在执政官的影响下，人民还是作出了派兵帮助玛尔美提人的决定。他们先派了一支先遣军队去刺探情况，谁知布匿人见有罗马军到来，出乎意外，司令员汉诺不知所措，决定不战而退。当时罗马主力军还没有到，似乎兵不血刃事情就已经解决了。

但是迦太基政府不能容忍这种怯懦的行动，它处罚了擅自撤退的司令官，另派了一支大军并联合了希耶罗一起包围了墨西拿。这时罗马由执政官统率的大军也来到了西西里。至此，以玛尔美提人事件为导火线，西部地中海的两强展开了一场双方都未曾预料的、旷日持久的大规模战争。史称"第一次布匿战争"。

三、战争的经过和结果

第一次布匿战争开始以后，罗马执政官统率的大军首先利用迦太基人和希耶罗互不信任的弱点，分别击退了希耶罗和迦太基军，帮墨西拿解了围，达到了最初出兵的目的。按理说，罗马人应该就此收兵的。但公元前 264 年的执政官刚带兵回去，公元前 263 年的执政官又率军来到了西西里，向希耶罗问罪。罗军虽没有取得胜利，但以和谈和利诱手段迫使希耶罗改为与罗马结盟。他们合力将迦太基赶出了墨西拿海峡。

迦太基不甘失败，又派大军以南西西里重镇阿格里根坦为根据地，欲与罗马一决雌雄。公元前 262 年，罗马包围并攻克阿格里根坦，给迦太基人以沉重的打击。

攻克阿格里根坦是第一次布匿战争的转折点。此后罗马战争的目的比以前有了发展。原来的主要目的似乎是保卫意大利和海峡区以免遭受迦太基的侵略，而这以后似乎把迦太基赶出西西里变成了主要目的。这是罗马当权的元老阶层关心意大利以外利益的开始。

随着与迦太基军接触的深入，罗马人对迦太基的认识也越来越深化。他们深知，要把迦太基赶出西西里，必须建立一支海军，不然无法得胜。当时迦太基有 120 艘五排桨的大船，每船有 50 艘五人划的大桨，每船配备水兵 120 人。罗马决定建一支大于迦太基海军的船队。公元前 260 年，罗马建成了 140 艘五排桨大船。之所以能如此迅速，显然罗马依靠了南意大利诸希腊盟邦的帮助，可能征招了一部分大船和有经验的水手，罗马人自己建造了一部分新船。

古代海战因为没有炮，最后还是靠登上敌船，在船上打交手仗①，等于陆战，强悍的陆军也能打水上战争得胜。公元前 260 年，新建的罗马海军与迦太基军在墨西拿以西、西西里岛东北角米雷海角（Mylae）遭遇。迦太基人自恃有海战经验主动进攻，但罗马发明了一种带铁钩的登船吊桥，可迅速登上敌船打交手仗。战斗的结果，迦太基军大败，损失 50 艘船，退走。罗马获胜，一时控制了西西里水域，西西里诸城纷纷归顺。罗马乘胜攻打科西嘉和撒丁，夺取岛上的木材、银、铝、铁和谷物。当时迦太基只在西西里西端还保留几个重要据点，有利里拜乌母（Lilybaeum）、潘诺母斯（Panormus）和德列帕努母（Drepanum）。这些据点设防强固，不易攻取。罗马决定进攻非洲迦太基本土，以削弱迦太基的实力。

公元前 256 年，罗马装备了 230 艘船，由两执政官统领向非洲出发，在西西里南面埃克诺母斯海角（Cape Ecnomus）与拥有 350 艘大船的迦太基舰队遭遇。双方展开了一场大规模的海战。罗马的吊桥又发挥了优势，使迦太基军遭到很大损失而不得不撤退。罗马军随后在非洲登陆。

但是罗马对非洲的远征却是一场得不偿失的灾难。最初罗马军打了一些胜仗，占领了几个小城，大肆劫掠，得到许多战利品。但是对迦太基城的围攻却不是远征军能完成的，它需要更多援军和补给。一时援军来不了，须等待来春，于是罗马错误地调回一位执政官和部队。留守的罗马执政官列古鲁斯又错误地以其一万五千余人之军力接受了迦太基人的挑战，结果大败，只有两千多人幸存，执政官列古鲁斯本人被俘。从罗马派来的援军在撤退中又遇到强大风暴，三百余艘船舰和近十万名士兵绝大部分遇难。这是公元前 255 年的情况。

---

① Polybius，*The Histories*，1.

此后双方战斗又延续了十多年。其间,罗马重建海军,几次组织力量向迦太基西西里的重要据点进攻,都没有成功,而且几次遭遇海上风暴,海军损失惨重。迦太基则一方面应付罗马的进攻;另一方面,又以大将哈米尔卡(Hamilcar)为司令官,组织力量袭击意大利沿海,迫使罗马不得不建立许多新的沿海殖民地以便防守。战事此起彼伏,拖延很久,双方均感疲惫不堪。

公元前3世纪40年代初双方曾试图和谈,但没有成功。公元前3世纪40年代末,罗马为取得胜利,决定重建海军,下决心动员罗马豪门贵族在拉丁和埃特鲁里亚诸镇的财力,举借国债,重建了两百艘大船。于公元前242年,再攻西西里西岸的德列帕努母。哈米尔卡和他的雇佣兵无力抵抗,两个据点都被罗马封锁围困。

迦太基财力不足,于公元前241年勉强组成一支援军与罗马船队在德列帕努母港外埃加特斯群岛(Oegates)附近展开一场海战,结果罗马大获全胜。迦太基内部不和,无力支持战争,公元前241年双方和谈,订立和约。

当迦太基大将哈米尔卡作为全权代表试探与罗马司令员和谈时,罗马的卡图鲁斯也深知罗马人已精疲力竭,无力再战,所以双方顺利地达成了一项预备和约。内容包括:(1)迦太基人退出全部西西里,不对希耶罗作战,不对叙拉古或其同盟者作战。(2)迦太基无偿交出所有俘虏。(3)迦太基赔偿罗马银2200优卑亚塔兰特,分20年偿完。

罗马政府没接受这个预备条约,派了一个十人委员会去审查,最后作了一些修改:赔款数额增加了1000,改为3200塔兰特,分10年偿完。另外,迦太基人还须撤离其所占的西西里和意大利间的岛屿。于是拖延24年之久的罗马和迦太基之间的第一次战争就这样结束了。

不计其他,单以海战来说,这次战争规模之大也是空前的。一个战役动员大船五百艘,后来一次甚至达七百艘。在这次战争中,罗马共损失战船七百艘,迦太基损失五百艘,都是五排桨大船,远非希波战争三排桨船可比。从上述数字中,我们发现胜者的损失甚至比失败者还大。这表明了罗马人坚韧不拔的特点。后来罗马还经历过更为困难的处境,也靠这种精神和毅力,顽强地克服困难并取得最后胜利。罗马之所以能称霸古代地中海世界,同它们民族这种坚强的性格可能有密切的关系。

罗马这时一方面有了固定的赔款年收入,同时得到盛产谷物的西西里大岛:西西里除叙拉古、墨西拿等几个大城保持独立外,其余地方都变成了罗马人民的属地,由罗马派行政长官统治。罗马人从此打开了眼界,开始重视原来迦太基人注视的贸易、通商航海等。同时通过与叙拉古的接触,更多地接受希腊文化,提高了想象能力。尤其值得一提的是,罗马在这次战争中,建成了一支强大的海军,而这支海军的建立又为罗马从一个意大利农业国一跃成为地中海的海上强国打下了坚实的基础。

四、罗马对外征服速度的加速

（一）撒丁和科西嘉的征服

第一次布匿战争后，罗马的实力和声望日益增加，罗马向外扩张的步伐也日趋加快。

相反，被打败的迦太基却因军饷问题麻烦不断。在第一次布匿战争中，迦太基为打赢这场战争曾在地中海雇佣了大批职业兵，其中有利比亚人、西班牙人、南意大利人、坎佩尼亚人和高卢人等。战后在遣散雇佣兵时，由于军饷发放不足而引起军队的暴乱。雇佣兵与当地利比亚受压榨的居民联合占领和包围了一些城市。迦太基政府派兵镇压，于是便引起了一场规模很大而且极其残酷的雇佣兵战争。战事延续了三年多（公元前241—前238年），耗尽了迦太基的巨大财富，使迦太基元气大伤。

迦太基在第一次布匿战争中的失利，使迦太基的各种矛盾越来越明显地表现出来。当时驻守在撒丁岛的迦太基雇佣军乘机起来反对迦太基，一部分人主张归附罗马。公元前238年，罗马决定派军去占领该岛，迦太基提出抗议，罗马借口迦太基准备船队而向迦宣战。迦太基因雇佣兵战争已无力再与罗马作战，只好放弃撒丁，并被罗马勒索1200塔兰特作为赔款。不过，罗马在撒丁统治权的确立还得经过很长的一段时间，其间也有过反复的征讨，大约在公元前227年，罗马人才将撒丁与科西嘉（早在公元前238—前237年罗马占领）组成一个和西西里一样的行省。它是罗马人在海外建立的第二个行省，由罗马派行政长官（或称行省总督）进行统治。罗马原来每年只选行政长官两人，现在改为选四人，其中两人分赴两省为总督，两个行省的居民与意大利诸同盟邦不一样，因为他们是被罗马人征服的，所以行省居民必须向罗马缴纳贡赋，这些贡赋对于罗马以后的发展起了十分重要的作用。

（二）高卢的合并

在第一次布匿战争以后，罗马人的另一重要行动就是吞并山南高卢。高卢人居住于意大利的北部，是一支非常强大的势力，这支力量一直对罗马构成严重的威胁，是罗马人的心腹之患。对高卢，罗马总是处于被动的地位，每隔一定时期就有一些高卢部落向南侵入意大利各地。由于高卢人在公元前3世纪早期曾被罗马打败过，所以第一次布匿战争时期高卢人比较安静，战后高卢波伊（Boii）部族有过一些活动，但很快被罗马人镇压下去。公元前225年，高卢各部族联合，加上阿尔卑斯山以外的一些高卢人组成一支近7万人的大军，大举南下，前锋进入埃特鲁里亚，抵达亚平宁山直到克卢西一带。罗马迅速从中部和南部意大利集合了约13万大军，抵抗高卢人的入侵。罗军把高卢人挤向埃特鲁里亚海岸，同时又从撒丁调来一支部队在比萨登陆，截断高卢人的退路。受到南北夹击的高卢人被挤在埃特鲁里亚海岸，几乎全军覆没。

　　这次高卢人的大规模南下，使罗马深感不安，下决心征服北意，以求一劳永逸，杜绝后患。这一决心只在对迦太基人胜利之后才能作出，因为罗马人要征服的北意的面积几乎与整个半岛的面积一样大。公元前224年，罗马军制服了第伯河南高卢，即波伊人。次年，罗马大军渡过第伯河进攻另一大部族印苏布列斯人的地区（Insubres）。

　　据波利比乌斯记载，罗马将军执政官弗拉明尼努斯带兵渡过第伯河以后，又渡克列吉斯河进入印苏布列斯人的地区，过河后下令拆桥，故意切断退路，使罗马人背水作战，有必胜的决心。公元前223年，弗拉明尼努斯击溃印苏布列斯人大获全胜。印苏布列斯人求和，罗马不允。公元前222年再征，攻克主城。据说这次战争还采取古老的两主将比武的方式，罗马执政官亲手杀死印苏布列人的一个酋长。

　　公元前220年，高卢主要部落投降，战争暂告一段落。为了加强对高卢的控制，罗马开始在高卢建设拉丁殖民地，其中有名的有普拉钦提亚（Placentia）和克列摩那（Cremona）等。此外，他们又修筑了两条通往北方的行军大道，一条为直通亚得里亚海阿利米浓港的弗拉明尼亚大道，另一条为沿埃特鲁里亚海岸通往比萨的奥列里大道。在卢那（Luna）和热那亚（Genua），他们还建立了两个海军港口。这些措施大大地加强了罗马对高卢的统治。

（三）伊利里古姆战争

　　罗马自从征服南意大利之后，对以前不十分重视的亚得里亚海也开始注意了。但在第一次布匿战争期间还照顾不到。沿亚得里亚海东岸居住的各伊利里古姆部落时常从事海上抢劫活动。公元前3世纪后半叶，甚至组成一个以海盗为营生的国家，活动十分猖獗。意大利东部沿海和海上商船时常遭受这些海盗的袭击。公元前230年，罗马第一次腾出手来派使者与伊利里古姆女王德乌塔（Teuta）谈判，未达目的，使者之一反而被杀害。公元前229年，罗马派舰队去扫荡海盗，随后在伊利里古姆以南希腊半岛沿岸建立了几个保护国。计有科苏拉（Corcyra）、阿波罗尼亚（Apollonia）、提拉契乌姆（Dyrrachium）和伊撒（Issa）。名义上这些小城称为罗马的友邦（Amici），实际上是罗马在希腊最早的据点。当时这样做对希腊各城邦的贸易也有利，各邦也想借罗马之力消灭海盗，所以当公元前228年罗马派使者到雅典、科林斯、亚加亚和埃托利亚等大邦去商洽时，各邦对罗马在希腊建据点一事也未表示反对。科林斯还邀请罗马参加伊斯特米亚赛会，承认罗马为希腊文明世界的一员。

　　公元前219年，由于伊利里古姆的一个小头目法罗斯的德米特利又恢复了海盗行为，罗马再次派兵去扫荡。德米特利逃到马其顿菲力普处，以后在菲力普对罗马的战争中又起过作用。当时罗马因急于对付在西班牙的迦太基人，伊利里古姆的事姑且由之。

第二节　第二次布匿战争

一、迦太基在战前的准备

公元前238年，迦太基镇压了雇佣兵暴动，开始考虑以后的发展。大将哈米尔卡极力主张向西班牙发展以补偿丢掉西西里的损失，他的主张得到了迦太基元老院的支持。公元前237年，哈米尔卡开始到西班牙。当时迦太基只在西班牙南部沿岸有些贸易据点，在安达路西亚地方的矿区有活动。公元前237年起，哈米尔卡在西班牙待了9年，给迦太基在这一地区的发展打下了很好的基础。他死后其事业由跟随他多年的女婿哈斯德鲁巴（公元前228—前221年）和儿子汉尼拔（公元前221—前218年）继续。他们建立了首城新迦太基，把统治范围向北延伸到埃布罗河和中西班牙的托来多山地方。

西班牙的早期居民为前印欧语系的塔德斯—伊伯利亚人（Tartessian—Iberian）。公元前900年以后，这里又来了一批克尔特人，他们与原先的居民混合，在北方形成了克尔特伊伯利亚人（Celtiberian），成为后来阿拉贡（Aragon）和克斯提勒（Castile）的奠基人。他们当时主要中心为努曼提亚城（Numantia）。在南方，公元前11世纪上半叶有过一个塔信斯国，开铜、银矿，与腓尼基、迦太基、希腊有贸易关系，公元前500年后衰落。此后只存在一些部落酋长国。中部平原直到公元前3世纪还没发展农业，分为无数小部落，各有自己的城堡，彼此不团结。这种情况有利于迦太基人在这一带的开发经营。

哈米尔卡等在西班牙一方面开矿取得物产，从事贸易增加收入；另一方面招募人才补充兵源。古西班牙人以勇武强壮闻名，所炼锋利刺剑为古代最有声誉的兵器。这些西班牙人经富有将才的哈米尔卡及其继承者的训练变成了精锐的步兵。再加上从非洲招来的人，合在一起，迦太基重建的兵力甚至比以前还要强大。

最初，迦太基人在西班牙的活动并没有引起罗马人的注意。公元前231年，据说罗马为其盟邦马西利亚的利益首派使者与哈米尔卡交涉，哈米尔卡佯称经营西班牙是为了筹款偿还罗马赔款。[①] 罗马对此信以为真。公元前226年，罗马又派使者来到西班牙，此时哈米尔卡已死，哈斯德鲁巴继任。双方达成协议：迦太基军队不得越过埃布罗河以北。罗马人事实上承认了迦太基人在埃布罗河以南的权益。

公元前226年以后数年，罗马因忙于对付高卢和伊利里古姆，无暇顾及迦太基人在西班牙的活动。其间哈斯德鲁巴建立了新迦太基城。位于埃布罗河以南的西班牙城萨

---

① 波利比乌斯没提到此事，只见于狄奥·卡西乌斯的一个残篇，因此有人认为或无此事。也可能稍早一些，波利比乌斯说这一盟约是在汉尼拔以前数年订立的。

贡图母由于担心迦太基的侵略，曾向罗马祈求帮助，罗马应允与之结盟。这可能是公元前223年的事。

公元前221年，哈斯德鲁巴死，汉尼拔继之。据说汉尼拔随其父哈米尔卡到西班牙时年仅9岁，却已抱有对罗马的深刻仇恨，决心为迦太基报仇。在西班牙继任时年仅25岁，已经是一员很有谋略的将军。

当时迦太基人以新迦太基为中心，势力已达到埃布罗河。萨贡图母位于埃布罗河以南，是罗马的盟国，而它周围的部落都依附于迦太基。萨贡图母内部也分两派。亲罗马派感到受迦太基威胁，多次要求罗马援助。公元前220—前219年，罗马派使者到新迦太基与汉尼拔交涉，警告他不要干涉萨贡图母，汉尼拔应诺。

迦太基本土政府也有对罗马主和派，这一派以将军汉诺（Hanno）为首，他们一向主张放弃经营西班牙，回到非洲来发展。但是哈米尔卡父子的坚决主张和作出的成绩使主和派无力。

当时汉尼拔深知罗马忙于伊利里古姆战争，决定采取行动。公元前219年春包围了萨贡图母，包围8个月，罗马未来支援，萨贡图母被攻克。次年，罗马元老院得知汉尼拔大举招兵备战，预料他准备越过埃布罗河，竟派使者要求迦太基政府交出汉尼拔。对这一狂妄挑衅性要求，迦太基政府坚决拒绝。公元前218年3月双方宣战。

关于第二次布匿战争的原因，古典史家，特别是波利比乌斯主要用哈米尔卡父子痛恨罗马要报仇雪恨，汉尼拔发誓与罗马为敌等个别人的感情和影响来解释。事实上哈米尔卡父子经营西班牙最初不一定处心积虑地要攻打罗马。但形势的发展，罗马的不断扩张，如对西西里、科西嘉、撒丁的占领，对西班牙萨贡图母的干预等，可能使汉尼拔认识到迟早要再同罗马一决雌雄，因而积极作了准备，等待时机采取主动。值得注意的是，汉尼拔没建海军，只训练了强大的陆军，从北方进攻意大利本土的计划可能较早就形成了。

二、汉尼拔入侵意大利

罗马人根本没有估计到事态的严重，错误地以为第二次布匿战争为第一次的继续，仍然照老样子打。元老院派了一支主力，包括舰队和陆军，向迦太基本土进发，另派一支稍小的兵力去西班牙，试图把战场放在意大利本土以外。但是汉尼拔的计划打乱了罗马人的全套部署。汉尼拔决定从北方越阿尔卑斯山直捣意大利本土。他的目的可能是要从根本上削弱罗马的后备力量，可能认为这是迦太基取胜的唯一机会。而汉尼拔的这一决断是罗马人做梦也没有想到的。

公元前218年春夏之交汉尼拔率大军从新迦太基出发，由于沿途遭到西班牙部落和高卢部落抵抗，花费了一些时日。越过比利牛斯山，渡过罗纳河，到达阿尔卑斯山脚下时已经是9月了，队伍总数还有近5万人马。翻越高山时遇到冰川、雪崩，行军十分困难，人马摔死、冻死无数。9月末到达第伯河流域时只剩2.6万余人了。行程共用了

5 个月。

汉尼拔从新迦太基出发之时，罗马还没有得到情报，完全不知道汉尼拔的动向。他们仍按原计划行事，分别派两执政官去非洲和西班牙。而对于意大利本土则毫无防卫：森普罗尼乌斯经西西里到达非洲，科尔涅里乌斯·西庇阿经马西利亚到达西班牙。当西庇阿到达罗纳河口，在马西利亚登陆时罗马才得到情报，得知汉尼拔已越过比利牛斯山，向意大利进发。西庇阿马上改变行军方向，想在罗纳河渡口堵截汉尼拔，但等西庇阿军赶到渡口时，汉尼拔已过河向阿尔卑斯山进发了。于是西庇阿只得迅速率领一部分船队赶回意大利，准备与汉尼拔决战。

汉尼拔在翻越阿尔卑斯山后，迅速开展外交活动，派人与高卢部落进行密切接触，并取得了很大的成绩。罗马新征服的印苏布列斯人欢迎迦太基军队，汉尼拔从高卢人中获得了大批的人马补充，实力大增。

西庇阿回师意大利后不久便在第伯河支流提契努斯河（Ticinus）与汉尼拔军发生遭遇战，迦太基以骑兵优势取胜。西庇阿放弃第伯河以北，退守亚平宁山脚。元老院急调原来派去非洲的森普罗尼乌斯赶赴意大利北部。同年 11 月，森普罗尼乌斯军于北意与西庇阿会师。两执政官联军在第伯河南支流特列比亚河（Trebia）与汉尼拔打了一仗，罗马军指挥不力，加以汉尼拔战象的威力，使罗马骑兵很快失去了战斗能力，罗马步兵虽勇但遭到汉尼拔步兵的包抄，结果罗军大败，被迫撤离北意。这时高卢人大批参加了迦太基人的队伍，从而使汉尼拔的兵力更加增强。

公元前 217 年，罗马派两位新任的执政官分守两条通往罗马的大道，阻止汉尼拔军的南下，塞维留斯到阿利米浓守弗拉明尼亚大道，弗拉米尼努斯率一支 2.5 万人的队伍，以阿列提乌母（Arretium）为大本营，守卫穿越埃特鲁里亚的卡西亚大道，企图以此把汉尼拔挡在中部意大利之外。

面对罗马军的阻拦，汉尼拔挑选了无人把守的山口，穿过埃特鲁里亚沼泽区，出奇兵在弗拉米尼努斯大军的南面出现。这样通往罗马的大道就完全敞开了。这迫使弗拉米尼努斯急速调兵南下。他的军队与汉尼拔大军相持于埃特鲁里亚东部的特拉西美努斯湖（Trasimenus）。

据说汉尼拔在穿越条件恶劣的沼泽地时遇到了难以想象的困难，沼泽地的毒气使他丧失了大批人马，战象只剩下一头，充作他的坐骑。汉尼拔本人也在行军中伤残了一只眼睛。他以坚韧不拔的毅力带领部队走出沼泽，出现在敌后，对罗马形成了巨大的威胁。

尾随汉尼拔大军的罗马执政官弗拉米尼努斯，由于缺乏战争经验，很容易地被汉尼拔引到特拉西美努斯湖畔。他把大营安排在湖滨，并沿湖边大路拉开阵线，使自己的部队介于湖与沿湖山岭之间完全暴露在明处。而有军事天才的汉尼拔却察看地形，事先布置好自己的队伍，让他们埋伏在沿湖山脚隐蔽处。当罗马军沿湖边大路前进，准备在前方迎战敌人时，汉尼拔的伏军却出现在侧面和后方。这就迫使罗马军转向侧面背水而战。罗军大批葬身湖中和大道上，执政官本人战死。

这一天的战斗（公元前217年6月21日）从清晨开始几个小时就完结了，罗马军死1.5万人，其余大部分被俘。特拉西美努斯湖之役对罗马又是一场大灾难。

当时另一执政官的部队在东北方，虽赶来援助，但尚未到达，通向罗马的大道真的畅行无阻了。罗马城里极度惊慌。但是汉尼拔没有到罗马，却向东南方行进了。汉尼拔的这一举动显然是为了鼓动南意大利的城市反叛罗马。他曾到匹赛浓、阿普里亚、萨姆尼乌姆、坎佩尼亚等地区的许多地方，洗劫了这些地区的大片领土，但煽动背叛没有成功。

特拉西美努斯湖战役之后，罗马情况危急，迅速选举法比乌斯·马克西姆斯为独裁官。法比乌斯是一个有经验和智慧的元老。当年（公元前217年）的执政官一人战死，另一人在外阻击汉尼拔军回不来，所以选独裁官的活动是交人民大会（森都里亚大会）选的，这是罗马为应付紧急情况第一次这样做。

法比乌斯·马克西姆斯就任后，根据罗马与汉尼拔当时的具体情况，采取了保存自己实力的政策，避免与汉尼拔正面交战，只迂回阻截汉尼拔的后路和侧翼，使汉尼拔首尾难顾。同时，又不时派出小股部队，对其驻地进行骚扰，使它不得安宁。汉尼拔多次引诱罗军打大规模阵地战都不成功，法比乌斯保持镇静按兵不动。当时罗马有许多人主张尽快与汉尼拔决战，消灭汉尼拔，使其不能在意大利土地上肆行狂暴。但法比乌斯却认为应消耗迦太基人的精力，日久他们会不攻自破。有人甚至怀疑法比乌斯，认为他怯懦，但也有人认为他能以耐心挽救国家于危亡。无论如何，到公元前217年末，汉尼拔洗劫了意大利的很多地方，但始终没有建立起一个牢固的根据地。

不过汉尼拔也曾多次表现了他卓越的军事才能。例如有一次他被法比乌斯的队伍阻截于一狭隘山间通道。他采取声东击西之计，于夜间在一群牛的角上点燃了火把，驱赶它们走上隘道边的山崖。守隘道的罗军看到山上有火光以为汉尼拔军要从山上逃走，就赶上山崖去阻截。隘道把守空虚，汉尼拔乘机迅速带兵通过。等罗马军发现受骗而回军时，汉尼拔军早已穿过关口。

按照罗马法律，独裁官的任期只有6个月，期满后必须将权力转交给执政官。公元前216年，法比乌斯按时卸任，罗马军队的指挥权再次转到两位执政官之手。当时罗马被战争拖得疲惫不堪，很多人希望举大军把汉尼拔赶出意大利以消灭心腹之患。两执政官因此不再沿用法比乌斯的拖延战术，转而准备一场大规模的战斗。这也正中汉尼拔的心意，他诱使罗马军开到阿普里亚，在那里汉尼拔有较大的据点。罗马军与汉尼拔军便在奥非杜斯河岸对峙。

波利比乌斯、李维和普鲁塔克等古典史学家都强调罗马军队人数众多，提到罗军人数有8万人数至9万人数，汉尼拔军只有4万人。罗马军也许没有那么多，但总数远远超过汉尼拔军是不容怀疑的。

公元前216年8月2日，汉尼拔军和罗马军在坎尼村庄附近的平原上发生激战。史称坎尼战役。就双方兵力而言，罗马共有7万步兵、6千骑兵。罗马步兵比汉尼拔步兵多近1倍，但汉尼拔的骑兵占绝对优势，约1万骑，骑兵中高卢人、西班牙人和努米底亚人是其主力，这些都是善于马上作战的勇士。就将领间的指挥水平而言，汉尼拔作战经验丰富，足智多谋，是一位职业军事家；而罗马的两位执政官，无论是谋略方面，还是在实战经验方面，都与汉尼拔相差甚远。战斗开始，罗军将领力争打人员优势，以众人之力压垮敌人。但汉尼拔未按罗马的希望应战，而是充分发挥自己骑兵多、速度快的特点，采用两翼包抄的战术。他命部署在中间的步兵在罗马大军进攻时不战而退，调动敌军进圈。两翼的骑兵则向前，首先驱散罗马的骑兵，然后绕到罗军后方，形成大包围圈。陷入重围的罗军一时不知所措，混乱不堪，马上失去了战斗力。罗马大败，其中有5万人被歼，而汉尼拔只损失了6千人。坎尼之役是以少胜多的一个独特的实例，在世界战争史上也是一次有名的战役。在这次战役中，汉尼拔的军事天赋得到了充分的展现。

三、坎尼战役后意大利战争形势的变化

汉尼拔的节节胜利，给罗马意大利以沉重的打击。南方许多城市感到汉尼拔可能要常驻意大利了，一个个开始倒向汉尼拔。尤其严重的是坎佩尼亚的加普亚也背叛罗马。这对罗马影响极大。因为加普亚是中意大利的工业首城，它投降汉尼拔后，不仅给汉尼拔军提供了良好的冬营基地，而且提供了丰富的补给。除了意大利以外，马其顿、西西里、撒丁和西班牙的一些城市也都准备倒向胜利的一方。罗马一时众叛亲离，有可能同时在几条战线上作战，需要大量人力和物力，而几次大败之后，国家还有没有这种能力实在可疑。

坎尼之役的失败确实给罗马带来了许多困难。但从战后罗马人的一些积极行动看，罗马人并没丧失信心和勇气。波利比乌斯说罗马人在失败之后更为倔强。在坎尼之役中极力主张正面进攻的执政官T. 瓦罗在大败后侥幸存活，他集合残部回转罗马。元老院并没有责怪他，相反，却热情地欢迎他的归来。这种合作谅解的精神不但对意大利的人心起稳定的作用，而且也鼓舞了罗马人民的斗志和士气。

坎尼战后，元老院积极备战，并采取果断措施再次选出独裁官，征召17岁以上青年参军，赎买8000名年轻奴隶送入军队，组成两个军团。到公元前216年年底罗马人经过艰苦的努力基本上已经补足了坎尼战役的损失。面对严峻的形势，罗马人民坚决支持政府的措施，爱国热情空前高涨。许多人主动捐献自己的财产和奴隶，兵士不要求补发军饷，人们的共同目标就是打赢这场战争。

坎尼战后，汉尼拔为筹措钱财，试图让罗马以金钱赎买战俘，但遭到了罗马元老院的拒绝。随后5年里，罗马在强硬的元老院派领导之下一方面积蓄力量，准备于有利的时候进行反攻，到公元前212年军队实力达到25个军团。另一方面对于背离意大利的人实行严惩，以防止更多的意大利人投向汉尼拔。

汉尼拔在坎尼大获全胜之后得到意大利中部城市加普亚的支持，他以此为据点，休整部队。但很快他便看出罗马并没被打垮，广大的意大利居民仍是罗马的忠实朋友。他们给罗马提供充沛的兵力。而汉尼拔的部队则得不到多少补充。北意大利的高卢人连接不上，南意大利能得到的人力很少，而从海外和迦太基母邦由于反对派不支持，也没有指望得到援兵。因此汉尼拔的政策仍是找机会决战。而罗马元老院刚采取法比乌斯的拖延战术，消耗敌人的兵力，只小打不大打，采取游击方式，使汉尼拔达不到速战速决的目的。

公元前212年，汉尼拔利用内奸之助占领了塔兰托，又多了一个在南意的据点。但罗马乘机包围了加普亚。后者向汉尼拔求援，汉尼拔回军救加普亚未能解围。次年，汉尼拔还一度佯攻罗马，想用调虎离山之计解加普亚之围，但罗马人没上圈套。公元前211年加普亚被罗马攻克。由于背叛，加普亚受到严厉惩罚：没收了大片土地，改自治市为罗马派官直接统治。此后形势对罗马越来越有利。公元前209年罗马收复塔兰托以及萨姆尼乌姆和阿普里亚的一些要塞，汉尼拔被挤到南意大利路卡尼亚和布鲁提一带。

在坎尼之役后不久，汉尼拔就派使者要求母邦派援兵，但迦太基反对派的阻挠和西班牙战事的牵涉，迦太基一直没有发来援军。汉尼拔只好求助于他在西班牙的兄弟哈斯德鲁巴。迦太基政府对哈斯德鲁巴的出兵一直持否定态度，直到公元前207年哈斯德鲁巴才获准去意大利援助汉尼拔。他沿着汉尼拔当年走过的路，经西班牙北部，越阿尔卑斯山到北意，得到高卢人补充，队伍相当壮大，约3万人。汉尼拔得悉，在南意计日准备与兄弟会师。但是罗马人也有准备，动员了大军防守，又巧妙地截获了哈斯德鲁巴派去同汉尼拔联系的信使，从而得知哈斯杜鲁巴的行军路线，并迅速派遣大军在沿亚得里亚海的弗拉明尼亚大道对其进行阻截。在翁布里亚美陶鲁斯河口一战，迦太基援军大败，哈斯杜鲁巴战死。汉尼拔得知援军失利，增援无望，只得退守南部意大利的布鲁提地区，其活动的空间越来越小。公元前203年汉尼拔应召返回迦太基本土。

四、第二次布匿战争期间双方在意大利以外的战事及其影响

（一）在希腊和西西里

伊利里古姆之战后，罗马在希腊亚得里亚海沿岸建立了一些据点，马其顿王菲力普对此是心怀敌意的。当汉尼拔入侵意大利之后，菲力普便密切注视着事态的发展。罗马几次受挫鼓舞了菲力普，他开始在亚得里亚海活动，其目的显然是借此时机把罗马势力赶出希腊。据波利比乌斯记载，公元前215年夏，汉尼拔和菲力普缔结了一个同

盟条约，内容主要是约定在对罗马的战争中互相支持①。这个盟约如果起作用的话对罗马会是很大威胁，但后来实际上没起什么作用。

公元前214年，菲力普曾率船队进攻罗马在希腊的据点阿波罗尼亚，但被在亚得里亚海监视的罗马船队击退，菲力普毁战船，狼狈从陆路撤退。

迦太基舰队未能援助菲力普，而菲力普也没有力量到意大利去支援汉尼拔，因为公元前213年以后，他被希腊各城邦的反马其顿联盟所围攻，自顾不暇了。

希腊各城邦一向对马其顿有戒心，深信马其顿的扩张必将威胁希腊的独立。公元前214年菲力普的活动引起希腊各邦的警惕，埃托利亚、亚加亚、斯巴达、美塞尼亚，甚至帕加马王阿塔路斯一世都加入了反马其顿的联盟。菲力普以主要力量保卫自己，顾不上罗马和迦太基的事。直拖到公元前205年菲力普才与罗马订立了和约。罗马保留希腊沿海伊利里古姆的一些领地。有人把罗马同菲力普在这时期的敌对行动，称为第一次马其顿战争。

在西西里，特别是在希腊名城叙拉古，罗马和迦太基也有一番争夺战。叙拉古老僭主希耶罗本与罗马有盟约，在汉尼拔战争发展过程中信守盟约，忠实地为罗马提供金钱和粮食。公元前215年，希耶罗去世，其孙希耶罗尼母继位，他在迦太基人的游说下，归顺了迦太基。事实上在叙拉古向来有亲罗派和亲迦派的斗争，此起彼伏，常常归属不定。公元前214年夏，希耶罗尼母被刺死，叙拉古两派之争仍继续，迦太基派占上风。对于近在脚下的西西里，罗马当然不愿丢给迦太基，因此派了两名将军从海上和陆上向叙拉古进攻。执政官马赛路斯和行政长官阿庇乌斯·克劳狄乌斯把叙拉古严严地从海陆封锁包围。罗马的船上备有一种巧妙的攻城云梯叫做萨母布凯（Sambucae)②。这种云梯不需攻城者一级级爬上而是几个攻城者预先站在躺放的梯顶，由另一些人拽拉绳索，把云梯竖起来，使攻城者从梯顶直达城上。罗马人自恃有这种攻城机械，稳操胜券，以为海陆齐上，只需几天就能把叙拉古攻下，他们没料到叙拉古更有强者。

叙拉古僭主希耶罗在位58年。他统治时期，叙拉古国富民强、繁荣太平，文化和学术水平称盛一时。天才的数学家和物理学家阿基米得为叙拉古城的防卫设计了一些巧妙的机械。据波利比乌斯的描述：有一种可调整射程的炮，能射远近的船只；另外有一种类似于起重机的吊臂，可以吊起大石块或金属块投向敌人，砸毁船上云梯，甚至砸毁船只砸伤敌人，还能抓住船的一头拉起来把船掀翻。另外城墙上还有许多暗藏的枪眼，从枪眼可大批发射箭、石块③。

罗马海陆军将领遇到叙拉古这种巧妙、新颖的城防机械，变得束手无策，包围了8

---

① Polybius, *The Histories*, 7.

② Sambucae 原意是一种古琴，类似竖琴，琴弦横排。

③ 关于围攻叙拉古，见 Polybius, *The Histories*, 8。

个月，还是无法攻克。于是便决定采取长期包围，饥饿封锁的策略。马赛路斯和阿庇乌斯·克劳狄乌斯分别派遣部队到西西里其他城市去攻打与罗马不友好的城市。

罗马将领放纵部队去西西里一些城市肆意屠杀，在里昂提尼和恩那城造成大屠杀惨案。征服者的残暴迫使西西里许多城市归顺迦太基。公元前213—前212年间，包围叙拉古的罗马军周围都是敌意的西西里城市，罗马军处境很不利。其间迦太基人也曾派舰队来援助叙拉古。后来由于迦军内部发生瘟疫，叙拉古城内缺粮，罗马军才得机于公元前211年在一次夜晚偷袭中攻进了叙拉古城的一角，随后迫使该城投降了。

罗马将军对文明繁盛的希腊古城叙拉古毫不顾惜，同样放纵部队劫掠屠杀。伟大学者阿基米得也死于一位罗马士兵的手中。罗马人抢劫和毁坏了大批希腊艺术品和有价值的古物。

此后不久，迦太基在岛南部的据点阿格里根坦也被罗马攻陷。迦太基被迫撤离西西里。到公元前210年整个岛归属罗马了。

（二）　在西班牙

公元前218年，被派去西班牙的执政官科尔涅里乌斯·西庇阿途经马西利亚时，得悉汉尼拔从北方越阿尔卑斯山进攻意大利，他自己就急忙转回意大利去迎战汉尼拔，但他同时让他的兄弟格耐乌斯·西庇阿继续带领一支大军开到西班牙。格·西庇阿在西班牙赶走了埃布罗河以北的迦太基人，在这一地区建立了罗马人的势力。第二年科尔涅里乌斯·西庇阿也被派到西班牙增援。两兄弟与迦太基的将领汉尼拔的弟弟哈斯杜鲁巴在西班牙多次交战。公元前215年西庇阿兄弟曾得到一次较大的胜利。这使意大利方面受到鼓舞，同时使西班牙一些部族起来反抗迦太基。迦太基在西班牙的势力一时岌岌可危。为此，迦太基政府决定把原来准备支援汉尼拔的军队派赴西班牙去平定局势。这样，西班牙的战事牵制了迦太基军，使汉尼拔在意大利长期得不到援兵，有利于罗马的最后胜利。

西庇阿两兄弟在西班牙一度很顺利，从迦太基人那里夺得了埃布罗河以南的萨贡图母和一些其他据点。但公元前212年以后，迦太基又增援了部队，在公元前211年一次决定性战斗中，罗马军大败，西庇阿两兄弟都战死。罗马人又失去所占地区，退守埃布罗河以北，形势对罗马不利。

当时在意大利，形势已开始向有利于罗马的方向发展。元老院有余力注意西班牙的战事，决定派增援部队。公元前210年元老院破例派了在西班牙战死的科尔涅里乌斯·西庇阿之子，只有25岁的P. 科尔涅里乌斯·西庇阿为西班牙军指挥官。当时西庇阿只是一名市政官，不够资格。依例到海外做军队的司令员应派执政官或行政长官。元老院如此破格录用后起之秀主要是因为西庇阿本人当时已有很高的声望。后来他也确实以自己的才能证明元老院这一选择是明智的。几年以后，他在非洲迦太基本土击败了所向无敌的汉尼拔，从而获得了"阿非利加"这个荣誉称号，从他的成就来看，他取得这个称号确实当之无愧。

公元前 209 年，西庇阿开始在西班牙行动，他以声东击西的战术攻克了迦太基的大本营新迦太基城，获得了巨大的粮仓和兵工厂、军械库等。他又善待被囚禁的西班牙部族酋长，和他们建立友好关系，为罗马争取人心。

公元前 208 年，西庇阿与哈斯杜鲁巴战于倍库拉。西庇阿学习汉尼拔的战术，除正面进攻外，还派部队从两翼包抄。西庇阿一反以往罗马将军一贯的三层战阵的死板战术，改用灵活机动的战术，巧妙获胜。士兵们因此把他称为大统帅（Imperator）。

哈斯杜鲁巴当时急于要去意大利援助汉尼拔，不敢拖延，从西面偷偷地绕至比里牛斯山向北意进军。西庇阿未能阻止。当时西班牙共有三支迦太基军，哈斯杜鲁巴走后还有两支，但都不如哈斯杜鲁巴，更不是西庇阿的对手，所以哈斯杜鲁巴的撤离实际上是把西班牙拱手交给罗马人了。

公元前 206 年，西庇阿与迦太基军在南西班牙赛维利附近一战，双方各有 5 万大军。西庇阿用机动战术：使较弱的步兵牵制迦军主力，另派较强的部队和骑兵去打击侧面和后路，用几面夹攻的战术把迦太基人打得落花流水，并穷追四面逃散的敌人，最后在卡狄兹（Cadiz）接受残军的投降。到公元前 206 年年底，迦太基人丧失了其在西班牙的最后立足点。这对困守在南意一角的汉尼拔是继哈斯杜鲁巴之死后的另一个重大打击，因为西班牙是他的根据地。

五、第二次布匿战争的结束

西庇阿作为胜利将军从西班牙回到罗马受到很高的赞誉。当时关于下一步战争的打法在罗马争论激烈，大家都没把握，而年轻的西庇阿却有独到的见解。他极力主张把战争打到迦太基本土去。他破例地被举为公元前 205 年执政官，时年 30 岁。元老院以法比乌斯为首的保守派反对远征非洲。因为汉尼拔还在意大利，虽然已成困兽，但如果派遣大军出征，国内防守空虚，毕竟危险。再者国库空虚，意大利诸盟邦，特别是拉丁盟邦早在公元前 209 年就已提出无能为力了，不能再给人民增加负担，无法征兵。这都有道理。但西庇阿却认为只有打到非洲才能使迦太基召回汉尼拔，结束战争。因此他把自己的议案提到人民大会上去表决，竟得到罗马人民的支持。最后元老院允许西庇阿率领他原在西班牙指挥的两个军团作为基础，另外任他去招募志愿兵参加到北非的远征[①]。

公元前 205 年，西庇阿把部队运到西西里，作出征前的准备工作。军队数量虽少，但意义重大，它宣告了罗马主动出击的时机已经到来。次年，这支部队在北非乌提卡（Utica）登陆。罗马对迦太基的第二战场正式开辟。迦太基探知罗马军来侵，已有准

---

① 关于西庇阿在西班牙的历次战役，主要保存在波利比乌斯的《历史》中；此外也部分地散见于李维的《罗马史》中。

备。努米底亚人当时分为两派，较大的部族酋长西法克斯助迦太基，一个较小的酋长马西尼撒转到西庇阿一边。公元前 204 年双方接触各有胜负。公元前 203 年在大平原（Campi magni）一战西庇阿以奇兵制胜。迦太基步兵主力几乎被全歼，骑兵也大败。此后不久迦太基求和。公元前 203 年秋双方停战，开始和谈。同时迦太基召回困守在南意大利的汉尼拔。双方谈妥的预备和约对迦太基相当苛刻，主要内容包括：（1）迦太基退出非洲以外一切领土。（2）赔款 5000 塔兰特。（3）交出全部船只，许可保留 20 艘供巡逻之用。（4）承认马西尼撒为努米底亚王。条约草案送到罗马，得到元老院批准。

当条约即将缔结时，汉尼拔和玛哥的部队从意大利回来了。有了生力军，迦太基元老院主张再战。据说西庇阿同汉尼拔曾会面试图再次和谈，没有结果，公元前 202 年双方集合人马再次会战。

这最后一次战役的地点说法不一。可能是在迦太基以南的扎玛城附近。这是一次规模很大的会战，双方各有 4 万人，罗马方面得马西尼撒之助骑兵占优势，汉尼拔多了一些战象，但骑兵力量不及罗马。

西庇阿和汉尼拔棋逢对手，各人施展了自己的军事才能，摆开包围的阵势。汉尼拔以层出不穷的几层兵力对付西庇阿军的进攻。最后西庇阿以骑兵优势绕包汉尼拔后卫解决了战斗。坎尼之役在迦太基本土重演，但这次得胜的是罗马人。

对迦太基人来说，公元前 201 年再订的和约显然更为苛刻。条款与前基本相同，只是赔款加倍，只许迦太基保留 10 艘船，又加一条是不经罗马许可不得与任何国家进行战争。以商业为命脉的迦太基被剥夺了大规模经商的可能性，同时也丧失了独立国家的一部分主权。至此，这场起于西班牙的战争终于以罗马人的胜利而宣告结束。

第二次布匿战争大事记

时　间	事　件
公元前 219/218 年	汉尼拔攻占萨贡托；罗马向迦太基宣战
公元前 218 年	汉尼拔从西班牙出发，经南高卢，越阿尔卑斯山，进入意大利，两次击败罗马军队
公元前 217 年	汉尼拔击败罗马军队于特拉西美诺湖
公元前 216 年	汉尼拔击败罗马军队于坎尼
公元前 216/215 年	汉尼拔在加普亚
公元前 215 年	汉尼拔与马其顿之间签立条约
公元前 214 年	罗马收复萨姆尼乌姆
公元前 212/211 年	罗马包围并最后夺回加普亚
公元前 211 年	汉尼拔向罗马推进，后又折回

续 表

时 间	事 件
公元前 211/210 年	罗马西西里取得一系列胜利,叙拉古被罗马占领
公元前 210/206 年	西庇阿在西班牙取得胜利
公元前 209 年	罗马夺取塔兰托
公元前 207 年	汉尼拔兄弟带援军进入意大利,后被罗马军队消灭
公元前 206 年	罗马十人委员会决定把黑石带入罗马
公元前 204 年	西庇阿在阿非利加登陆
公元前 202 年	西庇阿取得扎玛之战的胜利
公元前 201 年	罗马与迦太基签立和平条约

西庇阿在订立和约以后,就带着他的军队,返回意大利,举行凯旋。阿庇安记录了这次凯旋的盛况。他这样写道:

参加游行行列的人都戴着冠冕。号兵领着前卫,车辆上载满了战利品。沿路抬着代表他们所攻陷的城市的高塔和描绘他们的战绩的图画,接着就是金银货币和金银块以及他们所夺取到这一类的一切东西;接着就是各城市、各同盟者以及军队本身,为了表扬将军的勇敢而送给他的冠冕。其次就是一些白公牛;白公牛之后,就是战象和被俘虏的迦太基和努米底亚的首领们。穿着紫色紧身衣的侍从们走在将军的前面,又有一个由竖琴手和吹笛手组成的乐队,他们都仿照埃特鲁里亚人游行的仪式,佩着皮带,戴着金冠,他们依照整齐的次序,随着歌舞的拍节前进。……这些人中间有一个人,在行列的中部,穿着长达脚部的紫色外袍,戴着黄金手镯和项圈,做各种各样的手势,好像他正在战胜敌人的凯旋中舞蹈的样子,以引起人们发笑。接着是许多持香烛者。持香烛者后面就是将军本人,坐在一辆用各种各样的花样装饰着的战车上,戴着一顶黄金宝石的冠冕,依照罗马的习俗,穿着一件有金星交织着的紫色宽袍。他手中拿着一个象牙权杖和一条桂树枝,这总是罗马人胜利的象征。一些童男童女和他同坐在战车中,两旁跟着的那些骑在马上的青年人都是他的亲属。他的后面跟着那些在战争中服侍他的人——秘书、助手和持盾者;跟在他们后面的就是军队,按照队和大队排列,他们都戴着花冠,拿着桂枝,其中最勇敢的佩戴着他们的军事勋章。他们称赞某些队长,嘲笑另一些队长,谴责另一些队长,因为在凯旋中,每个人都是自由的,可以随便说他们所高兴说的话。当西庇阿到达卡皮托里神庙的时候,游行完毕,他依照当时的习惯，在神庙中以宴席款待他的朋友们。"①

阿庇安认为：这次凯旋比以前的任何一次声势都要浩大。

第二次布匿战争所涉及的地区之广、国家之多、时间拖延之长（公元前218—前202年）以及战争本身之残酷，在古代世界史上都是空前的，几乎可以说是一次世界大战。罗马军队在这次战争中特别执行了前所未有的残酷屠杀和劫掠政策。

综观十余年的战争，汉尼拔的军事才能大大高出罗马的执政官们，只有西庇阿可以同他相比。后起的西庇阿显然从汉尼拔那里学到了一些东西。罗马的最后胜利同它所特有的充沛的人力和物力资源有密切关系。罗马依然具有农业国家的特征，农民公民兵高昂的保家卫国的士气和传统的民族牺牲精神可以说是罗马能坚持到最后的可靠保证。汉尼拔虽然有勇有谋，但其国内复杂的阶级矛盾和派系斗争使他长期孤军深入敌后而得不到援助，因此，很难取得最后胜利。

第二次布匿战争在历史上特别引人注意：这里出现了汉尼拔和西庇阿（阿非利加）这样的历史名将，也出现了像特拉西美努斯湖、坎尼和扎玛等著名大战役。无怪乎历代学者都对这段历史事件和人物感兴趣，并作了多方面细致、深入的研究。它们对后世政治家和军事家皆有很大的参考价值。

第三节　第三次布匿战争和西地中海的征服

第二次布匿战争的胜利，奠定了罗马人在西部地中海的霸主地位。此后，它一反过去闭关保守以自卫为主旨的政策，转而奉行积极进取、干预他国政治、建立自己势力范围的扩张主义政策。经过短短几十年的征战，到公元前2世纪40年代，罗马终于发展成了一个统治全地中海地区的大帝国。历史学家波利比乌斯对此赞叹不已，他在自己的著作中曾这样写道："罗马以一个小小的城邦，几乎征服了整个文明地区，并将之置于自己的统治之下。而这种征服事业，是在不到53年的时间内完成的。罗马为什么能够如此？它制胜的方法是什么？这些功业又是在什么政体下完成的？对于这样的事迹，一个人岂能无动于衷，不加记述？"② 正是在这种思想的驱动下，他写下了不朽的《历史》，以记录第一次布匿战争以来罗马帝国的成长过程。

罗马人在打败迦太基之后便把主要精力集中在对西班牙事务的处理上。

西班牙原来是迦太基的领土，第二次布匿战争以后，这一地区的绝大部分落到了罗马人的手中。罗马人在自己所占领的西班牙区域设立了两个行省，即近西班牙省

---

① 阿庇安：《罗马史》，上卷，240～241页，北京，商务印书馆，1979。
② Polybius, *The Histories*, 1.

（Hispania citerior）和远西班牙省（Hispania ulterior），元老院派行政长官分头治理。由于罗马官员对所属以及非所属部落一贯采取高压政策和不守信约，因而经常引起当地居民大规模的反抗。公元前154年，西班牙部落再次爆发起义。这次起义规模很大，北部和中部的克尔特伊伯利亚人和中部西部的路西塔尼亚人都参加了。战事持续到公元前2世纪30年代。在西班牙中部努曼提亚城的包围战中，罗马军遇到很大困难。最后直到公元前134年，罗马决定把最优秀的将领，刚刚毁灭了迦太基的小西庇阿调来。西庇阿到达西班牙后首先整顿军队，训练士兵，加强纪律，把2000多名妓女驱逐出军营。然后，他采用围困的方法，将西班牙起义军镇压下去①。此后，罗马在西班牙的统治才逐渐稳定下来。

与此同时，罗马一直没有放松对迦太基的控制和监视。

第二次布匿战争虽然大大削弱了迦太基的军事力量，但并没有剥夺迦太基发展经济的有生力量。因此在随后一些年，迦太基除恢复了一部分商业外，还在北非大片地区发展了精耕细作的农业。到战后第十年的时候，迦太基已经提前偿还原准备分十年还清的赔款，而且还曾经以大批粮食供给罗马在东地中海的远征军。这些成绩据说与汉尼拔倡导清廉政治、消灭一切贪污腐败有关。但是好景不长，汉尼拔的政敌向罗马元老院状告汉尼拔，说他同罗马东地中海的敌人叙利亚国王安底奥库斯三世有勾结。罗马人准备对汉尼拔进行调查，汉尼拔闻风在罗马人到来以前逃走了。

努米底亚是迦太基的近邻，因其首领马西尼撒第二次布匿战争中对罗马人有功，所以在公元前201年订立和约时，罗马把努米底亚酋长马西尼撒立为全努米底亚的国王。有罗马人的支持，马西尼撒的胆子便越来越大，他一方面大力加强努米底亚国家的统治。另一方面，又扩大部队力量，组建常备军5万人，兼并周围许多部落，不断扩张领地，并不时夺取迦太基的土地，迦太基政府对此非常恼火，只得将他告到罗马元老院，而马西尼撒却抢先向罗马买好，一面向罗马远征军送粮送援军，向西班牙送大象表白自己如何忠于罗马；一面进谗言诽谤迦太基，使元老院对迦太基猜忌。在为双方仲裁时，罗马总是偏袒努米底亚，迦太基得不到公正对待，便决定与努米底亚战斗。由于力量薄弱，迦太基被努米底亚夺去很多领土，西从毛里塔尼亚边境起，东到昔列尼，全部北非沿地中海部分都变成了努米底亚的居地。迦太基被封锁在突尼斯海边的一角，连巴格拉达河谷也被努米底亚人侵占了一大片。

罗马元老院对迦太基的态度也分两派：一派比较缓和，以西庇阿家族为代表，主张保护汉尼拔，限制努米底亚王马西尼撒的扩张野心；另一派则认为有迦太基在，总是心腹之患，最好消灭它，元老迦图是这派的代表。迦图参加过第二次布匿战争，领教过汉尼拔用兵的威力，后来作为使者到过迦太基，看到迦太基经济恢复的迅速，深

---

① 关于西班牙战争的史料，主要散见于波利比乌斯的《历史》、李维的《罗马史》以及阿庇安的《罗马史》中。

感不安，因之在元老院会议上他不厌其烦地多次提出应该消灭迦太基。

　　罗马发动第三次布匿战争消灭迦太基的动机是什么，学者有不同的看法。有一派认为，罗马，特别是某些主战派元老的目的是要消灭一个潜力强的商业竞争者，是出于经济原因。但近来这一说法已受到很多人的驳斥，认为这是把古代史现代化了①。更多人仍依古典史家说法，认为主要是出于罗马人对迦太基心有余悸。

　　主战派提出，迦太基与努米底亚作战就是违反了公元前201年的和约，是迦太基人恢复武装的证据，应予以惩罚。在主战派的压力下，元老院于公元前150年派使者到迦太基抗议它对努米底亚用兵，而对双方纠纷的是非曲直丝毫不提。迦太基解释无效。罗马于公元前149年正式向迦太基宣战，执政官率军向非洲出发。

　　迦太基无力抵抗，只能投降求和。罗马提出条件要迦太基交出人质和一切武器。迦太基人痛苦地解除了自己的全部武装。但罗马人仍不罢休，进一步提出种种无理要求，最后甚至提出要全体迦太基人撤离并毁灭迦太基城，全体迁到内地另谋居处。这样一个存心使人灭种亡国的要求使绝望的迦太基人难以抑制悲愤，人们愤怒狂热地决定誓与城国共存亡。已经交出了军队和武器的迦太基人决定重新建立军队，重新制作武器，他们释放了奴隶，全国人都投入筹备材料，修建工事，制作武器，准备口粮等一切备战守城的工作。

　　由于迦太基人这种最后一刻的拼命，罗马人所发动的第三次布匿战争没有像所期待的那样轻易结束。公元前149—前148年，罗马将军包围了迦太基城，但由于该城防守牢固，一直无法突破。用封锁手段一时也不奏效，因为城里当时还有粮草，而包围者自己却往往由于布匿人游击队的干扰而缺乏给养，所以围了一年多，没有成绩。公元前147年，罗马人选了打败汉尼拔、在罗马极孚众望的西庇阿·阿非利加的过继孙儿C·西庇阿·埃米利乌斯为执政官。这个小西庇阿当时无论年龄和经历都不够资格当司令官，元老院维护旧制，表示反对，但人民大会坚持，终于选他带兵到非洲去了。公元前147—前146年，西庇阿以强大兵力突破了迦太基城外城防线，连续进行了一周的残酷巷战，最后以饥饿和疲劳迫降了残留的迦太基人。全体约5万迦太基人尽被降为奴隶，城被夷平。

　　罗马人在迦太基领土上建立了一个行省，称为阿非利加省。罗马人本来可以不必局限在公元前150年前后迦太基已缩小的土地上建省，可以扩大到周围更大的地方，但罗马人没这样做。它让周围的部落小国继续存在，成为被保护国。可能这样做可以减少罗马的行政负担。

　　从公元前264年到公元前146年断续拖延了一百余年的罗马同迦太基的战争虽然发生在古代，但从战争的起因、目的和性质来看，可以说是一种大国争雄争霸的帝国主

――――――――――

　　①　主要论点见 E. Badian, *Roman Imperialism in the Late Republic*, New York, Cornell University Press, 1968。

义战争。罗马对迦太基的胜利，不但消除了迦太基对它的威胁，而且也加速了其向东扩张的步伐。

第四节　东地中海的征服

罗马在第二次布匿战争之后，一方面环顾周围，平定高卢、利古里亚、科西嘉和撒丁等地；另一方面派军到西班牙去征服当地部落。但与此同时，罗马也把很大注意力开始转向东部地中海。

公元前323年亚历山大死后，他所建立的大帝国分裂为许多小国。其中较大的马其顿、赛琉西和托勒密埃及三个国家可以同西方的罗马和迦太基相提并论。在公元前3世纪这5个国家是地中海的主要强国。此外还有帕加马、罗德斯两个较小而活跃的国家。也还有在马其顿势力范围下的希腊诸城邦和联盟。这些希腊城邦一如既往，总是处于不断争执的分裂状态。虽然成立了埃托利亚和亚加亚两个较大的联盟，但没有哪个联盟能强大到团结全希腊的程度，所以希腊诸邦长期处于马其顿势力的控制之下。

直到伊庇鲁斯王皮鲁斯干预意大利事务之前，罗马同地中海东部世界的这些国家都没发生过什么密切的关系。甚至皮鲁斯战争也没有引起罗马对东方的特殊注意[①]。

罗马对东方最初一次行动发生在第一次布匿战争之后。那时由于剿灭伊利里古姆海盗（公元前230—前229年），罗马第一次在亚得里亚海东岸建立了几个关系点（如阿波罗尼亚保护国）。这可以说是罗马东进的前奏。

第二次布匿战争期间，野心勃勃的马其顿王菲力普五世想借汉尼拔之力赶走罗马向东方伸张的势力，于公元前215年同汉尼拔缔结了同盟，从此种下了与罗马的敌对关系。通过所谓第一次马其顿战争，没有赶走罗马，菲力普反被罗马打败，公元前205年订立和约。马其顿在希腊的势力被削弱，失去了过去的领导权。同时罗马为自己赢得了一些希腊世界小国的支持，其中有帕加马、罗德斯和亚加亚同盟。

马其顿王菲力普五世又曾于公元前203年与赛琉西王安底奥库斯三世接近，密约共同瓜分托勒密埃及幼王托勒密五世在地中海东岸的领地。同时菲力普又对希腊诸邦和罗德斯等小国采取高压政策，干预他们的内政。这就促使希腊的一些城邦组成了反马其顿的联盟，参加的有帕加马、罗德斯、雅典和埃托利亚。后来亚加亚联盟也参加了。他们还吁请罗马帮助。

公元前200年，也就是第二次布匿战争结束不久，罗马就以菲力普攻击罗马盟邦为借口，向菲力普宣战。罗马与马其顿之间的战争正式开始。历史上称为第二次马其顿

[①]　早在公元前273年与埃及王托勒密二世曾有过一次友好往来，但这只是礼节性的相互承认而已，没有其他活动。

战争。站在罗马一边的有希腊的反马其顿大同盟，而支持菲力普的则有帖撒利和赛琉西的安底奥库斯。实际上，双方的支持者都没提供任何真正的帮助。战事主要是在罗马人和马其顿部队之间进行的，战场则在马其顿希腊。

公元前197年，罗马司令官弗拉米尼努斯和菲力普在帖撒利亚大战，此战双方势均力敌。马其顿军队包括一个由16 000人组成的方阵，他们全部是王国战士中的精华。此外，还有2000名佩带轻盾的"盾牌兵"、2000名来自色雷斯和伊利里亚的辅军，外加一支由多民族混合组成的1500人雇佣军部队和2000人的骑兵队伍。罗马人的兵力与此相当，其中包括埃托利亚人的6000名步兵和400名骑兵、500名克里特人和300名阿波罗尼亚人，还有1200名阿塔马尼亚步兵。那时他们唯一的优势是一支骁勇善战的埃托利亚骑兵部队。双方虽然投入兵力不分上下，但因为罗马军团的灵活性和机动性，使菲力普的方阵完全失去了作用。菲力普最后失败。公元前196年，罗马司令官以希腊保护人的身份裁决并安排了希腊和马其顿的事务，允许菲力普仍为马其顿王，但必须交出海军舰队，撤离希腊。把原有一切据点交还给亚加亚和埃托利亚联盟。向罗马人赔款1000塔兰特，此后菲力普失去了干预希腊各邦事务的权力。弗拉米尼努斯自己在希腊又停留了两年，帮助恢复或建立贵族政治，打击民主运动，直到公元前194年才离开希腊，返回罗马。

从第二次马其顿战争可以看出，罗马对东地中海还没有明确的、准备长期占有的想法。元老院最初出兵是犹豫的，主要目的是限制菲力普五世，不容许他在东方称霸。尤其如果他背后有赛琉西王安底奥库斯三世的支持就会成为对罗马的威胁，因此必须限制它。至于对希腊诸城的处理，弗拉明尼努斯的做法不过是权宜之计，因为在罗马还没形成一个明确的对待希腊的政策。而从希腊人的角度看，弗拉明尼努斯的处理却是十分友好宽容的。所以公元前196年，当罗马将军在科林斯依思汤米赛会宣布希腊自由，从马其顿统治下解放时，希腊人曾报以长时间的、热烈的欢呼。罗马撤退时在各邦安排了贵族阶层的统治。

在罗马同马其顿的第二次战争期间，还发生了罗马与赛琉西安底奥库斯三世之间的斗争。

在公元前200年以前，亚洲完全在罗马政治之外，赛琉西国家在亚洲的活动没有同罗马发生过联系。赛琉西王安底奥库斯三世是个好大喜功的人，他曾于公元前209—前204年间向东进攻波斯和巴克特里亚，梦想继亚历山大建立大帝国。公元前203—前197年间，他又向叙利亚、小亚细亚一带扩张，与马其顿菲力普五世密谋瓜分埃及幼王托勒密五世在亚洲的领地。安底奥库斯先后得到叙利亚南部、巴勒斯坦、小亚南岸和西岸的部分地区，其中包括希腊人在小亚的一些城市。公元前197年把希腊在小亚的名城以弗所建为第二首都。公元前196年，安底奥库斯甚至宣称赫利斯海峡以西，色雷斯的一部分应归赛琉西所有。公元前192年，安底奥库斯三世趁马其顿被罗马打败之机，渡海侵入欧洲，占领全部色雷斯，并企图吞并马其顿。罗马人与安底奥库斯三世的战争已迫在眉睫。

公元前191年罗马派军到帖撒利亚，4月在温泉关，双方发生激战，安底奥库斯三世军大败，被迫退出欧洲。此后，双方又在海上和陆上发生了数次交锋。公元前191—前190年，罗马海军在帕加马和罗德斯海军的帮助下，两次在科里古斯海角（Corycus Cape）击败安底奥库斯三世的海军，从而使其失去了称霸地中海东部世界的实力。公元前189年，双方又在马格尼西亚发生陆战，安底奥库斯以7万之众攻打罗马的3万军队。结果是罗马人仅用300人的损失，打败安底奥库斯三世的进攻。马格尼西亚一战使赛琉西的实力得到了彻底的削弱。

安底奥库斯被迫向罗马求和。公元前188年双方订立和约。和约规定：安底奥库斯必须放弃对欧洲和小亚细亚的领土要求，赔款1.5万塔兰特，交出舰队和战象，退至陶鲁斯山以东，不再涉足爱琴海世界。从此赛琉西的势力日趋衰落。

此后平静了十几年。公元前179年，马其顿国王菲力普去世，继位者是他的儿子伯修斯。伯修斯是一位很有雄心且精力充沛的政治人物。他励精图治，发展经济，厉兵秣马，努力寻求更大的外交空间，为己所用。他先与色雷斯和伊利里古姆酋长结盟，后又与赛琉西和俾提尼亚王室联姻以增强势力，干预希腊城邦内政。当时希腊诸邦奴隶制经济已经走向没落，社会上贫富斗争尖锐，伯修斯支持破产阶级反对罗马所安排的贵族统治者。

伯修斯的这一系列行动引起了邻国尤其是帕加马的注意，帕加马国王悄悄地把伯修斯日益强大的消息报告给罗马，从而引起了罗马的强烈不满。为抑制马其顿，不使它再强大起来，罗马寻找借口于公元前171年再次向马其顿宣战，第三次马其顿战争（公元前171—前167年）爆发。

就双方实力而言，罗马人强于马其顿人。马其顿虽有兵力4万，但始终处于孤军作战的地位，很少得到同盟者的支持。而罗马则不同，它除了有4万多兵力外，还得到了帕加马、罗德斯和亚加亚等老同盟者的大力支援。公元前168年，罗军司令爱米利乌斯·鲍鲁斯在皮德纳（Pydna）一役大败伯修斯，两万名马其顿人死于疆场，1.1万人被俘。伯修斯被迫投降。

次年，鲍鲁斯受命进军伊庇鲁斯。他攻打了所有的城镇和乡村，大肆抢掠破坏，大约有15万居民被卖为奴隶。

此后，罗马又在希腊各邦进行残暴的清洗，放逐大批有反罗马嫌疑的政治人物，不仅对支持马其顿的埃托利亚给予这种惩罚，甚至与罗马结盟的亚加亚也得不到信任。他们把一千多名亚加亚显贵作为人质遣送到意大利。著名的历史学家波利比乌斯就是当时的人质之一，他有幸被罗马大将鲍鲁斯接受，认识了征服迦太基的小西庇阿·阿非利加，才有机会写出《历史》这一名著传诸后世，而人质中的绝大部分都是被扣压了15年，到公元前150年才被释放，其中700人已死在监禁中。罗马人对自己的支持者罗德斯岛也采取严格的限制措施，罗德斯岛在大陆上的大部分领土也被没收。更重要的是罗德斯岛的自由贸易港地位被取消了，而代替它的是台罗斯岛。这样罗马商人就借机侵夺了以前希腊商人的市场。

罗马对马其顿的处置是把它分割为四个小国，分别成立自己的议会和政府，禁止各小国互相往来和贸易，也不准它们同其他国家来往。这样，马其顿实际上已经失去了作为地中海强国的地位。

过了十几年，到公元前150年，一位名叫安德里斯库斯的马其顿平民，自称是伯修斯之子，号召马其顿人民起来恢复旧有的制度，重新统一马其顿。但不久便遭到了罗马军队的镇压。从此，马其顿的自治被取消，罗马就在这里成立了一个马其顿行省，由罗马直接统治，罗马人在这里修路建据点以巩固统治。不久，又把伊利里古姆和达尔马提亚也置于马其顿总督管辖之下。

吞并了马其顿及其周围地区，巴尔干半岛的大部分已在罗马直接统治之下，余下的就是与希腊诸邦的关系。

第三次马其顿战争之后，罗马已对希腊进行了一次大清洗，消灭各邦的亲马其顿派和反罗马派，解散希腊人的联盟（只保留亚加亚联盟），让希腊诸小城邦各自为政。罗马的意图很清楚，就是想通过分裂来削弱希腊人的力量。不久之后，罗马又唆使斯巴达脱离亚加亚联盟，这使亚加亚联盟的领袖感到愤怒，他们决定乘罗马正进行第三次布匿战争之机起兵反对罗马。领导这次反抗活动的是科林斯的独裁将军克里托劳斯。

克里托劳斯得到相当一些希腊城市的支持，这使公元前146年的亚加亚联盟战争具有一种希腊民族反抗罗马统治的性质。尽管克里托劳斯所利用的时机不错，但分裂的希腊小邦无法抗拒罗马的军事力量。在罗马新派的执政官到来之前，克里托劳斯的亚加亚联盟军已被在马其顿镇守的麦铁路斯击溃了。次年，亚加亚联盟虽然重新组织了一支反罗马联军，但不久又被罗马派来的执政官穆米优斯统率的军队打垮了。希腊人反抗罗马统治的最后努力至此结束。

战后，罗马人重新调整了对希腊的政策：解散中希腊和南希腊的一切联盟，让参加起义的各城公社分别向罗马缴纳一定贡赋，军事由马其顿省总督干预。在其他希腊城扶植富有阶层统治，对反抗罗马的主要大城如底比斯和科林斯都给予严厉的惩罚，科林斯被夷为平地，财富和艺术品被掳掠一空，居民被卖为奴隶。

亚加亚战争和科林斯的毁灭，结束了希腊政治史长期光荣的篇章，把希腊一切政治团结的努力彻底粉碎了。公元前146年，罗马在西方以类似方式毁灭了迦太基。带有讽刺性的是，这一最后的解决，给希腊带来了它自己以前多少世纪从未成功达到的长久的和平。

到公元前2世纪40年代，地中海强国中，西方的迦太基被消灭了，东方的马其顿被合并了，赛琉西被削弱退回亚洲，后被其强邻安息代替。剩下的埃及，由于王室软弱，一直不强，它同罗马虽非从属关系，但一直仰罗马鼻息而存，遇事都要求罗马仲裁。公元前145年，罗马首派小西庇阿去调查埃及王位的继承问题，西庇阿甚至轻蔑地叫身体肥胖的托勒密第七紧随其后。此时到埃及旅行的罗马元老，一般都能得到很好的保护和照顾。但不管怎样，到公元前 2 世纪，埃及一直还保持着独立地位。

总之，到公元前 2 世纪中叶，罗马基本上完成了对西部地中海的征服，马其顿和希腊也失去了自己的独立地位，成了罗马领土的一部分。至于东部地中海的赛琉西王国和埃及的托勒密王国虽然还能苟延残喘，但也完全处在罗马势力的控制之下，昔日的地中海世界逐渐变成了罗马人的世界。

第六章
公元前 2 世纪罗马国家的政治和社会情况

第一节　罗马的行省制度

　　自从公元前 3 世纪中叶第一次布匿战争以来，一贯保守的罗马不再把自己的活动局限于意大利半岛而开始向外扩张了。经过一系列旷日持久的大规模战争，到公元前 2 世纪中叶，罗马竟然在整个地中海地区取得了压倒一切的巨大胜利，地中海周围几乎所有国家和地区都被罗马纳入自己的势力范围，罗马成了名副其实的地中海霸主。

　　罗马的扩张既快速又无序，非常出乎意料。对于新的被征服地区，它并没有一套固定的或者预先准备好的政策。不过，从现有的材料中，我们可以知道，罗马把新征服的地区一般分为两类：一类是以条约建立同盟、友邦和保护国等关系，这基本上是沿用了在意大利所使用的方法，所指的对象多半是前希腊化世界的城市和国家。这些城市和国家大多在罗马对外扩张过程中起过积极的作用。另一类是对其他多数被征服的地区和国家，主要采取吞并而建立行省的办法。当然那些"同盟"和"友邦"所处的地位也是暂时的，是一种过渡状态，到公元前 1 世纪以后，这种地区的多数，也陆续变成了罗马的行省，或某一行省的一部分被合并了。

　　从公元前 3 世纪中叶罗马建立第一个西西里行省，到公元前 2 世纪末，罗马已先后建立了 10 个行省，它们分别是西西里、撒丁和科西嘉、近西班牙、远西班牙、马其顿、阿非利加、亚细亚（原先的帕加马）、山外高卢（或称那尔旁·高卢）、西利西亚、塞浦路斯和山南高卢（时间不明，至迟在苏拉时代）。在这同时，与罗马建立了依附关系而没有设立行省的地区和国家有：希腊诸城、伊利里古姆、小亚诸小国如加利西亚、卡帕多基亚、俾提尼亚、本都等。此外，还有地中海东岸叙利亚诸城、埃及、昔列尼、罗德斯岛、克里特岛以及努米底亚，等等。这些地区或成为罗马的"同盟"，或"友邦"，或成为被保护国。不过在随后的时间里，它们又陆续地被并入罗马版图，变成了行省。

公元前 241 年至前 30 年罗马征服地区情况表

公元前 241—前 121 年	公元前 101—前 30 年
西西里：公元前 241 年	西里西亚：公元前 101 年
撒丁：公元前 238 年	昔列尼：公元前 96—前 74 年
科西嘉：公元前 227 年	克里特：公元前 68 年
远、近西班牙：公元前 197 年	俾提尼亚、本都：公元前 64 年
马其顿：公元前 148—前 146 年	叙利亚：公元前 64—63 年
阿卡亚：公元前 146 年	长发高卢：公元前 58—前 51 年
阿非利加：公元前 146 年	塞普路斯：公元前 58 年
亚细亚：公元前 133—前 126 年	努米底亚：公元前 46 年
山北高卢：公元前 121 年	埃及：公元前 30 年

在内战时期和元首制初期，罗马的大将如庞培、恺撒之流和奥古斯都及其后继者都继续扩大领土，建立了许多新的行省。但行省的政治地位和组织形式在公元前 3 世纪到前 2 世纪时期已经基本确定了。罗马行省体制是罗马地域性帝国的重要管理模式，它保证了地中海世界的稳定，促进了地中海经济的发展，在西方历史上占有重要的地位。

一、行省的管理

第一次布匿战争结束后不久最先设立的是西西里省和撒丁—科西嘉省，由罗马元老院派长官代表罗马政府去治理。行省（Provincia）这一名称原意是管辖，或指"辖区"。当两个执政官中一个外出打仗，把罗马交给另一个管辖的话，打仗的军事区就是前者的 Provincia，即管辖范围。公元前 2 世纪以后，Provincia 的意义逐渐被确定下来，即是指卢比孔河以南意大利半岛以外的、被罗马所征服、为罗马人民所有的地区，其特点是必须向罗马交税。

行省是罗马人用武力征服的，它们也往往被看做军事区，罗马所派的主管官都握有兵权。当时罗马共和国政府本身就很简单，政府机构不过是一些选出来为数不多且任期一年的官长，总数不会超过 50 人。新的行省出现后，最简单的办法就是增选几个有兵权的官员。最初大概是把每年选两人的行政长官增加为四人，多选的两人分别被派往西西里和撒丁两行省，担任行省总督。公元前 197 年，由于罗马又增加了两个西班牙行省，所以又增加两位行政长官。这样，罗马每年都得多选四个有军权的行政长官到行省去担任总督，行使罗马人对行省的管理。

然而随着罗马对外扩张速度的加快，领土的扩大，对新增领土管理的要求也越来越高。光靠选几个官吏来治理新征服的土地，显然不能适应形势发展的需要；而不断的对外用兵，也迫切需要更多的有本事、有军权的官员。其实，早在公元前 3 世纪初萨姆尼特战争期间，罗马人就设计出一种新的补救办法，即延长在职官员的任期（Prorogatio impeii）年限，让任职期满的执政官和行政长官继续掌握原先授予他们的一切大权；或卸任后，派他们到各行省去任总督或到外地去带兵打仗。这种官员称为执政官级（Proconsul）指挥官，或行政长官级（Propraetor）指挥官，后来的行省总督多是按这种身份派遣就任的。这一制度大概在马其顿和阿非利加成为行省时就已经建立了，以后各行省都按这个形式操作，成了固定的行省管理模式。这种制度的出现在一定程度上弥补了罗马官僚机构过于简单的弊端。

执政官和行政长官在罗马卸任后，保留执政官和行政长官级别，到行省担任总督，以加强罗马人对行省居民的统治，这对于罗马高级官吏了解帝国现状，保证罗马的稳定发展都有非常重要的现实意义。哪些省派执政官级的总督，哪些省派行政长官级的总督，则全由罗马共和国的核心机构元老院来决定。至于落实到某一人员，即谁到哪省去，谁不到哪省去，一般需要官员自己来选择；有时，也通过协商、抽签的方法来决定。行省总督的任期一般为一年，但若军情需要也可延长 2 至 3 年，甚至更长。例如，维列斯就任西西里总督时，由于意大利半岛发生了规模浩大的斯巴达克起义，故其总督的任期延长至 3 年（公元前73—前71年）。

行省总督是罗马对行省实施统治的象征，也是行省的最高官员。行省总督的重要职务是维护行省的秩序、保卫行省的安全。但其日常工作主要是司法，受理叛国及其他重大犯罪案件，处理牵涉到罗马人的诉讼，或省内不同身份居民间的争讼。在早期，行省总督一般都能按公办事，勤政、廉政，所以行省居民对于罗马人的管理还是基本认可的。但到共和后期，这种状况却有了较大的改变。

行省的管理机构非常简单。行省总督之下的管理人员人数一般也很少。最主要的助手是财务官，掌理税收和财务出纳。此外，总督幕府中还留用一至两名有从政知识和经验的官员。经元老院批准，可作为副职，必要时可代理总督事务。

罗马早期行省在管理上还是有很多缺陷的，这些缺陷表现在：只是把行省看做是彼此孤立的管理区，没有将其视作是帝国的一部分，视作是帝国整体中的一部分；对总督缺少监督；对行省的税收收缴工作重视不够，常常交给包税人承包收缴，而对包税人的监督又无法到位，从而导致行省民众对罗马的不满时常发生。

二、罗马对行省居民的剥削

罗马的行省都是通过征服得来的，是罗马人民的财产，所以居民皆处于被征服者的地位，一切听从罗马的发落，受罗马的剥削。

行省居民政治上无权，经济上还要向罗马缴纳赋税。向罗马缴纳赋税是各行省居民和意大利居民最重要的区别。不过，意大利居民虽然不交税，但必须服兵役。而对行省居民，罗马人却没有加以服兵役的要求，可能是因为罗马人对于行省居民的忠诚程度和承受罗马严酷军纪的能力还有怀疑，所以在省中维持治安和驻防边境的部队大部分来自意大利。不过，在特殊情况下也有例外，如在西班牙战争中，西庇阿就曾大量征用土著居民到他的部队中，参与其对当地居民的围剿工作。

至于为什么有这种区别，各家众说纷纭。有人说罗马把省看作罗马人民的财产，可以要省民纳税。西塞罗说省的纳税是"加于被征服者身上的战争赔偿费"。也有人说纳税是为了补偿罗马驻军和行政费用。无论何种理由，但事实只有一个，即：行省居民的身份是一种臣属地位，没有公民权，无权当兵，但必须交税，而且其数量还不小。当然，罗马人为维护行省的安宁，也不时给个别贵族或地方领袖以公民权。在较落后的地区，还让当地部落领袖主持地方行政，调动他们的积极性。行省地区发展到一定程度后，罗马又往往授予其以自治的权利。

对于行省中某些早先与罗马有过同盟条约的城市，如西西里的墨西拿和叙拉古等8个城市，那尔旁·高卢的马西利亚等都许其享有同盟国待遇，保留其自己的政府，居民不纳贡赋。

行省税额没有统一规定，一般以原来的数额为准，保持征服以前各国的旧制不变。有的以土地税为主，如：西西里和撒丁岛，征实物；亚细亚则征货币。此外，还有一些其他的税收，如：公共土地放牧税、开采矿山税等。

行省的税收常常采用整块承包的方法。由国家授权承包人具体实施行省税收的收取。一般来说，行省税收承包人的组成并无定制。在西西里，承包人多是本地城乡管理人员，但在帕加马等亚洲行省，包税人则来自罗马，他们大多是罗马公民。罗马包税人（Publicani）多属骑士阶层，有个人承担的，也有合伙组成的包税公司。他们先把承包款交给罗马国库，再派收税人到行省收集税收。由于国家对包税人的行为不加控制和监督，因此包税人和行省居民之间的矛盾非常尖锐。哪里有包税人，哪里就没有自由，这是当时行省的真实写照。

行省除了提供正常的税收以外，行省居民还经常根据罗马的需要，向罗马提供粮食等物资。例如：在产粮区西西里和撒丁，当地居民还向罗马提供第二个什一税，其税额与第一什一税一致。据西塞罗记载，在公元前 73 年，罗马人向西西里征收的第二个什一税为 300 万摩底，此数约合 10 万罗马公民一年的口粮，以供其对外用兵之需。但规定这种附加粮要按市场价格收购。罗马还曾特别规定西西里的粮食不准出口到意大利以外，因为到公元前 2 世纪西西里已经成了罗马固定的粮食基地，意大利粮食安全的关键地区。

在公元前 2 世纪以前，罗马在意大利实行的"分而治之"政策是完全成功的，它保证了意大利的安定与繁荣。但对各行省的统治却不尽如人意，引起了行省人民的普遍不满。根本原因在于，罗马人把各省看成了财富的来源地，发财致富的大宝库。

应该说，在早年，行省官员对行省的治理还是努力、有效的。但自罗马征服希腊、小亚等东部地区以后，财富骤然大增，奢侈之风也成为社会的重要组成部分。正如维莱乌斯·帕特尔库努斯所言："大西庇阿为罗马人打开了通向世界霸权的道路，而小西庇阿则为罗马人打通了走向奢侈生活的大道。罗马人消除了迦太基对她的威胁，帝国的竞争对手被消失之后，勇敢不是慢慢地而是很快地让位于腐败，原先的纪律不见了，国家从警戒状态进入了懈怠状态；从追求武力进入了寻求欢乐；从积极进取转化成消极怠慢。也还是在这一时期，在卡庇托里亚山上建立了西庇阿·纳西卡门廊和麦铁路斯门廊……在竞技场，建立了吉纳乌斯·屋大维乌斯门廊，这是所有门廊中最壮观的建筑。随着公共浪费现象的兴起，私人的奢侈之风不久也很快地蔓延开来。"[1] 而随着奢侈之风的蔓延，贪污腐化开始抬头，总督带头在各省搜刮钱财。例如：西西里总督维列斯"通过一系列无原则的管理，从农民钱袋中榨取无数金钱。他对待我们最忠实的盟友，就像对待民族的敌人一样；折磨和处死罗马公民，就像对待奴隶一般；罪大恶极的罪犯可以用钱买得无罪释放，而最正直、最诚实的人却未予审判即被判罪、遭

---

① 杨共乐选译：《罗马共和国时期》（下），50～51 页，北京，商务印书馆，1998。

受放逐；听任设防港口和城市遭受海盗和冒险家的攻击。让西西里士兵和水手、我们的盟友和朋友被活活饿死。尤其使我们民族蒙受巨大耻辱的是，装备精良的舰队被击毁，化为乌有。著名的古代艺术品，其中有些还是富有的国王们的礼物……全被这位总督劫夺、掠走。他不仅如此对待城市的雕像和艺术品，而且还掠夺最神圣、最受崇拜的圣殿；如果一个神，其神像的制作工艺超过古代一般水平，具有一定艺术价值，那他就绝不会留给西西里人民"。① 再如恺撒，他在公元前 61 年就任远西班牙总督时还债台高筑，欠债总数达 800 塔兰特②。但在西班牙任总督仅一年就成了大富翁。普鲁塔克写道：恺撒在离开行省时，"发了财，并且在征服期间使自己的士兵也富了起来。"③苏埃托尼乌斯也说："恺撒在西班牙当总督的时候，曾接受过我们同盟者的金钱；他向它们索取金钱以供其还债之用，又曾在路西塔尼亚劫掠过好几个城市，其借口是它们对他表示敌意，但其实它们并没有违抗他的命令，而且是大开城门欢迎他的。"④ 就是比较清廉的西塞罗在西里西亚任职一年后，也得到了 220 万塞斯退斯的钱财。

除了总督外，包税人是最不受行省欢迎的人。包税人以行使国家公务的身份在行省横征暴敛，残酷剥削，行省居民深受其害，因为罗马不干预他们的收税方法。他们收得比上缴的多是当然的，问题是他们过度贪婪，有时不等任命先在民间搜刮一遍。同监察官签订合同以后的收税办法更是由包税人随意安排，罗马不再过问。由于手中掌握大笔资金，包税人常会同总督或商人做投机买卖，囤积居奇，低买高卖，有的甚至放高利贷压榨行省居民，利率高达 48%。

当然，罗马对于行省官吏的腐败现象也不是无动于衷，元老院对此也采取了一系列措施。例如：公元前 171 年，西班牙人派使团来罗马控告其总督贪污，元老院责令组成一个五人小组，对其进行调查，结果有罪的总督遭到流放。次年，一位行政长官级驻希腊官员 L. 加鲁斯（Lucretius Gallus）因在希腊的劣迹而被保民官检举，在特里布斯大会上遭弹劾，被处以 10 万阿斯的罚款。⑤ 公元前 149 年，罗马还颁布卡尔普斯尼乌斯法，专门成立一个常设法庭，调查与审判行省的贪污勒索案件。公元前 86 年，罗马又设立第二个法庭，独立负责对滥用公款罪案的审理。不过，一直要到奥古斯都时期，罗马行省的管理体制才有明显改善，行省劣政才有较大的改变。

罗马的行省制度是一种非常典型的管理制度，它有其自身固有的特点，这种制度确定了罗马人与非罗马人之间的界限，规定了他们的权利与地位，同时又以个别授予公民权的方式，吸纳行省上层加入统治队伍。罗马的行省制度又是一种重要的组织模

---

① Cicero, *The Verrine Orations*（Ⅰ）, 1, 5.

② Plutarch, *The Parallel Lives*, *Crassus*, 7.

③ Ibid.

④ Suetonius, *The Lives of the Caesar*：*Julius*, 54.

⑤ 杨共乐选译：《罗马共和国时期》（下），38 页。

式，分布于意大利以外的众多行省，不仅是中央与地方政治联系上的重要环节，更是行省罗马化的主要组织单位，它对于帝国内部有机联系的形成起着十分重要的作用。

第二节　公元前 2 世纪罗马的内政

公元前 3 世纪至前 2 世纪罗马国家的对外扩张发展得异常迅速。罗马人对这种变化完全没有准备，在他们还来不及认识到占领广大的地域会带来什么后果的时候，事情已经发展了。国家的急剧膨胀不但给罗马的经济和文化带来了深刻的变化，而且对罗马的社会和政治产生了巨大的影响。罗马人自己只是逐步改变自己的旧制度来适应形势的发展变化。

一、共和政体的变革

在公元前 3 世纪至前 2 世纪，罗马共和政体的变化，主要体现在人民大会职能的变革和元老院权力的增大两个方面。首先是人民大会：公元前 3 世纪至前 2 世纪罗马的人民大会随着时代的需要有了新的发展，当时起作用的两种人民大会——特里布斯大会和森都里亚大会都有一些变动。早在公元前 312—前 308 年，监察官阿庇乌斯·克劳狄乌斯就提出过一个法案，试图把特里布斯大会变得更为民主。他让无产者和被释放奴隶到乡村特里布斯去登记，其目的是想用这种方法改变乡村特里布斯的成分，削弱保守的农村地区在投票时的有利地位。但他的提案很快就被取消了。公元前 304 年，监察官法比乌斯·路里阿努斯和狄西乌斯·穆斯再次重申，城市居民只能在 4 个城市特里布斯内登记。大约在公元前 241 年，罗马在原来特里布斯的基础上，又增加了两个新的特里布斯，至此乡村特里布斯增加到 31 个，加上城区特里布斯 4 个，罗马总共有 35 个特里布斯。此后不再增加新的特里布斯了，再有新的罗马直属地的居民都编入旧特里布斯中去，够财产资格的选民都分别在 35 个特里布斯中登记，于是特里布斯失去原有的地区界限含义，变成管理单位了。

从公元前 3 世纪后半叶开始，罗马无产者和被释奴隶人数日益增多，但因法律所限，他们只能在 4 个城区部落登记，所以在特里布斯会上只有 4 票。而居民人数较少的乡村特里布斯却有 31 票。所以在特里布斯大会上，乡村有产者始终占着优势。

森都里亚大会也是当时变动最多的地方。这种变动主要表现在森都里亚大会人员的组成方面。布匿战争以来，出征的战士主要来自有一定地产的乡村中产农民，旧的百人队组成法把投票权更多地给予最富有的第一级，不利于团结中产者，所以公元前 241 年对森都里亚的组成作了一次改革，除 18 个骑兵百人队，两个技工、两个号兵和一个无产者队不变外，其余有产的 5 级改为一律各组 70 个百人队，而且平均分布在 35 个特里布斯里。每个特里布斯依财产多寡把居民分为 5 级，每级组两个百人队（青、老各一）。这样 35 个特里布斯中，共合每级 70 个队，5 级总计 350 个队，加上骑兵等总共 373 个百人队，成为森都里亚大会的总票数。这种改革显然是增加了中产农民的投票机会。以前 193 队时，骑兵加第一级已过半数，其余各级很少有投票机会。公元前 241 年的改革，393 票中要有 187 票才为多数，这样，投票时不仅骑士和第一级有机会，第二、第三级都有机会了。于是在森都里亚大会上乡村中产者比较占优势，民主达到了乡村中产农民。

森都里亚大会的另一个变化是财产分级的标准产生了一些变动，原来第五等级的财产限额从 11 000 阿司降为 4000 阿司。而且由于公元前 3 至前 2 世纪时 1 阿司的分量已从 2 两减为 1 两，所以财产的限制普遍降低了。财产限制的普遍降低本身就说明有资格参政的人增多了。

当然，随着公元前 3 至前 2 世纪罗马国家的巨大变动，两个人民大会的实际职权和效能也有不小的变化。首先，特里布斯大会日益取代了森都里亚大会变成主要的机构，它享有：

第一，立法权：自从公元前 287 年霍腾西乌斯法案通过之后，特里布斯大会变成国家主要立法机构，只有少数立法权留在森都里亚大会，具体说即宣战、媾和、缔结条约和授监察官权这几项。

第二，选举权：森都里亚选执政官、监察官和行政长官等高级官职。其余官职如财务官、高级营造官、军事保民官和各种低级官吏都在特里布斯大会中选举产生。

第三，司法权：重大刑事案，特别是死刑案仍由森都里亚大会审理，数额超过 3020 阿司以上的较大的罚款案须交特里布斯大会受理。

其次，罗马国家扩大以后，出席群众大会的投票人的成分有了改变。罗马国家地域扩大了，公民的居住地也越来越分散，乡村特里布斯投票人距离罗马城愈来愈远，很多人，尤其是不很宽裕的人，不能如期到城里来投票，有的也因农时等原因不愿到罗马投票。而能按时投票的往往是那些很富有，在乡村登记但长期居住在罗马城的大土地主们以及他们的被保护人等。因此乡村特里布斯的选票往往控制在这些人手里，这主要是新的豪门贵族。所以平民斗争多年所争得的少量民主权利在执行的时候往往出现许多现实的困难，无法很好地实现。

另外，随着战争和奴隶制经济的发展，农村失地的破产农民成批地涌进罗马城，他们都是握有选票的自由人，有些还在乡村登记。他们少数能找到正当职业和营生，多数游手好闲，要靠国家救济或私人帮助为生，这些靠社会养活的无产者很容易被收买。另外罗马城里也有很多获得了选票的被释奴隶之子，他们往往与前主人有保护与被保护关系，很难摆脱影响。而一般城市自由职业者虽然是独立的，但经济上也依赖显贵富有阶层。所以总的说来罗马城里的投票者受到豪门贵族的操纵是不奇怪的。

公元前 2 世纪，候选人买选票以获得官职已经是很普通的事。公元前 181 年和前 159 年罗马曾两次试图整顿选举法，而提案如石沉大海，毫无音信。元老院更开始采用讨好选民的手段进行集体贿买，经常把从迦太基、努米底亚和西西里运来的粮谷赠送给城市无产者。

元老院贿买选民的另一做法就是提供娱乐。公元前 220 年以前，罗马只有一天的公共赛会，即所谓罗马人节。公元前 220 年加了第二个节庆日平民节（Ludi Plebeii）。第二次布匿战争时期，元老院为稳定民心，鼓舞士气，嘉奖民兵，又定了三个节庆：阿波罗节、田神节和谷神节。公元前 173 年又定了第六个节，花神节（Ludi Florales）。这些节庆从一两天延长至五天、十天，甚至十多天。元老院拨款，高官私人也出钱，节庆日作为公假，有赛马、竞技、戏剧、角斗、狩猎等，城里人民尽情欢乐。公元前 2 世纪时，人民大会的立法和选举权在理论上还是完整的，但实际上已随着这些五花八门的娱乐而失去了其独立性。成批的投票者变成了某某贵族的门客，通过个别或集体保护制，豪门新贵已经操纵了人民大会。选举时，帮派林立，贿选成风，以前的平民经过两个世纪的斗争而取得的体现在民众大会中的不大的民主权利在公元前 2 世纪到前 1 世纪的选民手中又这样悄悄地溜走了。罗马共和国的实际权力还是掌握在富裕的贵族手中。至恺撒时期，人民大会更是失去了其应有的作用。他不但规定除执政官外的一半候选人由人民选举，一半由他指定。而且还往各个部落发函，直截了当地指出："独裁官恺撒致贵部落，我向你们推荐某人，希望通过你们的选举使其出任官职。"[1] 人民大会完全成了为他服务的工具。

在官职方面，公元前 2 世纪的罗马基本上仍沿袭旧制，高级行政官员人数未增，只添了代行官制，任期仍是一年，而且顽固地以出身而不以才能任命官员，仍然无俸禄。第二次布匿战争后，又恢复了公元前 4 世纪时曾使用过的必须隔 10 年才能再任执政官法律。这显然是一些保守的元老为防止如西庇阿之流的潜在威胁而立的法律。公元前 180 年又通过了一条官阶年龄限制的法律：规定财务官最低年龄为 25 岁，显贵市政官 36 岁，行政长官 39 岁，执政官 43 岁。而且升级要逐步上升，不能越级猛跳。这显然也是为抑制有野心的年轻人而设。

第二次布匿战争中任独裁官的法比乌斯·马克西姆斯是最后一位独裁官，以后基本上废除了这一官种。这或许是罗马已经变得强大之故。

公元前 153 年时，罗马把执政官就职日期从原来的 3 月 15 日改为 1 月 1 日，当时是为了负责领导西班牙战事的执政官能提前上任以便及时赶赴战场。此后罗马就把这一天作为一年之始。

二、罗马的元老院和新贵族

自从李锡尼乌斯·绥克斯图斯斗争胜利，把平民引进元老院和统治阶层以来，平民中一些家族同旧父族合流成为豪门贵族，共掌大权。公元前 179 年元老院中平民占四

---

① 　Suetonius, *Lives of Caesars*, *Julius*, 41.

分之三，公元前172年的两名执政官都是平民，后来也常常如此。总之，在豪门贵族中已经没有过去那种意义的平民贵族之分了。而且理论上任何一个公民都可当选为高官，晋升为显贵，但是实际上这些新贵的排外精神并不逊于那些老父族，他们自己也不许后来者再进来。从公元前264年到前201年的64年间得任执政官的新人不过10名，公元前266年到前173年间，执政官总是在十几家显贵中传来传去，新人想上到执政官的名单非常难（参见下表）。

部分家族垄断政府高官情况表
（公元前366年至前173年）

家 族 名	公元前366—前254年间的执政官	公元前253—前173年间的执政官	16人贵族团掌控的市政官
科尔涅利乌斯	15	15	14
瓦勒利乌斯	10	8	4
克 劳 狄	4	8	2
埃米利乌斯	9	6	2
法比乌斯	6	6	1
曼 利	4	6	1
波斯图米乌斯	2	6	2
塞尔维乌斯	3	4	2
昆 克 提	2	3	1
福利乌斯	2	3	—
苏尔皮奇	6	2	2
弗 图 利			
帕 皮 利	3	1	—
瑙 提	2	—	
朱 理 亚	1	—	1
福 斯 里	1	—	
总 数	70	70	32

（见蒙森：《罗马史》，第三卷，第十一章）

元老院是共和国的中枢，豪门贵族既垄断了高官，从而就控制了元老院，也就能利用元老院来控制罗马的政策。众所周知，在对外扩张期间，罗马元老院发挥了巨大的作用。在逆境中元老院临危不惧，遇难不馁；在失利时，元老院清醒理智，审时度势，指挥得当。是元老院领导罗马人度过了最危难的时刻，战胜了极其危险的敌人，取得了最后的胜利，所以，元老院在罗马人心目中有绝对权威。元老院是罗马人民的旗帜，是罗马人民前进的方向。人们甚至把自己的祖国缩写为 SPQR，即元老院和罗马人民（Senatus Populusque Romanus）。随后发展的大征服和大扩张使罗马更需要一个强有力的机构来对其进行治理，处理庞杂的国家行政事务。而能够担当起这一重要任务的只有元老院。所以官员和人民大会都唯元老院马首是瞻。凡宣战、媾和、缔结条约、设立新省等大事都以元老院意见为准，行省总督和军队统帅的任命也都由元老院定夺。它还能授意人民大会延长某些在职高官的任期，让其赴外省任职。

此外，元老院还控制着罗马的财政。大征服以来，巨大的财富涌入罗马，同时又时时有浩大的军费开支，财务已不是简单的财务官行政机构所能处置的事，它必须由元老会议商讨定夺。

公元前 2 世纪征服东方各古老国家所积聚的金银财宝之富，要求赔偿的金额之高都是古代世界所没有的。罗马人通过几十年的战争攫取了古代地中海文明世界广大人民千百年劳动的积累。这一切都掌握在由新贵族组成的罗马元老院手里。以这些财富为基础，元老院发行了一种银币，后来变成地中海通用的货币"塞斯退斯"，并于公元前 167 年免征罗马公民的土地税。元老院还用这些钱供养庞大军队，修建军用大路和罗马城里的公共设施，更拨出相当数量的钱币供罗马城公民赛会娱乐之用，使城市居民对之感恩戴德。

元老院还可以通过它的权力控制各级官员。例如它可以给省总督以较为充裕的或紧缩的给养，延长或缩短他们的任期，批准或不批准凯旋式，给以多少费用等。所以一切官员都不愿得罪元老院和高级元老。元老院还可以阻止法律的实施，令其暂停或宣布无效。

总之，公元前 4 世纪到前 3 世纪在罗马曾一度短暂存在过的贵族制与民主制力量平衡的状态，通过布匿战争和随后在地中海的大征服时期而消失了。公元前 2 世纪罗马的政治又回到了顽固排他的贵族政治，而且逐渐向寡头政治发展，只不过这时当权者已不是旧的父族贵族，而是公元前 4 世纪以后形成的豪门贵族。这些新贵族，不像旧父族贵族那样有合法的特权，他们打着罗马人民的旗帜，但通过贿买选票等不正当手段垄断高官显位，从而获得在元老院的优势，再通过元老院的权力掌握国家一切政策和实权，使其他阶层服帖。连平民保民官也时常成为他们得心应手的工具。

第七章
罗马共和国的灭亡（上）

第一节 格拉古兄弟改革

一、格拉古改革的背景

公元前 2 世纪中叶，罗马不但基本上完成了对地中海世界的征服，而且在征服的基础上又对被征服地区进行了重新组织，设置了许多行省。据统计，从公元前 241 年起到前 133 年，罗马在地中海区域相继设立的行省有 9 个。它们包括：西西里（公元前 241年）、撒丁（公元前 227 年）、山南高卢（公元前 222 年）、伊利里古姆（公元前 219年）、远西班牙（公元前 197 年）、近西班牙（公元前 197 年）、阿非利加（公元前 146年）、马其顿（公元前 146 年）、亚细亚（公元前 133 年）。高卢南部、多瑙河南岸地区和地中海东部地区的叙利亚、埃及等国虽还存在，但实力大不如前，已经失去了与罗马抗衡的能力。

随着成功的海外扩张和罗马疆域的扩大，尤其是行省的纷纷建立，需要大量的军队对这些远离意大利的地区进行镇守与管理，以维护臣服居民对罗马的忠诚。据李维记载，自从公元前 197 年建立远、近西班牙两行省以后，罗马每年派去维护秩序的人就达 4 个军团，约 22 000 多人。[①] 派往其他行省去的军队，虽然时多时少，但数量也不低。一旦行省出现不安定的暴动或暴乱，那么罗马的军队需要量就更多。（参见下表）这些情况充分说明：靠武力征服建立起来的罗马国家，更需要用武力来维持其统治。为此，它必须有无数的战士，大量的军队。然而，罗马的公民兵制却又严重地阻碍了上述需要的满足。

（公元前 167 年至前 121 年）罗马军团具体分布状况表

时间(公元前)	西班牙	高卢与伊利里乌姆	马其顿	亚细亚	西西里与撒丁	军团总数
167 年	2	4（山南）				6
166 年	2	4（山南）				6
165 年	2	4?（山南）				6
164 年	2	4?（山南）				6
163 年	2	2?（山南）			2（撒丁）	6
162 年	2	2（山南）			2（撒丁）	6

① Livy, *History of Rome*, 13; R. E. Smith, *Serivice in the Past – Marian Army*, Manchester: Manchester University Press, 1958, 1–9.

时间（公元前）	西班牙	高卢与伊利里乌姆	马其顿	亚细亚	西西里与撒丁	军团总数
161 年	2	4?（山南）				6
160 年	2	2?（山南）				4
159 年	2	2（山南）				4
158 年	2	2?（山南）				4
157 年	2	2?（山南）				4
156 年	2	2?（山南）； 2（伊利里乌姆）				6
155 年	2	2（山南）； 2（伊利里乌姆）				6
154 年	2	2?（山南）； 2（山北）				6
153 年	2 近；1 远	2?（山南）				5
152 年	2 近；1 远	2?（山南）				5
151 年	2 近；1 远	2?（山南）				5
150 年	2 近；1 远	2?（山南）				5
149 年	2	2?（山南）	1 马			9
148 年	2	2?（山南）				10
147 年	2	2?（山南）	2 马			10
146 年	2	2?（山南）	2 马；2 希			12
145 年	1 近；2 远	2?（山南）	1 马；2 希			8
144 年	1 近；2 远	2?（山南）	1 马			6
143 年	2 近；1 远	2（山南）	1 马			6
142 年	2 近；2 远	2?（山南）	1? 马			7
141 年	2 近；2 远	2?（山南）	1? 马			7
140 年	2 近；2 远	2?（山南）	1? 马			7
139 年	2 近；2 远	2?（山南）	1? 马			7
138 年	2 近；2 远	2?（山南）	1? 马		1? 撒丁	7 - 8
137 年	2 近；2 远	2?（山南）	1? 马		1? 撒丁	7 - 8

续 表

时间(公元前)	西班牙	高卢与伊利里乌姆	马其顿	亚细亚	西西里与撒丁	军团总数
136 年	2 近；2 远	2（山南）	1? 马		1? 撒丁	7 – 8
135 年	2 近；2 远	2（山南）；2（山北）	1 马		1? 撒丁	9 – 10
134 年	2 近；1 远		1? 马			2 撒丁
133 年	2 近；1 远		1? 马			2 撒丁

（此表数据来自 P. A. Brunt, *Italian Manpower*, Oxford, 1987, pp. 432 – 433）

根据公民兵制，罗马的军队一般都来自农民公民，他们自备武装且占有土地。战时披甲上阵，打仗作战；平时弃甲归田，生产耕耘。因为服役公民必须自备武装，所以，早在塞尔维乌斯·图里乌斯改革时，就对这些公民的财产资格作出规定，其最低数额不得少于 11 000 阿司。① 以后数目虽有下降，但罗马的军事制度，在公元前 2 世纪末叶前一直未变。如果说这种制度完全适合小国寡民的罗马早期共和国的话，那么对于地域辽阔的罗马共和国后期来说，它就显得不适应了。因为罗马的公民人数并没有因罗马领土的扩大而增加，相反，还有下降的趋势。据李维等古典作家记载：公元前 164 年的罗马成年男性公民大约为 337 452 名，公元前 159 年为 328 316 名，公元前 154 年为 324 000 名，公元前 147 年为 322 000 名，公元前 131 年为 318 823 名。② 在这短短的 30 多年里，罗马公民人数便足足减少了 18 000 多名。这就是说，在公元前 2 世纪，罗马已经出现了领土的不断扩大与公民人数相对减少之间的矛盾，出现了军队需要量急剧增长与罗马无力满足上述需要之间的矛盾。

到公元前 2 世纪中叶，罗马兵源不足的问题已经到了相当严重的地步，以致许多战争皆因这一原因而被迫延长。例如努曼提亚战争。这一战争发生在公元前 143—前 133 年之间，据记载：当时罗马政府不但征用了众多军团，而且还动用了 4000 名志愿兵和最优秀的将领小西庇阿才最后将努曼提亚人镇压下去。③ 又如，公元前 138 年爆发的西西里奴隶战争。最初奴隶起义军的人数并不很多。但是，因罗马在西班牙的战争尚未结束，无力派兵镇压，致使起义军的力量不断壮大，一度控制了西西里岛的中部和东部地区，人数发展到 20 万人。公元前 135 年和前 134 年，罗马政府虽两次派遣执政官前往镇压，但终因力量悬殊太大，不能如愿。后来由于西班牙战争结束，才使罗马有机会调集长期在那里作战的军队，把这次起义镇压下去。④

---

① Livy, *History of Rome*, 2.
② 参见《古典语言学》杂志，1924 年，第 19 期。
③ Plutarch, *The Parallel*, *Marius*；参见 Historia, 1983, 302.
④ Diodorus Siculus, *Library of History*, 36.

（公元前 225 年至前 133 年）罗马士兵在全体公民中所占的比例

A	B	C	D
年　代 （公元前）	公民人数估计数 （百）	公民军队估计数 （百）	士兵在全体男性公民中 所占比例（C/B）（%）
225	300	52	17
213	260	75	29
203	235	60	26
193	266	53	20
183	315	48	15
173	314	44	14
163	383	33	9
153	374	30	8
143	400	44	11
133	381	37	10

（参见 K. Hopkins，*Conquerors and Slaves*，Cambridge，1980，p. 33）

　　为了克服兵源缺乏给罗马带来的困扰，改变由此而出现的窘迫现象，罗马政府曾采取过一系列措施：如鼓励公民生育；降低服役公民的财产资格；或长期让士兵服役海外，或延长士兵的服役年限；允许 17 岁以下即不到服役年龄的罗马青年参军当兵，等等。但这些措施皆因没有触及问题的根源，因而收效甚微。而且有的还由于加重了罗马公民的负担，侵害了他们的利益，从而引起了他们的强烈反对，致使征兵运动很难进行，有时甚至出现了停征现象。例如，公元前 151 年和公元前 138 年，罗马就发生过因执政官在公民中强迫征兵而引起的人民骚乱，公民们不但拒绝入伍，而且还在保民官的支持下逮捕了当时的执政官。[①]

　　所有这些矛盾都在统治阶级中引起了极大的不安，给他们发出了严重的警告，如果不能解决国家兵源匮乏问题，罗马的威力，它对被征服地区居民的统治都会受到严重威胁，罗马的那种大一统局面也会土崩瓦解。面对这种情况，罗马贵族中的一部分新贵阶级如西庇阿·埃米利乌努斯集团，早在公元前 2 世纪中叶就提出了以复兴农民来复兴军队的方案，但因这一集团自身软弱无力，且不愿意损害自身的利益，所以这一

---

① Livy，*History of Rome*，Summary.

方案未能付诸实施。① 而试图从行动上解决这一问题的还是与小西庇阿集团有密切联系的另一贵族集团——格拉古集团。

二、提比略·格拉古改革

提比略·格拉古出身显贵，属于著名的塞姆普罗尼乌斯氏族。父亲提比略乌斯·塞姆普罗尼乌斯·格拉古斯曾担任过监察官和执政官等高级官职，母亲是战胜汉尼拔的名将西庇阿·阿非利加（老西庇阿）的女儿。提比略从小就受过良好的教育，年轻时曾随姊丈小西庇阿作战于迦太基，参与了毁灭迦太基的战争。后来又在努曼提亚作战，担任军中财务官之职，因作战勇敢，办事有方，所以在平民中有很高的声誉。

公元前133年，提比略·格拉古当选为保民官。就职以后，他便大胆地提出了自己的土地法案，规定公民租用国有土地的限额，收回其多余土地，并把这些多余土地重新分配给少地和无地的罗马平民。根据这一法案，任何人占有公有地的数量都不得超过500犹格，每个成年儿子可再加250犹格，以两人为限，每家的占地总数不得超过1000犹格，凡超出此数者必须把多余的土地交给国家，由国家统一将其分给无地农民作为份地，每块30犹格。为了防止小农公民再次失地或主动卖地，法案还规定，公民分得的份地只能世袭使用，不得出卖或转让。为了实施这一改革，提比略·格拉古建议成立一个由三人组成的特别委员会，授权处理有关收回和分配土地的一切事务。

提比略·格拉古选择从公有土地改革入手来解决公民人数和公民兵数量的增长问题。这是因为："公有土地的发展，受益的只有富人。只有他们才有所需要的资本，以购买开发森林与包收牧场租税的权利。只有他们才能获得为开拓荒地所需要的工人。他们所占有的土地，不只是他们已经耕种或正在耕种的土地。凡是他们认为今后和将来能开辟的土地，都算是他们的；这样一来，他们所侵占的土地就不再有任何限制了。关于500优盖路姆（犹格）的限制不再有什么问题了。规定这种最高限度的法律，也老早就已失效了。实际上，占有者不是所有者，他有占有权而无所有权。土地所有权是属于罗马人民的，属于国家的，这种权利是不能让渡的。除国家外，占有者能对抗一切，但他不能对抗国家。国家保证他对于他的财产的享受，但是国家靠着征收田赋，来确定它的权利的永久性。在理论上是如此。在实际上，国家也不再要求这种田赋。土地占有人能免除这种负担，与他能免除李·赛（李锡尼乌斯·绥克斯图斯）法案所加的限制一样。那么，当国家任其权利丧失时，他就开始忽视它。他既认为它无效，他就认为他自己是真正的所有者，而在他的'占有地'与他的私有地之间，他和国家

---

① 据普鲁塔克记载：公元前145年，小西庇阿核心成员盖乌斯·莱利乌斯（C. Laelius）曾试图在罗马实行土地改革。后因阻力太大，未能实施。见 Plutarch, *The Parallel Lives*, *Tiberius Gracchus*, 8，4。

本身就都不再认为有什么区别了。"① 从公有土地改革入手，既能保证公民内部在国家财产占有上的公正，又能得到民众的大力支持，稳定罗马的国基。从理论上说，提比略·格拉古的选择应该说有一定的道理。

罗马公有土地大致情况表

时　　间	公有土地
公元前 6 世纪后期至前 5 世纪早期	983 平方千米
公元前 340 年左右	3098 平方千米
公元前 330 年左右	6040 平方千米
公元前 264 年以后	27 000 平方千米
公元前 190 年以后	55 000 平方千米
公元前 89 年	160 000 平方千米

提比略·格拉古提出的这一法案和两百多年前的李锡尼乌斯·绥克斯图斯法虽然在土地的限额方面十分相似，但实际上却有着明显的区别。首先，李锡尼乌斯·绥克斯图斯法是被动的，它的目的仅仅是对富有的土地占有者加以限制，不让他们过分地发展，从而维护公民整体的相对一致性和统一性而已。而提比略·格拉古法案却不同，它不但要严格限制贵族豪富对公有土地的无限制占领，而且还专门设立三人委员会核准贵族占有公有地的数额，把贵族们多占的土地收回来，然后按统一的要求将其分配给无地的公民；其次，李锡尼乌斯·绥克斯图斯法所涉及的范围较小，仅仅是部分公民。而提比略·格拉古法案的涉及面则较大，而且也比较复杂，它不仅涉及罗马国家与罗马贵族之间的关系，而且还涉及罗马富人和意大利富人的利益。② 正因为如此，富人们对这一法案特别害怕，也特别憎恨。"他们不能和过去一样，不理会这个法案了。他们集合成群，百般地阻止法案的通过。"③ 富人们一方面对提比略·格拉古进行人身攻击，败坏他的形象，力图在舆论上压倒改革派；另一方面，又积极采取措施，拉拢和收买提比略·格拉古的同僚保民官屋大维，请求他运用保民官的否决权阻止这一法案的通过。提比略·格拉古试图阻止屋大维行使否决权，但没有效果。于是他便决心利用保民官的权利来摧毁反对派。起初，他禁止高级官吏处理国家事务。但当这一点不能发挥效力时，他便封闭了国库的所在地撒图努斯神殿，这样，便停止了国家机构的一切活动。

---

① 杜丹：《古代世界经济生活》，221 页，北京，商务印书馆，1968。

② Appian, *Roman History*, *Civil War*, 1.

③ Ibid.

但是事情并没有因此结束，保民官屋大维在第二次特里布斯大会上，照常利用其否决权制止法案的宣布。由于这一缘故，要实现提比略·格拉古的改革，就必须先实行非常重大的宪法修改。于是，提比略·格拉古便以"屋大维反对人民利益"为理由，向公民大会提出了建议：要求解除屋大维人民保民官职务，选举其他更称职的人来替代他。这个建议看上去很平常，但实际上却提出了一个全新的原则，即由公民大会来罢免行政官吏的原则。这一原则和固有的罗马宪法是背道而驰的。按照固有宪法：罗马的一切公职人员在其当选的任期之内是不能更换的。但是因为罗马在这方面并没有成文的根本法，所以，提比略·格拉古所提出的办法实际上是开了以公民大会的决议罢免任何行政官吏职务的先例。35个特里布斯一致通过了提比略·格拉古的上述建议。这样，屋大维的保民官职务也就在任期内被剥夺了。这在罗马历史上是十分罕见的。

屋大维被免职以后，提比略·格拉古的土地法案很快得到了通过，成为法律（Lex Sempronia）。提比略·格拉古本人、他的18岁的弟弟盖约·格拉古和他的岳父即法案的创始人之一阿庇乌斯·克劳狄乌斯被大选举为三人委员会成员，具体负责土地的调查和分配工作。

由于富人们的百般阻止以及意大利土地关系的复杂，三人委员会调查和分配土地的工作遇到了很大的困难。元老院根据大土地所有者普布里乌斯·西庇阿·纳西卡①的建议，每天只拨给三人委员会荒谬的9个阿司的资金作为其活动经费。尽管如此，委员会仍然靠着平民的同情和支持，广泛地使用自己的独裁权力进行工作。

然而，调查和分配土地仅仅是改革的第一步。随着改革的深入，许多原先没有想到的问题也随之产生。特别是小农的资金问题。土地法只谈到把土地给予最贫困的公民，但是没有规定给他们一些钱来安置小农，让其置办农具、购买种子。如果不解决后一问题，那么土地改革的计划就会全部落空。当时，正值帕加马②国王阿塔鲁斯三世（Attalus Ⅲ）去世，他在临死前曾留下遗嘱将他的王国赠给罗马人民。提比略·格拉古力图从中筹集经费，解决贫困农民的资金不足问题。于是，他便乘机向公民大会提出了"亚细亚行省管理法案"。法案主张把阿塔鲁斯的金库作为贫穷农民的补助基金，以

————————————

① 普布里乌斯·西庇阿·纳西卡（Publius Scipio Nasica）是大西庇阿的外甥，公元前138年当选为执政官，是提比略·格拉古改革的坚决反对者。

② 帕加马（Perganum）位于小亚细亚北部，是主要的希腊化国家之一。公元前3世纪初臣服于赛琉古王国。公元前263至前262年，帕加马总督尤米尼兹一世在撒狄附近大败赛琉古王国的军队，使帕加马脱离赛琉古而成为独立国家。在阿塔鲁斯一世统治时期（公元前241—前197年），帕加马国势强盛。曾打败小亚中部的克尔特人，还一度统治了小亚细亚的大部分地区。阿塔鲁斯一世在位末期，制定亲罗马政策，使帕加马暂时获得了许多好处，但同时也使帕加马迅速陷入罗马的控制之下。阿塔鲁斯三世（公元前138—前133年）去世后，在遗嘱中将其王国遗赠给罗马，此后，帕加马便成了罗马的一个行省（即亚细亚行省）。

便让他们购置一定的设备；同时将帕加马王国各城市的处理和管理权交给公民大会。这一法案针对的已经超越了具体问题，而实际涉及对元老院权力的挑战。所以，该法案提出后，马上遭到了贵族派的反对。为了使改革不致中途夭折，提比略·格拉古决定再度竞选下年度（公元前132年）的保民官。

选举是在对提比略·格拉古决然不利的条件下进行的。按照惯例，一般的选举都在秋季进行，而这次元老院却选中了夏季。其目的是不言而喻的，因为在夏季，许多农民都忙于田间农作，他们不可能进城参加选举。选举的第一天，因反对派制造事端，会议被迫中断。次日，民众再次在卡皮托里山丘广场集会，当投票正在进行时，双方发生了格斗。以祭司长纳西卡为首的部分元老乘机大打出手，用木棍、拆毁的板凳腿和石头等打击改革派。结果，提比略·格拉古本人及其跟随者300多人被杀，他们的尸体被抛入第伯河内。接着，反对派又对提比略·格拉古的朋友大肆迫害，其中有的惨遭杀害，有的被迫流放。罗马城一度笼罩着恐怖的气氛。

然而，改革者本人的死，并没有使改革事业完全停止，元老院慑于平民的不满，没敢公然取消土地委员会。提比略·格拉古牺牲以后，土地委员会又重新补充了普布里乌斯·克拉苏①为新的委员，继续进行着没收和分配土地的工作。对于三人委员会当时的活动进程虽然还不得而知，但从这一时期公民财产调查表所反映的公民人数的增长中，我们便能略知它的成效。据李维记载，公元前131年至前130年的公民人数为318 823人，而到公元前125年至前124年的公民人数却增至394 736人，②6年间公民人数增加了75 913人，这显然与三人委员会的活动有关。

三、盖约·格拉古改革

公元前2世纪20年代中期以后，罗马内部和外部的矛盾更趋复杂、尖锐。

在外部，同盟者和罗马的关系日趋紧张。拉丁及意大利诸城连续发生骚动。很多拉丁人和意大利人纷纷涌向罗马，要求罗马当局给以公民权。对于同盟者的要求，罗马内部反应不一，元老贵族派竭力反对，改革派则给予支持。公元前126年，贵族派保民官尤尼乌斯·班努斯（Iunius Pennus）制定了一项法律，严厉禁止非罗马人进入罗马定居。次年，担任执政官的改革派富尔维乌斯·弗拉古斯（Fulvius Flaccus）则提出建议：凡愿意入籍为罗马公民的同盟自由民，皆可以赋予公民权；如果同盟者遭受罗马长官暴政的侵害，皆可以向罗马提出上诉权。当弗拉古斯的建议遭到拒绝以后，拉丁诸城之一的弗雷洁莱（Fregelae）就发动暴动。30年后的同盟战争，实际上已在这时爆发出了第一个火花。弗雷洁莱的暴动，虽然未能持久，但它充分表明：罗马和同盟者

---

① 普布里乌斯·克拉苏（Publius Crassus）是盖约·格拉古的岳父，公元前131年当选为执政官，为提比略·格拉古土地法的坚决支持者。

② Livy, *History of Rome*, Summary, 59 - 60.

的矛盾已经日趋尖锐，日趋表面化了。

在内部，元老院在经过一系列的准备以后，开始对三人委员会的事务加以干扰。其中最重要的措施就是剥夺三人委员会的部分权力，把三人委员会在清查公有地方面的裁决之权移交给一个不同情土地法的执政官。他们声称：采取这一措施的理由是因为公有地清查损害了意大利同盟者的利益，不采取限制的行动就无法平息意大利人的不满。实际上，元老院之所以采取这一措施的真正目的就在于想捆住三人委员会的手脚。就意大利同盟者而论，他们对罗马的不满由来已久，种因亦深，其矛盾的焦点就在于公民权的有无，清查公有地问题不过是触发愤懑情绪的原因之一。

盖约·格拉古就是在这样的形势下提出竞选公元前123年度保民官的。盖约·格拉古当选以后，立即提出了一系列改革方案。因盖约·格拉古所处的时代和提比略·格拉古时代略有不同，所以他们的改革内容也不尽相同，但不管怎样，他们的目的还是一致的，都是为了解决罗马的兵源危机。为了激发罗马人民的改革热情，同时也为了替自己的哥哥报仇，盖约·格拉古在全面推行改革以前，首先提出了两项法案：一项规定，凡经人民撤除职位的行政官吏，不得再任公职；另一项规定，行政官吏无权剥夺人民的公民权利，违者为非法。很明显，前一条是针对屋大维的，后一条是针对处死提比略·格拉古同党的波庇利乌斯·莱那斯（Popiclius Laenas，公元前132年的执政官）的。波庇利乌斯因之被迫流放。这两项法案不仅为提比略·格拉古和已死的同党雪恨，而且也起到了唤醒和鼓舞当年支持提比略·格拉古的一般公民的作用。随后，他便大胆地提出了一些重要的改革法案，因这些法案内容实在，针对性强，所以深受罗马人民的欢迎，先后为公民大会所批准、通过，成为法律。其中主要有：

1. 土地法和移民法。这两个法律实际上是提比略·格拉古土地法的继续和发展。土地法的内容基本上和提比略·格拉古法一致。由于这一法律的实行，使久已沉寂的土地委员会又重新得到了恢复。当时参加委员会的，除了盖约·格拉古以外，还有他的一个非常刚毅的朋友——前执政官富尔维乌斯·弗拉古斯。但因为罗马城郊公有土地数额的大量减少，严重地影响了土地法的实施。为了使分配土地的工作继续进行，盖约·格拉古于是提出了另一个与土地法相对应的法律——移民法。移民法决定在南部意大利的纳普图尼亚（Neptunia）、斯科拉奇乌姆（Scolacium）以及北非的迦太基建立一些新的殖民地。考虑到开辟移民地的艰难，移民法规定派往移民地的人员一般都由罗马"最殷实的公民组成。"① 移民法的实行，一方面弥补了土地法的不足，解决了部分农民的土地问题；另一方面，又有助于对南部意大利和迦太基地区的经济开发，巩固罗马在这些地区的统治地位。

2. 粮食法。这一法律主要是由罗马粮食缺乏所引起的。众所周知，自从西西里和迦太基成为罗马行省以后，罗马粮食主要依赖于这两个地区。而当时正值西西里奴隶

① Plutarch, *The Parallel Lives*, *Gaius Gracchus*, 9.

起义刚刚结束，粮食生产还未恢复，北非又连遭蝗灾①，罗马的粮食来源明显减少，粮价上涨严重。为稳定城市市民的生活，克服因粮荒对民众带来的恐怖心理，盖约·格拉古提出了粮食法，规定：国家将定期按每摩底乌斯 61/3 阿司的价格向公民出售粮食。这一价格远远低于当时的市场价。此外，为保证稳定的粮源，法令还规定在罗马附近建立粮仓，以消除粮食危机。关于廉价供应的对象，普鲁塔克认为是穷人，但实际上也包括富人。当然，受惠最多的还是穷人。因此，法律得到了他们的积极拥护。

3. 兵役法。兵役法规定，不得征召十七岁以下的男性公民服兵役；凡应召士兵所用的被服，皆由国家供应。这项法令对于争取更多的公民服兵役，保证罗马兵源，加强国防力量起到了一定的作用。

4. 亚细亚行省包税法。为了满足国家财政需要和骑士的要求，决定在新设的亚细亚行省采取包税制的方式征收什一税，以替代先前由行省总督或行省城市收税的办法。包税权一律由监察官拍卖给骑士阶层的包税人。这一法律的颁布在当时具有双重的意义：它一方面给骑士阶层的迅速崛起奠定了基础；另一方面又直接侵犯了元老院对于行省的管辖权，从而也就揭开了骑士反对元老贵族统治的序幕。

5. 审判法。以前，罗马的审判权一直由元老院控制，法官从元老中选出。由于他们营私舞弊、贪赃枉法，已经失去了人民的信任。盖约改革司法机关，把审判权转到骑士手中，法官也从骑士阶层中选出。② 这样，既削弱了元老院的势力，又获得了骑士们的支持。

6. 筑路法。道路是基础工程，也是形象工程。根据盖约·格拉古的筑路法，罗马政府在意大利境内修筑了许多道路，由各地通向罗马城。每条道路整齐美观，质量上乘，道路两旁每隔一段距离便立一根石柱路标，给行路者确定方向。这些道路的修建，不仅便利了交通，加强了罗马与各地的联系，促进了经济和商业的繁荣，同时也给包工的骑士和贫民提供了就业的机会。

7. 执政官行省法。为防止元老院与执政官之间的交易，特通过执政官行省法。法律规定：应在执政官选举前，由元老院指定该任执政官卸任后应到哪个行省去就任总督，废止在选举后指定的陈规。这一法律的实行在一定程度上限制了元老院的权利，基本上避免了以最好的行省私相授受的陋习。

由于盖约·格拉古采取了上述有利于城乡平民和骑士的措施，因此得到了包括贫穷公民和骑士在内的广泛的社会力量的支持。公元前 123 年，盖约·格拉古在竞选下年度保民官时再次当选。

随着盖约·格拉古在罗马人民中间威望的不断增加，元老贵族反对改革的倾向越

① Livy, *History of Rome*, Summary, 9.
② 此系阿庇安所说，即罗马法庭 300 名审判官皆由骑士担任。普鲁塔克认为，在 300 名元老之外，盖约·格拉古又为骑士增加了 300 名，组成由 600 名法官组成的混合法庭。

来越强烈。他们采取了"前所未闻的手段",用许多完全虚伪和不能兑现的许诺来破坏改革,使人民群众离开格拉古。盖约·格拉古的同僚保民官李维乌斯·德鲁苏斯①就是最典型的反对者之一。李维乌斯·德鲁苏斯的手法和屋大维不同,他不使用否决权,而是以一些新的建议为诱饵,迎合一般公民的胃口。盖约·格拉古只提出设置三个移民地,而德鲁苏斯一次便建议设置12个殖民地,每个由3000人组成;盖约·格拉古的移民地有一个设在海外,并且组织殷实的人参加移民,而德鲁苏斯的移民地全在意大利,而且招来作移民的全是穷人;盖约·格拉古的移民法责成接受份地的人要向国库交纳一定的租金,而德鲁苏斯则建议完全免租。

对于德鲁苏斯这些根本无法实现的建议,元老院不但不予制止,相反还大力给以支持。而许多不明真相的平民,也轻信德鲁苏斯的诺言,开始对盖约·格拉古新法案表示怀疑和不满。

公元前122年春,盖约·格拉古与他的同僚保民官弗拉古斯被派到迦太基筹建殖民地。他们设计在原迦太基的城址上划定殖民地,安置6000名居民,每人分得200犹格土地。盖约·格拉古在迦太基总共逗留了70天,在完成了殖民地筹建工作以后,返回罗马。

盖约·格拉古回到罗马以后,鉴于当时形势发展的需要,毅然提出了一项更激进的法案,即授予拉丁同盟者以完全的罗马公民权。从这里,我们可以看到,盖约·格拉古已经认识到了扩大罗马公民权对于解决罗马兵源缺乏的重大意义。可惜的是,这项措施和古代罗马的传统极不相容,在当时很难实行。法案提出后不久,便遭到了罗马公民的强烈反对。他们不愿让更多的同盟者加入罗马公民的行列,分享他们的特权,侵犯他们的利益。这样,盖约·格拉古就渐渐失去了人民的支持而陷入孤立无援的境地。

此后,政治形势急剧逆转。公元前122年,不但盖约·格拉古没能再度当选为保民官,就是改革派曾一度掌握的执政官职位也为贵族派所夺。反对派在夺取政权以后,便着手废除盖约·格拉古的各种立法。盖约·格拉古及其同党除了自保以外,几乎无力还击。公元前121年年初,反对派保民官卢福斯(Rufus)提出法案,要求取消在迦太基建立殖民地的法律。不久,这一法案便被提交给公民大会审议。当公民大会正准备讨论时,双方发生了冲突,一名执政官侍从无礼斥责盖约·格拉古党人为流氓,并使用裸露的臂膀侮辱他们,结果被盖约·格拉古的部下刺死,整个会场顿时大乱。元老院乘机宣布戒严,授权执政官采取紧急措施,对改革派进行镇压。为了反击元老院的进攻,盖约·格拉古派主动武装起来,并且占领了罗马城南的阿芬丁山,进行设防。双方在这里展开了血战,最后盖约·格拉古派因势单力薄,很快就被政府军击溃。盖约·格拉古在朋友的帮助下逃到第伯河对岸。后因追兵迫近,逃离无望,只得命令随

① 李维乌斯·德鲁苏斯(Livius Drusus)系公元前122年的保民官,是盖约·格拉古改革的主要反对者之一,曾于公元前112年当选为执政官。

从奴隶将自己刺死。此后，元老院对改革派进行了全面清洗，大约有 3000 多人被杀身亡，他们的尸体也像十年前提比略·格拉古一样被投到第伯河内。盖约·格拉古改革最终失败。

四、格拉古兄弟改革失败的原因和意义

格拉古兄弟在个人遭遇方面的确十分相像。他们的改革活动最后都被挫败，二人也都以身殉难，在他们死后，反对派的势力又再度抬头。从这些方面来看，他们都是失败者。然而由于他们改革的重点不同，主要的方向不一，笼统地说他们遭到同样的失败，是不正确的。

提比略·格拉古改革的重点是土地法，其目的就是想以分配份地的办法，增加公民人数，从而达到解决兵源匮乏的问题。在这方面，应该说，取得了一定的成绩，它基本上扭转了罗马公民兵自公元前 164 年以来一直下降的趋势。然而，这种现象毕竟是暂时的，由于各种复杂现象的存在，这次改革不可能取得最后的胜利。

首先，当时的力量对比不利于改革派。元老院的传统势力相当强大，而且利益基本一致；骑士阶层不能完全和始终站在改革派一方，城市和乡村平民之间，罗马公民与意大利同盟者之间尚处于分裂甚至对立的状态，他们的利益时同时异，因而不能结成坚固的统一战线，与改革者始终站在一起。

第二，提比略·格拉古制定的土地政策不够严密。从土地法的内容可以看出，这一法律本身就是相当温和的。土地法的土地限额极高，其数相当于四个迦图式庄园的面积。当时罗马尚处于迦图式庄园的盛行期，100 犹格的葡萄园和 240 犹格的橄榄园是其主要的土地经营形式，大地产的集中程度还远没有达到公元前 1 世纪和公元 1 世纪这样的状况，因此，土地法对大土地所有者的要求并不严厉，对其剥夺非常有限。它表明，提比略·格拉古既不想严重损害大土地所有者的利益，也未曾想完全恢复小农经济，这样，就不可避免地会使改革的内容偏离改革的航道，在实践中被大土地所有者钻了空子。例如：土地法规定，土地占有者若有两个儿子，便可多占 500 犹格公有土地，这样大土地所有者就可利用过继儿子等方法，把非法占有的土地合理地变为自己的财产，并将其保留下去。更为重要的是：提比略虽然提出了土地法，但并没有提出保证土地法实施的其他配套政策，像限制外省小麦进入罗马市场等。有的政策虽已提出，但根本无法实行。这些政策上的缺陷严重地妨碍了土地法的实行。即使部分地实行了，也很难维持其业已取得的成果。

第三，罗马土地占有和使用上的复杂性，也增加了土地改革的难度。罗马的土地所有制是一种特殊的土地所有制形式，国有和私有并存是其主要特点。由于公有土地年久失查，罗马政府又管理不严，富豪贵族"占领了大部分未分配的土地（指国有土地）"①，

---

① Appian, *Roman History*, *Civil War*, 1.

化公为私,使公有和私有混淆起来很难区别。况且各大土地所有者的土地犬牙交错,相当数量的中等庄园和小农的土地互相交织;国有土地的占有和使用者也不尽相同,有的为意大利人所占有,有的则为罗马人占用。这种复杂的土地占有和使用状况,客观上也加速了改革的失败。

盖约·格拉古和提比略·格拉古在其改革目的上应该说不无一致,但在具体的改革措施方面却存在着许多不同。盖约·格拉古虽然重提和贯彻了提比略·格拉古的土地法,成立了新的三人委员会,但他把解决土地问题的重点主要放在意大利和北非建立移民地上。据普鲁塔克记载,为了在迦太基的旧居上建立殖民地,盖约·格拉古曾亲自来到这里,具体筹备移民事宜。同时,盖约·格拉古在不断地实践过程中,也确实认识到,纯粹用土地法来解决罗马的兵源问题并不十分现实,所以他在承袭提比略·格拉古土地法的同时,又采取了许多新的措施。应该说,盖约·格拉古在改革的初期是成功的,他通过各种措施,获得了骑士和下层公民的支持,因而曾一度取得了对元老贵族的绝对优势。然而,盖约·格拉古并没有认识到骑士阶层立场的不确定性和下层公民的可变性以及公民意识的保守性和狭隘性。经过元老贵族的反措施,特别是对扩大公民权这一措施的反感,下层自由民这支主要的社会力量便离开了盖约·格拉古,改革派因此孤立起来,最终不免遭到反对派的毒手。

格拉古兄弟进行改革的目的显然是为了罗马的长治久安,是为罗马统治阶级服务的。他们对公有土地的大量流失深表愤怒,对被征服地区的暴动表示恐惧,对罗马社会的兵源深感忧虑,并对罗马国家的强大充满希望。格拉古兄弟就是想通过改革来缓和罗马内部的矛盾,保证罗马军队的来源,从而强化能够对付奴隶和被征服地区的居民的罗马国家机器。这次改革虽遭失败,但它确实在一定程度上调整了罗马的国家机器,使八万多贫困公民获取了土地。提高了骑士阶层的政治地位,部分地解决了罗马兵源匮乏的问题,在罗马史上具有重要的意义。因为格拉古兄弟都以牺牲自己的生命作为结束点,他们的牺牲都不符合罗马传统的规则,因此,历史上常常把格拉古改革作为罗马内战的开始。

第二节　马略军事改革

一、格拉古兄弟改革后的罗马政局

盖约·格拉古死后,罗马政坛的混乱局面才慢慢地缓和下来。元老院迫于全国舆论的指责,不敢贸然地取消盖约·格拉古所颁布的主要法律。盖约·格拉古所提出的粮食法、殖民法等虽经多次修改,但基本上还是保留了下来。

关于土地改革,情况却相当复杂。政府要想把已经从公有土地分割出去的数万块土地收回来看样子是不可能的。但是可以把土地法加以这样的改动，那就是不直接侵害新的小块土地所有者，甚至在表面上还好像是为了新所有者的利益，结果却是改变和歪曲了土地改革的初衷，从而使它产生了直接相反的后果。这一点很容易地做到了。公元前 121 年，罗马通过了一个法律，即允许占有土地的人出卖他们有争执的土地。这样一来，格拉古兄弟所取得的胜利成果，不久就被化为乌有。"富人们马上开始收买贫民的份地，或者找出借口以暴力夺取他们的份地。"① 大约就在这前后，土地委员会因为无事可做而被取消。公元前 119 年，一位人民保民官提出法案，罗马正式以法律形式取消国有土地的分配制度。法律规定分配国有土地的工作应该停止，但是土地应当属于那些现在占有的人，占有者应当交付地租给人民，从地租收入得来的钱应当分配。② 这种分配显然只是对贫民的一种安慰，而对人口的增加，兵源的扩充却毫无作用。公元前 111 年，保民官托里乌斯（Spurius Thorius）制定新的土地法，规定：凡过去经三人委员会认为合法占有的土地、作为补偿的土地和分配的份地皆视同私产，可以互相转让、买卖。托里乌斯法的颁布标志着土地私有制在罗马的最后确立。这就为公民兵制的消亡打开了经济上的缺口。这些变化充分表明：在当时，要用恢复小农份地的方法来解决罗马的兵源问题已经毫无可能。

　　格拉古兄弟改革失败以后，罗马政府虽然还保存着原先的机构，但真正在政府中起作用的，只有几个贵族家族，特别是凯启里乌斯·麦铁路斯家族。他们实行纯家族的政策，只容许自己的家人掌权。据统计，在公元前 123—前 109 年这 14 年间，昆图斯·麦铁路斯家族就有 6 人荣任执政官，其中 5 人获得了凯旋的殊荣，但是族阀统治不但没有改变遍及整个国家机构的贪污腐败之风，相反更加助长了这一现象。从元老到最后一个百夫长，一切的人，无不贪污受贿。到朱古达战争爆发之时，罗马的这些腐败现象已经达到了令人吃惊的地步。

二、朱古达战争

　　朱古达战争是罗马人与其同盟者努米底亚国王朱古达之间的战争。

　　努米底亚位于非洲的北部，与古代海上强国迦太基毗邻，是罗马人民在非洲的重要朋友。公元前 146 年，迦太基为罗马所灭。因努米底亚在支持罗马反对迦太基的战争中表现出色，所以一直保持着独立的地位。

　　公元前 118 年，北非努米底亚国王米奇普撒去世，遗下王国给两个儿子希耶姆普撒尔（Hiempsal）、阿德巴尔（Adherbal）和他的侄子朱古达（Jugurtha）共同治理，遗嘱是保证王国的完整与统一。③ 王国共治的结果便是兄弟间的相互残杀。公元前 117 年朱

---

① Appian, *Roman History*, *Civil War*, 1.
② 阿庇安把此法误认为托里乌斯法。见 Appian, *Roman History*, *Civil War*, 1, 27.
③ 米奇普撒为努米底亚国王马西尼撒之子。

古达派人杀死希耶姆普撒尔，并迫使阿德巴尔出逃罗马寻求帮助。在罗马的协调下，兄弟俩又对王国进行重新分配。然而朱古达并没有因此而满足，他一方面派人到罗马用重金贿赂罗马贵族，另一方面又继续在北非与阿德巴尔作战。公元前 113 年，朱古达利用当地人民对罗马的不满，攻占了阿德巴尔的首都塞尔塔（Cirta），处死了阿德巴尔以及所有在这里经商的罗马和意大利人。塞尔塔大屠杀激怒了罗马人民，特别是与努米底亚有很大利害关系的骑士等级。在平民和骑士的压力下，罗马元老院不得不于公元前 111 年向朱古达宣战。于是，朱古达战争爆发。

战争初期，罗马派了四个军团的兵力对朱古达进行作战，然而朱古达却采取贿买指挥官的方法，瓦解了罗马军的进攻。不久，双方签订和约，朱古达以少量的赔偿换取了和平，保存了王国。消息传到罗马，朝野震怒，舆论哗然。保民官盖约·墨米乌斯（Gaius Memmius）坚决要求把朱古达召到罗马，当场讯问那些接受贿赂的人。但在人民大会上，他刚向朱古达提出责问，另一个被朱古达收买了的保民官便动用否决权禁止国王回答。在罗马，朱古达不但未遭任何损害，而且还派人杀死了一个受罗马政府保护的努米底亚王位的觊觎者。对此，元老们非常愤怒，决定立即把朱古达逐出罗马。据说，当朱古达离开罗马的时候，他曾轻蔑地对旁人说："如果能够找到买主，那么，便可以把这座城市卖掉。"

公元前 110 年，军事行动重新开始。由于罗马前线将领庸懦无能，军队腐败不堪，接连遭到失败。公元前 109 年，执政官麦铁路斯被派往非洲，负责罗马在非洲的军事事务。[①] 麦铁路斯虽然属于族阀集团，但他却是一位正直、能干的将领。他到达非洲后，一面大胆地任命出身低微、但却有指挥才能的人物担任副将，整顿军纪；一面又改变战术，发展和培训骑兵。经过麦铁路斯的大力整顿，非洲的局势才开始出现转机。公元前 107 年，麦铁路斯的食客马略当选为执政官，并被元老院授命去非洲指挥罗马在那里的作战部队。马略上任后不久，非洲的战局就发生了急剧的变化，战争的主动权越来越落到罗马手中。这种局面的出现固然与马略的军事才能有关，但更重要的还是其实行军事改革的结果。

三、马略军事改革

马略军事改革的主要原因还是由于罗马领土的扩大，军队需求的激增以及随之而来的公民兵人数的相对减少。但就直接原因而言则是由于罗马军队在朱古达战争中的多次惨败。对朱古达的长期战争充分暴露了罗马政府的无能和公民兵的堕落。将领腐败，贪赃纳贿；士兵厌战，军纪荡然。公元前 107 年，马略当选为执政官后，元老院同

---

① 麦铁路斯（Q. C. Metellus）系马其顿尼库斯·麦铁路斯的侄子，曾任执政官和监察官等职。后来，因反对萨图尔尼努斯土地法而遭放逐。

意马略为朱古达战争征召新兵，但仅仅允许他招收 5000—6000 名新兵。① 面对军队的混乱，公民兵兵源的匮乏以及征兵的困难，马略开始对罗马的军事制度进行全面的整顿和改革。概括起来，马略的军事改革可以分为以下几个方面：

1. 实行兵制改革，将征兵制改为募兵制

马略放弃了自塞尔维乌斯改革以来罗马一直实行的按等级征集公民兵的方法，而实行志愿兵原则，号召从所有等级中征集志愿兵，允许罗马公民和意大利人民加入军队（Uti cuiusque libido erat）。这种办法的采用，完全是出于当时的形势所迫。按照萨鲁斯特的记载，起初，马略并没有这样做，只是在准备到海外去的最后一刻，为了防止元老院改变主意，才取消了征兵财产资格的限制。萨鲁斯特认为，他之所以这样做就在于以下两个原因：一是没有足够符合财产标准的公民；一是为了报答那些在选举中支持过他的人。② 元老院对于马略的做法没有加以反对，这样，便导致了这场对于共和国历史影响极为深远的改革。当然，无论是马略，还是元老院的元老们，都没有认识到也不可能认识到这种做法给共和国带来的是什么样的结果。

2. 确定士兵服役年限，实行固定的军饷制度

按照公民兵制，罗马军队只是在战争开始时才临时征集，战争结束后即予解散。所以在一般的和平时期，罗马并不需要军队、也不存在军队。共和国早年，尽管战争不断，但规模较小，战场较近，一般并不影响农民的农耕活动。第二次布匿战争以后，由于罗马人连年战争和版图的不断扩大，罗马公民的平均服役年限也相应地有所增长。据统计，自公元前225—前123 年，罗马军队中服役年限超过16 年的士兵占士兵总数的30%，服役年限达25 年左右的就占25%，③ 这就直接地影响了公民当兵的积极性，不愿当兵的公民比比皆是，反对征兵的事件也屡有发生。马略实行募兵制后，规定：公民的服役年限一般为16 年；凡服役参军者皆可从国家领取固定的薪饷补助，普通士兵每年一般可领取1200 阿司的薪金；百人队长可领取2400 阿司；骑兵可领取3600 阿司。同时，马略又实行了服兵役和分配土地相互挂钩的原则。规定：老兵在服役期满以后，可以从国家那里获得一块份地。这样基本上解决了因兵制改革所带来的一些问题。

3. 改革军队编制，调整战术队形

随着军队性质的改变、军队成分的扩大以及军队战斗力的提高，马略对当时的军队组织和战术队形也作了相应的改革。为了弄清楚这方面的变化，我们有必要先了解一下马略改革以前罗马军队的组织形式和战术队形。罗马在共和国的极盛时代，通常有两支执政官的军队，而每一支军队又由两个军团和同盟者的辅助部队组成。最年轻和最贫穷的编入轻装兵（Velitls），其次则按年龄和财产状况编入长矛兵（Hastati）和

① Sallust, *War with Jugurtha*, 86；*Plutarch*, *The Parallel Lives*, *Marius*, 9.
② Sallust, *War with Jugurtha*, 86.
③ K. Hopkins, *Conquerors and Slaves*, Cambridge：Cambridge University Press, 1978, 34.

主力兵（Principis），最年长和最富有的则编入后备兵（Trlarprum）。每一军团有 1200 名轻装兵，1200 名长矛兵，1200 名主力兵，600 名后备兵和 300 名骑兵，共 4500 人。在军团组织的编制上，长矛兵 1200 人，分编为 10 个中队或连，每个中队为 120 人；主力兵的人数和分编方法也同长矛兵一样；后备兵 600 人，分编为 10 个中队，每个中队 60 人。轻装兵 1200 人，只要不做别用，就分编在上述 30 个中队中，每个中队 40 人。长矛兵构成第一线，并且每个中队都展开成横行，其纵深大概为 6 列。在长矛兵的后面，第二线配置有主力兵的 10 个中队，掩护第一线各中队之间的间隙。主力兵的后面为后备兵。各线之间都保持适当距离。轻装兵在正前面和两翼成散开队形作战。

罗马军团因其具有战术单位小，运动性大，几乎在任何地形上都能作战等特点，所以比希腊方阵有着明显的优越性。但这种战术队形本身是建立在公民兵制的基础上的，是以战士的不同程度的训练为基础的，所以一旦公民兵制被破坏，原来的战术形式也必须加以改变。马略通过改革成功地改变了罗马军队历来相传的队形排列。他扩大了战术单位，开始在军团里设立大队这一新的单位，并用大队来代替中队作为其战术单位。每个军团一般由 10 个大队组成，而每一大队又由 3 个中队编成。军团通常配置成三线（第一线 4 个大队，第二、第三线各 3 个大队）。军团的这种排列方式，虽然还保留着原先三排列队法，但由于战士在武器、年龄和服役年限长短差别的消失，所以，这种列队法的内容实际上已经与原先的列队方法有着本质的区别。

4. 增设新的兵种，改进军队装备

为了适应在复杂的环境中作战，马略在改革中"增设了工兵和机械兵"。与此同时，他还在巴列亚尔等地区征集训练有素的弩兵，并用它来代替原先的轻装步兵。为了减轻士兵行军途中的负担，加快行军速度，"马略发明创造了叉形木架"（muli mari，直译为"马略之骡"），以此来携带战士自身必需的行李。此外，马略还统一了全部重装步兵的武器。杀伤力不大的长枪（Hasta）被淘汰了，代之而起的是投枪（Pilum）。它逐渐用来装备军团三线的所有兵士，并变成了罗马人的民族武器。

5. 设立军团团徽

马略考虑到在公民兵制度下，士兵经常被征召和遣散，从没有一个永久性的共同合作意识，遂为每个军团建立了固定的标志——鹰徽（Auglia）。鹰徽的出现，意味着罗马职业军队的"集体精神"（Espritde corps）的建立。正是因为有这种"集体精神"的维系，才使散沙一样的由无产者和新公民为主体的罗马职业军队变成团结奋斗，英勇作战的整体。

6. 加强军事训练，严格军事纪律

马略在改革中，特别重视对军队素质的培养，加强军事训练。他到北非，就着手培养和训练军队，以便让他们尽快"适应当地的酷热和缺水条件"，在抗击日耳曼人入侵途中，他也并不放松对军队的训练，让士兵背负辎重，长途行军。在军纪方面，他效法小西庇阿，论功行赏，奖罚分明，这样便大大地提高了罗马军团的作战能力。

马略改革是罗马军事史上具有划时代意义的事件。它基本上解决了罗马军队所面临的危机。一方面，通过实行募兵制，保证了军队兵员的来源；另一方面，通过对军事组织的改革和整顿，提高了军队的战斗力。马略正是依靠这支新型的军队，才使长达8年之久的朱古达战争得以迅速平息。不久，他又带领这支军队，一举击退了条顿尼人和森布里人①的进攻，成功地完成了保卫意大利的任务。他自己也因此受到了罗马人民的拥护和爱戴，被誉为"罗马的救星"和"罗慕路斯第二"。

马略改革破天荒第一次取消了强迫征兵的惯例，部分地缓和了公民与国家之间的矛盾。由于大量的无产者进入军队，使小生产者为主体的公民兵的性质逐渐改变，从而形成了与社会生活逐渐脱离的军人集团。军人集团的出现在罗马历史上是新事物、新现象，它对罗马有好的作用，但同时也带来一定的隐患。

军人集团的形成基本上解决了公民兵与生产之间的矛盾，避免了长期对外出征对广大公民所带来的许多不幸。公民对罗马征兵制的不满情绪也随之消失。更值得一提的是：这次改革为日后军事独裁制的建立以及罗马军队直接卷入政治纷争准备了条件。由于志愿兵大部分来自无产者和贫穷的农民，②他们不但在服役期间完全依赖于薪金和战利品，而且即使在退役以后，也没有任何地方能接纳他们，所以，他们愿意留在军营，服从将军的命令，并希望在其退役以后，通过将军之手，获得一定的土地。对于这些志愿兵来说，军营便是他的家，战争便是他唯一的职业，将军便是他唯一的希望。军队与共和国的关系也逐渐为军队与将军的关系所替代。将军便是士兵追随和依附的对象，士兵也就成了将军利用其为自身服务的工具。不久出现的苏拉独裁和恺撒独裁便是马略这一改革所带来的真正后果。

当然，这次改革对于罗马古代社会的打击也是相当沉重的。通过这次改革，罗马古代社会的排他原则已开始动摇，几个世纪以来一直盛行的兵农合一及按财产资格征集士兵的军事制度已根本改变。所有这些又都为古代社会的最后灭亡奠定了基础。

马略改革和格拉古改革相比，内容各不相同，但他们的目的却是一致的，都是为

---

① 森布里人（Cimbri）和条顿尼人（Teutoni）是古日耳曼人的两大部族，森布里人最初居住在波罗的海沿岸，条顿尼人则居住在易北河下游的沿海一带。公元前2世纪末叶，由于遭到海上民族的袭击，他们被迫往南迁徙，闯入罗马北境，在阿尔卑斯山附近屡次打败罗马军队。公元前105年，森布里和条顿尼联军再次在罗丹努斯（Rhodanus）河下游击败罗马主力，消息传到罗马，元老院震惊，决定派执政官马略出征。公元前102年马略军击败条顿尼人于阿奎·塞克斯提（Aquae Sextiae，马赛以北），翌年，又败森布里人于第伯河北岸。这是罗马历史上第一次与日耳曼人交兵，此战基本上稳定了罗马北疆数十年。

② 萨鲁斯特说："马略放弃了传统的财产资格限制，不再按照祖先实行的那种等级征兵制原则，而是允许所有公民志愿参军。其中大部分是无产者。"Sallust, *War with Jugurtha*, 86；普鲁塔克也说，马略"胜利当选后，便立即着手征集军队。与法律习惯相反，他把许多穷苦和贫贱的人编入军册。"Plutarch, *The Parallel Lives*, *Marius*, 9.

了解决因领土扩大而出现的兵源匮乏，都是为了巩固罗马对被征服地区的统治。由于他们所采取的措施各异，所以得到的结果也不尽相同。

四、萨图尔尼努斯运动

马略改革应该说是解决了罗马当时的兵源问题，但对于这支军队退伍后的安置工作，还一直没有引起重视。然而，随着意大利北部日耳曼战争的结束以及第二次西西里奴隶起义的平息，这一问题便日显重要。人们在欢呼马略为"罗马的救星"、"罗慕路斯第二"的同时，更关心和注意的却是马略的诺言和行动。萨图尔尼努斯改革正是上述形势的产物。

萨图尔尼努斯（L. Appuleius Saturninus）出身新贵，曾当选为公元前103年度的保民官。据说他曾因元老院把他所希望的职务让给别人，因而对元老院深恶痛绝，变成了平民的代言人。当他第一次担任保民官时，便曾在广场上公开抨击当权贵族的贪污腐化，从而得到了平民的拥护。公元前101年，为了迅速解决马略老兵的土地问题，马略和萨图尔尼努斯结成同盟。他们在马略士兵的支持下，双双当选为公元前100年的执政官和保民官。

同盟者掌权以后，便着手实施自己的纲领。这个纲领的中心点便是萨图尔尼努斯提出的土地法案。这一法案规定：凡是在马略军中服役7年的老兵（即从公元前107年马略指挥的努米底亚战争开始）都可从罗马国家获得一块土地，每家100犹格。为了满足这一数额，他们计划在行省，首先是在那尔旁·高卢①建立殖民地，然后再在阿非利加、西西里、马其顿等地兴建移民地。为了保证上述法案的实行，萨图尔尼努斯同时作出规定：如果人民制定了这个法律的话，元老院必须于五天之内宣誓遵守法律，凡拒绝宣誓者，将被逐出元老院，并处以20塔兰特的罚金。

通过这一措施，萨图尔尼努斯可以说基本上降服了元老院，但是他也遇到了城市平民的强烈反对。因为根据萨图尔尼努斯的法案，许多服役于马略手下的拉丁人和意大利人，都能从罗马国家那里获得土地，这本身就是对罗马公民利益的侵害。因此，城市平民纷纷脱离萨图尔尼努斯，而加入反对者的行列。从前的朋友，现在却变成了敌人。从前的支持者，现在却变成了其政策的坚决反对者。萨图尔尼努斯出于无奈，不得不用武力把城市平民镇压下去，并迫使公民大会通过上述法案。

在这以后，马略的老兵大部分获得了土地。其中有两个军团的老兵在阿非利加和努米底亚最肥沃的土地上得到了土地，其余的老兵也在那尔旁·高卢分到了土地。

从表面上看，萨图尔尼努斯的措施似乎是对格拉古兄弟改革的简单重复。但实际

---

① 公元前2世纪后半期，罗马向第伯河上游以西进行殖民。公元前118年到达克尔特旧城那尔旁（Narbonesis，今法国南部沿海），罗马国家便在阿尔卑斯山和比利牛斯山之间的广大地区，建立了一个新的行省，称那尔旁·高卢（Gallia Narbonensis），委派总督治理。

上，两者之间有着本质的区别。这些区别主要表现在：

首先，双方提出土地法的目的不同。格拉古兄弟的目的在于培养罗马公民，扩大罗马兵源；而萨图尔尼努斯的目的显然是为了解决老兵退伍后土地的安置问题。

其次，土地法实施的范围也各不相同。格拉古土地法所实行的范围只涉及于罗马公民；而萨图尔尼努斯的土地法则主要使用于马略的老兵，其中既包括服役于马略手下的罗马公民又包括与马略一起战斗的同盟者和意大利人。如果说格拉古土地法还没有超出共和国传统原则的话，那么萨图尔尼努斯土地法则完全突破了这一原则。

第三，获得土地的方法不同。格拉古改革主要是通过没收富有者土地的方法来解决平民的土地问题；而萨图尔尼努斯则主要是在行省建立殖民地。

第四，支持改革的人员不同。格拉古改革的参加者和支持者主要来自无地和少地的公民；而萨图尔尼努斯改革的支持者则主要是身经百战的老兵。他们既是罗马的保卫和拯救力量，但同时也是十分强大的威胁力量。

公元前99年，萨图尔尼努斯第三次当选为保民官。为了保证改革事业的顺利进行，他不惜以杀死执政官候选人的方法使自己的支持者格劳西亚（S. Glaucia）当选。然而，这一粗暴的行动恰恰违背了人民的利益，不但激起了罗马一般公民的愤怒，而且也引起了改革派内部的分裂。主张纪律、秩序，反对无原则屠杀的马略开始从改革派联盟中分离出来。元老院乘机对萨图尔尼努斯等进行全面反攻，宣布他们为罗马人民的公敌，并命令执政官马略采取紧急措施，开启兵器库，武装一切"善良的公民"，保卫国家的安全。按照西塞罗的说法：整个元老院……继之以骑士，都拿起了武器，所有的最高审判官、所有的贵族青年都和他们联合在一起。① 雇佣的克里特射手被派去冲击被改革者所占领的卡皮托里。由于双方力量相差悬殊，萨图尔尼努斯等改革派被迫投降。萨图尔尼努斯运动至此结束。萨图尔尼努斯本人还有一个财政官和行政长官不久便死于群众的瓦片和石头的攻击之下。死时，他们还穿着官服。

萨图尔尼努斯运动表明：共和国的许多原则已经荡然无存，格拉古时期最先出现的暴力行为已经成了司空见惯的现象，高级官吏，尤其是保民官神圣不可侵犯的权力已经不复存在。官吏的选举常常是在各派间的辱骂声中开始，彼此间的冲突当中结束。用阿庇安的话说："自由、民主、法律、名誉、官职对所有人都没有作用了。因为就是保民官的职位原来是以制止作恶的敌人而设立的，它保护平民的利益，是神圣不可侵犯的。"② 现在对保民官尚且如此，其他人就更没有保障了。罗马的共和国危机已进入制度的核心层面。

---

① Cicero, *Pro Rabirio Perduellionis Reo*, 7.
② Appian, *Roman History*, *Civil War*, 1, 33.

第三节　意大利战争

一、德鲁苏斯①法案

萨图尔尼努斯运动平息以后，罗马似乎出现了短暂的平静，但在这平静的背后，却潜伏着更大的不安和动乱。

罗马贫民的土地问题以及意大利人的公民权问题，始终没有解决，骑士和元老院争夺法庭的斗争同样存在，而且大有愈演愈烈之势。公元前91年，贵族出身的德鲁苏斯当选为人民保民官。他力图以对各个等级实行让步的方法来全面解决上述问题。

德鲁苏斯法案的内容比较复杂，概括起来有下面几个方面。

1. 元老院必须由600人组成，其中300名来自豪门贵族，另外300名则来自骑士等级。以后的陪审法官都得从这600名混合组成的元老中任命。

2. 意大利和西西里的公有土地将尽量分配给贫民。

3. 实施粮食法，再度降低城市平民购买粮食的价格。

4. 给予意大利同盟者以公民权，从而增加罗马公民的人数，扩大共和国的基础。

德鲁苏斯认为，这些提议完全符合各个阶层的利益，所以必然能够得到罗马人民和意大利同盟者的支持。但是，事情的结果却完全出乎他的意料。元老们对于让这么多骑士一下子加入元老的行列深表不满，他们害怕这些新加入的成员会在元老院内结成派别，从而对老的元老形成严重的威胁。骑士们则疑心，利用这个补救的办法，很可能又会使司法法庭从他们手中重新转入元老院手里。他们在尝到了掌握司法大权的厚利之后，更加害怕把这一大权交给别人。只有平民因为殖民地的缘故，对这一法案感到满意。对于意大利人，尤其是埃特鲁里亚人和翁布里亚人，他们虽然对法案提出给予意大利人公民权而感到高兴，但同时又为法案提出分配土地，建立殖民地感到恐慌。因为他们认为：如果罗马将分配公有土地，那么就需要有更多的土地，而在上述地区所保留的公有土地中，极大部分已经被他占有，或强行耕种，或暗中耕作，而一旦土地法实行，那么，他们不但会丢掉这些土地，而且连私有土地也可能受到骚扰。在各种利害关系面前，他们还是走上了反对德鲁苏斯法案的道路。他们成群地从遥远的乡村来到罗马，责难德鲁苏斯，有人甚至还想暗杀他。为此，他不得不一改"保民官家门常开"的习惯，闭门办事，在光线阴暗的住宅中处理事务。但即使如此，也没能逃脱被人暗杀的命运。

---

① 德鲁苏斯（Marcus Livius Drussus）是反对盖约·格拉古改革的那位德鲁苏斯的儿子，曾任营造和财务官，公元前91年，出任保民官。

德鲁苏斯死后，骑士的夺权欲望更加强烈，他们引诱保民官昆图斯·瓦里乌斯（Q. Varius）提出一个法案，控诉那些公开地或秘密地帮助意大利人争取公民权的人。他们希望通过这个法律，对元老进行起诉，并由自己来审判他们。当其他保民官对此行使否决权之时，骑士们便拔出短剑，包围他们，使这一法案得以通过。法案通过后不久，他们便马上对最显贵的元老提出控诉。培斯提亚、科塔和希腊的征服者麦铁路斯纷纷被推到被告席，要么自愿流亡，要么处以放逐之刑。

当意大利人得知麦铁路斯等为了他们的政治权利而遭到放逐时，他们深深感到要通过合法途径来取得公民权已毫无希望，于是，便于公元前 90 年举起了反对罗马统治的火炬。

二、意大利战争的社会和经济原因

意大利战争从表面上看，似乎直接与德鲁苏斯改革失败以及一部分赞成给予意大利人以公民权的元老被放逐有关，但实际上，这只是一个契机，只能算作导火线而已。意大利战争的爆发有着更深的社会和经济原因。

罗马在征服意大利的过程中，并未对意大利实行大规模的掳掠政策，相反，却采取了一种在内务上尊重自主的"分而治之"的政策。同盟者根据和罗马订立的不同条款，依附于罗马，在内部事务方面保持自主，自设官吏，自行其法律，但在对外事务上则必须完全服从罗马。当同盟关系建立之初，意大利诸同盟多少得到了一些好处。他们在罗马的领导下击败高卢人、皮鲁斯以及汉尼拔的先后入侵，在与罗马的共同作战中分得战利品。但在公元前 2 世纪以后，意大利与罗马公民之间的矛盾日益增长，究其原因主要是双方在经济和社会地位方面急剧变化的结果。

首先是罗马公民经济地位的明显提高。罗马对外战争的成功，使她获取了大量的财富，这就为减轻罗马公民的负担打下了坚实的物质基础。公元前 167 年，罗马政府取消了公民必须向国家缴纳直接税（tributum）的规定。而随着募兵制的实行，罗马公民长期服役的局面也相应地有所改变，这在一定程度上稳定了罗马的公民经济，提高了公民的经济利益。特别是提比略·格拉古改革以来，几乎每一个改革家都接受了罗马公民应该在经济上获取国家援助的思想，他们所提出的改革大多都是建立在这一思想基础上的。随着这些计划的实行，土地经常在罗马人民之间分配，粮食和其他好处也不断地送进罗马公民的家门。于是，罗马公民权也就变成了最受意大利人羡慕的对象。

然而，对于意大利人来说，他们的经济地位不但没有改变，相反还有不断下降的趋势。他们还得按原来的条约给罗马承担义务，提供兵力，而且数量越来越多。这我们可以从下面两表的对比中看得很明白。

波利比乌斯提供的罗马与同盟方面的数据（公元前 225 年）

步 兵	骑 兵	士兵来源
250 000	23 000	罗马和坎佩尼亚人同盟者
80 000	5000	拉丁人
70 000	7000	萨姆尼特人
50 000	16 000	阿普利亚人
30 000	3000	路加尼亚人
20 000	4000	马尔喜人等
总数：500 000	58 000	

公元前 200—前 168 年公民与同盟从军人数参照表

时间（公元前）	军团兵人数	同盟从军人数	总 数
200 年	44 000	83 500	127 500
199 年	33 000	68 000	101 000
198 年	44 000	68 800	112 800
197 年	33 000	69 800	102 800
196 年	55 000	84 300	139 300
195 年	55 000	95 100	150 100
194 年	44 000	68 800	112 800
193 年	44 000	68 800	112 800
192 年	55 000	84 300	139 300
191 年	66 000	105 600	171 500
190 年	71 500	110 900	182 400
189 年	66 000	98 700	164 700
188 年	66 000	100 500	166 500
187 年	44 000	83 800	127 800
186 年	55 000	68 200	123 200
185 年	44 000	73 500	117 500
184 年	44 000	73 500	117 500

时间（公元前）	军团兵人数	同盟从军人数	总　　数
183 年	44 000	73 500	117 500
182 年	55 000	86 300	139 300
181 年	44 000	82 100	126 100
180 年	44 000	72 800	116 800
179 年	44 000	65 400	109 400
178 年	38 500	47 650	86 150
177 年	38 500	46 650	85 150
176 年	55 000	63 300	118 300
175 年	38 500	44 400	82 900
174 年	38 500	44 400	82 900
173 年	38 500	44 400	82 900
172 年	33 000	42 400	82 900
171 年	56 600	66 800	123 400
170 年	56 600	66 800	123 400
169 年	45 600	65 600	111 209
168 年	58 200	76 400	124 600

（此表数据来自 P. A. Brunt，*Italian Manpower*，Oxford，1987，p. 424）

意大利同盟者虽然在罗马的扩张过程中贡献很大，出力不少。但在战利品的分配上，他们皆没有罗马人的那种特权，他们既不能与罗马公民平分战利品，也不能从罗马那里分得公地。更何况，他们已得的利益又经常受到罗马人的侵害。这种经济地位每况愈下的状况，迫使意大利人起来考虑自身的前途，并为之进行斗争。

其次是意大利人的社会地位和政治处境越来越糟。

第二次布匿战争以前，罗马政府十分尊重意大利人，非常注意罗马人民与意大利人的关系，在行政官员出访意大利时，他们都得事先准备好骡子、帐篷和各种武器，其目的就在于减少对同盟者带来许多不必要的麻烦。每一位元老对意大利客人的来访总是以礼相待，非常友好。① 在当时，尽管罗马人对于叛变投敌的意大利城市十分憎恨，处理也十分残酷，但这些严厉措施并没有引起意大利其他同盟者的反对，因为它

---

① Livy，*History of Rome*，17.

同样应用于罗马公民。但从公元前2世纪开始，罗马公民的社会地位有了极大的提高，保护公民人身免遭侵犯的各种法令不断出现，它们对于公民的上诉权和司法保护权有详细的阐述。① 不久以后，这些法令便成了罗马自由（iibertas）的核心和罗马制度的基石。然而，与此相反，意大利人的社会地位不但没有提高，相反却一落千丈，他们因不是罗马公民，所以不受罗马法律的保护，而罗马的行政长官正好利用了这一事实，经常用傲慢的行动侮辱甚至处死意大利人民。据记载，这种陋习首开于公元前173年。当时，有一位名叫 L. 波斯图米乌斯（L. Postumius）的执政官，因公事前往同盟城市——帕莱纳斯丁纳斯（Praenestines）城，或许是因为该城居民从前冒犯过他，因此想乘机对之进行报复；或许是由于别的原因。在他到来之前，他便派了一名使者告知当地民众，要求当地政府官员在执政官到来之时，全部出城迎候，当地居民必须用公费款待执政官。当执政官离开时，他们还必须事先准备好马匹车辆，热忱相送。帕莱纳斯丁纳斯人出于无奈，只得忍气吞声，服从命令。这在客观上也就开了罗马行政官吏勒索意大利同盟者的先例，以后，这种勒索和侮辱意大利同盟者的事屡有发生。例如，公元前123年，在同盟者城市戴努姆·希底契努姆（Teanum Sidicium）就发生过这样一件侮辱当地官员的事：这个城市的主要官员被罗马执政官捆在广场的木柱上，亦身裸体，一丝不挂，原因是这位执政官的妻子到市内的男浴室洗澡，而该城长官没有尽快地把正在洗澡的人们赶走，而且这位执政官的妻子也认为，这一浴池搞得不够清洁、干净。类似的事情在费莱底努姆（Ferentinum）城和拉丁的一个殖民地加莱斯（Cales）城也发生过。在维努西亚城，甚至发生了这样一件怪事：此城的一位自由农民因出于好奇曾在一位路过此地的罗马外交官的肩舆上坐了一下，就被罗马外交官鞭挞至死。② 而这些事要是发生在半个多世纪之前，那是绝对不能想象的。③

随着意大利人经济和政治地位的不断下降，罗马人民与意大利人之间的关系也发生了变化。原来的保护和被保护关系逐渐由统治和被统治关系所替代，意大利人几乎从同盟者降到了臣民的地位。

为了改变这种地位，意大利人曾采取多种方法获取公民权。其中最主要的有：利用"迁移权"偷偷移居罗马城内，在罗马公民普查时混进罗马公民名册；将自己的孩子卖给罗马人，使其成为罗马公民；贿赂罗马官员，以达到谋取公民权之目的等。早

---

① 根据公元前2世纪中叶以来的罗马法律：罗马行政官员在没有得到公民大会同意之前，无权对公民处以死刑（实行戒严时除外）。即使在军营里，将军所拥有生杀大权也只适用于同盟者和臣民。所以在朱古达战争中，罗马将军有权处决拉丁官吏，但对于一般的罗马公民兵就是犯有同样的罪行，也无权处决他们。

② Theodor Mommsen, *History of Rome*, Vol. 3, 214–215.

③ 据记载，大约在公元前190年，罗马曾发生过行政长官特摩斯（Q. Themus）鞭笞同盟城市官员的事，但立即遭到迦图等人的指控。

在公元前 286 年，因此而居住在罗马的意大利人就达 12 000 名之多。此后，混居罗马的意大利人则更多。对于这些外来的移民，罗马最初实行的是比较宽容的政策，但到公元前 2 世纪以后，罗马的政策开始发生变化，罗马人越来越不愿意把公民权给予外人。他们不但不给意大利人以公民权，而且还于公元前 126 年颁布法律（班努斯法），用法律的形式把意大利移民赶出罗马城。这种保守排外的政策切断了意大利人秘密获取公民权的道路，激起了他们的强烈不满，迫使他们直接地用武力的方式向罗马人要求公民权。公元前 125 年，弗雷洁莱城的居民首先树起了反抗罗马人的大旗，这次暴动虽遭镇压，但它毕竟打响了意大利人武装反对罗马统治的第一枪，表明意大利人要求公民权的斗争已经从背后议论进入了武力争取的阶段。然而，这次暴动的很快失败也进一步证明罗马军事实力的强大。虽然从人员上说，罗马人并不比意大利人占多大优势，因为从古典材料的分析中，我们能够知道，意大利联盟至少有 50 万人能够拿起武器作战，而罗马公民最多也只能提供 40 万作战部队。① 但关键是：罗马人是一个联合的整体，而意大利人却是一个松散的概念，由许多孤立而利益不同的公社组成。这一事实充分表明：意大利人要获取公民权，光靠几个城市的暴动是无济于事的，他们必须加强同意大利各公社的联合，必须争取罗马贵族对意大利人的同情和支持。在以后数十年的奋斗中，意大利人也确实认识到了上述问题，尤其是加强意大利各地联系的重要性。他们互派密使，互递消息，到公元前 90 年代，在意大利各地终于出现了广泛设有分支组织的秘密会社"意大利"，它的各个组织都由急使保持联系，彼此相互交换人质，以示忠诚。与此同时，他们还广泛地收集武器和物资，准备进行反对罗马，争取公民权的起义。公元前 91 年保民官德鲁苏斯被杀，以及随后一些显贵元老因支持给意大利人公民权而遭受驱逐，正好成了意大利战争的导火线。

三、意大利战争

意大利战争开始于匹赛浓地区的阿斯库努姆城（Asculum）。公元前 125 年，该城曾因弗拉古斯法案未被通过而发生过起义。公元前 91 年年底，罗马行政长官塞尔维利乌斯（C. Servilius）获悉此城正与邻近城市交换人质，缔结联盟，便迅速赶到那里，向正在集会的市民发表了带有威胁性的讲话，引起与会民众的公愤，被当场打死。这件事成了起义的信号，一时间，侨居此城的罗马人被杀戮殆尽，他们的财产也被抢劫一空。阿斯库努姆起义马上得到了中部意大利若干民族如马尔喜人（Marsi）、彼利格尼人（Paeligni）、维斯提尼人（Vestini）和马鲁西尼人（Marrucini）的响应。但即使在这样

① 此数来自公元前 115 年和公元前 70 年的人口登记数。据李维记载：公元前 115 年的罗马成年公民数为 394 336 名，公元前 70 年为 900 000 名，两数相减，大致相当于意大利人的成年男子数。因为公元前 70 的登记数既包括原先的罗马公民，又包括刚刚获得罗马公民权的意大利人。

的情况下，这些同盟城市还是向罗马派去使团，提出最后呼吁。然而，元老院拒绝听取这种带有强迫性的要求，并勒令他们放下武器。于是，意大利战争全面爆发。这次战争历时三年，历史上把它称之为"同盟战争"（Bellum Socii）。实际上，这一称呼并不准确，因为它混淆了最重要的事实，即拉丁同盟并没有参与暴动。在意大利战争期间，除了维务西亚以外，几乎所有的拉丁城市都对罗马人保持忠诚。①

意大利战争是罗马所面临的若干次最可怕战争中的一次。起义在意大利本土爆发，而它的中心又在离罗马很近的地方，起义军拥有和罗马人数相同的大军，而且在战术方面和武器装备方面也丝毫不比自己的敌人逊色，他们并不缺乏天才的统帅和经验丰富的军官，也不缺少纪律严明、训练有素的士兵。为了协调各起义军的行动，便于同罗马政府分庭抗礼，起义军还组织了一个新的联邦国家，新国家定都于起义中心——彼利格尼人的城市科尔芬尼乌姆（Corfinium），此城也因此改名为"意大利加"（Italica）。由选自各起义公社的500名成员组成元老院，作为国家的领导核心，在起义领袖中选出两名执政官和12名行政长官，作为管理国家的最高官吏，他们握有军事、行政和司法等大权。新国家规定：萨姆尼特各族所通用的奥斯其语和拉丁语为新国家的官方语言。此外，意大利人的国家还仿照罗马的样式铸造货币，其正面铸有"意大利"的字样以及意大利公牛（是萨宾——萨姆尼乌姆部落的图腾）战败罗马牝狼的图像。

战争主要分两个战区进行。北方战区，自匹赛浓和阿布鲁兹（Abruzzi）河至坎佩尼亚北界，大都是操拉丁语的地区，马尔喜人在这里一直起着中坚的作用。南方战区，包括坎佩尼亚、萨姆尼乌姆、路卡尼亚和阿普里亚等地，萨姆尼特人在这里始终是一支重要力量。面对上述情况，罗马决定派两名执政官同时出征，② 由路契乌斯·朱理亚·恺撒（Lucius Julius Caesar）负责南方事务，另一执政官普布利乌斯·卢提里乌斯·琉布斯负责北方事务。此外，他们还决定在统帅之下配置有名的副将，具体负责特定地区的战争。

在战争初期，罗马人尽管采取了一些有效的措施，但还是吃了许多败仗。在南方战场，起义军击败了由执政官路契乌斯·恺撒所带领的罗马军队，占领了位于坎佩尼亚到萨姆尼乌姆军事大道上的一系列重镇要塞。几乎整个坎佩尼亚都落入起义者之手。在北方战线，起义军也连续击败了罗马将领庞培·斯特拉波（伟大的庞培的父亲）的独立军团。同年6月，他们还击毙了罗马执政官琉布斯及其部下8000余人，只是由于

① 拉丁城市对罗马人保持忠诚的重要原因是：早在公元前124年，罗马人就开始实行拉拢拉丁上层贵族的政策，他们不时地把公民权授予这些地区的上层贵族。到公元前90年，拉丁城市中的大部分统治者都获得了公民权，所以他们自然不会领导本地人民参与反对罗马的活动。而维务西亚则不同，这里离罗马城较远，而离奥斯其语族甚近，所以受奥斯其语影响很大。

② 只有在最危急的时候，罗马的两位执政官才同时出征。

马略的努力，才使上述局势得以控制。据说，当琉布斯和其他贵族的尸体运回罗马时，引起了全城居民的极大恐慌，以致元老院不得不下令，从今以后，凡是在战场上阵亡的人一律就地埋葬，免得生存者目睹惨状而不愿参军。

那么，罗马人在战争的第一年为什么会在战场上连遭失败呢？这主要与下述原因有关。

首先，地形不利于罗马。当时，战争主要分布在中部意大利，这里山峦起伏，地形复杂，对于罗马人的大规模军团作战极为不利。而起义军正好利用了这些条件，采取打游击战的方法，牵制敌人，各个击破，收到了很好的效果。其次，就士气而言，罗马人远不如起义者高昂。在意大利战争初期，罗马的军队主要由罗马公民、外省雇佣兵以及那些现在还和罗马同盟的意大利人三部分组成。原先公民兵的主力——罗马公民，现在都变成了厌战和怯战的懦夫。许多公民为了逃避服役，而宁愿把自己的手指砍掉。① 即使在战场上，罗马人也并不十分卖命，投敌、逃跑者大有人在。坎佩尼亚重镇——诺拉、斯塔比埃、萨勒农——的失守，本身就是罗马士兵逃跑、投敌的缘故。② 而对外省来的雇佣兵来说，他们的目的就是为了获取利益，当他们发现意大利战争的艰难性和无利性后，便纷纷逃离战场，以致执政官不得不将努米底亚等地的雇佣兵遣送回国③。而起义者则不同，他们士气高昂，目标明确，其士兵大部分来自英勇善战的部族。例如著名的马尔喜族，他们曾经与罗马人并肩作战，因作战勇敢，颇受人们赞许，所以在当时就有"没有战胜马尔喜人的凯旋，也没有无马尔喜人参加的凯旋"这样的谚语。况且，他们又是为自身的自由而战，为独立而战，其战斗力之强也就可想而知。

第三，与罗马主要将领的指导思想有关。在罗马，自从德鲁苏斯被杀以后，一直存在着两大派别。一派主张给意大利人以公民权，另一派则相反。意大利战争爆发以后，两派之间的矛盾更加明显，不愿把公民权给予意大利人的一派坚决主张镇压意大利人民的起义，而主张给意大利人以公民权的一派则希望用让步的方法平息起义。马略就是后一派的主要代表。即使当他把军队带到前线之后，仍念念不忘与马尔喜将领谈判、议和。罗马主要将领间思想的不一致，也就导致了战争初期的失败。④

第四，起义者将领指挥出色。综观第一年的战斗，我们发现罗马军团几乎始终都处在被动挨打的局面，他们要么中埋伏被歼，要么被起义军包围，其主动权一直掌握在起义军手中。

凡此种种都导致罗马在意大利战争初期的失利，而这一切又反过来促使罗马局势

---

① ValerIus Maximus, *Memorable Doings and Sayings*, Harvard University Press, 2000, 6.

② 见 Plutarch, *The Parallel Lives*, *Marius*, 33. Appian, *Roman History*, *Civil War*, 1, 42.

③ Appian, *Roman History*, *Civil War*, 1, 2.

④ Diodorus Siculus, *Library of History*, 38, 15.

的进一步恶化。原先一直忠于罗马的埃特鲁里亚人和翁布里亚人也因此开始动摇，其中有的城市还归附了起义军。罗马元老院意识到事态的严重性，立即宣布紧急状态。为了提供战争必须的至少18个军团的军队，罗马当局广泛采用了马略军事改革创建的募兵制度，大规模地招收雇佣兵和志愿兵。其间甚至破例招募了释放奴隶，部署在库麦至罗马的沿海一带。为了开支雇佣兵的薪饷，罗马政府还不惜没收神庙储藏的金银珍宝，甚至允许罗马军队在攻占起义军城市后抢掠财物。这一措施不仅在当时起了鼓舞士气的作用，而且对以后的罗马历史产生了重大的影响。

在继续加强军事镇压的同时，罗马政府迫于形势，也不得不采取让步政策，于公元前90年年底颁布了朱理亚法（Lex JuIia）。这一法律正式宣布：凡未参加暴动而忠于罗马的同盟者将获取罗马公民权。这样，埃特鲁里亚人和翁布里亚人便率先取得了公民权。公元前89年，罗马又通过了由保民官普路提乌斯和帕皮利乌斯提出的法案（Lex Pleutia-Papiria），宣布：凡在60天内放下武器，并向罗马行政长官登记注册的意大利人，均可获取罗马公民权。同年，执政官庞培·斯特拉波还在山南高卢施行了一项特别法律（Lex Pompeia），把充分的罗马公民权授予山南高卢的拉丁殖民地，并把拉丁权给了在第伯河对岸的那些公社和属于这些公社的高卢部落。通过这些法律，罗马人不但制止了起义的进一步发展，而且还在很大程度上分化和瓦解了起义者的阵营。原先对罗马保持忠诚的人更加忠诚，原先因争取公民权而参与起义的人也开始脱离意大利联盟。意大利战争越来越向着有利于罗马的方向发展。

公元前89年，罗马在对南北各条战线进行若干调整以后，开始对顽强抵抗的起义者发动全面进攻。在北方战区，新任执政官庞培·斯特拉波一举击溃了起义军派往北意的15 000名马尔喜人援军，并于不久攻下了最早向罗马发难的阿斯库努姆城和意大利联盟的首都"意大利加"城。至公元前88年年初，罗马基本上平息了北部和中部的意大利起义，斯特拉波也因此在罗马举行了一次凯旋。

从公元前89年以后，南方战区的罗马军队主要由苏拉统率，他手段残酷，攻势凌厉。在坎佩尼亚，他先后攻克了斯塔比埃（Stabiae）、赫库拉纽姆（Herculaneum）和庞培伊（Pompeii）诸城。在诺拉（Nola）城下，他又取得了一个血腥的胜利，大约有50 000多起义者被杀。此后，他亲率主力向萨姆尼乌姆内地挺进，并在这里击溃了英勇善战的萨姆尼特军队，攻克其首府波维阿努姆（Bovianum）。与此同时，罗马的另一支军队又成功地突入阿普里亚地区，并很快地建立了罗马在那里的秩序。

至公元前88年年初，罗马已经胜利地平息了北部和中部的意大利起义，南方的战事虽然尚未结束，但起义的大部分地区已经落入罗马手中。所以，从总体上说，这一战争已经基本结束。

四、意大利战争的意义

意大利战争，从表面上看，好像是罗马人取得了胜利，但从实质上讲，胜利则属于起义的意大利人。因为，在战争结束以后，所有意大利人都获得了罗马公民权。他们被单独编制在 10 个（一说 8 个）新部落里面，虽然在政治影响和作用方面还不尽如人意，但它毕竟缓和了意大利人和罗马人之间的矛盾，在罗马史上具有划时代的意义。

这次战争冲破了罗马古代社会的藩篱，改变了意大利的全部政治面貌。小国寡民的古代国家已经不复存在，代之而起的是一个代表整个意大利利益的统一国家，一个至少在法理上几乎所有意大利自由民都被承认为其公民的单一国家。在这个单一国家中，意大利各城市都被降为普通的自治市，而罗马本身则成了意大利国家的首都。这种变化反映在意识形态方面便是：

1. 加速了旧的民族感情的消失。长期以来，罗马人由于所处的地位优越，所以根本没有把意大利人放在眼里，鄙视和嘲笑他们的事常有发生，即使像西塞罗这样有才能的青年，也曾因出身于拉丁姆与萨姆尼乌姆之交的阿尔庇努姆（Arpminm）城而受到贵族们的揶揄，他们常常轻蔑地把他称作"罗马的新来者"。然而，随着意大利战争的结束以及公元前 85—前 84 年全意大利公民登记的完成，意大利人和罗马人之间的民族感情日益融洽。意大利人开始把罗马当成自己的祖国（Communis Patria），而罗马人也完全放弃了以前狭隘的民族意识，纷纷把有能力的意大利人即"罗马的新来者，推上元老和最高行政官吏的宝座。到公元前 63 年，罗马元老院的成分已经发生了明显的变化，其中大部分都来自意大利自治市。以致年轻时期常受人讥笑的西塞罗竟发出了"在我们（指元老）行列中不来自意大利自治市的人是多少啊！"[1] 的感叹。

2. 促进了统一的意大利文化形态的形成。罗马在征服意大利之初，并没有组成统一的国家。他们对于被征服地区的居民实行的是"分而治之"的政策，除了对外政策之外，其他一概不予干涉。因此，意大利各地的城市一直都保持着自己独立的法律、习惯和制度。但在意大利实行自治市化以后，统一的意大利文化体系开始形成，各地的方言逐渐让位给统一的拉丁语言，各地的法律也渐渐地为罗马的公法和私法所替代，各地不同的文化体系也日益融合于统一的意大利文化之中。

然而，意大利战争最重要的影响还在于扩大了罗马国家的社会基础。战争之后，大约有数十万意大利人获得了公民权，挤入了统治阶级的行列，他们承担国家的义务，参与国家的一切事务，这些情况本身就动摇了古代社会的基础。古代社会的政府机构虽然在名义上还存在，但无论在人员的成分上，还是在这些机构的性质和作用上，都发生了极大的变化。元老院已经完全改变了单一色地由罗马贵族组成的习惯，其权威性也因内部不纯、党派倾轧等原因而受到挑战。公民大会则完全变成了新旧公民争吵斗殴的场所，他们因为利益不同，要求各异，所以很难通过利害相同的决议。而所有这些又都为军事首领肆无忌惮地用武力夺取国家的最高权力开了方便之门。半个多世纪以前曾被波利比乌斯夸耀不已的罗马政府机构已经日趋没落。罗马进入了新旧体制

---

① Cicero, *Pro Sulla*, 24.

交替时的阵痛之中，而随后出现的大规模内战正是这种阵痛的表现和反映。

第四节　东方局势的骤变和苏拉独裁

一、公元前 1 世纪 80 年代前期罗马的政治形势

进入公元前 1 世纪 80 年代以后，罗马国内的矛盾更趋激烈、尖锐。这种矛盾首先发生在债务人与债权人之间。

古代罗马人也和希腊人一样，厌恶放债取息。他们曾制定法律，严厉取缔高利贷者。但实际上这些法律并未奏效，高利贷业在民间照常流行。债权人常常根据古代习惯，要求利息。自从公元前 1 世纪 90 年代末期以来，由于意大利战争的爆发以及物资富饶的东方行省的丧失，罗马出现了严重的货币危机。罗马政府为了获取更多的财政收入，保证意大利战争的顺利进行，便于公元前 89 年铸造了一种含银量仅为规定量1/8的戴纳里乌斯，并用这种货币替代原先的实价货币作为流通工具。债权人为了保护自身利益，使其免于损失，便狂暴地催促债务人归还借款，交付利息。主管这一事务的行政长官 A. 塞姆普罗尼乌斯·阿塞利奥（A. Sempronius Asellio）力图重新恢复古老的法律，保护债务人的利益，但遭到了债权人的强烈反对。当阿塞利奥正在广场上祭祀卡斯托和波鲁克斯①的时候，被一群残暴的债主打死。元老院虽然下决心要捉拿凶手，但终因无人提供消息而不了了之。

公元前 88 年，苏拉因镇压意大利人起义有功当选为本年度执政官。当时，正值本都国王米特里达梯六世大肆向罗马东部行省进攻之时，元老院决定派一名执政官率军前往东方，镇压本都国王的暴动。苏拉因抽签当选。正当他准备离开罗马前往诺拉之时，一位受马略引诱的保民官普布利乌斯·苏尔庇契乌斯·卢福斯（Publius Sulpicius Rufus）突然向公民大会提出四个法案：（1）意大利人出身的新公民和被释奴隶，一律被分配到原先的 35 个部落之中；（2）凡是负债在 2000 戴纳里乌斯以上的元老，其称号皆应被剥夺；（3）原先被审判委员会判以放逐罪的一切公民均可返回祖国；（4）剥夺苏拉对米特里达梯战争的统帅权，并重新任命马略为这次战争的总司令。

卢福斯提出这些法案以后，马上遭到罗马上层贵族的反对。为了拖延对这些法案的表决，执政官们决定：在法案表决期间，停止处理一切公共事务。然而，卢福斯不但对此并不理会，而且还命令自己的党羽（据说，他拥有 3000 名武装的士兵，600 名

---

① 卡斯托（Castor）和波鲁克斯（Pollux）原是希腊的神灵。最普通的说法认为：他们是宙斯神的两个儿子，卡斯托善于驭马，波鲁克斯擅于拳击。大约于公元前 484 年传入罗马，其庙建立在市政厅广场。

骑士出身的警卫）暗藏短剑，强迫执政官取消上述决定。苏拉在百般无奈的情况下，被迫接受卢福斯的要求。不久，公民大会便正式通过了卢福斯法案。

法案通过以后，卢福斯便立即派遣两名军事保民官前往诺拉，企图在苏拉到达之前接管军队。但苏拉却成功地抢在他们前面。到达诺拉以后，苏拉迅速召集由全体士兵参加的会议。在会上，他极力利用这些战士渴望参加米特里达梯战争以便在这次战争中获取大量战利品的普遍心理，鼓动他们起来向罗马进军。战士们在听了苏拉的演讲以后，群情激昂，纷纷表示愿意服从苏拉的指挥。于是，他便带着这支原先准备用来东征的六个军团出征罗马。用罗马的军队攻打罗马这在罗马史上还是第一次。

面对苏拉军队的进攻，罗马城民进行了顽强的抵抗，他们在手无寸铁的情况下，纷纷登上房顶，用瓦片和石头打击已经进城的苏拉士兵，甚至曾一度迫使他们退回城墙旁边。后来由于苏拉的出现以及双方力量的悬殊，苏拉的军队才最后占领了罗马城。马略和卢福斯等先后逃往城外。

苏拉对罗马的占领是罗马史上的一件大事，是新的军队战胜公民政府的一次尝试。这一事件表明：新的罗马军队不但是罗马国家的支柱、保卫者，而且还是罗马国家的主人。罗马以后出现的军事独裁正是这种新式军队发展的必然结果。

苏拉在占领罗马城后，便大肆捕杀马略党人。马略和他的支持者皆被宣布为罗马人民的公敌，① 财产被全部没收。与此同时，他于入城后的第二天，召集了饱受惊吓的公民大会，通过了加强贵族统治，剥夺人民政治权力的新宪法。宪法规定：国家的一切事务都得由元老院事先批准。凡是没经元老院事先批准的事，一律不得向公民大会提出；国家的一切法律都得由森都里亚大会表决通过后才能生效。这样，实际上也就剥夺了部落大会的立法权，使原先最民主的部落大会成了形同虚设的装饰品。此外，与部落大会非常密切的保民官权力也受到严格的限制，他们的主要武器——否决权皆被剥夺。通过这些法令，元老院便成了国家的最高权力机关，其地位得到了明显的巩固。300 名苏拉的拥护者被送进了重新改组后的元老院。

公元前 87 年春，苏拉在自认为已经除掉了自己的政敌、巩固了自己在罗马的地位以后，便率军前往小亚，镇压米特里达梯起义。

二、东方局势的骤变

（一）本都王国的兴起和强盛

当罗马人正集中兵力和注意力跟意大利人作战的时候，东方的事态发生了重大的

---

① 公敌宣告，来自拉丁文"Proscribere"。根据罗马法律：凡是被宣布为"公敌"的人，任何人（包括奴隶）都有权将其杀死，而不负法律责任。这种大规模的"公敌宣告"，从马略、苏拉开始，迄共和国覆亡，一直是罗马统治者内部斗争中所使用的一种重要手段。

变化。在这几年内，东方形成了一个新的力量，严重地威胁着罗马对小亚细亚和巴尔干半岛的统治。这个新的力量就是本都王国。

本都王国兴起于公元前 3 世纪，到公元前 2 世纪中叶米特里达梯五世①统治时，才开始强盛起来。公元前 121 年，米特里达梯五世死于宫廷阴谋，留下的王国即由其夫人和儿子米特里达梯六世掌管。因当时米特里达梯六世年仅 11 岁，所以，大权皆落在他的母亲手中。直到公元前 115 年，米特里达梯六世才推翻了母亲的统治，成为名副其实的本都国王。本都的历史也因此进入发展与战争并存的时代。

米特里达梯亲政以后，继续奉行其父亲的对外扩张政策，到公元前 88 年，本都国王几乎征服了所有黑海的沿岸地区，小亚的许多地区如小阿美尼亚、科尔奇斯②、博斯普鲁斯和道利半岛的刻松和奥尔维亚等都变成了本都王国的主要辖地，甚至黑海西岸的许多希腊城市和伊斯特利亚、托米、米森布利亚、阿波罗尼亚等也都处在他的控制之下。

随着王国版图的扩大，米特里达梯六世便积极准备发动对罗马人的战争。他一方面改善其与邻近大国如埃及、叙利亚等的关系；另一方面则拼命扩大自己的军队，征集军粮。据记载，他每年都能从博斯普鲁斯一地征集 7500 多吨军粮。③ 公元前 90 年，罗马内部发生了规模巨大的意大利战争。为了稳定后方，罗马几乎调集了所有主力回镇意大利，这正好为米特里达梯六世消灭罗马在小亚的势力提供了极其有利的条件。公元前 88 年早春，米特里达梯六世率军侵入亚细亚行省，④ 正式挑起了与罗马的战争，历史上把这一次战争称之为"第一次米特里达梯战争"。

（二）第一次米特里达梯战争

在第一次米特里达梯战争初期，米特里达梯六世的军队在数量上占着明显的优势。据阿庇安记载，当时罗马在小亚地区的军队，计有步兵 12 万人，骑兵 12 000 人，其中大多数来自当地的同盟者。如果再加上尼科美德斯三世的 5 万步兵和 6000 名骑兵，罗马在小亚的兵力最多也不会超过 20 万人。而米特里达梯六世则有步兵 25 万人，骑兵 4 万，另加其子阿卡提阿斯指挥的小阿美尼亚骑兵 1 万人，其数不会少于 30 万人，况且他还拥有 300 艘装有甲板的船舰和 100 艘二列桨船。⑤ 此外，在人心向背上也十分有利于本都国王。长期以来，亚细亚人民已经饱受罗马总督和包税商的掠夺之苦，对罗马

---

① 第三次布匿战争期间，米特里达梯五世（Mithridates Ⅴ）曾派遣过一支小的辅助军队和舰队，到阿非利加参与罗马人反对迦太基人的战争。

② 科尔奇斯（Corchis）位于今格鲁吉亚西部。

③ Theodor Mommsen, *History of Rome*, Vol. 3, 268.

④ 原先的帕加马王国。

⑤ Appian, *Roman History*, *War with Mithridates*, 17.

人的统治早就怀恨在心，因此，凡是本都军队所到之处，都受到了当地居民的热烈欢迎，他们把米特里达梯当作"解放者"，敬奉为狄奥尼索斯神。

从某种意义上说，米特里达梯也确实扮演了"解放者"的姿态。他在占领小亚以后的第一件事就是清除罗马势力的影响，严惩罗马官吏。他下达密令，指使各城市屠杀罗马人和意大利人。据古典作家记载，在小亚，一天之内就有8万多罗马人和意大利人丧生，连妇孺都不能幸免。① 他借此残忍手段不但煽起了小亚居民反罗马的情绪，在希腊人和罗马人之间播下了仇恨的种子，而且在某种程度上也巩固了他在小亚细亚的统治地位。此外，米特里达梯还宣布小亚的希腊城市一概独立，在5年内豁免一切赋税。同时，他还把卡帕多基亚、弗利吉亚（Phrygia）和俾提尼亚改为本都的省份，并将本都的首都西诺普（Sinope）迁至帕加马。

在征服小亚细亚以后，米特里达梯六世又挥师进军欧洲。公元前89年，米特里达梯的儿子率军从色雷斯进入马其顿，把马其顿变为向希腊进攻的基地。与此同时，米特里达梯六世还动用了他那强大的本都舰队，攫取了除罗得斯岛以外的所有爱琴海岛屿，对希腊形成了海陆包围之势。在本都大军的压力下，希腊内部的形势也发生了微妙的变化。在雅典，亲本都的伊壁鸠鲁派哲学家阿里斯提昂（Aristion）发动起义，宣布脱离罗马。其他的许多希腊国家也竞相效仿雅典，纷纷倒向米特里达梯六世一边。因此，除了伊庇鲁斯以外，整个希腊都被置于本都国王的控制之下。到公元前87年，罗马几乎丧失了它在东方的所有属地。

本都国王对东方行省的进攻，迫使罗马人在意大利战争以后迅速与之决战。然而，在有关征讨本都王的人选问题上，罗马统治集团内部出现了两种声音。元老派支持苏拉，骑士派拥护马略。后来经过一番激烈的斗争，元老派占了上风，苏拉中选。公元前87年，苏拉率军东征，在希腊伊庇鲁斯登陆。苏拉军与米特里达梯军在这里发生了数次激战，结果皆以苏拉的胜利而告结束。公元前86年，苏拉包围并占领了希腊起义的中心——雅典和皮里优斯港。同年夏天，他又在彼阿提亚的喀罗尼亚（Chaerenea）和奥考迈努斯（Orchomenus）两次决战中击败本都军队，这样基本上也就消灭了米特里达梯六世在希腊的势力。

罗马军队在希腊的胜利，也直接影响了小亚的局势。原先支持米特里达梯六世的小亚人民，因不能承受其对罗马发动战争而带来的沉重负担，而纷纷倒向罗马。米特里达梯六世迅速陷入山穷水尽的困境。

为了挽救自身灭亡的命运，保住对本都地区的统治，本都国王不得不派遣使者向苏拉求和。而苏拉因时势所迫，立即答应了米特里达梯的求和要求。公元前85年，双

---

① 阿庇安和瓦列利乌斯·马克西摩斯提供的被杀数字都为8万人（Appian, *Roman History*, *War with Mithridates*, 22; Valerius Maximus, *Memorable Doings and Sayings*, 9, 2）；而普鲁塔克提供的数字为15万人（Plutarch, *The Parallel Lives*, *Sulla*, 24）。

方在赫勒斯滂的达尔丹努斯（Dardanus）城缔结和约。和约规定：米特里达梯必须退出从战争开始以来在小亚细亚所占领的一切土地，向苏拉支付2000塔兰特赔款，并无偿地向苏拉提供70艘青铜甲的战船和船上的设备。

至此，第一次米特里达梯战争宣告结束。

苏拉在不到三年的时间里，屠杀了16万人，用利剑恢复了罗马在巴尔干半岛和小亚的统治地位。更重要的是，他在这期间，正式建立了一支以掠夺战利品为目的、以效忠将军个人为宗旨的新型军队。不久出现的苏拉独裁正是这支军队支持的结果。

三、苏拉独裁

（一）秦纳在罗马的统治

苏拉在出征东方前夕，曾以公元前88年以执政官的身份，主持了下年度执政官的选举。由于罗马人民对苏拉暴力行为的不满以及对他所建的新制度的憎恨，所以由苏拉提名的候选人皆未中选，新当选的执政官是完全不合苏拉心意的贵族格涅乌斯·屋大维（Gn. Octavius）和路契乌斯·科尔涅里乌斯·秦纳（L. Cornelius Cinna）。

苏拉东征后，罗马的主要大权落到了屋大维和秦纳手中。秦纳出身显贵，由于在意大利战争中作战勇敢，功绩卓著，所以深受罗马人民爱戴。在出任执政官以后，他重新提出了卢福斯关于将意大利人分配到原先35个旧部落内的法案。他声称只有这样，新公民才能在政治上获取平等，才不会因最后表决而失去效力。但这却遭到了旧公民的强烈反对。双方争论激烈，互不相让，最后被迫付诸暴力。结果秦纳派因准备不足而惨败，大约有1万多新公民惨遭杀害，以致"整个马尔斯广场皆堆满了被杀公民的尸体"，秦纳被迫出逃罗马。

秦纳离开罗马以后，便匆忙跑到附近的市镇提布尔、帕莱纳斯丁纳斯和诺拉等地，煽动那里的居民起来暴动，并聚集金钱以备战争之用。在那里，他不但在意大利居民中间组建了一支军队，而且还争取到了附近驻军和元老们的拥护。当时，马略正流亡非洲，当他获悉秦纳的消息以后，便马上带着他的同伴流亡者赶往埃特鲁里亚，并在这里聚集了由6000名当地人组成的军队。此后，他就带着这支军队前往秦纳营地，与秦纳军会合。

秦纳军和马略军的会合迅速增加了他们的实力。于是，他们便兵分三路，向罗马进军：秦纳和卡波驻扎在罗马对面，塞多里乌斯①驻扎在罗马的上面，而马略则驻扎在对着海的一边。三军互相配合，互相声援，迫使元老院弃城投降。

---

① 塞多里乌斯（Q. Sertorius，约公元前122—前72年），萨宾血统，是马略派的重要成员，曾任近西班牙总督，并在西班牙组织力量与苏拉派政府分庭抗礼，罗马派庞培等大将前往镇压。公元前72年，塞多里乌斯被部将所杀，他所领导的反抗运动也随即消亡。

马略和秦纳在占领罗马城之后，立即对政敌实行报复措施，苏拉被宣布为罗马人民的公敌，其家宅被夷为平地，他在罗马所制定的法律也全被取消。苏拉的拥护者均被处死，财产皆遭没收。

公元前 86 年，马略第七次、秦纳第二次当选为执政官。不久，马略病逝，由弗拉库斯接任执政官之职，秦纳实际上成了罗马城最有影响的人物。然而，刚刚建立起来的秦纳政府基础脆弱，困难重重：富庶的东方行省仍在苏拉手中；罗马内部通货膨胀，货币贬值的现象仍很严重。为整顿经济秩序，新政府下令禁止发行包银片的跌价货币（铜币），恢复以前的足价货币（银币）。与此相适应，政府还取消了债务人 3/4 的债务。同时，新政府还满足了意大利新公民的要求，他们被分别分往原先的 35 个部落之内，与老公民一起投票表决。为了迎合骑士阶层坚决收回东方的要求，新政府决定派执政官弗拉库斯率两个军团前往东方，对米特里达梯六世进行战争。这样，在罗马史上便出现了两支相互敌对的罗马军队与本都国王同时作战的奇怪现象。

公元前 85 年，苏拉结束了第一次米特里达梯战争。此后不久，他就给罗马元老院写了一封讨战信。在信中，苏拉公开声称要对"那些有罪的人"进行报复。秦纳在获悉这一消息以后，马上与其同僚执政官卡波商量对策，决定立刻分头到意大利各地征集金钱、军需和士兵。在秦纳看来，要在意大利本土进行内战是不明智的，所以，他们决定把自己的军队分队运往位于伊利里古姆北部海岸附近的利布尼亚。据阿庇安记载，这个地方是秦纳派反对苏拉的主要根据地。[①]

但在运送渡海的过程中，秦纳的军队内部出现动乱，一部分已经送往对岸的士兵因不愿远离意大利，纷纷逃回家乡，而另一部分还未运送的士兵也因不愿与同胞公民作战而拒绝渡海。为了平息这场动乱，秦纳召集士兵开会，并决心用严厉的措施整治他们。部队集合完毕，秦纳在侍从的保护下来到会场，因人群拥挤，一位为秦纳开路的侍从与一名战士发生殴斗，秦纳不但没有阻止自己的侍从，相反却发布命令逮捕与侍从殴斗的那位士兵，于是，群情激愤，秦纳在战士的辱骂声中被杀。秦纳死后，卡波便成了罗马的单一执政官，继续与苏拉对抗，但终因能力所限，卡波始终未能把秦纳派团结起来。而这种状况又恰恰为苏拉在意大利的迅速胜利奠定了基础。

（二）　第一次公民战争

第一次公民战争首先发生于东方行省。早在公元前 86 年，秦纳新政府就曾因骑士的要求，派遣执政官弗拉库斯率领两个军团前往东方。他们于希腊登陆，后因内讧，弗拉库斯被杀。接替弗拉库斯职务的是费姆布里亚（Fimbria），他继续把军队带往小亚。在小亚，政府军取得了一系列重大胜利，占领了米特里达梯六世的新都帕加马。政府军的胜利无形中给正在东方的苏拉增加了压力，形成了威胁。苏拉为了集中力量

---

① Appian, *Roman History*, *Civil War*, 1, 77.

对付政府军，不得不以优惠的条件与米特里达梯六世缔结和约。此后，他便着手进攻罗马在东方的军队，并在帕加马附近包围了他们。政府军中的许多将士因不愿与苏拉作战而纷纷投诚。这样，苏拉便不费吹灰之力吞并了政府军的两个军团。

东方战争结束后，苏拉率领庞大舰队启程回国，中途在雅典滞留了一段时间，劫掠了许多著名的神庙，苏拉本人还将藏有亚里斯多德绝大部分著作的一座图书馆攫为己有。接着，他便直接带领他的 4 万多战士开赴意大利，向自己的祖国开战，意大利半岛再次密布了公民间相互残杀的阴影。

公元前 83 年，苏拉军队开始在意大利南端的布隆图辛港登陆。意大利公民间的内战全面展开。

战争初期，苏拉的军队在人数上并不占明显优势，但在素质上，苏拉军则远远超过政府军。在他的军队里，既有一批英勇善战的将领，又不乏训练有素、作战经验丰富的士兵，他们对自己的将领生死与共，忠心耿耿。意大利登陆以后，苏拉又得到了许多贵族的支持，年轻的庞培还给苏拉带来了三个军团的兵力。凡此种种，都进一步加强了苏拉的力量。面对苏拉的强大攻势，当时的罗马政府采取了许多紧急措施，其中最重要的便是在罗马城和意大利招募军队。应征的战士都被分编到 200 个大队里面，他们被分批派往前线，与苏拉作战。然而，政府军由于临时凑合，士气消沉，所以在久经沙场、装备精良和忠于统帅的凯旋之师面前，显得毫无威力。公元前 83 年，苏拉的军队击败了意大利南部的所有军队，占领了整个意大利南部地区。次年，他们又乘胜前进，强占了罗马城，并于科林斯门附近彻底打败了他们的政敌及其盟军萨姆尼特人，基本上控制了意大利半岛的局势。此后，苏拉便分派自己的手下到西部各省，围剿马略派残余。在西班牙，苏拉部将阿尼乌斯（C. Annius）轻易地击败马略的部将塞多里乌斯，成功地把他的部队逐出西班牙。在西西里，庞培又毫不费力地消灭了卡波领导的军队，肃清了马略派在该岛的势力。占领西西里不久，庞培又被苏拉派往阿非利加同道米契乌斯（Cn. Domitius Ahenobarbus）作战，恢复被努米底亚人消灭的希耶姆普撒尔王国。庞培利用了当地恶劣的气候，仅用 40 天时间便占领了努米底亚，征服了阿非利加。至此，苏拉已基本上肃清了马略派在行省中的势力，他本人也变成了无可争辩的罗马最高统治者。

（三）苏拉独裁

第一次公民战争结束以后，苏拉便以征服者的姿态步入罗马，开始对马略派进行全面报复。他所实行的最著名而又最残忍的方法就是"公敌宣告"。头一批被列为公敌的大约有 40 名元老和 1600 名骑士。① 后来又有增加。据统计，至公敌宣告运动结束

---

① Appian, *Roman History*, *Civil War*, 1, 95－197.

时，共计有 90 名元老，15 名与执政官地位相等的高级官吏和 2600 名骑士死于非命。[①]
至于其他受害者就根本无法计算了。

空前惨烈的内战以及灭绝人性的公敌宣告给罗马和意大利人民带来沉重的灾难，
几十万壮丁因此丧生，无数城市被毁，大量土地被胜利者没收。人民遭殃，军人发迹；
苏拉手下的许多部将就乘着"公敌宣告"大发横财，以后血腥镇压斯巴达古斯起义的
刽子手克拉苏便是这一时期发家的典型。为苏拉效劳的 23 个军团士兵也从这次战争中
得到了不同程度的好处，他们除了获得大量的战利品以外，还从苏拉手中得到了刚从
公敌和部分敌对城市那里没收来的份地。值得注意的是，苏拉还从被宣布为公敌的人
的奴隶中选择了年龄最轻、身体最强的 10 000 多人为平民，给他们以自由和公民权，
而且依照他自己氏族的名字，称他们为科尔涅里乌斯，把他们变成自己的被保护人。
这样，苏拉实际上已经掌握了一支随时准备服从他命令的近卫军。他们与苏拉的老兵
一起构成了苏拉政权的基础。而罗马在这些人的暴力面前却变得毫无力量。

苏拉在用暴力夺取政权的同时，也开始在宪法范围内寻求最高统治。公元前 82 年，
由于本年度执政官双双去世，[②] 所以元老院便推选其首席元老 L. 瓦列里乌斯·弗拉库
斯为暂时的摄政官。按照罗马惯例，摄政官上台以后，他就得马上主持公民大会，选
出新的执政官。然而，瓦列里乌斯不但没有这样做，相反却提出了一项法案。根据这
一法案，苏拉被宣布为无限期的独裁官。而之所以推选苏拉为独裁官的目的就在于让
他"制定他所认为最好的法律，整顿共和国"。[③] 公民大会在无可奈何的情况下，批准
了瓦列里乌斯的法案。这样，苏拉便正式成了罗马历史上第一个无限期的独裁官。苏
拉在法律上和实际上获取了罗马的最高权力之后，便在"建立国内新秩序"的口号下
对罗马现行制度进行改革。

1. 整顿元老院，加强元老院的权力。罗马元老院在经过第一次内战和马略、苏拉
的大屠杀之后，人数大为下降。到公元前 80 年，元老的人数已由原来的 300 人减少到
150 人。随着元老人数的减少和元老之间各派矛盾的加剧，元老院这一机构的作用也大
为削弱。为了恢复并加强元老院的权威，保持元老阶层的纯洁性和一致性，苏拉对它
进行了整顿：

---

① 阿庇安和瓦列利乌斯·马克西摩斯估计，在苏拉公敌宣告期间被宣布为公敌的公
民至少有 4700 人，而被杀的公民则更多（Appian, *Roman History*, *Civil War*, 1, 103;
Valerius Maximus, *Memorable Doings and Sayings*, 9, 2）。奥罗西乌斯估计被杀公民数不会
少于 9000 人。

② 公元前 82 年度的执政官为卡波和马略（伟大的马略的侄子，是年 27 岁）。当苏拉
到达意大利时，他们组织力量与之对抗，但因力量相差悬殊，分别被苏拉军击溃。马略自
杀，卡波被俘后被庞培处死。这一年度的执政官出现空缺。

③ Appian, *Roman History*, *Civil War*, 1, 99.

（1）增加元老人数。苏拉从忠于自己的骑士和刚成为罗马新公民的意大利自治市贵族中选拔 300 人为新元老，把元老的人数扩大至 500—600 人之间。

（2）扩大元老院权力。苏拉不但从骑士手中重新夺回了审判权，而且还明确规定，凡是不经元老院审查和认可的议案，皆不能在公民大会上提出。

（3）明确未来元老的来源。规定未来的元老必须从担任过财务官职务的人当中选举产生。这就是说，以后的元老都得通过罗马人民间接选举的办法推选出来。

这样，在形式上，也就保证和提高了元老院的地位。

2. 剥夺保民官的部分权力。自从提比略·格拉古担任保民官以来，保民官在罗马政治生活中的地位越显重要。在公元前 133 年至前 83 年之间的 50 年里，几乎所有重要法案都是由保民官提出的。这种状况严重地干扰了元老院政策的制定和执行。为了改变这种现象，苏拉规定：第一，保民官不得向公民大会提出法案，不得参与司法事务，他们的弹劾权也被新元老成员替代。第二，凡担任保民官官职的人，一律不能竞选其他官职。此外，苏拉还对保民官的重要武器之一否决权实行了严格的限制。通过这些改革，保民官实际上也就完全丧失了它的意义，许多雄心勃勃的年轻人再也不愿选择这一政治上的绝路了。

3. 重新确定高级官吏的晋升制度。为了防止对现有制度的攻击，苏拉重新恢复了公元前 180 年颁布的维利阿·阿纳利斯法（Vilia Annalis），规定：凡是不到 30 岁的青年人都不得担任营造官；不到 39 岁的公民不得竞选财务官；不到 43 岁的公民不能入选执政官。而且规定：每一公民都不得在十年之内连续两次担任同一官职。此外，苏拉还增加了高级官吏的名额，营造官由原来的 12 人增至 20 人，行政长官由 4 人增至 8 人，祭司和占卜团的人员也分别增到 15 人。

4. 进一步加强对各行省行政官吏的控制。当时的罗马已有 10 个行省，它们分别由刚卸任的 8 名行政长官和 2 名执政官管理。为了严格控制行省官吏的行动，苏拉规定，每一卸任执政官和行政长官所掌管的行省都由元老院决定，而且，他们在行省的任期不得超过一年。此外，苏拉还制定了一个反叛逆法令，规定：所有行省长官都不允许亲自挑起战争，亲自带兵进入别的行省。通过这些措施，苏拉基本上控制了行省官吏的行动。

5. 整顿社会秩序。为了巩固已经建立起来的统治制度，苏拉制定和恢复了许多法律。诸如：不法侵害法，刺杀毒杀法，反勒索法，反奢侈法，选举舞弊法，盗窃公物法，通奸不贞法，等等。与此同时，他又设立了 7 个常设刑事法庭，确立了具体的审判程序。此外，苏拉还废除了向城市贫民廉价分配粮食的制度。而更值得一提的是，苏拉遵守了他在致元老院一信中所答应的诺言，承认意大利人的新公民地位，并平均地把他们分配到 35 个特里布斯里面。在意大利，苏拉不但准确地规定了它的边界，而且还把它分成若干自治市区，对之进行统治。苏拉的这些措施，在客观上稳定了意大利的社会秩序，加速了意大利各地的罗马化进程，为罗马国家的进一步发展起了一定的进步作用。

对于苏拉的宪法改革，历来评论众多。一般都认为，苏拉的基调是反对国家制度中的民主因素，复活元老贵族统治的旧秩序。从形式上看，这一结论似乎有理，因为，苏拉确实恢复了元老院的地位，削弱了公民大会和人民保民官的权力。但只要仔细分析，我们就会发现，这一结论并不符合实际情况。因为苏拉的改革，从本质上讲，并不是过去制度的简单恢复。

首先，就元老院而言，经过苏拉改革，元老院的权力看上去确实恢复到了盖约·格拉古以前的状况，但实际上，现在的元老院和过去的元老院已经有了本质的区别。这种区别主要表现在：第一，元老的成分不同。从前的元老大部分来自罗马城的贵族，而现在的元老则主要来自罗马和意大利地区的贵族、骑士。因这两个时期元老成分不同，他们的职能和代表的利益也不尽相同。第二，元老院的地位和权力也不一样。从前，元老院是国家的最高决策机关，它享有崇高的地位和声望，而苏拉改革后的元老院实际上已经变成了独裁者的御用工具，成了徒具虚名的装饰和摆设。它的全部成员都来自苏拉的亲信，其作出的决议也都得符合苏拉的个人意志。所以，苏拉改革后的元老院，从外表上看，它的权力似乎是恢复甚至提高了，但实际上却是削弱了。

其次，就公民大会而言，自从盖约·格拉古颁布廉价粮食法以来，罗马公民大会的成份就发生了极大的变化。许多乡村农民纷纷涌进罗马，他们逐渐变成了被马克思称作"依靠社会过活"的流氓无产者。随着公民大会地位的下降，公民对参加大会的热情也随之减弱，他们或者因为已经认识到公民大会无力解决任何实际问题这一事实，或者因为路途遥远，交通不便，而不愿意参加大会。这样，靠出卖选票为生而常居罗马的流氓无产者也就成了公民大会的实际参加者，而罗马的政治野心家们也正好利用了这一点，对这些人广施贿赂，尽情收买。因此，从严格意义上讲，苏拉改革以前的公民大会实际上早已丧失了它原来的性质和作用。苏拉对它的改革，无非是对它加以公开承认、严格控制而已。

苏拉独裁在罗马史上具有相当重要的意义，它表明罗马历史已经进入了这样一个时代：随着罗马疆域的扩大，各种社会矛盾更趋尖锐，更趋复杂，奴隶和奴隶主之间，意大利人和行省居民之间，行省与行省之间，公民与公民之间的斗争也日趋激烈。而这些情况又反过来说明：建立在小国寡民基础上的狭隘的罗马贵族共和政体已经过时了，已经不能解决罗马所面临的各种矛盾。为了使罗马社会不致在这些无谓的斗争中灭亡，就需要有一种新的力量。这种力量不但能够打破根深蒂固的共和制度，建立行之有效的帝国统治，而且也能迅速地镇压奴隶、贫民和其他各阶层人民的起义，维护整个帝国统治阶级的利益。这种新的力量就是建立在职业军队基础上的军事君主制。苏拉的独裁正是这种制度在罗马的初次尝试。它的成功雄辩地说明：国家政权由拥兵自立的个人来掌握不仅是可能的，而且是十分现实的。它加速了共和制灭亡，同时也为共和制向君主制的过渡开创了一条切实可行的道路。

（四）苏拉的引退

苏拉在完成了他的改革之后，便于公元前79年突然向公民大会辞去他的无限期独裁官职务。此后不久，他便隐退到坎佩尼亚的海滨别墅，或上山打猎，或下水捞鱼，或招聘著名的优伶、乐师，终日与之杯酒高歌，似乎过上了怡然自得的田园生活。

对于苏拉的引退，古往今来众说纷纭。恺撒认为，苏拉的引退是其不懂政治常识的结果（Sullam nescisse citteras qui dictaturam deposuerit）。近代的许多史学家认为，这是由于他困扰于严重的皮肤病而无法亲政之故。西方最新的一种观点则认为：这是由于苏拉觊觎君权，从而遭到庞培、麦铁路斯等贵族反对，而自己又不愿重新付诸武力的缘故。① 而较为流行的解释是：因为他厌倦战争，厌倦权力，厌倦罗马，因而功成身退。② 我们觉得，苏拉的引退完全是一种假象，他实际上并没有放弃他所固有的一切权力。在引退期间，他也像独裁官时期那样，可以藐视法律，制定法律，甚至违反法律。据普鲁塔克记载，在苏拉引退期间，他始终没有停止对公共事务的处理工作，即使在他去世的前一天，他还通过急使，把不合己意的行政长官格拉尼乌斯召至自己的私邸，并命令自己的仆人将其打死。③ 凡此种种都表明：苏拉的引退不过是形式变化，无非是由幕前表演转向幕后操纵而已。而苏拉之所以表现出如此温和的主动，这完全是因为他已经找到了支配共和国的奥秘。这一奥秘就是军队的支持。他把土地分给驻在意大利各个地区的23个军团。阿庇安说，这些人认为他们的财产是和他的生命联系着的，因而他们总是十分注意他的安全，随时准备帮助他或为他报仇。

公元前78年，苏拉在他的坎佩尼亚别墅病逝。无数的老兵从四面八方聚集起来为他送葬。他的遗体被放在金舆上，由士兵簇拥着送往罗马。所有的元老、祭司、高级官吏均参加了他的葬礼。但正如阿庇安所说的，他们中"有些是出于对苏拉的真正怀念，有些则是害怕他的军队和他的遗体，正像他活着的时候他们害怕他一样"。④

苏拉死了，然而独裁的因子并未因第一位独裁者的去世而消亡，相反，随着罗马内外矛盾的加剧，独裁的条件更趋成熟，独裁的趋势更趋必然。

---

① H. H. Scullard, *A History of Rome*, 133*B. C.* – 68*A. D.*, London：Cornell University Press, 1982, 83 – 84.

② Appian, *Roman History*, *Civil War*, 1, 104.

③ Plutarch, *The Parallel Lives*, *Sulla*, 37.

④ Appian, *Roman History*, *Civil War*, 1, 106.

第八章
罗马共和国的灭亡(下)

第一节　共和国危机的加深

一、意大利半岛上的奴隶起义

奴隶制在意大利早已存在。据传说，公元前 6 世纪执政的国王塞尔维乌斯·图里乌斯就是家庭守护神拉瑞斯和女奴隶所生的儿子。按照罗马建城的一种传说，甚至罗慕路斯本人也是奴隶。在古代罗马最早的成文法——《十二铜表法》中，非常明确地提到了奴隶和被释奴隶。到公元前 4 世纪中叶，被释奴隶（因此也包括奴隶）的人数增加了，因此，在公元前 357 年，罗马作出了规定；要求主人向政府交纳释放奴隶税，其数为奴隶价格的 1/20。

但是，罗马作家自己也承认，在祖先时，他们的生活非常简单、淳朴，全家一起在土地上劳动，奴隶还不像后来那样与主人有一条鸿沟，处于无权的地位。奴隶们可以和主人一起劳动、休息，奴隶的孩子也经常与主人的孩子一起嬉戏、打闹。在订立契约时，奴隶甚至可以出庭作保。主人也可以通过合法的方式收养奴隶作儿子[①]。此外，奴隶还可以随同主人参战。据说，公元前 5 世纪初，法比乌斯氏族就曾与他们的被保护民和奴隶一起参加了同埃特鲁里亚城市维伊的战争，结果是参战的法比乌斯氏族成员全部战死。[②]

当时奴隶的地位是由罗马社会的基本社会经济单位——家庭的性质决定的。奴隶是属于家族的，全部财产和处在家长即父亲统治之下的所有人员（妻子、儿子和他们的妻子、孙子、曾孙、奴隶）都被看做是家族的。家长的地位至高无上，权重威严。对自己的下属人员，他可以任意给予处罚，可以出租，任意强迫他们劳动，直至将其出卖、处死。他们中的任何人都不能占有财产。在这种关系下，儿子虽然是公民和战士，但他仍处在与奴隶相同的地位。况且，这些奴隶又大部分来自意大利人。

然而，随着海外大征服的到来，罗马的奴隶制关系又有了新的变化。这种变化主要包括：（1）同胞奴役制的取消。奴役同胞公民是最原始的剥削方式之一。这种方式在罗马共和国早期一直存在，后来由于罗马对外战争的扩大，军队需要量的增加，罗马政府被迫作出一些决定，保护平民的利益，如：废除债务奴役制，给贫民分配一定数量的土地，禁止保护人向被保护民索取金钱。此外，被保护民还取得了小块土地，得到了与全权公民相同的独立地位。这样，奴役罗马公民，包括把孩子卖为奴隶的各种行为皆被禁止了。（2）外族奴隶的快速增加。罗马人与地中海沿岸各族人民进行的

---

① Aulus Gellius, *Attic Nights*, 5.
② Livy, *History of Rome*, 2, 49.

不断战争，使战俘奴隶的数量大为增加。公元前 241 年罗马占领西西里岛，公元前 238 年占领科西嘉和撒丁岛后，就有大批当地居民被卖为奴隶。公元前 167 年，罗马执政官鲍鲁斯占领伊庇鲁斯，曾把 15 万当地居民卖为奴隶。公元前 146 年，迦太基灭亡时，亦有大批居民被卖为奴。公元前 102 年，罗马执政官马略战败条顿尼人，有 9 万俘虏被卖为奴。次年，马略击败森布里人，又有 9 万俘虏被卖为奴。除此以外，从奴隶贩子或海盗手中买来的或是因负债而被出卖的行省居民的数量也迅速增加。因为禁止奴役自由民的法律并没有在行省施行。所有这些奴隶都进入罗马家族，当然，这些奴隶与家族年轻人的关系并不像本部落的奴隶和家生奴与他们那样接近。（3）外族奴隶在生产领域使用比率的提高。随着罗马财富的增长和剥削，包括被保护民、隶农、卖身为奴者在内的本国人的可能性的减少，罗马对外族奴隶的剥削越来越显重要。他们或在农场中耕种，或从事商业贸易，或在手工业作坊、采石场、矿山和建筑业中劳动。

到公元前 2 世纪中后期，奴隶制生产关系在罗马已处主导地位，奴隶劳动已应用于各个生产部门，奴隶成了罗马社会的主要生产者，奴隶与奴隶主的矛盾随之也转变为罗马社会的主要矛盾。

随着奴隶制生产关系在罗马的确立，奴隶主对奴隶的压迫更趋残酷，剥削更趋严重。农场上的奴隶，常常须在管家的监督下，成年累月地为主人劳动。在劳动时，他们不得偷懒，不得偷吃主人的食物，不得到邻居家串门聊天。若违反主人的命令，则会受到严厉的惩罚，或被戴上脚镣，或被送进地牢，严重的甚至被钉死在十字架上。矿上的奴隶则更为悲惨，他们每天都得长时间地在阴暗、潮湿、通风条件极差的矿下干活，没有任何喘息的机会，所以，这些奴隶一般寿命都很短。更有甚者，奴隶主甚至把一部分奴隶买来做角斗奴，以满足主人们寻欢作乐的需要，强迫他们在角斗场上互相残杀或与野兽厮杀。

野蛮的奴隶制度给奴隶带来了无尽的苦难和灾难，但同时也激起了奴隶们的强烈反抗。公元前 137 年，西西里岛爆发的规模巨大的奴隶起义便是这种反抗的集中表现。西西里岛位于意大利半岛的南端，这里气候宜人，土地肥沃，以盛产谷物闻名，是罗马共和国后期的主要粮仓。起义首先爆发于西西里岛，显然有其深刻的社会背景。

西西里岛本是迦太基的势力范围，自罗马于公元前 264 年涉足此岛以后，长期处于战乱状态。残酷的战争给西西里人民带来了无穷的灾难，土地成片荒芜，人民纷纷出逃。经过 20 多年的征战，罗马人击败迦太基人，并在这里设立了罗马史上第一个行省，但好景不长，这里又重新卷入了第二次布匿战争的漩涡。一直到公元前 210 年，罗马人才彻底征服了西西里岛，恢复了西西里的安定局面。

为了重新开垦西西里，罗马政府曾制定了一系列政策：（1）积极鼓励当地农民开垦荒地，恢复生产[1]；（2）尽力动员因战乱逃往他国的当地居民返乡生产。为此，政

---

[1]　Livy, *History of Rome*, 27, 5.

府曾派代表到希腊参加奥林匹克运动赛会，并向流亡希腊的西西里人发出邀请。政府保证，只要西西里居民返回家乡，政府将恢复他们原有的全部财产①。（3）规定西西里的税收为全年收成的 1/10。若遇紧急需要，政府可以在这里增收税收，但必须按市场价格向当地居民支付应征数额所需的现金②。

通过这些措施，西西里的生产很快得到了恢复。到公元前 200 年左右，西西里岛已有大批剩余粮食运往罗马。随着生产和经济的发展，以及随之而来的对劳动力需求的增加，富人们对使用奴隶劳动越来越感兴趣，所以，从公元前 2 世纪中叶开始，西西里出现了许多规模颇大的奴隶制农场，奴隶被集中于农场上从事劳动，受尽奴隶主的残酷剥削和压迫。奴隶主不但不给奴隶以起码的衣（himatismos）、食（somatotrophaia），而且还经常鞭笞奴隶，以欺压、剥削奴隶为乐事③。恩那（Enna）城的奴隶主达摩菲努斯（Damophilus）便是虐待奴隶的典型。据记载，公元前 137 年，有一些赤身裸体的奴隶来到达摩菲努斯家，要求主人给予必需的衣服。主人不但不给，反而大声训斥奴隶："难道在这里旅行的人都是光着身子行走的吗？难道他们都没有为所有需要衣服的人提供现成的衣服吗？"④ 说完，便把这些奴隶绑在柱子上毒打一顿。奴隶主的残暴，终于在西西里引起了大规模的奴隶暴动。

起义首先发生在西西里的中部城市恩那城，参加起义的奴隶最初只有 400 人，但不到三天，便发展到 6000 人。他们攻占了恩那城。与此同时，西西里南部的阿格里根坦城也相继爆发了奴隶起义。不久，两军会合，并很快把队伍发展到 20 万人。几乎所有西西里中部和东部城市都为起义军所占领。一些贫苦的自由农民也参与了反对奴隶主的斗争，他们"假装成奴隶袭击乡村，不但盗取财产，而且还烧毁庄园"。⑤ 起义军曾多次击溃前来镇压的罗马军队，而且还在恩那城建立了自己的国家政权，称"新叙利亚王国"，推选攸努斯⑥（Eunus）为国王，克勒昂（Cleon）为副手，并设立了由"智者"组成的议事会。起义军在西西里坚持五年之久，最后终因寡不敌众，于公元前 132年失败，克勒昂战死，攸努斯被俘，不久死于狱中。第一次西西里奴隶起义失败后，奴隶的生活状况更加恶化，斗争更趋激烈。公元前 104 年，这里再次爆发奴隶起义。叙利亚籍奴隶萨尔维乌斯（Salvius）是这次起义的主要领导。他们不但组建了一支拥有 2万步兵、2000 骑兵的队伍，而且还很快实现了与另一支起义军的会合，攻占了西西里

---

① Livy, *History of Rome*, 27.

② Cicero, *The Verrine Orations*：*Against Verres*, 5.

③ Diodorus Siculus, *Library of History*, 34 – 35, 2, 10.

④ Ibid., 34 – 35.

⑤ Ibid., 35 – 48.

⑥ 国内许多教材都把攸努斯说成是达摩菲努斯家的奴隶，其实不是。他是恩那城另一位奴隶主即 Antigenes 家的奴隶。

重镇特里奥卡拉（Triocala），并在这里建立了自己的国家。面对起义的迅猛发展，罗马政府曾数次派行政长官前去镇压，但皆未成功，最后不得不动用执政官的兵力才将其镇压下去。

与西西里起义的同时，意大利半岛的明图纳爱（Minturnae）、努契利亚（Nuceria）和加普亚等地也先后爆发了奴隶起义，然而，对罗马社会影响最大、冲击最重的还要数公元前73—前71年的斯巴达古斯起义。

斯巴达古斯是色雷斯人，出身自由。公元前80年，在色雷斯反对罗马的战斗中，斯巴达古斯战败被俘。他先在罗马辅助部队中服役，后被卖到加普亚角斗①学校受训。暗无天日的生活以及供自由民娱乐而死在角斗场上的前途，迫使他和其他的角斗士联合起来，为争取自身的自由而斗争。公元前73年，加普亚角斗学校中的200多名角斗士在斯巴达古斯的鼓动下，密谋逃跑，但因计划泄露，最后只有78人得以逃脱②。在路上，他们夺取了向附近一个角斗学校运送的几车角斗武器，并用它武装自己。接着，他们便直奔加普亚附近的维苏威山。起义军在这里安营扎寨，并推选斯巴达古斯为他们的领袖，高卢人克里克苏斯和日耳曼人恩诺迈斯为他的助手。

对于斯巴达古斯起义，起初并未引起罗马政府的重视。因为在当时，奴隶逃跑是司空见惯的事。但是，随着起义队伍的不断扩大，以及起义军对坎佩尼亚地区威胁程度的加深，罗马政府开始对这次起义的危险性和严重性有所认识，他们决定派兵前去维苏威火山，以便拔除这个危险的"暴乱"据点。

公元前72年早春，由克劳狄乌斯率领的3000政府官兵到达维苏威火山。他们用重兵封锁了通往火山的唯一通路，妄图以此把起义军困死在山上。但是，起义军在斯巴达古斯的带领下，发扬了大智大勇的精神，群策群力，用山上的野葡萄藤编成软梯，于晚间悄悄从悬崖上滑至山下，然后，出其不意地绕到罗马军队的背后，突然向他们发起攻击。罗马军惊慌失措，大败而逃。

克劳狄乌斯的失败使罗马统治者真正意识到起义军的实力，元老院急忙调集两个军团12 000名士兵，由行政长官瓦列努斯率领前往镇压。元老院给瓦列努斯的首要任

---

① 角斗是罗马史上最野蛮、最残酷的娱乐活动。参加角斗者大部分来自受过专门训练的角斗奴。传说，这种残忍的娱乐方式是罗马人从埃特鲁里亚人那里学来的。公元前264年，罗马贵族 M. 布鲁图斯和 D. 布鲁图斯兄弟俩在其父亲的葬礼上，首次使用了角斗表演。自那以后，角斗之风在罗马越刮越盛。国家或一些政治野心家为了笼络人心，讨好民众，经常举办一些角斗比赛。据说，恺撒就曾组织过由320对角斗奴参加角斗表演。

② 关于起义时角斗奴的数目，古典作家说法不一。普鲁塔克说为78名（Plutarch, The Parallel Lives, Sulla）；阿庇安说为近70名（Appian, *Roman History*, *Civil War*, 1, 116）；李维、萨鲁斯特说74名（见 Livy, *History of Rome*, Summary, 95 – 97；Sallust, History, 3）；福洛努斯则认为不到30名。

务是：遏制住正在通过意大利南部向亚得里亚海岸挺进的斯巴达古斯大军。瓦列努斯到达战场以后，立即采用了分兵合围的战术，兵分三路进攻起义军。针对罗马军的上述战术，斯巴达古斯正确地制定了集中兵力各个击破的方针。战争一开始，起义军就歼灭了由瓦列努斯两员副将率领的两路大军，取得了辉煌的胜利。然而，瓦列努斯并不甘心眼前的失败，他一方面迅速收缩兵力，将起义军逼至崎岖难行、荒无人烟的地区；另一方面又命令战士在起义军正面修垒挖堑，企图困死起义军。

瓦列努斯的围困，确实给起义军带来极大的困难。首先是经过残酷激烈的战斗，起义军已经兵困马乏，精疲力竭，急须休整，而且起义军的兵器损耗严重，兵器补给相当困难，许多人因没有武器，只得用木棒代之。更严重的是，起义军的粮食即将用尽。面对严峻的形势，起义军临危不惧，积极筹划突围，而且找到了突围的良策。

斯巴达古斯要求士兵乘夜晚把敌人的尸体绑在木桩上，然后点起篝火，并命令号兵按时吹号，以迷惑敌人。经过这样巧妙的安排之后，他便率领大军悄悄地撤离营地，并于夜间冲出敌人的包围圈。翌日凌晨，瓦列努斯方知中计，便急忙率师尾追，结果又遇上起义军埋下的伏兵，损失极为惨重。瓦列努斯的私人卫队和战马都被起义军俘获。

随着起义军的节节胜利，起义军的队伍也得到了迅速扩大。据阿庇安记载，到公元前72年秋，起义军已经发展到了7万多人[1]。起义的范围也开始从中部意大利扩大至南部意大利地区。起义军对罗马的威胁越来越大。

为了迅速平息奴隶起义，元老院决定派遣两位执政官统率两个军团前往镇压。

在强大的军事压力面前，起义军内部发生分歧。斯巴达古斯提出了向北进军、重返家乡的计划。但这一计划遭到了以克里克苏斯为代表的一部分自由农民的反对，他们不愿离开意大利，希望继续与罗马决战。这种意见分歧的结果，导致了起义军内部的分裂，克里克苏斯开始从斯巴达古斯的队伍中分离出来，并在不久为罗马军队击溃。

斯巴达古斯继续按原定计划率领大部分起义军向北挺进。一路上，起义军奇迹般地击败了两位罗马执政官和山南高卢总督的军队，顺利地到达了阿尔卑斯山脚下，眼看重返家乡的希望即将变成现实。然而，斯巴达古斯却突然改变计划，决定率军南下[2]。

斯巴达古斯的南下，引起罗马城的一片惊恐。元老院立即宣布国家处于紧急状态，并授权克拉苏全权负责对斯巴达古斯的战争。克拉苏上任以后，他所做的第一件事便

---

① Appian, *Roman History*, *Civil War*, 1, 116.

② 关于斯巴达古斯突然南下的原因，史家有各种推测：有的说，由于斯巴达古斯的节节胜利，力量空前增大，攻占罗马的时机已经成熟；也有人认为，这里的小农经济占优势，起义者得不到广泛的支持；近来有人提出：起义军遇到了第伯河河水猛涨的季节，浓雾弥漫，河水暴涨。或许，后一种解释更有道理。

是保卫罗马城的安全。他先派了几个军团部署在罗马东面的匹赛浓边境，阻挡起义军通往罗马的道路，企图在这里和起义军正面开战，彻底消灭起义军。但是，斯巴达古斯并没有落入克拉苏的圈套，他避开了罗马的主力，穿过萨姆尼特人居住地区，继续挥师南下，向路卡尼亚进军。

克拉苏闻讯以后，急忙派遣副将穆米乌斯率两个军团跟踪，临行前特别叮嘱穆米乌斯切勿在大军到来之前与起义军交战。可是，穆米乌斯没有按照克拉苏的指示行事，第一次碰上起义军，就发起攻击，结果被起义军打败。穆米乌斯的惨败给克拉苏以沉重的打击。为了加强纪律，提高部队的作战能力，克拉苏宣布恢复残酷的"什一抽杀律"，对临阵脱逃的士兵进行严惩。据阿庇安记载，用这种方法处死的士兵就达4000人之多。此后，他亲自出征，驱师尾随起义军，并伺机将其消灭。

公元前72年年底，斯巴达古斯率军来到意大利半岛南端，筹划渡海到西西里，试图从那里找到回家的道路。在墨西拿海峡，他和海盗谈判，准备用海盗的船运送起义军渡海，撤离意大利。但是，海盗在接受酬金之后，背信弃义，欺骗了斯巴达古斯①。海盗食言以后，斯巴达古斯曾试图用木筏强渡，但皆未能成功。南下计划的破产迫使起义军重新思考新的突破方向。

这时，罗马的形势已发生急剧变化。起义军越来越趋于被动。阴险狡猾的克拉苏为了将起义军困死在半岛南端，早已下令士兵在布鲁提半岛的最狭窄地带挖出了深与宽各4公尺半，长55千米的深沟，并在沟上筑起了一道高而坚固的土墙。此外，罗马的其他正规军团如庞培和卢库鲁斯的军团都已会集意大利，准备与克拉苏一起围剿起义军。斯巴达古斯虽然突破了克拉苏防线。但始终未能找到撤离意大利的突破口。

公元前71年春，起义军主力与克拉苏的军团在阿普里亚进行决战。在战斗中，斯巴达古斯身先士卒，在亲手杀死三名罗马军官之后壮烈牺牲。与他一起牺牲的起义军战士大约有6万人。获胜的罗马人残酷报复起义军，其中有6000名被俘者被钉死在从加普亚到罗马大道两旁的十字架上。轰轰烈烈的斯巴达古斯起义终于在罗马政府的血腥镇压下失败了。

斯巴达古斯起义失败的事实充分表明：奴隶是罗马社会的主要生产者，但并不是先进生产方式的代表者。由于当时的历史条件，他们不可能提出一个明确的斗争纲领和远大的目标，不可能从根本上改变整个阶级的受奴役地位。他们的目标仅仅只是求得个人的解放。这次起义失败的根本原因就在于此。

然而，斯巴达古斯起义在历史上所显示出来的伟大功绩也是不可磨灭的，它将永远记入罗马史册。这次起义规模之大、影响之深以及对罗马统治者打击之沉重是古代世界任何一次奴隶起义所不能比拟的。斯巴达古斯起义是古代经济和奴隶制经济两种经济形式发生全面冲突的产物。起义的结果是进一步完善并发展了意大利的奴隶制关

---

① 海盗背信弃义的原因主要是，当时的西西里总督维列斯用重金收买了他们。

系。在斯巴达古斯起义以后，奴隶主对奴隶的认识更趋全面，他们不仅把奴隶看成是自己的财富，而且还把他们看成是财富的创造者。为此，他们更关心奴隶的健康，更注意改善奴隶的住房和饮食条件，更重视用小恩小惠来刺激奴隶的积极性。当时的农学家瓦罗在研究如何组织奴隶经营地产时，曾明确地告诫庄园主："应当用犒赏刺激管家（奴隶）执行自己任务的热情，而且要注意使他们有自己的一些东西，有女奴和他们同居，替他们生儿育女，这样就可以使他们做事时比较踏实，也更留恋农庄。"① 有的主人为了提高奴隶的积极性，甚至把自己的地产（尤其是偏远地区的地产）出租给管家，让他们独立经营。管家在收获后，只要交纳一定的金钱或实物就行。难怪当时有这样一句谚语："在偏远的（主人不常去巡视）的庄园里，名为管家的事实上不是管家，而是主人。"这些剥削方法上的改变和完善，在客观上促进了罗马经济的发展。

特别值得一提的是，这次起义沉重地打击了罗马统治阶级的统治，促使他们认识到：与公民社会相一致的共和制度已经完全不能适应镇压奴隶和维护统治的需要。罗马急需建立一个强有力的军事独裁政权。因此，在某种意义上说，这次起义加速了共和制向帝制过渡的步伐。罗马此后的斗争主要就是围绕着建立军事独裁这一形势而进行的。

二、庞培势力的崛起和发展

（一）庞培的崛起

苏拉独裁结束以后，苏拉的部将庞培开始在罗马的政治舞台上发挥重要作用。

庞培系罗马勇将庞培·斯特拉波的儿子，17 岁就从军参加了意大利战争。苏拉在布隆图辛登陆以后，为了迎合苏拉的心意，他在父亲的辖地匹赛浓地区征集了 3 个军团的兵力，归附苏拉。② 此后，他一直在苏拉的领导下作战。庞培生性刚毅勇敢，长于谋略，深得罗马士兵喜欢。他曾因作战勇敢被苏拉授予"伟大的庞培（Pompeius Magnus）"这一称号。然而，庞培在政治上的发迹还是在苏拉去世以后。

苏拉的独裁统治，引起了社会各阶层的不满。苏拉死后，这种不满情绪就很快地暴露出来。在罗马，公元前 78 年的执政官李必达就提出了一项法案，要求废除苏拉宪法，恢复保民官权力。在埃特鲁里亚，发生了许多失地居民反抗苏拉老兵霸占土地，要求收回土地的运动。不久，这一运动又发展成了反对罗马统治的暴动。执政官李必达支持这一运动，并亲自来到埃特鲁里亚，与暴动者联合进攻罗马，结果被庞培率兵打败。在意大利境外，也出现了反抗罗马政府统治的运动。这一运动的中心是西班牙，其主要领导是马略派的重要成员——塞多里乌斯。塞多里乌斯曾任西班牙总督，苏拉

---

① Varro, *On Agriculture*, 17.

② Velleius Paterculus, *Compendium of Roman History*, 1 - 2, 29.

当权时遭到迫害，逃亡非洲，后来转战到西班牙。塞多里乌斯在西班牙经营多年，在那里享有很高的声望。为了与苏拉政府抗争，他便在土著居民中建立了一支军队，还组建了元老院等政府机构。到苏拉去世时，塞多里乌斯在西班牙的力量已经相当强大。公元前77年，罗马派庞培率军征讨，结果遭到失败，庞培自己也险些被俘。后来，因为塞多里乌斯军内部不稳，才给庞培提供了取胜的机会。西班牙战争平息以后，庞培又遵从元老院的命令，回师意大利，帮助克拉苏镇压了斯巴达古斯起义。庞培的权威由此激增。

（二）　苏拉宪制的废除

庞培和克拉苏在分别战胜各自的对手以后，班师罗马。双方都准备寻求罗马下年度的最高统治——执政官。从法律上说，他们都不具备竞选执政官的条件。因为根据法律，每一位竞选执政官的公民，都必须在提出竞选以前遣散自己的军队，而庞培和克拉苏都没有这样做。而且在当时庞培还没有担任过财务官和行政长官，年龄也不到执政官的法定标准。[①] 但为了政治上的需要，他们不惜置罗马法律于不顾，用武力迫使元老院和人民大会满足他们的要求。元老院被迫让步。庞培和克拉苏成功地当选为公元前70年度执政官。

从元老院的让步，我们可以看到：苏拉宪法的基础十分脆弱。苏拉虽然赋予元老院极大的权力，但始终没有给元老院提供行使这种权力的保障。所以，一旦胜利的将军用武力胁迫元老院时，它便显得无能为力了。

公元前70年1月，庞培和克拉苏就任执政官职。任职期间，他们一反忠于苏拉的幌子，带头废除苏拉所制定的各项措施。他们取消了苏拉对保民官权力的一切限制，恢复了部落会议和保民官的原有权力，削除了元老院中直接依附于苏拉的64名元老成员。与此同时，他们还积极支持行政长官奥列里乌斯·科塔所实行的法庭改革。根据这项改革措施，罗马的司法审判委员会将由元老、骑士和富裕平民（tribunus aerarius）三方成员组成，名额平均分配。这一改革虽然带有明显的妥协性质，但它彻底改变了由元老独占法庭的局面，结束了早在格拉古时代开始的争夺法庭的斗争，在废除苏拉宪法方面有很大的意义。

应该说，庞培和克拉苏当时的措施完全是顺乎民心之举，因此得到了平民和骑士的支持。然而他们从废除苏拉宪制中所获得的实际好处，却远远超过这一点。

（三）　庞培对海盗势力的清剿

公元前69年，庞培和克拉苏任期届满。克拉苏因涉嫌参与喀提林阴谋曾一度隐退，而庞培却一直春风得意，卸任不久便被罗马人民委以清剿海盗的重任。

---

① 担任执政官的法定年龄为42岁，而庞培当时只有36岁。

地中海的海盗，盘踞地中海已非一日，早在公元前 8 世纪就经常打家劫舍，无恶不做，俨然是一个组织庞大的海上王国。雅典帝国的兴起，曾一度使这里的海盗销声匿迹。罗马称霸地中海以后，因长期从事陆上事务，忽略海上防务，致使地中海的海盗死灰复燃。尤其是同盟战争以后，罗马内部内战频繁，地中海沿岸战乱迭起，更加剧了地中海海盗的猖獗。海盗的大本营设在东地中海的西里西亚，在地中海各岛的险要地区都有他们的巢穴。海盗们终年累月地游弋海上，或抢劫商船，或掠夺城市，有时甚至绑架沿海地区的达官豪富。被这些海盗抢劫去的船舰已达一千多艘，被他们攻占的城市也有 400 多处。更有甚者，他们肆无忌惮地袭击意大利沿海地区，劫掠奥斯提亚港和港内停泊船只，绑架罗马元老院的元老，封锁并切断罗马城的粮食供应，致使罗马城粮荒不断。为了打击海盗势力，罗马曾两次派兵清剿，但都未见效。公元前 67 年，保民官奥路斯·伽比尼乌斯（Aulus Gabinius）提出一项法案，要求任命一位执政官级的指挥官，在三年之内单独负责全地中海区域和沿海 50 英里以内地区的军政事务。他有权选择 15 名副将，有权征集他所需要的军队和船舰。法案虽然没有直接提出具体的候选人，但大家都很清楚，这是指庞培而言的。法案提出后，立即遭到了元老院的强烈反对，但同时却受到了罗马人民，尤其是骑士和平民的热烈拥护。在骑士和平民的争取和压力下，法案终于成了法律（Lex Gabinia）。不久，庞培就被任命为全权负责地中海事务的大将军。

庞培就职以后，自知责任重大，所以在出发前，就事先拟订了平定海盗的通盘计划。他把全地中海划分为 12 个军区，每一军区派一名副将具体负责。在一切布置就绪之后，庞培便下令对海盗进行全面清剿，不到 40 天，就肃清了西地中海的全部海盗。接着，他又领兵东进，在 49 天之内就攻占了海盗的老巢西里西亚。庞培仅用三个月的时间便彻底消灭了长期横行海上的海盗势力。

庞培对海盗战争的迅速胜利，除了应归功于罗马强大的武力和正确的战术以外，更重要的还应归功于庞培的怀柔政策。庞培并没有受罗马公民对海盗愤恨情绪的影响，对归降的海盗一概不予报复。庞培认为大多数海盗都是因贫困所迫，才离开自己的家园流落海上的，他们绝对不是天生野蛮和与社会为敌的人，他们在新的环境和新的生活方式下都能变得驯服。所以，他对海盗并没有实行大规模的杀戮政策，而是妥善地把他们安置在小亚和希腊的一些地方，给予土地，让其过上安定的农耕生活①。这种措施不仅起到了分化海盗打击死硬分子的作用，而且对于安置海盗，稳定社会，恢复因米特里达梯战争而荒芜的小亚经济有极大的影响。小亚的许多城市如马拉斯、阿达那

---

① Plutarch, *The Parallel Lives*, *Pompey*, 28. 阿庇安在《米特里达梯战争》中也有类似的记载。

和庞培波里斯①等就是这样发展起来的②。事实证明，庞培的这种处理方法是行之有效的，其效果不亚于武力剿灭。

地中海海盗的平息也给罗马的经济生活带来了很大的好处：长期停滞的海上贸易得到了恢复，因海盗而陷于瘫痪的商业也日趋正常，与公民生活息息相关的粮价也日趋稳定。庞培本人也因此成了罗马城内最受欢迎和最有影响的人物。

（四）第三次米特里达梯战争

公元前83年，苏拉在与米特里达梯订立和约后返回意大利，留下的小亚事务便由罗马将军姆列那处理。然而，姆列那出于个人的野心，破坏条约，进兵本都，结果被米特里达梯击败。以后，通过苏拉的调解。双方才确认了达尔丹诺斯和约，历史上把这次战争称之为第二次米特里达梯战争。

公元前75年，俾提尼亚（Bithynia）国王尼科曼特斯三世去世，根据他的遗嘱，其王国将遗赠罗马。米特里达梯闻讯后，非常吃惊，为了不使罗马的势力进入黑海，侵占自己的势力范围，他决定趁罗马还未接替俾提尼亚王国之机，占领俾提尼亚。

公元前74年，米特里达梯下令出征俾提尼亚，因俾提尼亚国民毫无准备，所以王国很快就被本都军队占领。面对米特里达梯的严重挑衅，罗马政府并不示弱，他们决定派遣公元前74年的执政官卢库鲁斯率军前往镇压。由于卢库鲁斯指挥得当，第二年便击败了本都大军，先后占领了赫拉克勒、西诺普等黑海北岸城市，收复了俾提尼亚。公元前69年，罗马东征军又打入偏袒米特里达梯的阿美尼亚王国境内，大有彻底击溃米特里达梯之势。可惜的是，罗马当局错误地估计了小亚的形势，过早地遣散了卢库鲁斯的军队，致使小亚局势再度紧张。人们不得不把平息这次战争的希望再次寄托在刚刚剿灭海盗的庞培身上。

公元前66年，公民大会通过了保民官马尼利乌斯法案，任命庞培为指挥与本都国王米特里达梯六世作战的统帅，并授予无限权力，把意大利以外的所有军队都划归他指挥。阿庇安评论说："所有这些权力过去是从来没有一起给予过一个将军的。"③ 庞培实际上变成了亚细亚命运的真正主宰。庞培上任以后，首先同本都国王进行谈判，要求本都无条件投降，但遭到拒绝。于是，他下令攻打本都。罗马军英勇善战，屡战告捷，不久就击败了本都主力，攻占了本都的所有地区。本都国王见大势已去，便带

---

① 庞培波里斯，原名梭里（Soli），位于小亚的西里西亚，因该城原来的居民已被阿美尼亚国王提格雷尼斯移居到别处，故人烟稀少。庞培平息海盗以后，把俘获的海盗迁居到这里，并以自己的名字命名它为庞培波里斯（Pompeipolis）。此后，此城得到了很快的发展，不久便成了对西里西亚西部行省的控制中心。

② Dio Cassius, *Roman History*, 36.

③ Appian, *Roman History*, *War with Mithridates*, 15.

领 800 名骑兵逃往博斯普鲁斯王国，企图在这里负隅顽抗。最后由于其子策动兵变，被
迫自杀。这样，历时十年之久的第三次米特里达梯战争终以罗马人的胜利而告结束。战
争结束后，庞培就在本都和俾提尼亚地区组成一个行省，即俾提尼亚及本都行省。随后，
他率军来到叙利亚，在这里建立了叙利亚行省。次年，他又把耶路撒冷纳入这一行省。
这样，一直使罗马政府感到头痛的东方事务终于在庞培的处理下得到了解决。东方事务
的解决对于整个罗马来说，有着深远的意义：其一，自此以后，罗马每年都能从东方获
取三亿四千万塞斯退斯的税收，这在一定程度上为日后罗马的建设和繁荣奠定了坚实的
基础；其二，东方事务的解决，给东方各行省和属国带来了比较和平和安定的局面，促
进了这些地区经济的发展；其三，通过设立行省和划定附属国，面积四倍于意大利本土
的东方归于罗马政府的管辖之下，使罗马的版图得到了空前的扩展。①

公元前 62 年，庞培在处理完东方事务以后返回罗马，一路上他受到了罗马公民的
热烈欢迎，庞培在罗马的权势和威望已经达到了顶点。在庞培取得如此辉煌的政绩之
时，恺撒似乎毫无政绩可言。

庞培 23 岁至 44 岁从政履历表

时间（公元前）	从政活动
83 年	招募 3 个军团支持苏拉
82 年	在西西里击败马略派首领卡波，并将其杀死
82—79 年	在阿非利加与马略派残余作战
79 年	协助李必达竞选公元前 78 年度执政官
77—71 年	协助卡图鲁斯挫败李必达；在西班牙讨伐塞尔托里乌斯
71 年	返回意大利，参加镇压斯巴达古斯起义
70 年	未及法定年龄而成为执政官
67 年	受命清剿海盗，取得巨大成功
66 年	受命与米特里达梯六世作战
65—62 年	结束米特里达梯战争，征服叙利亚等地
62 年	返回罗马，进行凯旋式

---

① 因为庞培在东方为罗马人创建了三个行省，使罗马的领土得到了快速的增长，因此，
有的学者把庞培称作"帝国的创建者"（Empire builder）。见 Josephus, *Jewish Antiquities*, 10。

三、喀提林阴谋

正当庞培在东方用兵之际，罗马统治阶级内部发生了一场激烈的权力之争，这个事件通常被称为"喀提林阴谋"。

路契乌斯·塞尔吉乌斯·喀提林（Lucius Sergius Catilina，公元前108—前62年）贵族出身，苏拉的有名部将和支持者。公元前68年任行政长官，次年出任阿非利加总督。

公元前66年，喀提林从行省返回罗马，与克拉苏、恺撒等谋划获取政权之事。他们企图在年初进攻元老院，屠杀他们的政敌。但这一密谋由于某种不明了的原因流产了。历史上把这一事件称之为第一次喀提林阴谋。实际上，这次阴谋完全由克拉苏和恺撒策划，喀提林在其中并未起主要作用。这次事件显然被宣扬出去，但靠着克拉苏的势力，最后暗中了结，只有一个不太重要的参与者被逐出罗马。①

公元前64年，保民官塞维里乌斯·儒路斯向公民大会提出了一个经全体保民官谨慎拟定的土地法案。根据这一法案，国家将动用在战争中掠夺来的战利品，以及出售行省公有土地、矿山等所得的资金购置土地，分给无地贫民；法案还具体规定了行省城市和公社赎买赋税和徭役的各项措施。为了保证法案内容的实行，儒路斯还提出了由公民大会选出十人委员会（十人团）② 来处理所有财政和土地事务的建议。③

很显然，这一法案是有利于乡村平民的。一旦这一法案成为法律，那么不仅元老院会失去管辖行省财政和公共财产的权力，骑士也会失去包税之利。所以，法案一经提出，便遭到了元老和骑士们的激烈反对。骑士出身的西塞罗还亲自发表演说，用欺骗和恫吓的词句蛊惑城市平民反对这一法案，致使法案的制定者被迫在付诸讨论之前撤消自己的法案。与此同时，以最高审判官喀提林为首的喀提林集团也提出了自己的纲领。他们主张取消债务，分配土地，推翻贵族寡头统治。这些纲领因为比儒路斯法案具有更直接、更激进的特点，因而得到了罗马和意大利平民的广泛拥护，甚至一部分破落的贵族和一些骑士也因负债过多而对之抱以支持。

公元前66—前63年，喀提林集团三次推选喀提林为执政官，力图用和平的方法夺

---

① Sallust, *War with Catiline*, 18 – 19; Suetonius, *The Lives of the Caesar：Julius*, 9, Dio Cassius, *Roman History*, 36, 44.

② 和往常不同的是。这个10人团成员不是从35个特里布斯里选出的，而是在指定的17个特里布斯当中用抽签的办法选出的，这样，候选人只要得到9个特里布斯的同意就行了。

③ Cicero, *De Lege Agraria*, 2, 8；2, 20；2, 23；2, 50；2, 98.

取政权，实施他们的纲领。但由于西塞罗和元老院的竭力破坏，致使喀提林连遭失败。①

竞选执政官的失败，堵住了喀提林以合法手段夺取政权的道路，迫使他们铤而走险，密谋起义。他们商定首先在埃特鲁里亚农民中（尤其是苏拉的老兵中）组织军队，并以此为主力发动起义。预定当起义军逼近罗马时，罗马城内的喀提林派再组织平民举行暴动。不幸的是，这些计划很快便被西塞罗探知。公元前63年10月21日，元老院召开会议，授予西塞罗非常大权。但在当时，因为西塞罗还没有直接掌握阴谋者的证据，所以不能对他们加以逮捕。11月8日，元老院再次聚会。在会上，西塞罗发表了第一篇反对喀提林的演说，直接指控喀提林犯有组织和从事阴谋的罪行，并强烈要求他离开罗马。喀提林在会上企图为自己辩护，但遭到了大多数元老的拒绝。第二天夜里，他从罗马出走，准备去埃特鲁里亚北部组织力量与罗马对抗。

喀提林出走后，留在罗马的喀提林集团在普布利乌斯·林都鲁斯②的领导下继续准备起事，但是，在活动中他们却做了一件对喀提林运动具有毁灭性影响的事情。

当时，从高卢的部落阿洛布罗吉斯人那里来的使节正在罗马，他们是来控诉他们的行政长官和请求减轻债务的。林都鲁斯认为这支力量可以利用，于是派人邀请他们参加喀提林派的活动，并答应在运动成功之后，取消他们的债务。但是不可信赖的高卢人预先把这一消息告诉了他们国家在罗马的保护人桑加。③桑加在得知这一消息后又马上向执政官西塞罗作了报告。

12月2日夜，阿洛布罗吉斯人的使节离城返乡，刚出城门，就被西塞罗派来的人逮捕。从这些使节身上，西塞罗搜到了林都鲁斯写给喀提林的信件。这样，执政官终于找到了打击喀提林派的法律证据。12月3日，执政官在元老院宣布免除林都鲁斯行政长官的职务之后，立即逮捕了喀提林派在罗马的所有成员，并把他们拘禁在行政长官的官邸里面。

12月5日，元老院集会对阴谋者进行审判。在会上，以优尼乌斯·西拉努斯为首的大多数元老都主张对阴谋者采用极刑（extremum supplicium），但当选为下年度行政长官的恺撒却坚决反对这种做法。他认为：不经公民大会允许而处死罗马公民是不合

① 公元前66年，喀提林提出竞选下年度执政官，但因有人控告他在管辖行省时犯有勒索受贿罪，故被取消候选人资格。公元前64年，他再次提出竞选下年度执政官，结果又被西塞罗击败。公元前63年，他再一次竞选下年度执政官，再遭失败，于是便密谋暴动。

② 普布利乌斯·林都鲁斯（Publius Cornelius Lentulus）是喀提林集团的主要成员。曾在公元前71年担任过执政官，卸任后被监察官逐出元老院。公元前63年，再次出任行政长官，被西塞罗处死。

③ 按照当时习惯，所有的属国都有保护人在罗马。见 Appian, *Roman History*, *Civil War*, 1, 4。

法的。他建议，暂时把逮捕的喀提林派成员监禁在意大利最大的自治市内，等到喀提林在战场上被打败后，再对之进行审判。然而，由于西塞罗和迦图（监察官迦图的重孙）的力争，终于使赞同判处阴谋者死刑的意见占了上风。当天夜里，林都鲁斯等五人就在西塞罗的亲自监督下被处以绞刑。恺撒的建议虽然被否决，但他的勇气也赢得了不少可靠的同盟。

此时，喀提林已经到达埃特鲁里亚的北部地区，并在那里聚集了一支2万人的军队，对罗马构成了严重的威胁。为了迅速消灭这支力量，元老院决定派执政官安东尼率军前往镇压。公元前62年1月，双方军队在彼斯托里亚（Pistoria，靠近佛罗伦萨）附近的山谷发生会战，喀提林和他的3000名战士全部战死。喀提林运动终于失败。这一运动的失败充分表明，在罗马共和国当时的情况下，要想依靠少数人的密谋，利用软弱涣散的平民来夺取政权是行不通的。

喀提林事件的出现绝不是偶然的，它有其自身的必然原因，它是公元前1世纪罗马社会矛盾发展的必然产物，是公民间政治上不平等、经济上不平衡这一现象愈演愈烈的结果。正因为这次运动具有这样的原因，所以参加这次运动的成分比以往的任何一次运动都更广泛、更复杂，除罗马和意大利平民、游民无产者外，还有许多破落负债的贵族和骑士，甚至包括一部分企图利用罗马内乱来达到个人目的的政治野心家。总之，一切在政治上不满元老贵族统治，在经济上不满贫富悬殊的阶层都卷入了这一运动。喀提林运动虽然失败了，但它毕竟暴露了罗马政府的无能，从反面反映了这样一个事实：基础日趋缩小的共和政府已经无力解决罗马面临的各种社会矛盾，无力担负起维护统治阶级统治的任务。共和制的灭亡不过是时间问题。

四、前三头同盟的形成和发展

（一）克拉苏和恺撒的联合

庞培对海盗战争的胜利以及第三次米特里达梯战争的迅速结束，引起了克拉苏对他的极大嫉妒和不满。为了进一步与庞培抗衡，他醉心于对埃及的征服，但是这一计划遭到了元老院保守分子的坚决反对，因为他们不容许再出现一位手握兵权的"大元帅"。于是，他只好采取另一种比较隐蔽的方法，一方面在暗中破坏庞培在罗马的威信和声望，另一方面则公开地用自己雄厚的资金来资助在民间享有很高声望的恺撒，以谋求恺撒的支持。

在克拉苏的经济援助下，恺撒和克拉苏之间的关系日趋密切，他们互相支持，互相利用，甚至还互相联合起来反对元老院的统治。公元前66年，克拉苏和恺撒分别当选为监察官和营造官，恺撒本人还因此在罗马举办了一次盛大的比赛。同年，当元老院控告两个当选的执政官贿买选民而撤免了他们时，恺撒和克拉苏等便在克拉苏家集会，密谋对策，准备在预定的时间（约在公元前65年1月1日）实行国家政变，杀死元老院中的部分元老，宣布克拉苏为狄克推多，恺撒为他的骑兵长官。后来，这个阴谋由于某种原因而未能付诸实施。但它表明，克拉苏和恺撒之间的关系又有了新的发展。公元前63年，恺撒再次在克拉苏的帮助下竞选大祭司长（Pontifex Maximus）职位，并且取得了胜利。次年，恺撒当选为行政长官，卸任后，被分派到西班牙担任总督。但是当他即将上任时，他的所有债主都向他要债，① 幸亏克拉苏的帮忙，才使他摆脱债主们的困扰，得以前往就职。而克拉苏的这一慷慨相助无疑进一步加强了双方已经建立起来的关系，为前三头的形成打下了基础。

（二） 前三头同盟的形成

庞培回到罗马以后，元老院同意让他举行一次盛大的凯旋式，但拒绝批准庞培于远征期间所颁布的各项法令，拒绝批准用国家土地赏赐他的老兵。庞培对元老院的厚望因此破灭。与此同时，克拉苏与元老院的关系也因公元前60年事件而再度发生变化。公元前60年初，代表骑士利益的包税公司，向元老院提出一项建议，要求重新调整东方小亚的一些包税合同，克拉苏对此表示支持。西塞罗等较为明智的元老虽然认为这一建议并不完美，但为了不使元老和骑士阶层的裂痕加深，也作了让步的表示。② 然而，以小迦图为首的大部分元老，则坚决反对这一建议，并用表决的方法把它否决了。

公元前60年夏天，恺撒从西班牙回来，由于他在行省的辉煌成就，③ 所以元老院允许他举行一次凯旋，但是不允许他在凯旋之前进入罗马竞选执政官。为了达到后一目的，恺撒曾多次向元老院提出请求，希望能让他在不在场的情况下参加竞选，但由于小迦图的反对，始终未能如愿。最后，恺撒在权衡了上述二者的利害关系之后，毅然决定放弃凯旋，入城竞选执政官。④ 应该说，元老院对庞培、克拉苏和恺撒所实行的不让步政策是不现实的，对此，就是西塞罗也曾抱怨不已。这种政策无形中为他们树立了共同的敌人——元老院，使他们在反对这一共同敌人的基础上联合起来。公元前60年夏天，罗马三位最有势力的政治家终于在相互谅解的基础上结成秘密联盟，共同反对元老贵族的统治。这就是历史上所谓的前三头同盟（First Triumvirate）⑤。为了巩

① 据说，当时恺撒的负债总额是2500万戴纳里乌斯。为了使恺撒前往行省就职，克拉苏花了500万戴纳里乌斯为他担保。见 Plutarch, *The Parallel Lives*, *Caesar*, 5; Plutarch, *The Parallel Lives*, *Crassus*, 7; Appian, *Roman History*, *Civil War*, 2, 1, 8.

② Cicero, *Letters to Atticus*, 1 – 2.

③ 在西班牙期间，恺撒征服了一直不曾屈服于罗马的部族路西塔尼亚人（Lusitania）和加莱契亚人（Gallecia）。

④ Dio Cassius, *Roman History*, 37, 54; 44, 41; Plutarch, *The Parallel Lives*, *Caesar*, 13; Plutarch, *The Parallel Lives*, *Cato the Younger*, 31; Appian, *Roman History*, *Civil War*, 2, 8.

⑤ 三头（Triumviri）一词是由三（Tres）和人（Vir）所构成的，即为"三人"之意。

固这一同盟，恺撒还把自己的女儿朱理亚嫁给了庞培。

　　前三头政治同盟的形成在罗马史上占着极其重要的地位，它是罗马共和政治向君主帝制过渡的一个重要标志。它之所以重要，是因为它具有和其他同盟决然不同的特点：首先，它拥有广泛的社会基础。从表面上看，前三头同盟只是三个重要人物之间的联盟，实际上，这是罗马平民、骑士和老兵三大势力之间的联盟，是反元老院的所有力量团结一致的体现；其次，前三头同盟的主要支柱是富有组织性、纪律性、战斗性的军队和大批退役的老兵；第三，前三头本身就是当时叱咤风云的铁腕人物，无论在政治上、经济上还是军事上都没有人能与他们匹敌。正因为这一同盟具有上述特点，所以它一形成便马上引起了贵族们的恐慌，遭到了贵族们的指责。瓦罗把它称之为"三头怪物"，① 年轻的贵族们，特别是后来倒向恺撒的库里奥，② 竟然朗诵起恩尼乌斯的诗："憎恨骄横的国王们（Reges adisse superbos）"。③ 西塞罗也写信哀叹："国家由于某种新的病症（指三头的出现）正在死亡。"④ 凡此种种都从侧面反映了前三头在罗马的影响，所以古代作家常常把前三头的形成作为罗马共和国毁灭的开始。⑤

（三）恺撒出任执政官

　　公元前59年，恺撒在庞培和克拉苏的支持下，当选为执政官。与恺撒同时当选的是贵族出身的比布路斯。然而，恺撒并不理会这一同僚，一切国家大事皆由自己独断专行。正因为如此，所以当时人常常把"在恺撒和比布路斯担任执政官之年"说成是"在朱理亚和恺撒担任执政官之年"。

　　恺撒上任以后，便马上提出了一系列巩固三头政治的法案。这些法案分别被提交给公民大会，在公民大会通过后，成为法律。

　　恺撒在执政官任内，最先提出并得到批准的法案是土地法。⑥ 根据这项法律，国家必须把中意大利一带的公有土地（主要指以加普亚为中心的公有土地）分配给庞培所

---

　　① Appian, *Roman History*, *Civil War*, 1, 9.

　　② 库里奥（Gaius Scribonius Curio）是公元前50年的保民官，最初极力反对恺撒，后成为恺撒的亲信。在内战中，他曾为恺撒夺得了西西里岛，后被派往阿非利加与庞培作战，在进攻乌底卡（Utica）的战斗中阵亡。

　　③ Cicero, *Letters to Atticus*, 1 – 2.

　　④ Ibid.

　　⑤ Plutarch, *The Parallel Lives*, *Pompey*, 47；Velleius Paterculus, *Compendium of RomanHistory*, 1, 44.

　　⑥ 在元老院看来，执政官提出土地法案，完全是破坏传统之举。因为从斯普里乌斯·卡西乌斯（据说他是公元前502年、公元前493年和公元前486年的执政官）以来从未有过执政官提出土地法案的例子。见 Plutarch, *The Parallel Lives*, *Caesar*, 14；*Pompey*, 47；*Cato the Younger*, 52.

统辖的全体将士以及有三个或三个以上子女的家长。如果中意大利的公有土地不够分配，那么国家将拨款购买其他私有土地给以补足。由于这一法律的实施，恺撒在罗马的地位得到了明显的加强。首先是他通过这一措施满足了庞培及其老兵的要求，从而赢得了他们的支持；其次，用阿庇安的话说，恺撒用这一办法得到了大量的依附者，因为只是有三个孩子的父亲就有 2 万人之多。①

土地法案通过以后，其他的两项法案也顺利成为法律。其一是批准了庞培在东方的一切命令，解决了庞培要求元老院承认而长期得不到承认的问题；其二是把包税人的承包资金减少三分之一。阿庇安认为，由于政治上的这一妙招，恺撒把很大一部分骑士争取到了自己的一边，并且正如他着重指出的，这支政治力量比"人民"的作用更大。②

公元前 59 年 9 月，恺撒在满足了三头中的其余两个人的要求以后，又一次颁布了有名的反勒索法（Lex Julia de Repetundis）。法律总共包括 101 个条款，是恺撒国务活动的最重要文献之一。法律明确规定了行省长官的职权行止，如禁止长官擅离所辖行省并在行省领域之外自行开展军事活动；追究并处罚一切直接或间接的贿赂行为；禁止行省城市以金花环赠授长官，等等。为了防止对法律的文本进行无意或有意的歪曲，恺撒还采取一些措施，除保存在罗马国库③的原本外，还分别在行省的 200 多个城市保存了经行政长官核实无误的副本。这一法律的颁布在罗马史上具有深远的意义，它不仅调整了当时行省的管理工作，而且在以后的 500 多年间始终是罗马各行省高级官吏的行为指针。④

还应当指出，根据恺撒的命令，在罗马开始公布元老院和公民大会的决定（Acta Senetus et Populi Romani）。这是历史上的第一份官方的报纸。这对于保存珍贵材料有非常重要的意义。

随着各项法律的实施，恺撒的执政官任期也将结束。根据盖约·格拉古的法律，恺撒在任期届满以后，将前往元老院在他任职前已经安排好的行省担任总督。因为他不满意元老院指定的行省，所以在卸职以前便指使自己的亲信——保民官瓦提尼乌斯向公民大会提出法案。根据这一法案，山南高卢和伊利里古姆都将交给恺撒治理，期限为五年（从公元前 59 年 3 月 1 日起），在这期间，他有权征募 3 个军团的兵力，有权按照自己的意愿任命行政长官级的副帅。当瓦提尼乌斯法案在公民大会上通过时，元

① Appian, *Roman History*, *Civil War*, 2, 10.
② Ibid., 2, 13.
③ 罗马国库（aerarium）设在卡皮托里山下的撒图尔努斯神殿内，由元老院委派两位监察官管理。
④ S. I. 乌斯特：《优理乌斯反勒索法的日期》（S. I. Oost：*The Date of the Lex Julia de Repetundis*）载《美国语言学杂志》（American Journal of Philology），1956，77（1）：21-22。

老院不但无力抗争，而且还被迫给恺撒增添了那尔旁·高卢①和再招募1个军团的权力。这样恺撒便成功地获取了在意大利征募军队、统率军队的大权，而元老院的上述决定实际上也就起到了把"暴君送进卫城"的作用。②

（四）　恺撒对高卢的远征

恺撒时期的高卢主要由三部分组成，包括山南高卢（Gallia Cisalpina）③、那尔旁·高卢（Gallia Norbonesis）④和山北高卢（GalliaTransalpina）⑤。因山南高卢和那尔旁·高卢早已被罗马辟为行省，所以恺撒远征的高卢乃是指行省以外的山北高卢。

山北高卢包括今天的法国、比利时的几乎全部领土，以及荷兰的一部分、瑞士的大部分和莱茵河左岸的广大地区。它又可分为三部分：比利牛斯山和加卢姆那河（加隆河）之间为南高卢，这里是克尔特人的部族阿奎塔尼亚（Aquitania）人居住的地区；塞纳河与罗亚尔河之间为中高卢，这里是克尔特人（Celt）⑥居住的地方；塞纳河和莱茵河之间为北高卢，这里居住着克尔特——日耳曼人的部族贝尔盖人（Belgae）。除了上面提到的部落以外，在靠近那尔旁·高卢的地方还居住着北埃杜伊人（Aedui）、塞夸尼人（Sequani）和阿尔维尼人（Arverni）等庞大的部族。

山北高卢的社会制度很不一致，有的部落还处于氏族公社阶段，有的已经进入了向国家过渡的阶段。在后者的社会当中，居民的阶级分化已很明显，普遍存在着骑士和祭司（druidae）两个特权阶层。骑士是部族中的贵族，他们一般都拥有许多依附于他们的被保护民。但这里的保护关系与罗马的有所不同，它只有单方面的义务。除去骑士外，祭司的势力也不小，他们组成一个特殊的、闭关排外的团体，他们是法律的解释者、未来的预言者，并被认为是克尔特人世代相传的智慧以及宗教传统、民族习俗的保护者。

尽管高卢的社会制度比较原始，但它的经济却并不落后。高卢的农业已经达到了

---

①　当时那尔旁·高卢的总督刚死，元老院根据庞培的提议，又把这一行省的管理权交给恺撒。

②　Plutarch, *The Parallel Lives*, *Cato the Younger*, 33；*Crassus*, 14.

③　山南高卢又叫"长袍高卢"（Gallia togata），当时已被罗马同化。

④　那尔旁·高卢因其首府在那尔波城而得名，也称行省高卢，大约位于今天的普罗旺斯。公元前121年，罗马在征服阿罗布洛及斯族后，建立了这一行省。

⑤　罗马人根据山北高卢人的打扮情况，又把它叫做"长发的（Comata）"高卢或"长裤子（Bracata）"高卢。

⑥　克尔特人是当地人的自称，罗马人则称之为"高卢人"。克尔特是具有共同文化、语言的一个民族，他们的文化有东方的成分，也有希腊的成分，但他们的起源迄今尚无定论。他们大约在公元前9世纪到高卢，后来又有一部分到达不列颠和第伯河流域，曾长期对罗马形成威胁。

较高的水平。他们已经知道了使用犁（带轮子和不带轮子的）、大镰刀、收割器。此外，高卢的畜牧业、手工业也较发达。他们能造出比较先进的船只，制作陶器、武器和各种精美的手工艺品。他们同外界的贸易关系早已存在，当时的主要贸易国，如：马西利亚、迦太基、埃特鲁里亚和罗马等都曾与他们有过贸易往来。随着经济的发展，高卢的人口也有了快速的增长。据统计，到公元前1世纪中叶，高卢的居民总数已经超过了1500万人，其人口密度几乎和意大利相近。① 因此，就经济方面而言，高卢并不比罗马逊色。罗马人之所以称之为"蛮族"主要是由于他们不了解高卢实情和坚持罗马中心论的结果。

由于高卢各地区发展阶段不尽相同，所以一直没有形成统一的国家，氏族部落各据一方，经常为争夺土地和牧场而进行战争。到公元前1世纪60年代，这种战争（尤其是直接与行省毗连地区各部落间的战争）已经达到了相当激烈的程度。当地的各部落为了削弱或吞并邻近的部落，都不惜利用外族的力量。公元前1世纪中叶，日耳曼苏埃比（Suebi）部落，在塞夸尼人的请求下，渡过莱茵河，参与塞夸尼人对其近邻埃杜伊人的战争。公元前60年，塞夸尼人终于在苏埃比人的帮助下，打败了埃杜伊人。为了报答苏埃比人对他们的援助，塞夸尼人决定将自己的一部分土地（现在的阿尔萨斯附近）馈赠给苏埃比部落。

苏埃比部落在高卢定居以后，不时地对其近邻赫尔维提伊人（Helvetii，居住在现在的瑞士西部）进行骚扰。为了保证自身的安全，赫尔维提伊人决定向卢姆那河河口方向迁移。公元前58年，他们在烧掉了自己的城市和村庄后开始向外迁徙。

当时，摆在赫尔维提伊人面前有两条道路可走。其中一条得通过汝拉山和罗唐纳斯之间塞夸尼人居住的地区，道路狭窄崎岖，迁移难度较大。另一条路是通过那尔旁·高卢，道路比较平坦，行走较为方便。赫尔维提伊人选择了后一条路。

当赫尔维提伊人准备搬迁的消息传到罗马，恺撒感到非常吃惊。为了不使自己管辖的行省高卢遭受损失，他不得不以急行军的方式赶往与赫尔维提伊人交界的盖纳瓦城（今日内瓦）。到达盖纳瓦后，他立刻下令撤掉通往盖纳瓦的桥梁，并命令部下在那尔旁·高卢紧急征募军队。赫尔维提伊人在得到恺撒到来的消息之后，便派了一个使团求见恺撒，请求允许他们穿过那尔旁·高卢，并保证在通行期间，绝对保证那尔旁·高卢的安全。对于使节们提出的要求，恺撒没有马上表态，只是让他们到4月的伊都斯节（Idus，即4月13日）② 那天再来听候消息。利用这段时间，恺撒在那尔旁·高卢的东北边界修筑了一条长19罗里、高16罗尺的城墙和壕堑，成功地做好了阻止赫

---

① Stuart Piggott, *Ancient Europe from the Beginning of Agriculture to Classical Antiquity*, Chicago: Aldine Publishing Company, 1955, 266.

② 据罗马历法，一年中1月，2月，4月，6月，8月，9月，11月，12月的13日称伊都斯节（Idus），其余4个月的15日称伊都斯节。

尔维提伊人通行的准备。

当赫尔维提伊人的使者再次求见恺撒时，恺撒便断然拒绝了他们的要求，并明确声明：如果他们硬走的话，他一定用武力奉陪。赫尔维提伊人在软走不成、硬走不行的情况下，被迫改走途经塞夸尼人的道路。

严格地说，赫尔维提伊人向这个方向移动既不侵害罗马人的现实利益，也无损于罗马人的实际威望，因此不应使罗马人有干预高卢人内部事务的借口，但恺撒认为赫尔维提伊人过分好武和对罗马人抱有敌对态度，对那尔旁·高卢是个威胁，因此他觉得有必要对他们采取公开的行动。于是，他便带领 5 个军团的兵力前往追击，并于公元前 58 年 6 月在比布拉克铁附近重创了赫尔维提伊人。此后，赫尔维提伊部落的残余部分便被迫返回原地并且和罗马人缔结了盟约。

恺撒对赫尔维提伊的胜利在高卢产生了极大的影响，几乎所有公社的领袖都前来朝见恺撒，并向他申诉侵入高卢的日耳曼部落对他们的迫害，请求他给予帮助。恺撒因此向日耳曼人宣战。公元前 58 年秋天，双方在上阿尔萨斯附近（今木路斯，Mulouse）发生决战。结果日耳曼人大败，只有极少数日耳曼人逃至莱茵河右岸。

这样，罗马军队便第一次来到了莱茵河。莱茵河也因此成了罗马人最北端的边界。为了保护好莱茵河左岸的安全，恺撒决定让一部分日耳曼人的小部落驻守在此，帮助罗马镇边。这种"以夷制夷"的政策在罗马史上还是第一次，后来一直被罗马统治者所沿用。

公元前 57 年，恺撒在听说北高卢的贝尔盖人正准备与罗马人作战的传闻后，带兵向贝尔吉加地区进发。贝尔盖人聚集了 30 万大军与之对抗。但因指挥混乱、战术落后而被罗马人打败。

在征服贝尔盖人以后，恺撒又回过头来制伏了高卢西南部地区（今法国的布列塔尼省和诺曼底省）的起义。同时，派小克拉苏（前三头克拉苏的儿子）带领 1 个军团的兵力前去对付南高卢的阿奎塔尼亚人。起初，阿奎塔尼亚人还想抵抗，但在遭到沉重打击后，被迫向罗马人投降，并愿意接受罗马人的领导。至此，整个高卢便完全处于罗马人的控制之下。

三年的高卢战争为恺撒赢得了无数的有形或无形资源。战争改变了恺撒的经济地位，使他获取了大量的财富。依靠这笔资本，他公开贿赂他所需要的人，其中包括罗马的高级官吏、士兵和平民。为了讨好罗马平民，他甚至于公元前 55 年花巨资为他们修建了一个华丽别致的广场（朱理亚广场）①。此外，战争也改变了他的社会地位，大大地提高了他在公民中的威信。在这期间，元老院曾经为他举行了为期 15 天的谢神祭，以表示对诸神的谢恩和对他的祝贺。用恺撒自己的话说，这个荣誉"迄今还没有任何

---

① 据说，光是购置这个广场所需的土地就花了 1 亿多塞斯退斯。

人享受过"。① 总之，经过三年的高卢战争，恺撒的地位发生了根本性的变化，现在的恺撒已经不单纯是罗马群众所喜爱的鼓动家，不单纯是慷慨和机智的煽动家，而是一位被辉煌胜利的光环围绕的统帅。在他的手中集中了财富、武力和实际的权力。恺撒在罗马的声誉已经超越所有的元老贵族。

（五）路卡会议

恺撒出任行省总督以后，保民官克劳狄乌斯就成了他在罗马的代理人。

克劳狄乌斯出身显贵。公元前59年，在恺撒的帮助下，他被选为下年度的保民官。克劳狄乌斯上任以后，便马上让公民大会通过了一项粮食法案。根据这项法律：国家将无偿地向城市平民发放粮食。这一法律的颁布虽然解决了城市平民的部分困难，但却给罗马带来了巨大的危害，它不但加重了罗马国家的财政负担，而且也助长了流氓无产者的迅速发展。此后，他又根据恺撒的暗示，向公民大会提出了一个特别法案，宣布凡是未经审判而处死罗马公民的官员应当"剥夺水与火"（aqae et ignis interdictio）。很显然，这一法案是针对西塞罗的，因为他曾于公元前63年随意处死了林都鲁斯和凯铁占斯等公民。西塞罗在辩解无效后，便自愿离开罗马，流亡马其顿。他的财产被充公，其住宅也被摧毁，克劳狄乌斯甚至宣称要在这些废墟上修建一座自由神殿。除此以外，克劳狄乌斯在其任内还提出了另外三个法案。其一是恢复由元老院决议（Senatus Consultum）所禁止的街会（Collegia Compitalicia）；其二是允许在节日甚至在被认为不适当的日子里举行集会；其三是限制监察官在编制元老院元老名单时的权力，规定：元老院名单上的元老只要没有受到监察官们的一致指控，监察官就无权将他的名字从这些名单中删除。这些法案都先后得到了通过，成为法律。

公元前57年，克劳狄乌斯保民官的任期届满。为了继续实行他的煽动性政策，他不惜以自己的资金，组建了一支武装力量，威胁政敌，耀武扬威。庞培对此非常反感，并决定利用米罗（克劳狄乌斯的同僚）对克劳狄乌斯进行反击。庞培对恺撒的不满由此产生，而这种不满又随着恺撒在高卢的接连胜利而有所发展。

面对庞培的不满和嫉妒，恺撒深感不安。因为在当时恺撒还远未站稳脚跟，其地位也不甚巩固。在高卢，战争刚刚结束，反抗罗马的势力依然存在，战争的根源尚未根除。在罗马，恺撒也不时受到反对派的攻击。早在公元前58年，行政长官G.麦多乌斯和L.多米奇乌斯就要求元老院对恺撒在执政官任内的所作所为进行调查。此后，他本人又受到了平民保民官L.安提斯奇乌斯的指控，只因求助于其他保民官，才免遭审判。公元前56年，L.多米奇乌斯竞选执政官。在竞选活动中，他公开声称："他要以执政官的身份实现他作为行政长官所未能实现的一切，剥夺恺撒的军权。"② 因此，

① G. Julius Caesar, *Gallic War*, 1 – 2.
② Suetonius, *The Lives of the Caesar*：*Julius*, 23 – 24.

在当时的情况下，恺撒所最迫切需要的是：三头联盟的巩固而不是他们间的分裂。为此目的，恺撒做了许多工作，而最有成效的还要数路卡会晤。

路卡（Luca）位于意大利埃特鲁里亚的北部，阿诺斯河的北岸。公元前 56 年，恺撒以祝贺罗马军事大捷为名，在这里大开宴席，招待庞培、克拉苏以下罗马要人一千多人，其中前来赴宴的元老就达 200 人之多。盛宴之后，恺撒便与庞培、克拉苏举行秘密会谈，并形成了一致意见。会议决定：由庞培和克拉苏竞选公元前 55 年的执政官，以阻止恺撒的死敌 L. 多米奇乌斯当选为执政官。他们卸任后，再按抽签结果，分头治理西班牙和叙利亚行省 5 年。会议同时决定：恺撒将在瓦提尼乌斯法的基础上续任高卢总督 5 年。

公元前 55 年，庞培和克拉苏在恺撒士兵的武力支持下，双双当选为执政官。任职期间，他们批准了恺撒在高卢续任 5 年总督的方案，并用抽签的方法把行省作了分配，结果是：克拉苏得到了叙利亚，庞培获得了西班牙。

至此，路卡会议的决定完全变成了现实。三头中的所有人物都感到满意：恺撒的地位更趋稳固；庞培也因此获取了通过新职恢复原先地位的机会；而克拉苏也实现了统治叙利亚、保持罗马第一财主地位的愿望。

路卡会议在罗马史上起着划时代的意义，对罗马的政局影响极大。它基本上奠定了日后三头三分天下的基础。通过这次会议，三头间（特别是恺撒与庞培间）的裂痕得到了暂时的弥补，三头间的联盟再次得到了巩固。

第二节　罗马共和国的倾覆

一、前三头统治的结束

（一）克拉苏的帕提亚①战争

路卡会议结束了三头各自为政的局面，使他们重新达成了一致的行动。但这毕竟是暂时的，因为前三头同盟实际上是三个政治野心家的策略同盟，他们各自都有不同的打算，各自都不愿其他任何一方有所发展，超越自己。因此，他们都必然在暗中发展自己的势力。

公元前 55 年，谋求战功心切的克拉苏，还没等执政官任期届满，便匆匆离开罗马，前往叙利亚行省，就任行省总督。到达叙利亚以后，他首先掠夺了当地神庙，接着便挑起了对帕提亚人的战争。公元前 54 年，克拉苏派兵渡过幼发拉底河，并首战告捷，

---

　①　帕提亚（Parthia）帝国，中国史书上称之为安息。

占领了美索不达米亚的一些要塞。首次战争的胜利助长了克拉苏征服帕提亚的野心。公元前53年，克拉苏便不顾地理上的无知，贸然决定派7个军团的步兵、8000名骑兵前往帕提亚，并与之作战。结果，罗马军受骗上当，被帕提亚重装骑兵诱入美索不达米亚沙漠的西部地带。双方在卡雷（Carrhae）城附近发生决战。罗马军团艰难地在沙地上行进，向着敌人猛冲，而敌人总是避开锋头，围着他们驰骋、怒射。克拉苏虽竭尽全力，但始终未能逃脱失败的命运。在这场战争中，大约有2万罗马人（包括克拉苏本人）被杀，其余的1万人被俘。只有财务官盖乌斯·喀西乌斯·龙吉努斯①统率下的一个骑兵队零零散散地返回叙利亚。② 卡雷之战充分暴露了罗马步兵在与骑兵作战中的弱点。很遗憾，罗马人没有从中吸取教训，400年后，罗马步兵再次为骑兵所败，并逐渐失去了帝国的统治权。

卡雷之战之后，帕提亚人乘胜前进，不仅收复了美索不达米亚的平原地区，而且还于公元前51年渡过幼发拉底河。后来由于遭到喀西乌斯的痛击而被迫退出叙利亚。③

这样，到公元前1世纪50年代后半期，三头政治事实上已经缩小为两雄政治，即恺撒和庞培的两头统治了。

（二） 恺撒对高卢地区的最后征服

路卡会议以后，恺撒继续在高卢扩大战果。公元前55年，他渡过莱茵河，一度侵入日耳曼地区。同年，恺撒又渡海侵入不列颠，在遭到当地居民的顽强抵抗后，被迫撤回。次年春天，恺撒再度入侵不列颠，因准备充足，很快便击溃了当地居民的进攻，并迫使他们交出人质，称臣纳贡。随着恺撒对高卢地区掠夺和剥削的加重，高卢人对恺撒和罗马人的不满也越来越深。公元前54年，贝尔盖人终于竖起了反抗罗马的大旗。此后，起义愈演愈烈，一度遍及了高卢的整个地区。为了迅速平息高卢的大起义，恺撒采用了分化瓦解、各个击破的方法，最后将起义镇压下去。

应该说，恺撒在高卢所取得的胜利是辉煌的。据普鲁塔克记载：恺撒在这期间曾攻占了800多个城市，征服了300个部族，在与其作战的300万人中，有100万人被他

① 盖乌斯·喀西乌斯·龙吉努斯（Gaius Cassius Longinua）是谋杀恺撒的主要成员。他先后担任过财务官，外事行政长官等职，公元前42年，在与恺撒派的战争中战败自杀。

② 近些年来，国外有些学者根据中国史和罗马史上的有关材料，认定克拉苏的部分残军，曾突破帕提亚人的重重包围，来到西部中国，他们先在北匈奴郅至单于手下服务，在北匈奴被西域都护军击败以后（公元前36年），又转为汉政府军服务，被安置在西部中国的一个边陲城市，因中国人称罗马为"黎轩"，故把这座由罗马人居住的城市命名为"黎轩"城。见H. H. 达勃斯：《古代中国境内的一个罗马城市》（H. H. Dubs, A Roman City in Ancient China, London, China Society, 1957）。有人认为，此城大约位于中国甘肃境内的永昌市。但据笔者考证此说很难成立。

③ 有人认为：迫使帕提亚人退出叙利亚的原因是帕提亚宫廷内部发生的政变。

消灭，100多万人被他俘虏。① 尽管这一说法未免夸张，但即使据最保守的材料计算，恺撒在高卢所杀的人也达40多万，② 俘虏的数量则更多。通过这次战争，恺撒不仅为罗马开拓了50多万平方千米的疆域，而且还为它掠夺了大量的战利品。光由恺撒从高卢掠夺来的黄金就足使罗马的金价猛跌。③ 恺撒本人以及他的军官们如拉比耶努斯④等也因此发了大财。

值得注意的是，恺撒在高卢的胜利也改变了其政敌对他的恶意态度，赢得了他们对他的赞赏和支持。其中，西塞罗就是最典型的一个例子。尽管西塞罗十分清楚地知道恺撒是其公元前58年遭受放逐的主要责任者，但恺撒在高卢的胜利促使他改变对其的攻击。他曾在元老院的一次演说中大声说道："我能与这样的人（指恺撒）为敌吗？要知道，这个人的书信，他的传言，他的使节，每天都报知迄今根本无人知道的部族、氏族和地名，使我听了吃惊。各位元老，请相信我对祖国的爱，而这种极为古老且永恒的爱将促使我再次与恺撒站在一起，将促使我与他和解，恢复过去的友好关系。"⑤ 原先恺撒的最大死敌——埃米利乌斯·鲍鲁斯（L. Aemilius Paullus）⑥ 和库里奥等人也先后抛弃成见，成为恺撒在罗马的主要代理人。

当然，恺撒在高卢所取得的最大成果还是赢得了士兵的支持，这一点在内战时期将表现得非常明显。古代历史学家对此曾不无惊讶地指出：在高卢战争的九年间，尽管罗马军经常处在艰难有时甚至是挫折的状态之中，但这支军队从来都没有发生过任何骚乱和兵变。⑦ 这确实值得学界关注。

总之，高卢的战争使恺撒掌控了众多的资金，建立了一支忠诚勇敢的军队，赢得了罗马更多阶层的支持。而这一切又都为他以后夺取罗马的最高权力奠定了雄厚的基础。

（三）庞培和元老院的联合

公元前55年以后，罗马的政治危机更加加深，政局动荡，官吏腐败，正常的官吏选举已经不复存在，政府官员常常是在金钱、石头甚至刀剑的引诱和压力下选举产生。

---

① Plutarch, *The Parallel Lives*, *Caesar*, 15.

② Velleius Paterculus, *Compendium of Roman History*, 1 – 2.

③ Suetonius, *The Lives of the Caesar*：*Julius*, 54.

④ 拉比耶努斯（Titus Labienus）是匹赛浓人，大约与恺撒同岁，在步入政界时，曾受过庞培的提携。公元前63年，他作为保民官曾帮助恺撒当选为大祭司长。但在恺撒与庞培的内战中，他却转到庞培，最后战死于孟达之战。据我们所知，他是背叛恺撒的唯一一位著名将领。

⑤ Cicero, *De Provinciis Consularibus*, 22 – 23.

⑥ 埃米利乌斯·鲍鲁斯为后三头成员李必达的兄弟，是公元前55年的执政官。

⑦ Suetonius, *The Lives of the Caesar*：*Julius*, 65 – 69.

公元前54年，在罗马发生了以800塔兰特存款谋求执政官官职的闹剧。次年，又出现了连续7个多月选举不出执政官的混乱局面。

对于罗马城的无政府状态，庞培不但不加以阻止，而且还在暗中鼓动、操纵。因为对他来说，政治上的混乱不但不会损害他的利益，相反却会给他提供良好的独裁环境。

公元前52年，罗马由混乱转向内乱，而这场内乱的主要导火线便是克劳狄乌斯的被杀。据阿庇安记载，当时，克劳狄乌斯正骑马从自己的别墅回来，刚到勃维莱（Bovilae）就碰到了自己的政敌米罗（Milo）。双方由互骂发展成格斗，结果米罗的一个仆人杀死了克劳狄乌斯。这一事件马上引起了克劳狄乌斯派的愤慨，他们手拿武器，举行暴动，不但烧毁了元老院的议事厅，而且还杀死了许多富裕公民。与此同时，一些不法分子，也以罗马城发生骚乱为借口，乘机劫掠，弄得整个罗马城鸡犬不宁，人人自危。

面对罗马城的混乱局面，元老院不得不召开紧急会议，并且指望庞培出来，维护秩序。而公元前56年以来的形势变化也促使庞培日益脱离自己旧日的同盟，向原先的敌人——元老院靠拢。

路卡会议以后，恺撒继续总督高卢，并不时从那里传来胜利的喜讯，送来数不胜数的战利品，这一切都无形中冲淡了庞培过去辉煌彪炳的战功，引起了他内心的恐惧和不安。为了扩大势力并与恺撒抗衡，庞培决定将西班牙的行省治理权和军队统领权交给自己的三位副将，自己坐镇罗马。这在罗马历史上是没有先例的。如果说庞培和恺撒在当时表面上还友好的话，那么这完全取决于朱理亚和克拉苏的存在。但到公元前54年以后，由于朱理亚的去世和克拉苏死于帕提亚，使得恺撒和庞培之间失去了相应的缓冲人物。他们之间的矛盾也必然突出并发展起来。

公元前52年，庞培出于自身的考虑，欣然接受元老院的任命，担任为期两个月的单独执政官（Sine Collega）。由掌管两个最大行省且统领一支军队的统帅来出任罗马的单一执政官，这在罗马史上还属首次。它是庞培与恺撒关系恶化的重要一步。

庞培上任以后，迅速从意大利各地调集军队，对克劳狄乌斯派进行镇压。骚乱平息后，庞培又分别让公民大会通过了两项法案。一项是关于行省的，一项是关于高级官吏选举的。根据第一个法律，以后执政官或行政长官任期届满后，都得经过五年，方可被任命去行省担任总督职务。第二个法律规定：若本人不在罗马，就不能参与竞选执政官的活动。很显然，这两个法律是针对恺撒而来的。因为恺撒的任期将于公元前49年3月1日结束，根据原先的规则，恺撒在高卢的继承者只能从公元前49年的执政官或行政长官中任命，而按照罗马法律，上述官吏在任期内是不得离开罗马就任总督的，这就是说，下任高卢总督接替恺撒的时间只能是公元前48年元旦。这就是说，恺撒在下任总督到来之前，还有10个月的时间保有总督权力。但是，根据公元前52年的庞培法，恺撒的继承者必须在5年前担任过高级职务的人员中间任命，而这样的人在罗马却很多，因此，庞培法的通过，本身就意味着对恺撒权力的剥夺。当时因为恺撒忙于镇压高卢起义，还没有时间理会这一法律。

公元前51年，恺撒在高卢的战事基本结束。为了保卫并巩固其自身已经取得的成果，恺撒给元老院写了一封信，要求元老院任命他为公元前48年的执政官兼高卢总督。该信在元老院会议上宣读后，马上遭到了马塞鲁斯（Marcellus）和莱图鲁斯（Lentulus）① 等人的反对，元老院在经过激烈的争论后，不但拒绝了恺撒的要求，而且还取缔了恺撒授予第伯河流域上层集团的"罗马公民权"，以对恺撒从前的所作所为表示不满。

公元前50年，元老院以抵御帕提亚人入侵叙利亚为名，决定从恺撒与庞培双方各抽调一个军团前往赴援。因早先庞培有一个军团拨给恺撒，所以，此决定实际上是单方面从恺撒那里抽出两个军团。恺撒履行了这一决定，但调出的军团却没有开往东方，而是被元老院留在意大利。同年，执政官马塞鲁斯散布恺撒率军越过阿尔卑斯山并正向罗马城进军的谣言，提议宣布恺撒为公敌。在遭到恺撒的亲信库里奥的反驳后，他便冲出元老院，直奔庞培的住处②，谒见庞培，并以执政官的名义向庞培授剑，令其统率刚从恺撒那里抽出的两个军团及意大利所有地区的军队前去抵抗恺撒。在这紧急关头，恺撒在罗马的支持者库里奥星夜赶往拉文那，建议恺撒乘对手尚未准备，用武力消灭元老院和庞培的力量。但恺撒并未应诺，相反却作了某些让步，愿意在公元前49年1月交出8个军团和山北高卢的统治权，但在他当选为执政官以前，元老院必须允许他保留两个军团和山南高卢、伊利里古姆两行省的统辖权。结果又一次遭到元老院的拒绝。

公元前49年元旦，就在新当选的执政官就职并首次主持元老院会议的那一天，执政官向元老们宣读了恺撒于3天前写就的一封信。在信中恺撒郑重的列举了自己为国家所做的事情和所立的功勋，并明确表示，他愿意和庞培一起交卸军队。但如果庞培继续保留兵权的话，那么，他不但不会放弃手中的兵权，相反会利用这一权力，替国家和他自己所受的伤害复仇。③ 这封带有露骨威胁性质的书信，立刻引起了多数元老的愤慨。西塞罗把它说成是"毫不客气和充满威胁的挑战书"。④ 1月7日，元老院宣布国家处在紧急状况。恺撒在罗马的亲信安东尼和喀西约等纷纷逃往山南高卢。恺撒与元老

---

① 马塞鲁斯和莱图鲁斯两人是公元前49年的执政官，主张共和，反对独裁，是共和派的主要成员。前者于法萨路斯战役之后，逃亡埃及，比庞培迟几天死于该处；后者在法萨路斯之役以前就已死去。

② 根据罗马习惯，握有军权的将军，在军权交卸前不得进入罗马城。当时庞培是握有军权的西班牙行省总督，虽然他违反惯例，没亲自到西班牙去管理行省，而是派他的副将代行其职，但他本人还是避嫌，不进罗马城，住在罗马的近郊。

③ Appian, *Roman History*, *Civil War*, 1, 32.

④ Suetonius, *The Lives of the Caesar*: *Julius*, 29; Cicero, *Letters to His Friends*, 16.

院之间的内战一触即发。

二、第二次公民战争

公元前49年1月8、9日，元老院正式宣布恺撒为公敌，剥夺其对行省的统治权；同时又授权庞培在意大利召集军队。罗马内战的序幕徐徐拉开。

当时，恺撒正在山南高卢，当获悉罗马城所发生的一切以后，便果断地率领他在这里的唯一一个军团——第十三军团，渡过卢比孔河①。第二次公民战争正式爆发。

（一）恺撒对意大利的占领

恺撒在渡过卢比孔河以后，很快便占领了意大利北部毫无准备的若干城市。在恺撒的快速进攻面前，元老院和庞培显得一筹莫展，只得匆匆下令撤离罗马。不久，他们便逃至南部的布隆图辛港，准备从这里渡船前往希腊。恺撒闻讯后，便立即带领已经增加的6个军团前往追击，企图在布隆图辛消灭庞培在意大利的主力。但因庞培有大量舰队控制海港，所以未能成功。3月17日，庞培及其余下部队全部撤离意大利，到达巴尔干。这样，恺撒便不费一兵一卒，刀不血刃地占据了整个意大利地区，成了意大利的主人。

但是，对意大利的占领，并不意味着恺撒已经取得了内战的最后胜利。实际上，庞培的有生力量并没有因为他在意大利的撤退而受到极大损失。在西班牙，庞培还握有7个军团的军队，此外他还掌握着东方行省以及共和国的所有海军，他们随时都有可能对意大利进行夹击。而且在庞培和元老院把意大利留给恺撒的同时，也把意大利的各种矛盾留给了他。所以，对恺撒而言，占领意大利仅仅是战争的开始，而不是结束。

在夺取布隆图辛以后，恺撒来到了罗马，人们怀着战颤的心情出城迎接。为了稳定意大利的秩序，从而赢得罗马人民的支持，恺撒不但对罗马平民没有进行无辜的屠杀，而且对其政敌也没有实行"公敌宣告"，相反却使用了他一直实行的"仁慈政策（Clementia）"。政敌得到了释放，平民得到了赈济。通过这一政策，恺撒不但争取到了一部分元老和骑士的支持，而且也赢得了广大平民的好感。

为了顺利从事即将到来的战争，恺撒强行开启国库，"拿走了从前从未动用过的金钱"，然后派部将分别接管了西西里和撒丁等行省。不久，他又将意大利和罗马城的治理权分别交给了自己的亲信安东尼和李必达，自己则带兵前往西班牙与庞培的部将进行决战。

（二）恺撒夺取西班牙

西班牙是庞培经营多年的重要基地。管理西班牙行省的是庞培的三位副将，他们

---

① 卢比孔河是意大利和山南高卢的界河，行政官员在没有得到元老院命令的情况下，率军渡过此河，也就意味着向共和国宣战。

是阿弗拉尼乌斯①、佩特列乌斯②和著名的百科全书式的学者瓦罗③。起初，恺撒在这里的军事行动并不顺利，甚至出现过被洪水和敌人包围的困境，后来由于埃布罗河以北的五个西班牙公社的帮助，以及恺撒军士兵的勇敢，才使他反败为胜，迫使阿弗拉尼乌斯等称臣请降。在返回罗马的路上，恺撒又降服了长期与他为敌的马西利亚④，并命令他们交出自己的全部武器、船只和金库，接受罗马军团作为该城的卫戍部队。但考虑到"该城光荣的名字和古老的起源"，恺撒还是保留了该城的独立地位。

还在马西利亚的时期，恺撒就听说他已被罗马市长李必达宣布为独裁官了。这是一个十分重要的消息，因为独裁官除了其他一切权力之外，还有权召开公民大会，主持执政官的选举。而这正是他所特别需要的。当然，只是由罗马市长（Praetor Urbanus）来任命独裁官，不能认为这是一个非常常见的现象，但无论如何，这样的前例还是存在的。⑤

公元前 49 年 11 月底，恺撒到达罗马，就任独裁官职。在这期间，他主持了下年度的执政官选举。恺撒本人和普布利乌斯·塞尔维里乌斯·伊扫里库斯（P. S. Isauricus）当选为下年度的执政官。与此同时，他还制定了一系列法律。在他的倡议下，公民大会通过了把公民权授予帕都斯河⑥以北居民的法案，这实际上是把罗马公民权第一次给予整个行省。加地斯⑦的居民也取得了公民权，这是罗马把自治市的权利给予行省城市的第一个例子。此外，为了调整因战争而受到破坏的债务关系，恺撒决定任命一些仲裁法官（Arbitrokes），由他根据战前的价格标准对地产和动产进行估计，然后再按照这

---

①　阿弗拉尼乌斯（L. Afranius）一直是庞培政策的积极支持者，曾当选为公元前 60年度的执政官，从公元前 53 年起，他又以庞培副帅的身份出任近西班牙行政长官，帮助庞培管理近西班牙行省。

②　佩特列乌斯（M. Petreius）曾在意大利北部打败过喀提林的军队。从公元前 55 年起以庞培副帅的身份任远西班牙行政长官，帮助庞培管理远西班牙行省。

③　瓦罗（M. T. Varro，公元前 116—前 27 年），政治家、学者，是庞培派的主要成员，西班牙战败后为恺撒所赦免。此后，他放弃从政而埋头著述。据说，到其 78 岁时，他已撰写了 490 卷书，是罗马史上有名的多产作家。流传至今的作品有《论拉丁语》和《论农业》。

④　今法国马赛。大约在公元前 600 年由希腊的波奇斯人建立，它很早便同罗马建立了友好关系，其水手积极参加了罗马人反对汉尼拔的战争。

⑤　独裁官通常是因元老院的建议而由执政官来任命的。由罗马市长来任命独裁官虽少见，但也存在过。

⑥　帕都斯河（Padus）即第伯河。

⑦　加地斯（Gades）即今天的加地兹（Gadiz），由来自推罗的腓尼基人在西班牙南岸建立的港口城市（公元前 8 世纪）。第一次布匿战争后，迦太基将领哈米尔卡曾以此为根据地，不断征服西班牙南部地区。迦太基人战败后，加地斯与罗马建立关系，恺撒时给其自治市地位。这个城市曾因海上贸易和渔业而发展成一个富庶城市，但到帝国时期，该城的经济地位开始衰落。

种估定的价格来满足债权人的要求。恺撒认为这是最合适的方法，它一方面消除或减轻了人们对于以往常常随战争或内乱而来的全面取消债务的恐惧；另一方面又替债务人保持了良好的信誉。

在完成了这些改革以后，恺撒便辞去了他的独裁官职务，率军前往巴尔干，以便跟庞培一决雌雄。

（三）法萨路斯决战与第二次内战的结束

在法萨路斯（Pharsalus）决战之前，双方的力量对比显然对恺撒不利。庞培虽然在西班牙失去了7个军团的兵力，但经过一年多的准备，他又在巴尔干聚集了一支庞大的军队。在马其顿，他拥有9个军团的步兵和7000骑兵，用普鲁塔克的话来说，这乃是罗马和意大利青年的全部精华所在①。此外，他的岳父麦铁路斯又从叙利亚给他带来了两个军团。在希腊的西部海岸则有他一支庞大的舰队，其中包括500只战船的大量轻型的警备船。这支军队基本上控制着亚得里亚海的整个海面。至于恺撒，他的力量则远非如此雄厚。他手里虽有12个军团，但因常年作战，疲惫不堪。而对他最不利的是缺少舰队，缺少一支强大的海军，因此不可能把集结在布隆图辛港的全体将士全部、迅速地运往希腊前线。

面对众多的困难和不利，恺撒并没有因此而失去其取胜的信心。他认为：决定战争胜负的主要因素是军队的出其不意。因此，他决定在众人忌讳的冬季强渡亚得里亚海。

公元前48年1月5日，恺撒率领的七个军团（约两万人）顺利渡过亚得里亚海，于伊庇鲁斯登陆。登陆后不久，他便占领了附近的俄利古姆（Oricum）和阿波罗尼亚（Apollonia）两城，夺取了大量的军需粮草。接着，恺撒又马不停蹄，向北进发，企图乘冬季夺取希腊重镇提拉契乌姆城（Dyrrhachium，即伊庇丹努）。提拉契乌姆是庞培的军需重地，如被恺撒占领，对庞培极为不利。因此庞培在得到报告后，就立即率军前往救援。

在提拉契乌姆城附近，双方发生了数次战斗。结果皆以庞培的胜利而告结束。但是庞培并没有利用自己的胜利消灭恺撒，相反却改用拖延战术，给恺撒提供了喘息的机会。非常瞧不起庞培的马克思在谈到公元前48年的伊庇鲁斯战役时曾这样写道："他（指庞培——笔者）刚要在对恺撒的斗争中显示自己的本领，便马上暴露出他是一个一文不值的家伙。恺撒为了迷惑这个与他对抗的庸人，犯了一个极大的军事错误，并且故意使这些错误显得很离奇。任何一个平凡的罗马元帅，比如说，克拉苏，也能在伊庇鲁斯战争中把恺撒打败六次。但是对庞培，那就不能怎样打都行。"②

同年4月，恺撒的援军在安东尼的带领下于达尔玛提亚南部的利苏斯城（Lisus）

---

① Plutarch, *Parallel Lives*, *Pompey*, 64.
② 《马克思恩格斯全集》，第30卷，160页，北京，人民出版社，1971。

登陆，恺撒在得知安东尼到达的消息后，便主动拔营启程，前往会合。

恺撒军和安东尼军的联合增强了恺撒的力量，但恺撒的处境并未因此而有所改变，形势仍很严峻。海上运输线被截，士兵也因连战皆败而士气消沉，尤其是给养困难严重地威胁着这支军队的生存。为了摆脱这种不利的困境，恺撒大胆地决定向帖撒利亚转移。恺撒认为：这样，既可以诱使庞培远离军需重地，使其失去有利的一面；又可以使自己得到一部分援军和军需粮秣，转为有利。经过数天急行军后，恺撒率领部队到达帖撒利亚。庞培没有识破恺撒的计谋，误以为他在败退，因此率军紧追。6月6日，双方在南帖撒利亚的法萨路斯对阵，并在这里展开了一场激战。历史上把它称作法萨路斯之战。

决战前夕，庞培及其部下皆因先前的胜利而冲昏头脑，认为此战必胜无疑，以致许多人在决战前所考虑的并非决战本身，而是决战后自己应得到的荣誉和财产。从当时双方投入的兵力来看，优势也确实在庞培一边。他拥有6万名步兵和7000名骑兵，而恺撒只有22 000名步兵和1000名骑兵，兵力不足庞培的一半。然而会战的结果却完全出乎意料。恺撒军英勇善战，势不可当，一举击败了庞培的骑兵，并对其两翼步兵形成了包围之势。在恺撒军的猛烈进攻下，庞培军纷纷溃逃。庞培见大势已去，便带领少数侍从逃亡埃及，不久被埃及人所杀。法萨路斯决战以及庞培之死基本上奠定了恺撒在内战中取胜的基础。

法萨路斯决战之后，恺撒把大部分军队遣返罗马，只留一队精兵由自己统率继续追击庞培。当追至亚历山大里亚时，才闻悉庞培已死。恺撒在埃及的亚历山大里亚，干预王位之争，废黜年幼的国王，重新迎立托勒密十三的姐姐克娄奥帕特拉为埃及国王。他在埃及停留9个月，曾随克里奥帕特拉荡桨尼罗河，生活得非常惬意。

公元前47年，博斯普鲁斯国王法尔那塞斯（Pharnaces）带兵入侵罗马的东方行省。此时，恺撒正在埃及，当得到这一消息后，他便立即率军前往叙利亚和小亚，并在塞拉（Zela）①附近击溃法尔那塞斯的军队。②法尔那塞斯本人则在逃往潘提卡佩时被本地臣民杀害。公元前46年，恺撒挥师阿非利加，并在较短的时间内平定了这里的庞培派势力和他们的努米底亚盟军。次年，他又镇压了庞培的两个儿子在西班牙的抵抗力量。至此，历时五年之久的第二次公民战争终以恺撒的彻底胜利而告结束。恺撒成了罗马世界唯一的主宰。

三、恺撒的独裁及其被刺

恺撒于阿非利加战事结束后，返回罗马。不久，元老院为他举行了4次盛大的凯旋

① 塞拉是本都西部的一个非常重要的设防驻点。
② 关于这次战役，据说恺撒在写给其友人的信件中仅用了三个词，即"Veni，Vidi，Vici"，意思是"我到，我见，我胜"。

式：对高卢、埃及、本都和阿非利加的凯旋。凯旋之后，恺撒又慷慨地偿付了答应给军队的赏赐。每一普通战士得到了5000阿提卡的德拉克玛，百人队长加倍，军团司令官和骑兵长官再加倍。此外，他还给罗马居民发放了许多钱币和粮食，为他们举行了有22 000桌的盛大宴会。

随着内战的结束，恺撒的权力也达到了登峰造极的地步。公元前46年，他被元老院任命为任期十年的独裁官，并有权拥有侍从72人。① 公元前44年，元老院再次通过决议，把他任命为终身独裁官（Dictator in perpetuum）。此外，他还通过各种途径拥有执政官、终身保民官、大元帅（Imperator）、风俗长官（Praefectum morum）、大祭司长等头衔。名义上，罗马的共和制度依然存在，公民大会和元老院会议照常召开，每年的官职选举也按时进行，但实际上，罗马的一切权力都已集中在恺撒手中。

对于恺撒来说，内战的胜利以及权力的集中固然重要，因为它消灭了自己强有力的竞争对手，巩固了自己的地位。然而，他所面临的困难并不因为庞培的失败而消失，也并不因其掌握共和国的全权而减少。原先的社会矛盾不但始终没有解决，而新的社会矛盾又有了发展。公元前47年，包括恺撒嫡系军团——第十军团在内的许多士兵因对恺撒不满而发动兵变。尽管这一背叛行为很快就被平息下去，但它从侧面反映了战后恺撒所面临的矛盾之尖锐。

面对当时罗马错综复杂的局面，摆在恺撒面前的唯一出路便是改革。概括起来，恺撒的改革主要可以分为以下几个方面。

第一是对老兵分配土地。把土地分给老兵，并非恺撒所倡，早在马略和苏拉时期就进行过。不过与过去做法不同的是：恺撒的土地分配并不是由公民组成的土地委员会负责进行，而是由他的部将领导进行的。而且他所分配的土地主要来自公有土地或他私人所有的土地，而不像苏拉那样从私人地主手里夺回来的。所以不存在夺取者和被夺取者之间的矛盾。此外，恺撒在分配土地的同时，还给这些土地获得者购置了一定的工具。据统计，通过这一措施，大约有10万老兵获得了土地，光在意大利境外得到土地的就达8万多人。②

第二，颁布自治市法（Lex Julia Municipolis）。该法所涉及的主要是城市管理和体制方面的问题。法律规定了自治市元老（decurio）的竞选条件和元老职务的终身制，扩大了各自治市自身的权利。此外，法律还就罗马本城的城市福利设施作了具体规定，营造罗马城作为"帝国首都"的重要形象。

第三，进行人口普查，防止公民外流。人口普查的结果是罗马公民的人数下降了

---

① 按规定，执政官有侍从12人，独裁官24人，侍从都持棍束，但独裁官侍从的棍束中插有斧头。执政官侍从的棍束，只有在罗马城界外作为军事统帅时才能插上斧头。因为恺撒在这以前已有两次任独裁官，所以元老院允许他拥有72名侍从。

② Suetonius, *The Lives of the Caesar*：*Julius*, 42.

一半。为了积极医治内战给罗马人民带来的巨大创伤，扭转自内战以来公民人数迅速下降的趋势，恺撒规定：凡是 20 岁以上、40 岁以下未宣誓入伍的公民皆不得在意大利境外长期定居（3 年以上）；除作为行政官吏的随员以外，任何元老的儿子都不得出境居住。与此同时，他还发布命令，把公民权授予当时居住在罗马的医生和各种学艺的教师（Liberalium atrium doctores）。苏埃托尼乌斯认为：他这样做的目的就在于吸引更多的医生和教师前来罗马居住。

第四，取缔平民宗教团体。以大祭司长的身份发布命令，解散被克劳狄乌斯建立起来的宗教团体（Collegium，那些最古老的除外）。看上去这是宗教行为，但实际上这是明显的政治行为，因为这些祭司团一直是平民的宗教组织，是民主鼓动的发源地。对它的取缔，不但有利于恺撒自身地位的巩固，而且也有利于各项独裁措施的推行。

第五，改组元老院。恺撒不但把元老院人数增至 900 人①，而且还把许多非贵族出身的人选入元老院。他们或来自军人，或来自被释奴隶，或来自行省贵族，即那些不久前刚刚取得罗马公民权的人。恺撒对元老院的改革，不但在地域上而且在社会阶层方面都突破了公民社会的界限，在客观上起到了扩大统治集团基础的作用。

第六，增加高级官吏的数目。财务官由原来的 20 人增至 40 人；市政官由 4 人增至 6 人；行政长官由 8 人增至 16 人。他规定：这些官吏的一半要由人民选出，另一半则由他亲自指定。这一措施既适应了罗马领土扩大的需要，又加强了恺撒对行政官吏的控制。

第七，改善和加强行省官吏的管理制度。独裁期间，恺撒颁布了反对行省官吏勒索和舞弊法；明确规定了行省总督的任期年限，执政官级的总督一般为 2 年，行政长官级的总督一般为 1 年。任职期间，他们不得掌有军权，而只有一般的司法和行政权。

第八，改革历法。恺撒以前，罗马通用的旧历每年只有 355 日，为了配合太阳年，由大祭司团颁布岁历，他们分别在每 4 年中的第二年和第四年年底加入 2 个闰月（mercedonius 或 Intercalaris），一次是 22 日，一次是 23 日。这样罗马的一年便等于 366 1/4 日，实际上已与太阳年不符，再加上共和末年，政治混乱，由豪门贵族所控制的大祭司团，或疏忽了插闰月，或在自己所喜欢的官吏执政的一年，硬插一个闰月，以延长其任期，这样，至恺撒时代，罗马旧历已跟太阳历相差甚远（公元前 46 年，整整超过太阳年 80 日），竟出现了小麦收割不在夏季，葡萄收获不在秋季的局面。恺撒在亚历山大里亚天文学家索西吉纳斯（Sosigenes）的协助下，在吸取埃及太阳历长处的基础上，调整了罗马历法。规定一年为 365 1/4 天，其中 365 天分置在 12 个月中，零数由每 4 年在 2 月中加 1 日补足。新历于公元前 45 年元旦起实行。这就是著名的朱理亚历（儒略历）。在欧洲，这一历法一直使用到 16 世纪即教皇格里高利八世发明格里高利历为止。

---

① Dio Cassius, *Roman History*, 43.

此外，恺撒还打算在塔尔佩伊乌斯岩（Tarpeius Mons）附近修建一座宏伟的马尔斯神庙；建筑一条从亚得里亚海经亚平宁山至第伯河的大道；排干彭普提姆沼泽（Paludes Pomptinae），放走福奇努斯湖（Lacus Fucinus）湖水；挖通伊斯特穆斯地峡等。至于军事方面，他打算带兵阻止入侵本都和色雷斯的达西亚人，然后经小亚美尼亚对帕提亚人进行战争。

应当指出，恺撒所解决的问题都是当时政治和经济形势所指出的现实问题，是罗马社会矛盾和弊端之所在。恺撒改革不仅适应了罗马地区的经济发展需要，而且也适应了意大利和行省的经济发展需要；不仅在客观上促进了罗马政府的集权化和官僚化进程，而且对整帝国的罗马化以及帝国政府的最后形成都起了奠基的作用。尽管恺撒在当时并未意识到这一点，而且他的行动也未必全部越出了共和制的轨道，但他的实践却确实给罗马共和国产生了致命的影响，促进了共和制向帝制的转变。

当然，恺撒的独裁和改革也触及了元老贵族的传统利益，他们在表面上尽管支持恺撒的独裁政策，但在暗地里却加紧颠覆恺撒政权的活动。公元前44年3月15日，这些固守共和传统的元老们终于在布鲁图斯和喀西乌斯的带领下在元老院议事厅刺死了恺撒。然而，刺杀恺撒的共和派万万没有想到，恺撒的被刺不但挽救不了共和制度的灭亡，相反却激化了当时的社会矛盾，加速了共和制的覆亡。

四、后三头政治

（一）后三头政治的形成

后三头政治的出现完全是当时罗马形势发展的产物。

公元前44年3月15日，布鲁图斯和喀西乌斯等在谋杀恺撒以前曾天真地认为：只要杀死恺撒，共和国便能马上复活。人民也将以"刺杀暴君的英雄"来欢迎他们。然而，事情的发展却远非如此。刺杀事件以后，尽管有许多元老出来替阴谋者说话，历数恺撒的暴行，布鲁图斯本人还只身来到广场向集会的公民陈述刺杀暴君的意义，但人民并未因此而起来支持他们。

恺撒遇刺后的第三天即3月17日，元老院在执政官安东尼的主持下召开会议，讨论对谋杀恺撒事件的处理意见。在会上，有人宣布恺撒为"暴君"，并把谋杀恺撒的人称作诛戮暴君的英雄。但更多的元老却不同意上述意见。因为如果宣布恺撒为"暴君"，那就意味着恺撒发布的一切命令（如分配土地、赏赐、官职和任命等）都将无效，他们已经获得的任命也将取消。大会在经过长时间的争论之后，终于采纳了西塞罗的折衷意见，即：宣布大赦杀死恺撒的凶手；批准恺撒的一切命令，对恺撒举行公葬；将审查死者文件的事宜委托给安东尼。

3月19日，执政官安东尼向人民宣读了恺撒的遗嘱。遗嘱指定自己姐姐女儿的儿子为自己财产的继承人，给盖约·屋大维3/4的财产，鲁西乌斯·皮那留斯和昆图斯·拜狄乌斯获得其余的 1/4。遗嘱将恺撒位于第伯河畔的豪华花园赠与罗马人民，作为公共花园；并对罗马城内当时还活着的每个罗马人赠予 75 阿底卡德拉克玛。在遗嘱的末尾，恺撒决定将屋大维过继为家庭成员，把自己的名字传给他（此后屋大维改名为盖约·朱理亚·恺撒·屋大维），并指定 D. 布鲁图斯为第二继承人①。

3 月 20 日，广场上举行了隆重的火葬仪式，安东尼发表了悲壮的葬礼演说，并令人举起了蜡制的肖像，使人们看到了凶手们残酷地扎在恺撒身上各部位的 23 处伤口。人民在目击了这种悲惨景象后，便再也抑制不住内心的愤怒，他们"束紧腰带，焚毁杀害恺撒的元老院议事厅，并到处寻找凶手"。② 布鲁图斯和喀西乌斯见势不妙，便匆匆逃往希腊。罗马再次陷入混乱之中。

当时，城内形势相当复杂，各派势力势均力敌。最初，恺撒派挑起平民暴动的目的就在于制造混乱，乱中夺权。他们认为：只要罗马一乱，元老院就会向他们请求援助，从而扩大其在罗马的权力。但是事情并非如此，元老院不但没有向恺撒派请求援助，相反却谴责安东尼挑起事端。恺撒派在其计划遭到失败以后，被迫牺牲平民一方，向元老院表示妥协。在元老院会议上，安东尼和李必达同意恢复元老院的最高权力和公民大会的自主权等共和制宪法。为了确保与元老贵族共和派的和解，安东尼和李必达甚至将自己的儿子送到共和派那里充作人质。不久以后，他们又动用了军队，镇压了罗马的平民暴动。

尽管如此，元老院大多数人却还是不信任安东尼，把他看成是恺撒的继承人。安东尼准备在他的执政官任期结束后，出任高卢总督，以便对罗马实行监督。但高卢还在恺撒活着的时候便被指定给 D. 布鲁图斯了。为此，安东尼首先向元老院求援，但受到了大多数元老的拒绝。于是，他不得不于公元前 44 年 6 月向公民大会提交了"行省交换法案"。法案不久便得到了通过。根据这一法律，高卢被移交给安东尼，D. 布鲁图斯被换往马其顿，多拉贝拉③得到了叙利亚。元老院对于这一法律不但不予承认，而且还组织力量对安东尼及其法律进行攻击。这样，安东尼和元老院之间的短暂联盟也就宣告结束了。

正当安东尼与元老院的联盟破产之时，在罗马又出现了一个新的权力要求者。这个人就是盖约·屋大维。

屋大维是恺撒的姐姐朱理亚的女儿阿契亚（Atia）的儿子。恺撒在遗嘱里收他为养

---

① 根据罗马习惯，罗马人立遗嘱时，必须指定两位继承人，以防备万一第一继承人无法继承时，第二继承人可以替补。

② Appian, *Roman History*, *Civil War*, 1-2.

③ 多拉贝拉（Publicus Cornelius Dolabella），贵族出身，当恺撒将要离开罗马前往帕加马作战的时候，就选择他作为公元前 44 年度剩余时间的执政官。恺撒死后，他在安东尼的支持下，终于取得了这一职位。

子，并立他为自己的继承人。屋大维早年丧父，由继父抚养长大。当恺撒被杀的消息传到希腊时，他还在伊利里古姆的阿波罗尼亚学习。在其朋友的鼓动下，他决定回到罗马去提出自己的继承权。在返回罗马的路上，他得到了恺撒老兵的热烈欢迎。

但在到达罗马后，他却受到了安东尼的冷遇和蔑视。安东尼不但没有派人前往迎接，而且还常常以恺撒继承人的神态训斥屋大维，阻止屋大维继承恺撒的遗产。对于安东尼对他的排斥和不容，屋大维深感不满。但只因当时势孤力单，只得向安东尼的敌人西塞罗和元老院接近，以求得他们的支持。

元老院对于安东尼和屋大维的不和，感到非常庆幸。他们为了彻底分裂并搞垮恺撒派的势力，不惜破例扶植屋大维上台。不久，屋大维被提升为元老成员。元老院甚至同意给他新招募的两个马其顿军团支付饷银。

公元前43年，安东尼率军到达山南高卢，准备接任山南高卢总督之职，但是D.布鲁图斯却闭居穆提那，并拒绝交出总督大权。于是，安东尼就下令包围穆提那城。历史上有名的"穆提那战争"由此爆发。

战争开始以后，元老院根据西塞罗的提议，把安东尼宣布为"公敌"，并派遣执政官的军队前往高卢。屋大维及其他在意大利集合起来的5个军团也一同前往。屋大维和两位执政官一道被授予军队的最高统治权。经过两次激战，安东尼惨败，其残部被迫退往北部的那尔旁·高卢。然而，这次战争对政府而言，损失也不小，两名执政官皆在作战中阵亡。

就元老院而言，他们命令屋大维率军前往作战的目的无非有两个：一是让恺撒派互相火并，互相残杀，以便在战争中削弱双方的力量；一是希望通过战争夺取屋大维刚刚建立起来的5个军团。所以一旦他们自认为目的已经达到后，便不惜把屋大维抛向一边。在战后对军队发表的感谢演说中，元老院不但没有表彰屋大维的功绩，甚至连屋大维的名字也没有提到。此外，元老院还不许他庆祝任何胜利，不许他举行任何小凯旋式（ovatio）。保守派甚至散布谣言，对他进行攻击。比如说他在穆提那作战时胆小怯懦，对执政官潘撒之死负有责任。更糟糕的是，元老院竟然命令他把自己的军队交给D.布鲁图斯，并背着他与军队进行谈判。元老院和屋大维之间的关系日趋恶化。

公元前43年8月，屋大维以元老院拒绝他担任执政官为由，亲率8个军团，开进罗马。元老院和人民因慑于屋大维使用武力，故一致屈服于他的意旨，选举他和他的亲戚克温图斯·佩狄乌斯为公元前43年度剩余时间的执政官。

屋大维就任执政官后，主要做了两件事。第一件事是宣布刺杀恺撒的凶手为公敌，并成立了一个特别法庭对他们进行审判。第二件事便是立即与安东尼修好。他撤销了所有反对安东尼和李必达的命令，并写信给李必达，请求李必达代为向安东尼斡旋。

当时，安东尼已经从穆提那失败中恢复过来。他成功地实现了与那尔旁·高卢总督李必达的会合，并在李必达的帮助下，结识了许多驻守在高卢地区的军事首领，聚集了一支拥兵达23个军团的庞大军队。但从穆提那战争的失利中，他也确实意识到元老院势力的强大以及藐视屋大维的错误，从而促使他改变对屋大维的态度。

公元前 43 年 11 月，屋大维、安东尼与李必达三人在北意大利的波劳纳（Bologna）附近正式会晤。三位领袖当着军队的面，宣布和好，并在一致反对共同敌人即刺杀恺撒的凶手及支持凶手的元老院反对派的基础上达成协议：（1）宣布屋大维辞去执政官职务，在这一年的剩余时间内由文提狄乌斯①继任。（2）通过法律，建立一个新的行政职位，以平定内部纠纷。这一职位由屋大维、安东尼和李必达三人担任，任期 5 年。就任此职者皆享有执政官的权力。（3）在这期间，罗马城内的行政官吏皆由他们三人共同指定。（4）决定在三人之间分配行省。安东尼取得了统辖高卢地区（除掉那尔旁·高卢）的权力；李必达得到了那尔旁·高卢和西班牙；屋大维则占有阿非利加、撒丁尼亚和西西里以及附近的其他岛屿。至此，以"安定国家秩序"为掩饰的后三头政治正式形成。

后三头同盟与前三头同盟一样，都是罗马共和国向君主专制过渡时期的政权形式。它们之间的唯一不同便是：前者是秘密的，而后者则是公开的。

（二）后三头的统治

公元前 43 年 11 月底，三头带兵进攻罗马。占领罗马以后，他们便立刻解散了原来的政府，并假借公民大会的决议批准了他们的协定。这样，后三头事实上也就获取了在 5 年内独立处置共和国事务的大权（triumviri rei publicae constituendae）。

后三头在掌握国家大权以后，便在罗马实行了令人生畏的恐怖统治。他们打着"为恺撒报仇"的旗号，发布"公敌宣告"。在公布的公敌名单中，既有杀害恺撒的凶手，又有三头的私人仇敌；既有三头的亲属，也有罗马的巨富。为了尽快消灭公敌人员，他们还发布公告，规定：凡是杀死公敌者，皆有重赏；每杀死一个公敌，自由人可得 25 000 阿底卡德拉克玛；奴隶则可得 10 000 阿底卡德拉克玛并获取自由；凡告发隐藏的人也受到杀死公敌者同样的奖赏；凡收留逃亡者或隐藏不报者、或拒绝搜查者皆应受到和被宣布为公敌者同样的惩罚。通过这次"公敌宣告"，大约有 300 名元老被杀，2000 名骑士丧身，他们的财产也遭没收。元老中著名的有西塞罗等。

至于后三头为什么要实行"公敌宣告"，这固然与恺撒派向共和派算账有关，但更重要的还是出于经济原因。因为对于后三头来说要消灭共和派的力量就必须有大量的资金作为后盾，而在当时要通过正当的途径来获取金钱显然是不可能的。因为在东方，罗马的所有税收都已被布鲁图斯和喀西乌斯所占有；在欧罗巴，特别是在意大利，由于长期的战争和各种勒索，经济已经枯竭；而原先储备丰富的罗马国库也在恺撒开启动用后所存无几。所以摆在后三头面前的办法便是像苏拉那样进行剥夺，而公敌宣告的结果也确实使他们得到了满足。后三头和一些形形色色的投机分子都因此发了横财，

①　文提狄乌斯（Ventidius）是后三头之一安东尼的部将。

他们的老兵也从中得到了 18 座最富城市的土地。

然而，就在后三头在意大利横行霸道、瓜分势力范围的时候，共和派的势力已经在海外有了快速的发展。在西部，孟达战役的幸存者塞克斯图斯·庞培①已经摆脱了海盗生活，变成了一个独立的统治者。他不但控制着地中海的西部海域，而且还攻占了西西里，随时都可以切断海外对罗马的产品供应，扰乱罗马人的生活秩序。在东方，共和派的力量更加强大，所有这里的行省都已掌握在布鲁图斯和喀西乌斯手中，他们已经洗劫了亚细亚的城市，消灭了各种不满势力，组建了一支庞大的军队。在初期，布鲁图斯和喀西乌斯都是分头行动，布鲁图斯在伊利里古姆和马其顿地区，喀西乌斯在叙利亚地区。但是到公元前 42 年，两军开始在小亚细亚汇合，并积极进行反攻意大利的准备工作。这样，意大利很可能会处在两面受敌的困境之中。

为了摆脱眼前的困难，安东尼和屋大维决定在慑服意大利后，迅速前往巴尔干，与驻扎在东方的共和派大军进行决战。公元前 42 年 10 月，共和派和恺撒派双方在马其顿的腓力比（Philippi）发生激战。当时，就双方的实力而言，可以说不分上下。双方都占有 19 个军团的步兵，虽然在军队的素质和训练水平方面，恺撒派略占上风，但骑兵的优势却在共和派方面②。然而战斗的结果，却是共和派一败涂地，全军覆没。共和派首领喀西乌斯和布鲁图斯相继自杀。

腓力比之战是共和势力向独裁势力发动的最后一次殊死搏斗。此后，共和势力便再也没有力量与独裁势力抗衡了。共和国实际上已名存实亡。

五、后三头联盟的崩溃

（一）腓力比胜利后的罗马局势

在腓力比战役以后，屋大维和安东尼举行了一次盛大的祭祀，以表达对诸神的感谢和对军队的赞扬。为了履行战前向士兵们答应的诺言，他们决定：屋大维立即返回意大利，并由他负责向老兵分配土地。安东尼则前往爱琴海以东诸国聚敛他们已经答应给予士兵们的金钱。安东尼到达东方后，很快便收复了原先由布鲁图斯和喀西乌斯所辖的行省。此外，他还重新划分了部分王国的领地，调整和处理了诸王国和城市间的争端。但更主要的还是向当地居民勒索了巨额罚款。在以弗所，他在两年之内就勒索了相当于他们在过去 9 年里所交的捐税③，在福利基亚、密西亚、卡帕多基亚、西里西亚、巴勒斯坦和叙利亚等地，他也同样强征了大量捐税。对于从亚洲搜刮来的巨额

---

① 赛克斯图斯·庞培（Saxtus Pompeius）是前三头庞培的小儿子。
② 据阿庇安记载：当时，屋大维和安东尼有骑兵 13 000 人，而布鲁图斯和喀西乌斯却有 20 000 人。见：Appian, *Roman History*, *Civil War*, 6, 108。
③ Appian, *Roman History*, *Civil War*, 5, 6.

财富，除了一部分赏给全体将士之外，其余的都被纳入安东尼的私囊，供其挥霍之用。

公元前 41 年夏天，埃及艳后克娄奥帕特拉应安东尼之召，从埃及出发坐船到小亚细亚的塔尔索斯（Tarsus）城，拜见安东尼。本来，克娄奥帕特拉是向安东尼谢罪而来的，然而，事情的发展结果却是安东尼成了艳后的"俘虏"。他不但为女王的美貌所倾倒，而且还为她的学识所折服。不久，安东尼就随埃及女王来到了亚历山大里亚，并在这里度过了公元前 41—前 40 年的冬天。安东尼所遭遇的灾祸从此开始。

就在安东尼在东方横征暴敛、纵情享乐之时，屋大维在意大利却干了一番轰轰烈烈的事业，解决了当时罗马最棘手的问题。

自从腓力比战争开始以来，屋大维一直病魔缠身。根据阿庇安的记载：正是由于健康上的原因，屋大维才选择了返回意大利，向士兵们分配土地的任务[1]。然而，到达意大利后，他的病情不但毫无好转，相反却一再恶化，以致被迫在布隆图辛港医疗休养。在罗马，甚至传播着屋大维快要死亡的消息。但是，屋大维还是活了下来。公元前 41 年年初，这位大病初愈的年轻人终于来到了罗马，并着手解决老兵的土地问题。

当时，摆在屋大维面前的困难确实不少，17 万老兵急需奖赏，而国有土地又少得可怜。如果屋大维不进行大规模剥夺，那么就不可能解决老兵的土地问题，其结果必然会使老兵感到失望；而如果他满足老兵的需要，那么又必然会损害大多数意大利人的利益，引起他们的不满。屋大维在权衡了两者的利弊得失以后，决定实行讨好和酬赏士兵的政策。于是，一场大规模的土地没收运动便在意大利迅速展开。在没收的土地中，有的是城市的公有土地，有的是共和派的私地，有的则是一般平民百姓的土地，著名诗人贺拉西、提布鲁斯和普罗柏提阿斯家的土地也遭没收。

规模巨大的没收运动给意大利带来了无穷的灾难，同时也引起了意大利人对屋大维的强烈不满。在罗马的安东尼派眼看反对屋大维的人数越来越多，误以为屋大维在意大利的统治已经动摇，于是就竖起了反抗屋大维的大旗，发动了一场旨在削弱甚至消灭屋大维的培鲁西亚战争。

培鲁西亚（Perusia）位于意大利埃特鲁里亚北部的山岭地带，此城工事坚固，易守难攻。战争爆发后，安东尼派的首领路契乌斯·安东尼[2]和福尔维亚[3]立即带兵占领此城，企图在这里等待其他援兵的到来，遗憾的是，安东尼在高卢和意大利的部将并不了解安东尼的真正意图，所以一直拖延与路契乌斯军的联合。屋大维正好利用了安东尼部将的拖延，包围了培鲁西亚城，公元前 40 年 2 月底，路契乌斯在外无援兵内无粮食的情况下被迫投降。

培鲁西亚战争的胜利是屋大维对意大利的胜利，是老兵对意大利人的胜利。这次

---

①　Appian, *Roman History*, *Civil War*, 5, 3.

②　路契乌斯·安东尼（Lucius Antonius）为后三头之一安东尼的弟弟。

③　福尔维亚（Furvia）是后三头之一安东尼的妻子。

战争的胜利表明：屋大维已度过了从政以来最困难的时期，战争不但没有削弱屋大维的力量，相反却提高了他的威望，使他的势力得到了快速的发展，此后不久，他便夺取了安东尼的高卢和西班牙两大行省，而且还一下子吞并了安东尼的 11 个军团，使自己的军事实力远远超过安东尼和李必达两人，而跃居三头中的首位。屋大维在罗马的霸主地位开始确立。

（二）屋大维与安东尼两头争雄和屋大维的最后胜利

公元前 40 年年初，安东尼离开亚历山大里亚。在经过塞浦路斯和罗得斯港前往亚细亚行省的路上，他被报知培鲁西亚的战事。于是，他不得不改航前往雅典，与刚从意大利逃出来的妻子福尔维亚会面。在这里，他责备自己的兄弟和妻子盲动，并对他们的申诉不加理会。同年夏天，安东尼带着一支人数不多的军队来到布隆图辛。最初，安东尼和屋大维军在这里发生了一些冲突，后来经过士兵们的百般调解，双方才决定重修旧好。因安东尼的妻子福尔维亚已经去世，所以屋大维决定将他的姐姐屋大维亚嫁给安东尼。这样，安东尼和屋大维之间出现的裂缝再次得到弥补。

同年 10 月，三头在布隆图辛港聚会，并重新定下了三雄三分天下的协定。协定以伊利里古姆的斯科德拉城为界线，规定：从这个地方以东到幼发拉底河为止的所有行省和岛屿都属于安东尼管理；以西到海洋为止的所有行省都归屋大维统辖；而李必达则只领阿非利加一地。协议还就安东尼和屋大维今后一段时间的任务作了具体的规定：屋大维具体负责对塞克斯都斯·庞培（即小庞培）的战事，安东尼将对帕提亚人作战。在作战期间，双方都必须互相援助，互相支持。

布隆图辛协定的签订，在士兵和罗马人民之间引起了强烈的反响，受到了他们的热烈欢迎。这一事实表明，经过近百年的内战之后，罗马人民对和平之爱已经远远超过了对共和之恋。

布隆图辛协定签订以后，安东尼遂派兵前往东方，准备与帕提亚人进行战争。而屋大维则乘机扩大自己的势力范围，增加自己的实力。公元前 38 年，屋大维在积蓄了足够的实力以后，便单方面撕毁了在两年前与小庞培签订的和约，向小庞培开战，并于两年后彻底击败了小庞培的军队。与此同时，屋大维还与安东尼在塔兰托举行了一次会晤，决定把三头政治的统治期限继续延长 5 年。此后不久，他又利用士兵厌恶内战的普遍心理，剥夺了李必达的军权以及他对阿非利加行省的管理权，只给他保留了大祭司长的虚衔。至此，屋大维便成了罗马西部唯一的主人，后三头共同统治罗马的局面已经不复存在。

正当屋大维在西部罗马建立秩序的同时，安东尼在东方也建立了自己的统治，公元前 37 年，他与埃及女王克娄奥帕特拉正式结婚，并公开宣称要把利比亚、腓尼基、叙利亚、西里西亚、阿美尼亚和尚未征服的帕提亚赠给埃及女王及安东尼与她所生的子女。而所有这些都违反了罗马的习俗，损害了罗马人民的利益，因而激起了罗马公民的强烈不满。屋大维乘机煽风点火，对安东尼进行攻击。公元前32年，屋大维与安东尼之间的关系彻底破裂。屋大维不但驱逐了安东尼在罗马的300多名支持者，而且还压迫元老院剥夺了安东尼的职权。安东尼与屋大维之间的决战迫在眉睫。

公元前31年，安东尼和屋大维的军队正式在希腊展开战斗。当时，安东尼的陆海军阵容相当庞大，除了海军有大型战舰800艘之外，陆军总计达11.2万人。而屋大维军则只有战舰250艘，陆军9.2万人。乍看起来，安东尼的海军实力远胜屋大维，但实际上并非如此，安东尼船舰虽多，但人员不足，因此其战斗力极其脆弱。而屋大维则不然，其舰队虽有舰数少、舰型小之欠，但每艘船舰皆有快速、坚固之特点，而且舰上的兵员也十分充足，所以在实际战斗力上则远胜于安东尼。公元前31年9月2日，双方在希腊西部的亚克兴（Actium）海角进行决战。当战斗进行到最激烈的时候，克娄奥帕特拉却带领埃及舰队逃离战场。安东尼在得知女王逃跑的消息以后，竟然丢下正在为自己血战的10万将士，只身追随女王。安东尼的舰队因失去指挥，所以很快就被屋大维击败。安东尼在陆上的10万大军在听说海战失利的消息后，也纷纷向屋大维投降。亚克兴之战终以屋大维的胜利而告结束。亚克兴之战是罗马内战史上最重要的战役之一，它基本上消灭了安东尼的主力，奠定了屋大维在罗马建立军事独裁的基础。公元前30年，屋大维率军侵入埃及，安东尼和克娄奥帕特拉在无兵自卫的情况下双双自杀。从此以后，埃及便纳入了罗马帝国的版图，变成了罗马帝国的一个行省。

公元前29年，屋大维回到罗马，罗马人为他一连举行了3天隆重的凯旋仪式，罗马第三次关上了象征和平的亚努斯神庙大门①。至此，自格拉古兄弟改革以来的百年内战才告结束，罗马进入了一个新的时期——元首制时期。

六、共和国灭亡的原因

屋大维上台以后，罗马尽管还保存了共和制的虚假外表，共和制的各种政治机构——公民大会、元老院、执政官和其他共和制官职也依然存在，但实际上，它们已经形同虚设，在政治生活中不起任何作用。共和国已经永久垮台了。那么，共和制政体为什么会灭亡和倾覆呢？这主要是由于罗马疆域的扩大，从而造成罗马内部经济结构和社会矛盾变化的结果。这种变化主要表现在：

第一，奴隶制经济的快速发展。在罗马之所以出现政治上相对平等的共和国，其原因就在于在这里存在着数量庞大、经济上相对平均的小农经济。马克思指出："自耕

---

① 亚努斯（Ianus）是罗马的城门守护神，他的著名神殿就在罗马广场的北侧，它有东西两门，由于士兵出征时先要穿行此门，所以亚努斯又是开始之神。神殿的门战时打开，和平时才关闭。据记载：罗马史上有数次关闭过亚努斯神庙的大门，第一次在努玛时期，第二次在公元前235年，屋大维时是第三次。此后，尼录和韦斯帕芗时，又各关过一次。

农的这种自由小块土地所有制形式，作为占统治地位的正常形式，一方面，在古典古代的极盛时期，形成社会的经济基础；另一方面，在现代各民族中，我们又发现它是封建土地所有制解体所产生的各种形式之一。"① 马克思这里所说的古典时代主要是指公元前5—前4世纪的希腊和公元前3—前2世纪的罗马。但从公元前2世纪开始，罗马的经济结构发生了明显的变化，奴隶制得到了发展，以使用奴隶劳动和雇佣自由民劳动的混合型庄园迅速崛起，小农经济占统治地位的局面被一举打破。随着奴隶制发展，公民间两极分化的现象越来越严重，其发展的结果必然是共和政体的灭亡。

第二，公民兵制的逐渐消失和职业兵制的出现。随着罗马海外扩张的顺利进行和领土的不断扩大，有限的公民兵与日益增加的军事需要之间的矛盾日趋严重。马略虽然用募兵的方法解决了这一矛盾，但这却给共和制以致命的打击。士兵和国家的关系疏远了，他们只承认自己的将领，并且把自己的一切希望都寄托在将领身上，他们已经由共和国的士兵逐渐演化成马略、苏拉、庞培和恺撒等的私兵。他们之所以被组织起来，其目的并不是为了公众的利益，而是为了那些把他们组织起来的个人的利益，而且即使为这些个人服务，也不是根据法律的权威，而是因为私人的许愿；不是为了反对公共的敌人，而是为了反对私敌；不是为了反对外国人，而是为了反对在地位上和他们相等的同胞。如果说元老院对保民官还能自卫的话，那么对于这些带兵的将领，显然是无能为力了。

第三，公民权的扩大和共和意识的淡薄。罗马在意大利各民族的支持下征服了整个地中海世界，它在不同的时期又把不同的特权给予了这些民族。最初，这些民族对于罗马人的公民权并不关心，但是当这个权利变成代表世界主权的时候，即如果一个人不是罗马公民就什么都不是，而有了这个头衔就等于有了一切的时候，意大利各民族就团结起来，并且用武力获取了这一权利。从这时起，罗马就不再是像过去那样的一个城市。在过去的罗马城里，人民是被一种同样的精神所联系起来和维系着的。这种精神就是：对自由的爱和对暴政的恨；过去在那里，对于元老院的权力和显贵的特权的嫉妒总是和尊敬混合在一起的，这种嫉妒不过是对平等的一种爱罢了。意大利各民族成为罗马公民以后，每一个城市便表现了它自己的特色，表现了它所关心的特殊利益，表现了它对某一个强大的保护者的依赖，这样，原先统一的整体也就不复存在，人们再也不用和先前相同的眼光看待罗马，再也不像以前那样爱自己的祖国了。而所有这些又都为野心家夺取政权开了方便之门。他们为了操纵选举，就不惜把意大利别的城市的居民引入罗马，使罗马的集会成了不折不扣的阴谋；人民的权威，人民的法律，人民本身都成了空中楼阁。共和国已经失去了其存在的实际内容。

第四，阶级关系的复杂和阶级斗争的尖锐。到公元前1世纪，共和国初期的两大阶级——平民和贵族已经消灭或退化了。随后出现的新贵和骑士也由于内战而大都被杀

---

① 马克思：《资本论》，第3卷，911页，北京，人民出版社，2004。

戮或破产了。代替他们而发展起来的是一些新的社会阶级：新的富豪阶级、军事殖民者和随着军事征服而来的奴隶阶级。这些阶级和旧的共和国皆毫无关系，相反的，由于这些阶级的出现，才严重地动摇了共和国的基础，加速了共和国的灭亡。这是因为，它们的存在本身就是建立在各阶级相互对立的基础上，而这种对立发展的必然结果便是大规模的奴隶起义以及灭绝人性的内战。面对日益复杂的阶级关系和日益尖锐的阶级斗争，共和国束手无策，它既无法解决这些新的矛盾，更无法阻止这些矛盾的出现。共和国显然是过时了。

　　总之，到公元前1世纪末叶，罗马共和国无论在疆域上还是在内部结构上都已经发生了很大的变化，而这种变化又迫切地需要建立一种与它相一致的形式，以便更好地适应意大利特别是行省经济广泛发展的需要，更好地适应阶级关系变化和阶级斗争激化的新形势。如果把公元前133年以来的内战以及其他各种性质的斗争比作是临产前的阵痛的话，那么不久后出现的元首制帝国正是从内战的阵痛中诞生的婴儿。

第九章
奥古斯都创建的
元首制罗马帝国

第一节 元首制政权的建立

一、屋大维的战后恢复措施

公元前 30 年是罗马历史上划时代的一年。在这一年里，屋大维击败安东尼，成为罗马共和国末季军人派系斗争的最后胜利者，他随后建立的政权体制奠定了罗马未来 400 年伟业的基础。也是这一年，屋大维占领埃及，使地中海地区再无国家可与罗马抗衡。屋大维之所以成功而未蹈前人覆辙，与他善于顺应时势，表面遵循共和制原则，谨慎集权而不公开称帝，不触及敏感问题等一系列做法密不可分，也与罗马人心思定、帝国境内没有抗争力量有关。

公元前 29 年夏天，屋大维从东方返回罗马。他不以内战胜利者的身份，而以对外战争胜利将军的姿态回到意大利，并按照共和国惯例举行了三次凯旋式以纪念伊利古姆、亚克兴和亚历山大里亚三大战争的胜利，用掠夺来的托勒密王室的巨额财富犒赏士兵，馈赠市民，以获取士兵的支持；用提供娱乐，发放粮食等办法安定民心。为消除内战气氛，消除群众对战争的恐怖情绪，庆祝由他赢得的陆上和海上的胜利，他郑重其事地举行了关闭亚努斯神庙大门的古老仪式，向世人宣布战争的结束和和平时代的到来。

内战结束后，摆在屋大维面前的第一件事情，就是妥善裁减军队、安置退伍士兵的生活。在亚克兴战役时，屋大维手下有 60 个军团，人数多达 37 万。回到罗马后，他逐渐将其减至 28 个军团。他用从东方各省掠夺来的钱财给十几万老兵发放了优厚的退伍恤金，把他们分别安置在意大利和西方省份新开辟的几十个殖民地上。在这次安置工作中，屋大维放弃了后三头时代所采用的那种以剥夺意大利公民土地来满足军人需求的这一践踏人权的做法。这在客观上有利于广大平民安心，重建因内战而荒芜的家园。同年，屋大维下了一道大赦令：宣告取消后三头时期发布的许多不合法、不公正的命令，把公元前 28 年定为前法令有效期限的终止线，赦免以前强加给被定罪者子女身上的罪责，结束内战期间存在的一切非法行动。这在政治上保证了罗马民众的人身和财产安全。屋大维在人们心目中的地位日益提高。

在财政方面，屋大维免去了内战时期人们所欠的国债，替许多人清偿或勾销了债务，同时又把利率降低到以前的 1/3。此外，他还积极扶助破产元老，并用国库的钱财恢复原有元老的财产资格。

公元前 28 年，屋大维第 6 次当选为执政官，与其一起出任执政官的是他的亲信阿格里巴。两人在这一年里认真制订了有关罗马城和意大利公共建设的宏伟蓝图，以彰显首都的繁华与帝国的尊严。

与此同时，屋大维还以执政官之名，对罗马公民进行了一次中断了长达 42 年之久的人口财产调查，核准当时的罗马公民人数为 4 063 000 人；此外，还对元老院名单进行了重新审定，将元老人数从原先的 1000 人减至 800 人。所清洗掉的 200 人并非旧共和派或安东尼旧党，而是声名狼藉之辈。这次改革的一个显著特点是：把屋大维的名字放到了元老名单的首位，使其成为首席元老（Princeps Senatus）。

公元前 29 年至前 28 年屋大维所采取的这一系列措施向世人宣示了罗马和平建设时代的到来。它既有利于恢复秩序，保证罗马人民的安定环境，也有利于发展经济，改善和提高民众的生活水准。屋大维也因此被人誉为"罗马和平的创造者"和"罗马人民自由的捍卫者"。

二、元首制的建立

屋大维在战胜安东尼后，曾经就统治模式这一核心问题在同僚中进行过讨论。讨论的结果是屋大维选用了"元首制"这种独特的统治形式。① 这种"元首制"的特点是：(1) 保存共和制的政府机构，如公民大会、元老院、执政官等。(2) 设立以元首为中心的高效的新的管理机构，如元首御前会议、元首的"内务府"等。这种新的管理形式，从屋大维首创之后，一直要到公元 284 年才被戴克里先取消。

根据通常的说法，元首制度开始于公元前 27 年 1 月 13 日。在那一天，屋大维在元老院会议上发表演讲，演出了非常富有戏剧性的一幕。他一面表示卸除三头权力，恢复共和制；一面又装作迫于元老院和公民的请求，接受与共和制原则完全相违背的绝对权力。在这次会议上，他获得了治理一切尚未完全绥靖的边疆行省和一般驻有军队的全部领土的治理权，从而使他保持了最高统帅的权力，保留了"大元帅"② 的称号。元老院虽然同意"免除"他对那些老的、秩序较好的行省的"管理负担"，但他还是可以向这些行省派遣全权代表——地方代理官，来招募军队，征收军税和管理地产。元老院与元首分治帝国行省的统治模式显然是奥古斯都政治平衡智慧的最好见证。

三天以后，元老院为表彰屋大维对罗马作出的杰出成就，正式授予其"奥古斯都"称号。Augustus 为"神圣、威严"之意，与 Augur（占卜者）、Auctoritas（权威）源于相同的字根。采用"奥古斯都"这个尊称表明，作为罗马国家的领袖，他的地位远远超越了所有的罗马公民。不过，就罗马政治体制而言，奥古斯都的实权还是通过连续获取执政官来加以实现的。公元前 23 年，部分贵族对屋大维的谋杀事件导致奥古斯都对原先的管理模式作了一定的调整。公元前 23 年 1 月，奥古斯都辞去执政官职务，并推荐两位著名的共和派领袖为执政官。元老院则颁布特别法令，授予奥古斯都以与执政官享有同等

---

① 元首（Princeps Civitatis）意为"首席公民"之意。

② Imperator 一词，本意为最高统帅。共和时代凡军队统帅作战获胜博得士兵拥戴后，即可在自己的名字后面加这一称号，但只能到卸任或举行凯旋式为止，恺撒和屋大维却不受这一束缚，终身享有，后来，这词又有了"专制君主"之意。

权力的执政官权。① 这一调整既减少了奥古斯都每年参选执政官的麻烦，又使罗马公民上层有了更多的就任执政官的机会。奥古斯都对罗马的统治更为超然，更为有效。

同年 6 月，屋大维在公元前 36 年获得的终身保民官职又再次得到了确认，从而从制度和法律上保证了他人身的不可侵犯性，为其以后对罗马帝国进行大规模的整顿创造了重要条件。

屋大维掌管罗马后，确实也解决了罗马民众的众多困难。公元前 27 年，奥古斯都在罗马城接管了与民生有关的重要事务，即负责罗马城的粮食和饮水供应。为了使这些事务更好地落到实处，屋大维改变了以前的做法，不是派共和时代原先的官吏，而是另选自己的亲信去执行和完成任务。这些由元首特派的专员（Curator 或 Procurator）唯元首命令是从，是元首政策的坚决执行者。初时人员虽少，出身也不高，但由于管理得力，深受民众拥护。后来随着管理事务的增多，各种专员机构也相继出现，并逐渐形成了独立于共和制政权机构之外的新政府机构。这些机构主要包括：（1）元首特派官员，他们的任务是执行奥古斯都所主管的粮食、供水、修路和消防等工作。其特点是办事效率高、速度快、效果好。（2）元首"御前会议（Consilium Principis）"。元首"御前会议"相当于元老院常委会，最初设立于公元前 27 年。成员有两执政官和其他每种共和制官职各一名代表，再加上 15 名抽签选出的元老。这个"常委会"既是元首的顾问团，又是为元老院准备议程方案的机构。公元 13 年以后，三位元首家族成员成为这个"会议"的永久成员，这样，元首家属在"御前会议"中的地位更加巩固。（3）元首"内务府"，相当于元首的办公室，其职责是掌管元首书信文件、元首金库、申诉以及司法事务等。从严格意义上说，这些人不属于国家公职人员，他们仅仅是元首的私人助手，但实际上，因为他们经常接触元首，帮助元首解决急切的实际问题，所以对罗马社会的影响远远超过共和时期保留下来的众多机构。

屋大维元首制的成功之处就在于，在保留共和机构的基础下，又根据需要增设了许多受元首控制的机构，既照顾到共和贵族的利益，同时也使罗马公民和行省居民感受到元首政制对民众带来的好处。新秩序受到了罗马公民和行省居民的普遍欢迎。

第二节　奥古斯都对罗马和意大利的统治政策

一、罗马城的建设和管理

罗马城是罗马人民的发源地、罗马帝国的首都，也是共和末年各派军阀相互争夺的中心。长期的战争不但使罗马居民苦不堪言，而且也使罗马的建筑遭到了严重的破

---

① 公元前 19 年以后，奥古斯都获得了终身享有这一权力的授权。

坏。屋大维掌权以后，十分重视罗马城的重建工作，并以惊人的成就向世人展示了元首政府的能力。罗马城的重建不但改善了罗马居民的生活条件，而且也迅速提升了罗马对被征服地区民众的震撼力。

按照史书的记载，罗马城的重建工作始于屋大维与阿格里巴担任执政官之年，也即公元前 28 年，其修建的重点主要放在神庙、街道、广场等方面。其中著名的有：元老院会堂和与之相连的卡尔齐边大殿，帕拉丁山上的阿波罗神庙及其柱廊；神圣朱理亚庙，卢佩卡尔神龛，屋大维亚柱廊，还有大竞技场的观礼台，卡皮托里山上的"打击者朱庇特"和"雷轰者朱庇特"神殿，奎里努斯神庙；阿芬丁山上的米涅娃、朱诺天后和解放者朱庇特诸神庙；位于神圣大道起点的拉瑞斯神庙，维利亚山头的培那戴斯神庙，以及帕拉丁山上的青年神庙和大母神庙。此外，还花巨款重修了卡皮托里大庙和庞培剧场，修复了因年久失修而多处损坏的引水管道，把一条新的源泉引入马尔齐亚水道，从而使罗马城的供水量增加一倍。同时，在屋大维第 6 次任执政官时，他遵照元老院的决议，在罗马城修复了 82 座神庙，当时待修的神庙没有一座被忽略。在重建过程中，奥古斯都非常重视纪念那些为罗马人民赢得崇高地位的杰出人物，重建了带有这些人原先铭文的建筑物，并在其广场的两排柱廊内建立了所有这些身着凯旋装的伟人塑像，其目的是："为了使公民在我有生之年要求我，也要求后来的元首们达到古代杰出人物所树立的标准。"① 经过奥古斯都 40 余年的雕琢和装饰，罗马城成了地中海地区最雄伟的城市。所以，至奥古斯都晚年，他可以很自豪地说，他所接受的是一座砖木的罗马城，而留给后人的却是一座大理石的罗马城。

罗马城经常发生火灾，如何防火是罗马城管理方面的一件难事。在罗马，防火最初是由私人消防队负责。② 公元前 21 年，奥古斯都开始把消防工作纳入政府日常工作之列，并命令罗马市政厅组建一支政府消防队，由 600 名公有奴隶组成。到公元前 6 年，他又命令保民官、行政长官等协助市政官组织一支规模庞大的正规消防军，人数达 7000 人，全面负责意大利的消防事务。这支队伍的建成对于意大利的减灾防灾、保护民众的生命、财产安全意义重大。

粮食安全是罗马国家安全的重要前提。公元前 2 世纪以来，罗马城的粮食主要靠意大利以外的行省供给，先是西西里和撒丁尼亚，后来更多依靠阿非利加、努米底亚和埃及。为保证帝国尤其是罗马城的粮食供应，奥古斯都特设粮食督办（Praefectus Annonae）一职，专管国家的粮食事宜，保障首都供给。

市民的精神生活也是元首关注的重点。元首明白，要控制罗马民众，主要依赖两件事。一是面包；一是竞技场。提供娱乐与治政理国同样重要。民众娱乐活动在奥古

---

① Suetonius, *The Lives of the Caesar: Deified Augustus*, 31.

② 公元前 21 年市政官 M. E. 卢福斯把自己的奴隶组成一支私人消防队，很得人心，后被奥古斯都解散。

斯都时期，仍按共和原则，主要由政府官员主办，元首经常命令市政官和行政长官主管组织马戏、赛马、角斗等多种深受罗马人喜爱的活动，以满足民众的精神需求。

罗马和意大利的治安保卫工作是一项十分复杂的系统工程。为消除动乱根源，并建立稳固的国家发展基础，屋大维很早就下令：禁止一切集会结社，取消所有未登记的民间团体，消除各种可与政府抗衡的民间力量。同时，他建立了城市常设警察队伍，其最高指挥官为城防司令官，下设三个城防团，每团 3000 人，按军队编制。后来增设的 7000 人消防军也参加保卫罗马城的活动。另外 9 个近卫军团共 9000 人也以保卫罗马城为主要任务，这属于正规军团，战斗力很强。所以罗马有近两万人的常驻武装队伍。这两支武装力量，逐渐成为保卫意大利、维持社会安宁的主要支柱。

二、意大利的自治市和道路建设

意大利地区，包括山南高卢在内，在帝国初期约有 747 个自治市，其管理与建设情况大致与罗马城类似。自治市选举自己的元老院和官员，其形式和具体做法都仿照罗马共和制政府。各自治市统治阶级和家庭皆通过自身的努力，逐渐取得了罗马元老级或骑士级身份，成为罗马统治阶级的重要一员。罗马与意大利之间的关系更趋紧密，罗马帝国的统治实力明显增强。

道路的修建和管埋是屋大维重建意大利的重点之一。为方便全意大利间的交流，改善意大利的交通，奥古斯都积极鼓励各城市修筑交通干线，他自己则用皇室的钱承包弗拉明尼亚大道的修筑。他在《自传》中这样写道："在我第七次任执政官时，我重修了弗拉明尼亚大道，从罗马城直到阿里米努母。同时还重修了除穆尔维桥和米努齐桥以外的所有桥梁。"现存的一段拱门铭文完全证实了他的说法。铭文这样写道："元老院和罗马城的人民献给元首恺撒·奥古斯都，这个被奉为神者之子、七次任执政官并将第八次任执政官的人，因为他主动并以自己的钱铺设弗拉明尼亚大道和意大利使用最多的道路。"① 公元前 20 年，政府正式设立常设修路专使（Curator Viarum），为行政长官级，具体负责道路的修建工作。为确保线路的畅通无阻，奥古斯都又专门成立武装巡逻队，巡查沿线，消灭盗匪，维持乡村治安。大路的修建和妥善管理，促进了意大利各民族间的相互融合，加速了意大利半岛罗马化的步伐，对罗马历史的发展起着十分重要的作用。

三、宗教和社会道德的整顿

共和末年，政局混乱，世风日下，罗马人的许多传统美德已不为公民所重视。为整顿罗马败坏的社会风气，奥古斯都特别注意罗马精神的重建，力图在统一宗教信仰和思想感情上寻求全帝国的统一。早在公元前 28 年，他就下令恢复罗马旧宗教，重建

---

① *Inscriptiones Latinae Selectae*, 84.

神庙，任命祭司官职补充缺额，使久已陷于瘫痪的各种祭司团逐渐恢复活动。公元前17年6月1—3日，罗马连续三天举行世纪庆典。第一天，在卡皮托里祭祀朱庇特，晚上祭祀生育女神，祈祷人丁兴旺；第二天，在卡皮托里祭祀朱诺，晚上祭祀大地女神，祈祷五谷丰登；第三天，就是在帕拉丁奥古斯都住宅旁祭祀阿波罗神和戴安娜神，晚上举行庆祝晚会，宣布新时代的到来。

　　除了大力宣传罗马宗教以外，奥古斯都又极力推崇元首家族崇拜。东地中海国家，特别是东方国家早有帝王崇拜的习惯。罗马没有帝王崇拜，但向来有崇拜祖先的传统。奥古斯都为使西方能接受，不让人给他个人以东方式的皇帝崇拜，而改为以元首家祖先和作为罗马城象征的罗马女神（Roma）为崇拜对象，这样，在罗马城，人们敬奉罗马女神和朱理亚家族。在意大利，人们崇拜自己家的神和王室。公元前12年，大祭司长李必达去世，奥古斯都继为大祭司长，这就更加增强了元首家族崇拜的气氛。此后，每逢新年，元老们都要履行一定的手续，宣誓对元首的效忠，人民则捐钱为元首铸像。公元前2年，罗马人民为表达对奥古斯都的特殊感谢，赠给他"祖国之父（Pater Patriae）"的头衔，他认为这是他曾取得的一切荣誉当中最高的荣誉。这项建议是由老共和派瓦列里乌斯·美撒拉提出来的，建议后面还附有这样的祝福之词："幸福的命运和神灵的恩惠是与你和你的家庭同在的，恺撒·奥古斯都。我们觉得我们是为我们国家的持续繁荣和我们城市的幸福安康而向你祈求。元老院和罗马人民一致希望尊崇你为祖国之父。"奥古斯都含着激动的泪水回答说（我用的是准确的他的原话，美撒拉也是如此）："在达到了我的最高愿望之后，元老们，我还能向不朽的诸神乞求什么呢？我唯有尽职保持你们一致加给我的荣誉，直至永远。"① 这样，帝国就变成了一个大家庭，而奥古斯都则对这个大家庭行使父亲的权力（Patria Potestas），承担父亲的责任。

　　家庭是社会的细胞，社会稳定的基础。共和末叶以前，罗马家庭分工明确。"男人的儿子都由独身母亲养育，而且是在母亲怀里，吃母亲的奶长大，不是在农家奶妈屋里长大的。她为自己主管全家并把孩子抚养成人而感到极大的光荣。她还要挑选一位年长的亲戚，贞操绝对可靠性的女性，把孩子全托付给她。在她面前一句脏话都不能讲，一件见不得人的事都不能做。她要虔诚、正派地监督孩子们的学习和工作，以及游戏和娱乐。听说格拉古兄弟的母亲科尔涅利娅，恺撒的母亲奥勒利娅，奥古斯都的母亲阿蒂娅，都以这种方式教育儿子，并把他们培养成罗马帝国的伟人。"② 但自共和末季以来，罗马城贵族阶层以追求物质享受为荣，多不愿结婚生子，受婚姻家庭之约束，结果导致罗马社会风气败坏，人口出生率下降明显。奥古斯都为此特制定婚姻法，以国家之行为干预社会家庭生活。内容包括：对未婚的男女加重税收；对结婚和生儿育女的加以奖励。其中有一条涉及三子女法，规定：有三子女者，若不够任职年龄，可

---

①　Suetonius, *The Lives of the Caesar: Deified Augustus*, 58.

②　Tacitus, *Dialogue on Oratory*.

提前担任高官；子女多者，在选举中可以优先当选；任职时同僚中子女多者为长。因为贵族中，男多于女，他允许所有公民除元老级外，都可与被释奴隶结婚，并规定他们的子女为合法。与此同时，奥古斯都又立法严惩通奸，限制离婚，鼓励民众过稳定的家庭生活。奥古斯都的法律不但条文明晰，而且执行有力。他自己的女儿和外甥女也因为违犯其法，而遭放逐。

总之，奥古斯都为改变共和末季的颓靡消沉之风气，采取多种措施改良社会环境，营造新的精神力量，架构新的价值观念。而他所采用的措施也确实在某种程度上挽回了社会道德的没落，净化了社会环境，达到了"开创新时代"的目的。

第三节　奥古斯都的帝国统治政策

一、对行省的统治

奥古斯都时代是罗马历史上最稳定的时期之一，这固然与当时的客观条件有关，但也与奥古斯都所实行的一系列有效的行省治理政策有密切的关系。

罗马行省是罗马征服地中海世界的产物。元首制的确立在对行省的关系上可以说是一个相当大的转折。早在共和末期开始，从整个罗马国家的角度来看，行省的稳定与繁荣对罗马社会的发展具有十分重要的地位。屋大维对此有清醒的认识，并处理得相当得当。

（一）罗马对行省的治理

帝国初年，罗马已有20多个行省，其领土已经远远超过意大利。屋大维为加强对行省的治理，特将罗马行省划分为元首省和元老院省。元首省和元老院省的划分主要依赖于是否驻扎军队。埃及为元首特区。公元前27年，屋大维获得"大范围"行省总督职权。元首对行省的控制权进一步扩大。

罗马行省的最高行政长官是总督。元老院省总督的人选基本从卸任的执政官和行政长官中委任，元老院省总督从合格人选中抽签选派，任期一年，阿非利加省和亚细亚省比其他的行省地位略高，一般由卸任执政官充任，间隔期为十年，其他元老院省可由卸任行政长官充任，间隔期五年。在其他条件相同的情况下，对已婚而且子女较多的元老予以优待。凡是元老院行省的总督都采用"代行执政官"的头衔。奥古斯都去世时，元老院所属有下列各省：阿加亚、阿非利加、亚细亚、柏提亚、俾提尼亚、克里特、马其顿、西西里、塞浦路斯、加里亚、那尔旁·高卢。

罗马行省设立之初，管理手段落后，管理体制不全，管理水平低下，元首制建立之后才对行省的治理有了系统的规范。这些规范主要包括：第一，制定行省边疆政策，确定各省的边界线，明确各省的地位。元老院行省由元老院派人治理，元首行省由元首派人治理。各省总督按照国家的具体要求，各司其职。第二，行省总督实行制度化管理。人选者注重实践历练与管理经验，严格按晋级阶梯晋升，提高总督的行政管理能力和管理水平。行省总督从政府中领取薪金、厚俸，接受政府的监督。省督以下设文官署，官员都来自有行政经验和专业知识的专业人员，他们代表国家对行省进行统治。

元首对行省的管理主要抓两件事：一是加强对行省总督的监管，防止其滥用职权；一是明文规定禁止各种集会结社。

为了使每个行省正在发生的事情能得到更快的报告，奥古斯都先在军用大道沿线每隔一个短距离配备年轻人传递信息，后又设置了驿站马车。这样，元首能及时收到行省的报告，了解情况，处理事务。例如，从小普林尼和图拉真的通信可以看出，元首派出去的官员事无巨细都要向元首请示汇报，由此可见元首控制之严密。

（二）行省的城市

罗马行省中比较发达的地区主要由城市组成，城市统领其周围的乡村。行省的议会由各城市代表组成。也有些省没有发展城市，如不列颠、色雷斯、高卢等许多大片地区没有城市，所以一直保留其原来的部落组织。

城市化是罗马行省发展的重要标志，罗马人对行省的统治方法是尽可能使各地城市化，组织自治市政府，没有城市的地方也组织地方自治政府，由各地区自己管理本区的日常行政，省中央直接抓保卫、治安、税收、交通等。

罗马并不把自己的语言、文化、风俗、宗教强加于省，但由于大路畅通，罗马公民殖民地的设置以及罗马对城市制的鼓励，罗马化和城市化传播迅速，效果显著。其中仅西班牙就有 690 多座城市，高卢有将近 1200 座，阿非利加有 650 座，希腊有 950 座。帝国的整个景象是向全面城市化发展。旧部族中心、边防重镇、贸易中心、驻兵营地和老兵殖民地等都相继形成城市。

行省城市的组织都以旧罗马共和政体为楷模。市元老院称库里亚，有产者掌权，官员自由选举，居民有市民、非市民之分。元老院一般为 100 人，任期一年，为最高机构。每一城市都设有法官、市政官、财务官等官员。元老和官员都无薪金，而且要捐款修建公共设施，如浴场、水道、剧场等。帝国早期，各地自治市物资来源丰富，贸易发达，加以自治市又有地租、专利税、罚款等收入，所以经济曾经繁荣过一段时期。后来帝国中央干预加重，搜刮严酷，各地方城市才失去活力迅速消沉下去。

在帝国初期，各行省众多城市的地位待遇很不一致。共和国时，除罗马殖民地和个别受优待的城市外，基本不给行省城市居民以罗马公民权。恺撒是第一个较广泛地向外省居民赠予公民权的人。奥古斯都虽然采取慎重政策，但始终没有停止过向外省居民赠送公民权的活动。从政治上说，获罗马公民权的行省居民并没有多大的参政权。

而在经济上，他们和一般行省居民一样缴纳直接税，并未像意大利人那样获得减免，而且还要缴纳行省居民不必缴纳只有公民才要缴纳的遗产税。只不过有公民权可少受行省地方当局的迫害，有权直接向元首申诉，也可通过官阶晋升当官，经济上经商比较方便。因此行省居民还是愿意获取公民权。

（三）行省税收

自从公元前3世纪中叶开始，罗马走上了向地中海地区扩张的道路。经过一个多世纪的努力，罗马终于成了地中海世界的主人。成功的战争不但给罗马带来了广阔的土地，而且也给罗马带来了巨大的财富。正因为罗马集中了各个被征服地区的财富，所以从公元前167年开始，罗马政府免除了罗马公民的直接税。罗马人不再缴纳土地税和人头税。在行省罗马殖民地居住的罗马公民以及在各省殖民地安家的退伍军人及其后代大多有公民权，他们也不缴土地税和人头税。不过，新获得罗马公民权的行省自治市居民仍需如以前身为省民时一样缴纳直接税：土地税（Tributum Soli）和人头税（Tributum Capitis）。

当然，行省居民除了要缴纳直接税外，还要缴一些间接税，其中主要的有：港口税5%、地方摊派的实物税（供政府官员消费）、新元首登基税、释奴税等。

至于行省税收的数值因为资料不足很难统计。据说奥古斯都时年收入可达4亿塞斯退斯。起初可能元首省收税归元首私人金库（Patrimonium），元老院省税收归国库（Aerarium），但也不绝对如此，因为各省都要为保卫国家缴纳一定税收，即缴纳一些军费。所以元首必须从元老院省收一部分税。塔西佗说过，元老院省中有元首的代理人。元老院省生活安定，经济发达，应有较多收入，但实际上国库却常空虚。奥古斯都时代曾几次由元首私人金库拨钱给元老院主管的国库。

罗马国库空虚的主要原因可能是税收不能真正收到手。这首先与行省行政官员贪污腐化，搜刮太甚有关。省民为纳税往往要借高利贷，行省发生的动乱往往与抗高利贷和抗税有关。公元6年潘诺尼亚叛乱、公元9年酿成瓦鲁斯灾难的日耳曼人叛乱以及稍后尼禄时代波狄卡起义都与高利贷和税收有关。

另外，元老院省中有许多属于免税区，它们或与罗马有同盟关系，或属于元首财产。这些地区的存在也在一定程度上影响了元老院省的收入。

总之，奥古斯都的行省政策在罗马历史上具有十分重要的地位。它基本上结束了共和时期行省管理上的混乱局面，奠定了罗马行省管理制度的基础，为罗马帝国的稳固发展起了相当积极的作用。

二、军事改革

塞尔维乌斯改革以后，罗马开始实行公民兵制，遇战事临时征召公民参军，由当年度执政官统一指挥，战后部队解散，解甲归田，一切费用皆由公民自身承担。公元前2世纪末叶，马略就任执政官，对罗马军队进行改革，改公民兵为志愿兵。名义上，此时的国家仍是军队的主人，但共和国末季内战连绵，战事不断，军队一直掌握在带兵的将领手中，为其所用。士兵与将领的关系已经远远超过了士兵与国家之间的关系，士兵对将领的效忠逐渐取代了对国家的忠诚。

内战期间，屋大维曾指挥约60个军团，近40万大军。内战结束后，罗马进入建设时期。公元前29年，屋大维开始陆续退伍士兵，紧缩编制，到公元前15年，军团数减至28个，奥古斯都本人为28个军团的总司令，称Imperator。28个军团都是正规化的职业常备军，每一军团有士兵6000人，全国正规军团总数达16.8千人。士兵主要从罗马自由公民、意大利人以及北部意大利山南高卢人中征召。

军团主要被配置在莱茵河和多瑙河一线，既形成帝国的边境保卫线，又将罗马化带进了帝国的荒野之地。但由于士兵远离家乡，同时又规定不能结婚，实际上成了脱离公民社会的特殊力量，对罗马公民生育率的提高有一定的影响。

到公元9年，奥古斯都的25个军团分布情况大致如下：

阿非利加设1个军团，即奥古斯都第一军团。

埃及有2个军团，即库列那卡第三军团和狄奥特里亚第二军团。

达尔马提亚设2个军团，即克劳狄第七军团和克劳狄亚第十一军团。

美西亚有2个军团，即斯奇提亚第四军团和马其顿第五军团。

潘诺尼亚有3个军团，即奥古斯都第八军团，西班牙第九军团和阿波利那斯第十五军团。

西班牙有3个军团，即马其顿第四军团，维克特里斯第六军团和哥米那第十四军团。

叙利亚设4个军团，即高卢第三军团，费尔拉塔第六军团，弗列顿西斯第十军团和富尔米那塔第十二军团。

上日耳曼设4个军团，即奥古斯都第二军团，哥米那第十三军团，哥米那第十四军团和高卢第十四军团。

下日耳曼有4个军团，即日耳曼第一军团，阿拉乌达第五军团，瓦列里亚第二十军团和拉帕克斯第二十一军团。

我们从中可以看出，奥古斯都时代最强大的军事力量都部署在莱茵河、多瑙河一线，总共有15个军团。而整个北非，包括埃及只有3个军团，叙利亚有4个军团，西班牙则也只有3个军团。除罗马正规军以外，将领也在军团附近增招辅军。罗马的辅军主要来自行省。其中在高卢、西班牙、新征服的莱茵、多瑙区招得较多。

正规军团、辅军都驻守在边疆省份，不驻意大利。意大利的保卫任务主要由近卫军和警察负责。

近卫军在共和国时代是高级长官的卫队，公元前27年奥古斯都将其确立为元首的卫队，以保护元首及其家属的安全。此后，元首又从日耳曼人中另招卫队，而原近卫军则变成了一支正规军，从罗马和意大利人中招募。近卫军共设 9 个兵团，每个兵团 1000 人，约9000 人。其中三个兵团驻守在罗马城周围，其他六个兵团驻守在意大利其他地区。近卫军是意大利的主要保卫者，在罗马军队中占有重要地位，元首对之也重视有加，其士兵的年薪和退伍金一般皆比军团兵高。罗马城的治安主要由 4000 人组成的警察队负责，成员大多为公共奴隶和被释奴隶。

与陆军相比，罗马的海军一直处于落后状态。在共和国时代，海军虽打过海战，但皆为临时组建，没有常备编制，战后自动解散。直到对塞克斯图斯·庞培之战和亚克兴战役之后，奥古斯都为保卫亚德里亚海和第勒尼安海，才决定建立常备海军。他们分别驻扎于拉温那和米塞努姆（Misenum）。米塞努姆海军兼管意大利沿海的保卫工作。① 海军建立后，虽然没有海战可打，但对于地中海航海安全，保证帝国道路畅通意义重大。

奥古斯都对于军队的管理原则是照顾但不放纵。他给军队以一定的饷银和犒赏但不允许其超过最高限额；他给士兵服役期后的奖酬，但不允许其参与反政府的行动。奥古斯都整治后的罗马军队兵源充沛，布局合理，管理严厉，训练有素，是当时西方世界最具战斗力的队伍。这支军队无论在保卫帝国的安全，还是在维护帝国秩序方面都起到了极其重要的作用。奥古斯都的这些措施一直到公元 3 世纪前叶，还在产生影响。

三、财政政策

奥古斯都时代是历史发展的一个转折时期，也是罗马元首制帝国的创立期，在罗马史上占着十分重要的地位。这时的罗马帝国地域辽阔，幅员广大，地中海被罗马人誉为自己的内海，其统治领域的总人口已达五千多万，约占当时世界总人口的五分之一。境内社会经济的发展迫使奥古斯都在加强政治、军事和外交等方面改革的同时，强化罗马的财政管理。其主要措施如下：

第一，打着尊重元老院最高权力的旗号，实际剥夺元老院的最高财务权。众所周知，共和时期国家事务的最高决策者和国家财权的最高拥有者是元老院，奥古斯都时期，国库、财务官名义上仍归元老院领导，不过，其具体管理部门的职权都有了调整。国库仍然是帝国的主要金库，但其管理机构已经不是财务官，而是公元前28 年屋大维设立的国库官（Praefecti Aerarii）。公元前23 年，国库管理又改由两名行政长官级国库官（Praetores Aerarii）具体负责。财务官总数为 20 人，然而其管理国库以及某些行省（元首省）财政事务的权力已经失去。

第二，编制帝国收支总账（Rationes Imperii）。奥古斯都利用自己的被释奴隶和奴

---

① 关于军事改革见苏埃托尼乌斯的《奥古斯都传》、狄奥·卡西乌斯的《罗马史》和查士丁尼的《法学汇编》。

隶定期统计帝国国库收入和支出情况、元首私产的收入和支出情况，并将其公布。帝国收支总账的编制标志着罗马财政管理水平在原来的基础上有了质的提高，它使元首和政府官员能对全国的财政收支有了更加深刻的认识，从而为其制订相应的政策提供重要的分析依据。

第三，建立军事金库（Aerarium Militare）。建立常备军是奥古斯都的重要举措，为保证国家可以随时支付士兵的给养和应得的报酬，使常备军安心服役，放心退伍，奥古斯都特于公元6年建立这一金库。军事金库由奥古斯都资助款、遗产税（Vicesima Hereditatum）和拍卖品交易税（Centesima rerum venalium）三部分组成。奥古斯都资助款为1.7亿塞斯退斯；遗产税税率为遗产数的5%，拍卖品交易税税率为拍卖品价值的1%。三名行政长官级官员专门管理这一金库，任期三年。

第四，设立财务督察使（Procurator）①。财政督察使是"奉元首之命到各省收缴各种公共收入和支付应付款项的官员称作财务督察使。元首派自己的财务督察使去所有行省执行任务，包括人民省（即元老院省——笔者注）和元首省。有时派骑士，有时甚至派被释奴隶"。② 财务督察使的职权包括：收取所有行省元首地产上的租税和元首省的税收；监督包税人和元老院省的财政工作。财务督察使从元首那里领取年薪，在元首省受总督领导，在元老院省则直接对元首负责。

随着帝国税收领域的扩大，财务管理的复杂化趋势日益明显，财务督察使逐渐变成了帝国最为重要的财政官职，在帝国的内政、外交等重要领域发挥作用。

奥古斯都时期的财务督察使有以下特点：（1）财务督察使是罗马历史上典型的专业型财政官员，有丰富的理财经验，多由前包税人和被释奴隶担任，准确、有效是财务督察使职业化管理的重要特征。（2）财务督察使是元首控制帝国财政特别是地方财政的重要力量。他们直接由元首任命，接受元首的直接领导，对元首忠诚，为元首服务是财务督察使的主要职责。（3）财务督察使人数众多，活跃于帝国行省的所有财政部门。他们不受元老院的控制，不受任期制的约束，连任十年者大有人在。财务督察使丰富的财政工作知识和长期的实践经验有利于结束帝国财政的混乱局面，提高帝国财政管理的效率，保证帝国充沛的财政来源。

综观奥古斯都的财政措施，我们可以看出：尽管在行政关系上国库、军事金库及其官员、财务官直属于元老院；帝国收支总账的编制成员和财务督察使由元首任命。但实际上这两大系统都受元首的严格控制，它们都是行使元首旨意的重要工具。

与共和国时期的财政管理机构相比，奥古斯都时期的财政管理机构无论在效率，

---

① Procurator，拉丁文为代理人之意，最初，大多指私人或包税公司的财务代理。奥古斯都时指元首的代理人，财务督察使只是其中之一。一些规模较小的行省也用 Procurator 担任总督。

② Dio Cassius, *Roman History*, 53.

还是在规范化方面都有了显著的加强。这不仅因为财政管理机构的种类和人数方面有了明显的增多，更重要的是管理人员的专业化素质有了较大的提高。这对于罗马帝国的稳定统治是十分有利的。

四、对外政策

奥古斯都在位期间，十分重视罗马的对外政策。奥古斯都对外政策的侧重点是：寻求建立帝国的合理边界，建立易于防守的边界线。为此，奥古斯都进行了一系列目的性非常明确的对外战争。

公元前 27 年至前 24 年，奥古斯都征服了西班牙北部，并在那里迅速推行罗马化政策。这些政策包括：建立军事殖民地，既安置老兵，又加强对当地居民的监督；重新编制当地居民的组织和管理体系，把山区居民迁至地势较低的地区，加快当地居民的罗马化进程。奥古斯都曾自豪地说：是他使高卢和西班牙诸省恢复了和平。

意大利北部阿尔卑斯山附近一直居住着一些野蛮部落，他们不时骚扰罗马领土，对罗马至意大利以及意大利通往行省的陆道构成威胁。公元前 25 年至前 8 年，奥古斯都几次派兵征讨，彻底剿灭了这些野蛮部落，并将罗马北部边界推至多瑙河流域。公元 6 年，位于多瑙河地区的潘诺尼亚人和达尔马提亚人发动起义。起义者坚持三年，至公元 9 年，被罗马军队镇压。意大利北部地区开始进入较为稳定的发展阶段。

罗马高卢人与日耳曼人之间一直没有明确的边界。公元前 16 年，生活于莱茵河以北的日耳曼人，南犯高卢。奥古斯都派兵反击，并将领土扩张至易北河流域。公元 9 年，位于莱茵河流域的日耳曼人发动起义，瓦鲁斯带领 17、18、19 三个军团前往镇压，结果被日耳曼人围困于莱茵河东的条托堡密林之中。"这一带山体不整，被一道道深谷割裂。林木高入云霄，遮天盖地连成一片。因此罗马人甚至在敌人袭击之前，处境就已很困难。他们必须不断地砍倒林木修筑通路，必要的地方搭桥。他们像未战时一样，随军有很多车辆马匹，还有不少妇女儿童和大群仆从跟随着。这是大军前进缓慢的另一原因。同时一阵阵袭来的狂风暴雨更吹打得人前前后后掉队分散。地滑加上树根和躺倒的树干绊脚，行路十分艰难；而树顶的枝条被风吹折又不断落下来造成很大的混乱。正当罗马人处于如此狼狈境地时，蛮族忽然从四面八方包围了他们。熟识道路的蛮人好像一下子都从密不透风的原始丛林中钻了出来。他们开始从远处投掷炮石，罗马人不能自卫，许多人都受了伤，于是敌人进一步逼近他们。当时罗马人本不是按正规秩序行军，而是同辎重给养以及非武装人员混在一起的，因人力分散而无法集合成队伍，结果在每一地点都比敌人力量薄弱，因此无力抵抗，损失惨重。"① 数天后，瓦鲁斯军被日耳曼人全歼。这一消息传至罗马，屋大维迅速作出决断：下令罗马全城实行宵禁，以防止事态失控，并延长各行省总督的任期，稳定同盟者的情绪。据说，时

---

① Dio Cassius：*Roman History*，56. 译文见李雅书：《罗马帝国时期》（上），42 页。

已 71 岁高龄的屋大维对于这次失利伤心至极，以致连续数月不理发修面，有时还用头撞门，狂呼："瓦鲁斯，还我军团"。正因为这次失利，罗马放弃了把国界推至莱茵河以北的设想，而退守莱茵河南岸。莱茵河成了罗马帝国与日耳曼人之间的天然分界线。

帕提亚（Parthia）始终是罗马人在东方的不安定因素。克拉苏和安东尼都出征过此国，但皆以失败告终。然而，帕提亚的内乱却削弱了帕提亚国的实力，为奥古斯都从外交上解决两国边界问题提供了可能。奥古斯都乘机与帕提亚人订立协定，将罗马人与帕提亚人的边界线确定在幼发拉底河一线，以东属帕提亚，以西归罗马。帕提亚人承诺：向奥古斯都归还他们以前从罗马人那里夺来的战利品和军徽，并向罗马遣送人质。此外，奥古斯都还努力向阿拉伯半岛内部渗透，试图将阿拉伯半岛变成罗马人的领土，但为阿拉伯沙漠等自然环境所困，毫无成效。此后，罗马退出了对阿拉伯半岛的经营。

奥古斯都对外扩张的结果，基本上确立了罗马帝国的最后边界。这一边界的确定实际上也就宣告了罗马大规模向外扩张的时代已经结束，罗马进入了持续 200 余年的和平建设时期。

五、奥古斯都的自我评价

屋大维 19 岁参加政治活动，历经风雨，历经坎坷。20 岁时，他与安东尼、李必达结成罗马后三头，共同治理共和国。公元前 30 年，33 岁的屋大维击败安东尼，成为罗马帝国独一无二的实际统治者。此后 44 年，屋大维精心建设首都罗马，精心建设以帝国为中心的大罗马城，成就卓著，影响深远。

对于屋大维的一生，历史学家各有各的看法，屋大维自己也有自己的评论。现将奥古斯都自传翻译如下，从中可以了解屋大维对自己一生的总结：

1. 在我十九岁时，我主动用自己的财产组织了一支军队并利用它使处于一小撮人暴政压迫下的共和国恢复了自由。为此功绩，元老院于盖乌斯·潘萨和欧卢斯·希尔齐乌斯为执政官时通过表扬法令使我成为元老院的一名成员，同时授我以等同于执政官的发言权，并授予我最高行政命令权。元老院还任命我为"Propraetor"，并以此身份与两执政官一起照管国事，务使国家不受伤害。同一年当两执政官在战争中阵亡后，人民选我为执政官，我成为处理共和国大事的三头之一。

2. 我依照法律程序流放了刺杀我父亲的人，使他们的罪行得到惩罚。这之后，当他们发动战争反对共和国时，我在战场上两次战胜了他们。

3. 我在世界各地的陆地和海上进行了对内对外多次战争。作为胜利者，我宽恕所有乞求原谅的公民。对于外邦人，凡可赦免而无害于安全者，我都宁愿赦免而不消灭他们。向我宣誓效忠的罗马公民兵约有五十万人；其中三十万人在服役期满后，我送他们到殖民地定居或送回原籍。对所有这些人，我都分予土地或赠予金钱作为他们服役的报酬。我俘获了六百艘战船，其中尚未计入小于三层桨的小型船只。

4. 我曾两次举行小凯旋式，三次举行英雄凯旋式，二十一次获得凯旋将军称号。此后，元老院曾一再宣布为我举行凯旋式，我四次拒绝了。每次战争，我在完成自己的誓言之后便把装饰权杖的月桂花环奉还于卡皮托里大神殿中。为我及我的代理人在海上或陆上所取得的胜利，元老院曾五十五次向不朽的神灵举行感恩献礼。按元老院的命令举行感恩礼的日子共达八百九十天。在我历次的凯旋式上，曾有九个国王或王子走在我的马车前。到我写本文件时为止，我已任执政官十三次，正担任第三十七任保民官。

5. 当马尔库斯·马齐卢斯和卢齐乌斯·阿隆齐乌斯任执政官期间，元老院和人民授予我的独裁权，无论是我在场或我不在场时宣布的，我均谢绝未予接受。在粮食极端缺乏的时期，我承担起粮食供应总监督的责任。我执行此职数日之后，便通过使用自己的财力和人力购进粮食，解除了全体公民的饥饿危险和忧虑。当时还授予我终身的长年执政官职权，我拒未接受。

6. 在马库斯·维尼齐乌斯和昆图斯·卢克来齐乌斯任执政官期间，又在普布里乌斯·兰图卢斯和格奈乌斯·兰图卢斯任执政官期间，第三次在保卢斯·法比乌斯·马克西穆斯和昆图斯·图贝罗为执政官期间，罗马元老院和人民一致同意推举我为独一的、拥有最高权力的法律和道德监护人。但我拒不接受给我加以任何违背祖宗传统的权力，因此，元老院希望我当时采取的行动我都以保民官权使之付诸实施。后一项权力，我五次自愿要求，并经元老院许可，与一同僚分担。

7. 我连续十年是处理共和国事务的三头之一。到我写此文件时为止，我已任元老院成员四十年。我还是大祭司长，占卜官，负责举行献牺牲仪式的十五人圣典团成员，指导宗教性宴会的七人圣宴团成员，阿瓦尔祭司团成员，火神会成员和交涉外交的典礼官之一。

8. 在我第五任执政官期间，我遵人民和元老院之命，增加了贵族人数。我三次重订元老院人选名单。在我第六任执政官期间，我以马尔库斯·阿革里巴为同僚进行了一次人口财产调查。我举行了四十二年来没举行过的卢斯特鲁母仪式。这次人口调查所记录的罗马公民人数为四百零六万三千人。后来在盖乌斯·森索里努斯和盖乌斯·阿西尼乌斯任执政官期间，我以执政官权为依据，又独自举行了一次人口调查。这次调查记录的罗马公民人数为四百二十三万三千人。第三次人口调查是在塞克斯都·庞贝和塞克斯都·阿普来乌斯任执政官期间，我以执政官权为依据，以我儿提比略·恺撒为同僚而完成的。此次记录罗马公民四百九十三万七千人。依我所创始的新立法，我恢复了已遭吾一代人废弃的许多祖先旧传统；我本人也在许多方面为后代树立了效法的榜样。

9. 元老院规定每个第五年由执政官和祭司为我的健康举行一次祝福宣誓。为履行誓言还愿，在我一生中时常举行庆祝赛会：有时由四个主要祭司团主持，有时由执政官主持。此外帝国全体公民也全体一致，或分别代表个人，或作为自治市集体的成员，不断到所有的神殿中为我的健康祷福。

10. 遵元老院命令，我的名字被写入了萨利祭司团的赞美诗中。同时以立法规定我永远神圣不可侵犯，并终身拥有保民官权。人民将我父亲曾担任过的大祭司长职位授予我，但由于一个担任大祭司长的同僚还健在，我拒绝取代其位。几年之后，当普布里乌斯·苏勒皮齐乌斯和盖乌斯·瓦勒古乌斯为执政官时，原在国内动乱期间占居该职位之人去世，我开始接受该职位。当时全意大利蜂聚了为数众多的公民来参加选我为大祭司的投票，这是罗马历史上前所未有的情况。

11. 当昆图斯·卢克来齐乌斯和马库斯·维尼齐乌斯为执政官时的某一天，我从叙利亚回到罗马。为纪念我的归来，元老院在卡培那门的"荣誉与美德"神殿之前，向"还乡之命运"女神奉献了一个祭坛，并以法令规定此后每年逢此周年纪念日，各祭司和维斯塔贞女均须向该祭坛奉献牺牲。这一日还因我而命名为奥古斯塔利亚。

12. 这次由元老院下令，一部分行政官员和平民保民官同执政官昆图斯·卢克来齐乌斯以及部分重要市民一起被派往坎配尼亚去迎接我。这是到那时为止除我之外，未曾给过任何其他人的荣誉。在提柏利乌斯·尼录和普布里乌斯·昆提利乌斯为执政官期间，我成功地处理了西班牙和高卢行省的事务。从那里返回罗马时，元老院为了纪念我的归来，命令在马尔斯广场建立一个庄严的和平祭坛，并以法令规定一切行政官员、祭司和维斯塔贞女每年周年日向之献祭。

13. 我们的祖先决定任何时候，当整个罗马帝国在海上和陆上赢得胜利并取得了和平时，即关闭亚努新一魁里努斯神庙，这也是他们的愿望。据记载自建城以来到我出生之前，这个神庙只关闭过两次，而在我任元首期间，元老院曾三次命令关闭它。

14. 由于我的尊荣，我的儿子盖约和卢西恺撒——年轻时就被命运之神从我身边夺走——在年满十五岁时就被罗马元老院和人民指定为当选执政官，许可他们五年之后就任正式官职。元老院还决定他们从被引上广场讲坛之日起，就可以参加国事辩论。此外，罗马骑士团还赠他们以银盾和银矛，并尊他们为"青年之首"。

15. 遵照我父亲的遗嘱，我付给罗马平民每人三百塞斯退斯；在我第五次任执政官时，我以自己的名义从战利品中赠给每人四百塞斯退斯；在我第十任执政官时，我从自己的财库中再次赠给每人四百塞斯退斯；在我第十一次任执政官时，我十二次用我自己的钱购买粮食进行分配；在我第十二次任保民官时，我第三次发给每人四百塞斯退斯。我的这些赠款每次所涉及的人数从来不少于二十五万。在我第十八次执保民官权和第十二次任执政官时，我向三十二万名城市平民每人赠送六十狄纳里。在我第五次任执政官时，我曾从战利品中发给在殖民地定居的士兵每人一千塞斯退斯。这笔赠款是在我举行凯旋式时发放的，接受者约十二万人，分在各殖民地。在我第十三次任执政官时，我给当时接受国家发放食粮的平民每人六十狄纳里，获得者二十余万人。

16. 在我第四次任执政官期间以及后来在马库斯·克拉苏斯和占卜者格奈乌斯·兰图卢斯任执政官期间，我把一些自治市的土地划分给了我的士兵，为此，我向各自治市偿还了银钱。我为意大利人的地产所付出的银钱总数约六亿塞斯退斯；为行省的土地付出约二亿六千万塞斯退斯。到我为止，所有在意大利或行省为士兵建立殖民地的人，我是第一个，也是唯一的一个采取这种偿还行动的人。后来在提柏里乌斯·尼录和格奈乌斯·皮索任执政官期间，同样在盖乌斯·安提斯提乌斯和戴齐母斯·来利乌斯，在盖乌斯·卡勒维西乌斯和卢西·帕西恩努斯，以及在卢西·兰因卢斯和马库斯·麦萨拉和在卢西·坎尼努斯和昆图斯·法布里齐乌斯等为执政官的期间，我让服役期满的士兵返回自己的原籍，用现款向他们发放了退伍金，为此，我花费了约四亿塞斯退斯。

17. 我曾四次用自己的财产资助国库，共向国库管理人拨款一亿五千万塞斯退斯。在马库斯·雷比图和卢西·阿隆齐乌斯为执政官时，我从我自己的财库拨款一亿七千万塞斯退斯作为士兵退伍基金。这一军事金库是在我的建议之下建立起来的，目的为向服役满二十年或更多年的士兵提供退伍金。

18. 从格奈乌斯·兰图卢斯和普布里乌斯·兰图卢斯为执政官之年起，任何时候行省税收不能收齐，有时缺少十万人的贡赋，有时更多，我总从我自己的粮仓和财库代为补齐应纳之粮和钱之数。

19. 我修建了下列各种建筑物：元老院会堂和与之相连的卡尔齐边大殿，帕拉丁山上的阿波罗神庙及其柱廊；神圣朱理亚庙，卢佩卡尔神龛，弗拉米尼竞技场的柱廊（我同意称这柱廊为"屋大维亚柱廊"，这是早先在这同一地点修建一个柱廊者的姓名，还有大竞技场的观礼台，卡皮托里山上的"打击者朱庇特"和"雷轰者朱庇特"神殿，奎里努斯神庙；阿芬丁山上的米涅娃、朱诺天后和解放者朱庇特诸神庙；位于神圣大道起点的拉瑞斯神庙，维利亚山头的培那戴斯神庙，以及帕拉丁山上的青年神庙和大母神庙。

20. 我花费了巨款重修了卡皮托里大庙和庞贝剧场但未将我的名字铭刻其上。我修复了因年久失修而多处损坏的水道的引水管道，我还把一条新的源泉引入称为马尔齐亚的水道，从而使其水量增加一倍。我还修完了我父亲开始修建并已完成大部分的朱理亚广场和位于卡斯托尔神庙和萨图恩神庙之间的大会堂。后来这大会堂被火焚毁，我扩大了地基开始重新构筑并准备把我诸子的名字铭刻其上。如果在我有生之年这一建筑不能完成，我嘱托我的继承人把这项工程完成。在我第六次任执政官时，我遵照元老院的决议，在罗马城修复了八十二座神庙，当时待修的神庙没有一座被忽略。在我第七次任执政官时，我重修了弗拉米尼大道，从罗马城直到阿里米努母，也重修了除穆尔维桥和米努齐桥外所有的桥。

21. 在我私人的地产上，我用战争得来的钱修建了复仇者马尔斯神庙和奥古斯都广场。在大半是从私有土地者手中购买来的土地上，我修建了一个剧场和与之相连的阿波罗神庙并在上面刻上我女婿马库斯·马齐卢斯的姓名。在卡皮托里，我用战争得来的钱向神圣朱理亚庙、阿波罗神庙、维斯塔女神庙和复仇者马尔神庙奉献了大量的礼物，花费了约一亿塞斯退斯。在我第五次任执政官时，我把为庆祝我凯旋而征集的加冕黄金三万五千磅归还给意大利诸自治市和殖民地。这之后，每当我再被授予凯旋将军称号时，我不再接受加冕黄金，尽管各自治市和殖民地仍以同样的热情决定贡献这种黄金。

22. 我三次以我自己的名义，五次以我儿子或外孙的名义举办角斗表演，在这些表演中约有一万人参加战斗。我两次以我自己的名义，三次以我外孙的名义从世界各地聘请运动员为人民举行体育表演。我四次以自己的名义，二十三次代表其他官员举办各种赛会。在盖乌斯·福尔尼乌斯和盖乌斯·西拉努斯为执政官时，我作为十五人祭司团的团长，与我的同僚马尔库斯·阿革里巴一起，代表十五人祭司团，举办了新时代大庆盛会。在我第十三次任执政官时，我第一次举办了马尔斯神赛会。此后执政官遵元老院决议和一条立法，在随后的年份，每年举行这种赛会。我二十六次以我自己的名义，或以我诸子诸孙的名义，在竞技场，广场和圆形剧场举行追猎非洲野兽的表演，在此种表演中约有三千五百头野兽被猎杀。

23. 我在第伯河对岸，现在是恺撒园林的地点为人民举办了一次海战表演。为此，挖了一千八百尺长，一千二百尺宽的水域。在这次表演中有三十艘三列桨或二列桨的尖头战船和许多小船参加战斗。在这些船上，不算桨手约有三千名战士。

24. 在我胜利之后，我把我的对手在战争中从亚细亚省各城的神庙掠取供他私人使用的一切装饰物分别归还给该省各城的神庙。在罗马城中，有为我本人树立的或站立，或在马背、或在战车上的银质塑像约八十座，我命令把它们通通搬掉熔化，由此而得的钱财我用来以我自己的名义和为我树像者的名义向阿波罗神庙奉献金质礼品。

25. 我镇压了海盗，给海上带来平静。在那次战争中把近三万名从其主人处逃跑并拿起武器反对国家的奴隶交还其原主去惩治。整个意大利于是自愿向我宣誓效忠，并要求我领导后来在亚克兴获胜的那次战争。高卢和西班牙诸省，阿非利加、西西里和撒丁等省也都举行了效忠宣誓。当时约有七百名元老站在我的旗帜下。在那之前或之后，直到我写此文件时为止，他们之中有八十三人得任执政官职，约一百七十人担任了祭司职。

26. 我把罗马人民一切行省的边界都向外延伸了，在这些边界居住着臣服于帝国的各族人民。我使高卢和西班牙诸省恢复了和平，也使从格地兹到易北河口被海洋包围的广大日耳曼地区获得了和平。我使从近亚德利亚海地区起直到托斯卡海为止的整个阿尔卑斯山恢复了和平，没有把不该进行的战争加给任何人民。我的舰队从莱茵河河口向东在海洋上航行直达森布里人的地界。以前没有任何罗马人从海上或陆上到过这个地方。森布里人、卡里得兹人和塞母诺尼人以及该地的其他日耳曼人都派遣使节寻求与我和罗马人民建立友好关系。在我的指挥和主持下，两支军队几乎同时开进了埃塞俄比亚和阿拉伯〈又名"福地"〉，两个民族都有大批军人在战争中被歼，许多城镇被占领。在埃塞俄比亚，部队前进直达梅洛埃附近的那帕塔镇；在阿拉伯，部队进到萨白安地区的马里巴城。

27. 我为罗马人民的帝国增加了埃及，当大亚美尼亚王阿尔塔克塞斯被刺杀时，我本可以把它变成罗马的一个行省，但我宁愿按照祖先的榜样，通过当时我的继子提比略采取行动，把王国交给国王阿尔塔瓦斯戴斯之子、老王提格拉奈斯之孙提格拉奈司去治理。嗣后，此民族发生动乱和叛变，我儿盖约代我征服了他们，我将该王国交给米底王阿尔塔巴祖斯之子阿里欧巴赞耐斯王去治理。该王死后又把王国转给其子阿尔塔瓦斯戴斯。后者被杀之后，我又派亚美尼亚王室子孙提格拉耐斯去治理该王国。我收复了亚德利亚海以东一切行省以及当时大半在众小王苛掌握中的昔里尼省以及前此收复的曾于奴隶战争中被占领的西西里和撒丁。

28. 在阿非利加、西西里、马其顿、两个西班牙省、亚加亚、亚细亚、叙利亚、那旁高卢和比西狄亚建立了士兵殖民地。此外，我还在意大利建立了二十八个殖民地。在我生前这些地方已发展成著名而且人口繁茂的地方。

29. 在西班牙、高卢和达尔马提亚等地战胜了敌人之后，我收复了以前其他将军失去的许多军徽。我迫使帕提亚人把他们以前从三个罗马军团夺去的战利品和军徽送还给我，并使他们不得不千方百计寻求与罗马人民建立友好关系。

30. 在我成为元首之前，罗马人民军队从未进入过潘诺尼亚诸部落之地域，我通过我的继子提比略·尼禄将这些部落征服并将之并入罗马帝国。我还将伊里利亚的边界扩展到多瑙河边。在我的主持下，一支越过多瑙河来到我们此岸的达西亚人军队被击溃并歼灭了。嗣后，我的军队越过多瑙河迫使彼岸的达西亚部落服从罗马人的命令。

31. 印度国王的使臣常被派遣来见我，此前他们从未觐见过任何罗马将军。巴斯塔尼人和斯基泰人以及住在顿河两岸的萨尔马提人，还有阿尔巴尼人、伊伯利人和米底人等的国王都派遣使者来寻求我们的友谊。

32. 向我投奔的各民族的国王有帕提亚王提里达特斯和稍后的老弗拉太斯王之子，弗拉太斯；米底王阿塔瓦斯代斯；阿狄亚伯尼王阿塔克萨勒斯；不列颠王杜母诺白劳努斯和汀科米乌斯，苏干布里人的王迈洛以及马可曼尼——苏埃比人的国王西吉美鲁斯。帕提亚王奥洛代斯之子弗拉太斯将其诸子诸孙均送来意大利我处。这并非出于他在战争中被征服，而是自愿以子孙为人质寻求与我国友好。在我任元首期间，许多此前未与我们交换使节和友好往来的外族人都体验到罗马人民的良好信誉。

33. 帕提亚人和米底人派遣其首要人物为使节从我这里接走他们所要求的国王：帕提亚人所接走的是国王奥洛代斯之孙，国王弗拉太斯之子沃诺奈斯；米底人接走的是国王阿里欧巴赞耐斯之孙，国王阿塔瓦斯代斯之子，阿里欧巴赞耐斯。

34. 在我结束内战之后，经全国普遍拥护，我掌握了最高权力。在我第六次和第七次任执政官期间，我将国家从我手中移交给罗马元老院和人民。因我的优行，元老院宣布授我以"奥古斯都"尊号，公开在我住宅的门柱上装饰了月桂枝叶，大门口钉上象征公民城邦的冠冕，并且在朱理亚元老院会堂放置一面金盾，上面铭刻文字说明罗马元老院和人民因我的勇敢、仁慈、公正和虔诚而授予我这种尊荣。从此，我的威严超过了一切人，但是我在每一种职位上都不比我的同僚握有更多的权力。

35. 当我第十二次任执政官时，元老院、骑士阶级以及全体罗马人民给我加上了"祖国之父"的尊号，并决定将此尊号铭刻于我住宅的前厅和朱理亚元老院会堂，也铭刻在元老院为给我以荣誉而树立于奥古斯都广场的战车的基座上。写此文件时，我年七十六岁。①

《奥古斯都自传》实际上是其自己向罗马人民提交的一份"成绩单"。屋大维在《自传》的1～14段概括了他自己历任的官职和所获得的荣誉；在15～24段总结了他

---

① 李雅书选译：《罗马帝国时期》（上），2～14页。略有改译。

为罗马和公民所做的各种好事；在 25～35 段阐述了他在战争和和平时期为罗马建立的伟大业绩。因为《奥古斯都自传》为奥古斯都去世前一年完成的，其价值显然无法低估，但从以后的历史发展来看，奥古斯都似乎忽略了他自己在创制和定规则方面对罗马产生的巨大影响。这显然是值得历史工作者特别注意的。

第四节　朱理亚·克劳狄王朝

屋大维执掌罗马后，一直有这样的心愿，即"请给我特权把这个国家建立得稳固而安全，并从这一行动中得到我期望的果实；但愿我能被称作这个至善政权的缔造者，并在死时怀有这样的希望：我为国家所奠定的基础是稳如磐石的。"① 应该说，罗马人民通过一次次授权的方法给屋大维以实现其愿望的机会，而屋大维本身也确实用自己的行动实现了他自己的愿望。屋大维在罗马执政 44 年，无论是执政长度，还是执政成效都是后来的元首们所不能企及的。

公元 14 年，奥古斯都逝世。他的继子提比略继元首位。奥古斯都生前虽然没有确定元首的继承制度，但非常注意对继承人的培养。早年，他选中大将阿格里巴，并命女儿朱理亚与阿格里巴结婚，一心重用阿格里巴，对他寄予无限的希望。不料，阿格里巴于公元前 12 年去世。于是奥古斯都转而注意新长大成人的两位继子提比略和德鲁苏，并有意培养他们，给他们创造建功立业的条件。后因德鲁苏英年早逝，奥古斯都才最后选定提比略为自己的继承人。从提比略起，罗马历经四位元首，历时 54 年，称朱理亚·克劳狄王朝。朱理亚系指恺撒和屋大维的家系，克劳狄则是指提比略的家系。

奥古斯都的巨大成就使后继者倍感压力。提比略接元首大权后，显然有些力不从心。首先向其挑战的是驻扎于莱茵河和多瑙河的各军团。他们以边境守军条件差，营房拥挤，训练艰苦，军饷常常被拖欠等为理由，发动暴动，要求元首改善边境守军的条件，提高待遇，按时安置老兵，退役时发给养老金及安居之必要条件——土地。暴动最后被提比略的儿子德鲁苏斯和继子日耳曼尼库斯所镇压。

提比略是罗马历史上第一个继承元首位的公民，所以在内外政策上大都遵循奥古斯都的原则。例如根据奥古斯都的遗嘱：帝国的疆土今后不许再扩大。这一原则，提比略一直坚守。再如保持与共和体制的合作，提比略也一直执行。不过，元首的地位和影响力比以前更为加强。一些与国家利益关系不大的事情，由元老院处理；一些元首认为与其统治有关的重大事务，则由元首亲自主持或用写信的形式定夺。提比略甚至不在帝国首都 11 年，罗马的政治运作还照常进行。当然，这种地位和影响力的基础是高压政策和对近卫军的过分依赖。提比略动不动援引"大逆法"，以背叛祖国和大

---

① Suetonius, *The Lives of the Caesar*: *Deified Augustus*, 28.

公元 14 年奥古斯都去世时的罗马帝国

匈奴人

阿兰

阿美尼亚

帕提亚

特西丰

阿拉伯

萨尔马提亚

卡帕多基亚

大马士革

耶路撒冷

安条克

达西西亚

摩埃西亚

达尔马提亚

色雷斯

马其顿

金腊

加拉提亚

帕弗拉戈尼亚

俾提尼亚和本都

亚历山大里亚

中

海

埃及

努

米

底

亚

沙

漠

日耳曼诸部落

高

卢

意

大

利

罗马

那不勒斯

地

中

西班牙

空白是罗马的领土

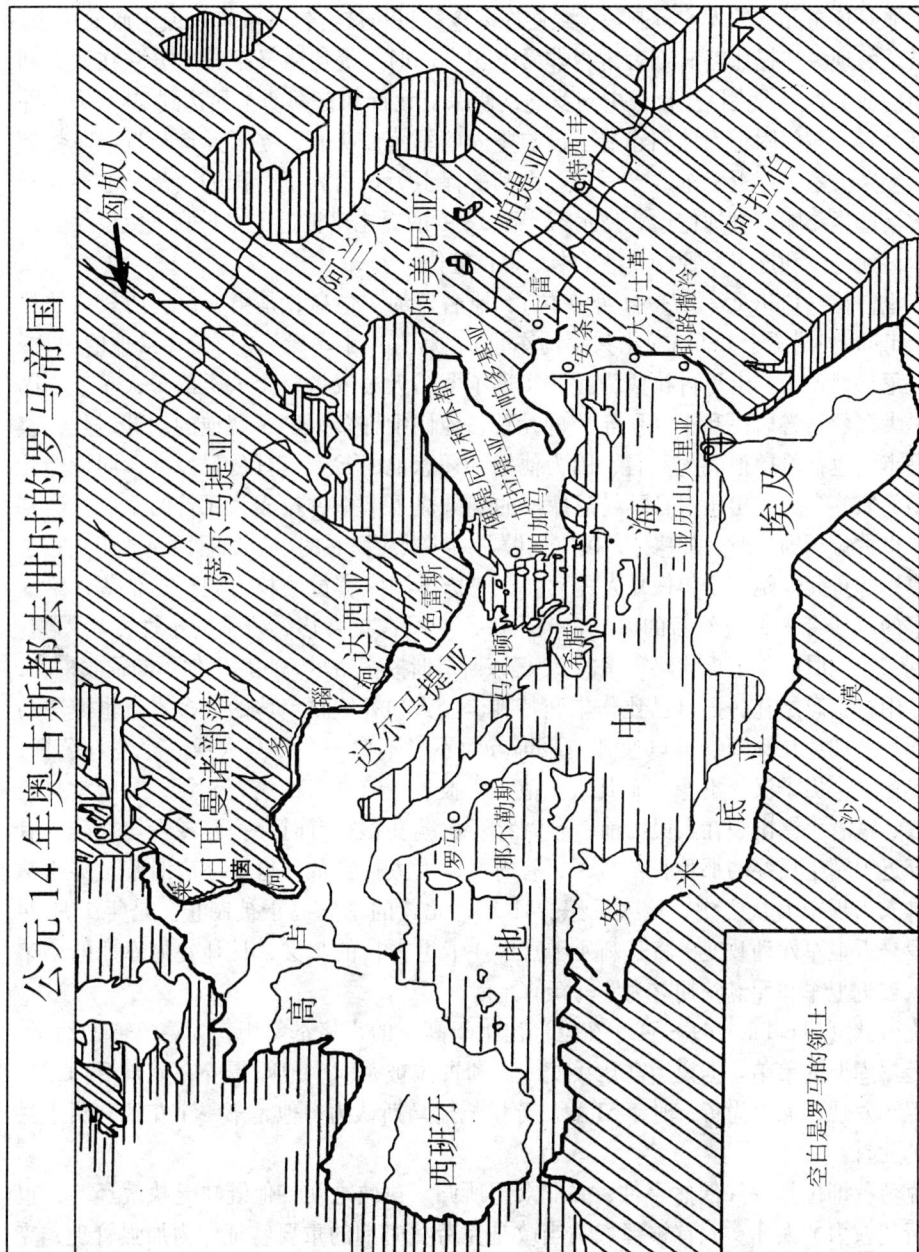

公元 14 年奥古斯都逝世时的罗马帝国

223

逆不敬罪对抨击元首的人实行制裁，致使许多嫌疑犯和被密告者或自杀或为政府所杀。贵族被杀的现象在提比略时期表现得非常突出。同时，提比略又把原先分驻在意大利各城市的 9 个近卫军大队全部集中到罗马，使保卫元首和首都的士兵达到 9000 人，并在首都的各个城门附近为他们建造了设防坚固的军营，从而建立了元首与近卫军将领之间的复杂关系，把近卫军这支罗马意大利的保卫力量引入了帝国的政治核心圈，对帝国政治产生影响，发挥作用。公元 37 年，78 岁的提比略被近卫军长官马克罗及其亲信所杀。元老院和近卫军拥立其继子卡里古拉继位。

卡里古拉（Caligula，37—41 年在位），原名盖约·恺撒，是第一位资历较浅的元首。Caligula 一词源于 Caliga（士兵穿的军靴），意为"小军靴"，是士兵给他的昵称。苏埃托尼乌斯认为：卡里古拉成为元首实现了罗马人民或者整个人类的最大希望，因为他是大多数行省居民和士兵所希望的元首，他们中许多人都了解他的幼儿时代，整个罗马市民也都希望他成为元首，因为他们都怀念他的父亲日耳曼尼库斯，同情他几乎灭绝的家族。人们出于对日耳曼尼库斯的爱戴成了卡里古拉成为元首的主要社会基础。卡里古拉初即位时（23 岁），确实也做了一些顺应民心的事。如召回流放犯人；亲理政事；尊重元老院；希望恢复人民大会，把选举国家官员的权力归还给他等，给久已委靡的政坛带来了一丝新的风气。但不久，卡里古拉奢侈、残忍的本性开始暴露。他不到一年的时间就把提比略枳聚的 27 亿塞斯退斯挥霍殆尽。此后，他不断征收税收，在宫廷中行王政之礼，把自己比作朱庇特神，让人顶礼膜拜。他的许多衣着也逆罗马传统而行，如他在穿衣、鞋以及其他服饰方面不仅不像一个罗马人或一个罗马公民，而且不像一个男子汉，不像一个凡人。他常常披着镶有珠宝的绣花斗篷，穿着紧身长袖上衣、戴着手镯出现在人民面前；有时穿着丝绸女袍；有时穿拖鞋或者厚底鞋，有时又穿近卫军士兵穿的那种长统靴子，有时又穿女人们穿的便鞋……有时甚至穿维纳斯的神衣出现于大众之中，让人反感。41 年，元首的暴虐终于被制止。是年 1 月 24 日，罗马近卫军发动政变，将其刺死于宫中。卡里古拉的叔父，日耳曼尼库斯的弟弟克劳狄被近卫军和元老院拥立为罗马新的元首。

克劳狄（Claudius，41—54 年在位）出生于高卢的卢格都努姆，为德鲁苏的幼子，日耳曼尼库斯的弟弟。据说当宫廷兵变，卡利古拉被杀时，他吓得躲在帷幕后面，后被近卫军发现，拥立为帝，时年 51 岁。苏埃托尼乌斯认为：他是第一个花钱购买士兵忠诚的元首。[①]

克劳狄即位是一件偶然事件，并非众望所归。执政之初，他既缺乏执政经验，也缺乏行使权力的人才。元首被释奴隶当政是克劳狄时期的重要特征。为加强管理，克劳狄加速了官僚体制的变革。那些原先为元首管理家务的部门，如秘书处（ab epistulis）、会计处（a rationibus）、申诉处（a libellis）等，皆变成了元首政权的管理机构。

---

① Suetonius，*The Lives of the Caesar：Deified Tiberius*，10.

其主要负责人多来自元首的被释奴隶和奴隶，例如秘书处的负责人是纳尔齐苏斯；会计处的负责人是帕拉斯；申诉处的负责人是卡利斯图斯。他们完全听命于元首，是元首政策的主要执行者。苏埃托尼乌斯认为：克劳狄的秘书纳尔齐苏斯和财政大臣帕拉斯是他最喜欢的人。他乐意让元老院通过法令授予其荣誉，不仅赠其以钱财，而且授予其行政长官与财务官之装饰。① 48 年，克劳狄主持了罗马公民的人口调查，核准现有罗马公民 5 984 072 人，比 14 年增加了 100 万左右。②

克劳狄时期建成的工程虽然不多，但都很重要。其中主要的有：奥斯提亚港的疏浚、富基努斯湖排水道和克劳狄水道的修建。前两项为恺撒和奥古斯都思考过的项目，后一项为卡里古拉开始建设的项目。奥斯提亚港的疏通使罗马与帝国行省之间的联络更趋方便；富基努斯湖水的排干为意大利创造了大量的粮田；克劳狄水道的修建则解决了罗马 100 余万人口的饮水和城市的装饰问题。这三大工程的完工大大地提升了罗马城抗风险能力。

当然，在家庭问题的处理上，克劳狄一直处于被动状态。他结婚四次，前两次以离婚告终，第三次妻子公开与情夫西里乌斯结婚而被元首处死。最后一次则与好权的阿格里庇娜结婚。54 年，克劳狄在吃了阿格里庇娜送的毒蘑菇后突然去世。

克劳狄死后，他的继子尼录（54—68 年在位）即位。尼录出生于安提乌姆，为阿格里庇娜与其前夫所生。50 年，被克劳狄收为继子，请辛尼加为师。接位之时，尼录只有 16 岁，还属于未成年的青年，喜欢吹拉弹唱，宴享取乐，既没有从政经历，也没有民众的威望，对政治根本不懂。一切政务全由其母阿格里庇娜操纵，近卫军长官布鲁斯和尼录的老师辛尼加协办。在他当政的前五年，他顺应民心，罢免了克劳狄被释奴隶的各种职位，宣布不接受奴隶们的告密，不干涉元老院所辖各省的管理，深得元老院的欢迎，元首与元老院的关系比较和谐，帝国政局也比较平稳。即使后来的图拉真也认为这是帝国政府历史上最美好的一段。

尼录走向暴政开始于他杀死其母之时。尼录的母亲阿格里庇娜因拥立尼录有功，经常居功自傲，干预政事。成人后的尼录对此极为不满。59 年，尼录为摆脱阿格里庇娜的干扰，派人把她诱骗到坎佩尼亚海岸，将其杀死。62 年，近卫军长官布鲁斯病死，辛尼加因私下批评尼录的行为，被尼录赶出宫廷。这样，一时能对尼录产生影响的人物已不复存在。尼录走上了更加任性而又无法无天的道路。

此后，在尼录身边工作的人物皆竭尽投其所好、阿谀奉承之能事，有意放纵尼录的一切罪恶行为。为讨好尼录，继承布鲁斯的提格里努斯马上恢复大逆法，处死众多的罗马贵族，搞得罗马民众提心吊胆、人人自危。64 年，罗马城发生大火，"大火蔓延 6 天 7 夜。人民只好到纪念碑旁和墓地避难。除了数不清的房舍之外，依然装饰着敌人

---

① Suetonius, *The Lives of the Caesar*：*Deified Tiberius*, 28.

② Tacitus, *Annals*, 11, 25.

战利品的古代将军的宅邸也被烧毁了，国王时期，乃至后来的布匿战争和高卢战争中许愿和奉献的神庙均被化为灰烬。自古保存下来的令人叹为观止和具有纪念意义的一切东西亦被烧得干干净净。……为了从这场火灾中捞好处，他宣布由公家负责运走尸体和垃圾，不许任何人接近自己家的废墟。他不仅收受而且要求行省和个人捐资。这几乎耗尽了行省的财力和榨干了个人的资产。"①塔西佗认为：罗马14个区，只有4个区完好无损，其余的或全部被烧，或部分被毁。②为推卸责任，尼录诬称基督教徒放火，对基督徒进行残酷迫害。罗马城大火不久，尼录又动用国库，为自己建造了一座新宫殿，取名为"金屋（Domus Aurea）"。对于尼录的行为，罗马民众早有不满，他们纷纷用打油诗发泄内心的愤慨。如：

> 只要数一下，定会发现，尼录等于弑母者。
> 谁能否认尼录出自埃涅阿斯的伟大后裔？
> 一个背走了自己老父，另一个送走了自己的母亲。
> 我们的统治者紧拉琴弦，帕提亚的国王则紧拉弓弦，
> 我们的统治者将是歌唱者阿波罗，
> 而那个国王将是远射者阿波罗。
> 整个罗马正在完全被宫殿吞并；赶快迁到维爱去，公民们！
> 趁维爱还没有被划归宫殿。③

尼录的统治引起了罗马人民的强烈不满，加剧了罗马与行省之间的矛盾。早在60年，不列颠就发生了波狄卡（Boddica）领导的反罗马暴动。66年，耶路撒冷居民联络加利利农民、手工业者又大举起义。犹太民族是一个多灾多难的民族，历史上的新巴比伦、波斯、赛琉西等国家都对它进行过统治，犹太沦为罗马的行省后，这里的民族矛盾和宗教矛盾更加尖锐，更加复杂。起义爆发后，起义军拒绝纳税，杀死罗马居于耶路撒冷的卫戍部队和一部分亲罗马的贵族。叙利亚总督恺斯提乌斯·迦努斯派兵镇压，为起义军所败。最后元首尼录只得派韦斯帕芗为讨伐军司令前往平定犹太战事。从历史上看，这次任命不但改变了犹太战争的局面，而且也对罗马政局影响巨大。

尼录的行为不但引起了罗马人民的普遍反感，而且也引起了罗马统治者上层和军团士兵对他的不满。65年，部分元老密谋，准备另立披索来代替尼录的统治。但这场

---

① 苏埃托尼乌斯：《十二恺撒传·尼录传》，38。参见《罗马十二帝王传》，张竹明、王乃新等译，251页，北京，商务印书馆，1995。

② Tacitus, *Annals*, 15, 40.

③ 苏埃托尼乌斯：《十二恺撒传·尼录传》，39。参见《罗马十二帝王传》，251页。略有修改。

政变由于参加者的一名奴隶的告密，而遭镇压。辛尼加也深受其害，被尼录赐死。67年，高卢总督温第克斯以"拯救人类"为名，联合西班牙督军格尔巴计划起事。次年，温第克斯首先发难，但被莱茵军团司令卢福斯领兵镇压。温第克斯虽遭失败，但他的行动却点燃了西方各省反尼录起义的大火，西班牙、阿非利加、日耳曼等纷纷响应。莱茵军区士兵要求自己的司令官带领他们攻入罗马，取尼录之位而代之。最后，罗马城内的近卫军也起而反对尼录，逼迫他下台，元老院也宣布其为"罗马人民的公敌"。尼录在众叛亲离的情况下被迫自杀，在自杀前，他还自言自语说："多么伟大的一位艺术家就这样死了！"

尼录之死结束了只从朱理亚·克劳狄家族出元首的历史，也结束了罗马贵族上层对帝国政权的垄断地位，从而为帝国优秀的管理者进入帝国管理的最高层打下了基础。此后，行省当权集团与帝国的联系越来越密切，罗马与各行省之间的关系也开始进入了一个新的阶段。

第五节　元首制下罗马和意大利社会各阶层的状况

在奥古斯都及其后继者统治的元首制时代，罗马和意大利的社会仍分为元老、骑士、平民、被保护人、被释奴隶和奴隶等阶层，不过他们的实际社会经济和政治地位，与共和国后期相比，都有了一些变化。

一、元老级

罗马共和国从建立以来，便是一个由少数贵族组成的共和制国家。元老是占统治地位的阶级，最后全都出身于父族贵族或豪门贵族家庭。后来随着社会的发展，不断有新合并的外来人和原来的非元老阶层晋升到元老级，除世袭外，还可由元首拔擢。

元老资格的要求之一是要有一定的财产，公元前13年开始，奥古斯都规定元老级应有一百万塞斯退斯的财产，主要应为意大利地产。想进入罗马元老级的骑士和非意大利人，除其他条件外，其财产的1/3也必须是在意大利的地产，此外还要有一定的军职经历和元首的提拔。

贵族和骑士级子弟想晋升到元老级则必须从低级官职做起，如在军团中担任辅佐军官或小队长，在市政府担任一般公务员或骑兵小队长之类，做过这种职务，年满25岁即可开始任中央财务官级（Questor）的职务。财务官若干名是罗马每年一选的高级官职中最低级的。共和国时代，财务官除在市政府和军中管理财务和金库外，也做执政官的下属随同出征，受差遣带兵或出使办外交事务等。任财务官就有希望晋升到元老级，但这只是第一步，离执政官还很远。下一步是做一任平民保民官或市政官。① 平民保民官和市政官都是繁重而难做的职务，高官子弟都想逃避，奥古斯都也常减免他们。

年满30岁后，可争取竞选行政长官，此职的任务是主持法庭，也兼管部分财务和市政。

做一任行政长官之后，年满33岁就有资格做执政官候选人了。但实际上，非王室亲族总得等十年才有希望，其间可在野，也可在职。当然也可以在行政长官卸任后接受在罗马或在省的代行政长官职务。非王室一般总得到40岁左右，即在从政经验积累较丰富之后，才能被选中为执政官。

执政官职的重要意义还不在于它本身，尤其是到帝国时代，执政官本身已没什么大权，真正要职如罗马市长、大省总督、高级军团司令都从卸任执政官且有声望的元老中委任。所以执政官职位是晋升的最后一阶，登上之后才能跻身于高官行列。

奥古斯都对进入元老阶层的人控制很严。晋升都要经他许可。他不允许采用共和国时代大民主的选举法，认为这一方法弊病很大。他更多利用自己的提名候选人权，亲自选拔。

为了有更多的富有经验的元老可以委以重任，奥古斯都开始减短执政官任期，以便使更多合格的人可以通过担任执政官而取得进入元老级的资格。初减为六个月一任，后来更短。② 这种缩短执政官任期的做法，显然对元首政治十分有利，它一则满足了贵族们的虚荣心，部分地消除了他们对元首的不满情绪；再者也有利于吸收更多的新人进入元老阶层，扩大统治阶级的队伍和基础。据记载，公元前18年到11年，81名执政官中有33人来自新人。

元首不仅控制元老院的人选，也控制元老院会议的程序和决议。元首组织了一个元老院常委会，在常委会里预先决定大事，然后交元老院形式上通过，元老院没有多少主动权，而且只能发布元首不反对的议案，往往须先试探他的意图才作决定。

对于真正重要而且紧急的事，元首总是绕开元老院，特派他的专员、专署、代行官等新官僚机构去办理。

元首集大权于一身，元老阶层无论眼前或将来都得仰其鼻息，因此元老阶层中多数人变得耽于享乐，胸无大志，只图寻求安逸奢侈生活，以奉承谄媚主上为荣，共和制时代作为国家元老所拥有的奉献为公，争取民主自由的精神已丧失殆尽了。

二、骑士阶层

共和国时代，罗马最初的骑士专指参加骑兵军团的贵族子弟。后来在监察官的财

---

① 父族贵族可减免平民保民官一级，因他们的出身与平民无关。
② 据说，69年一年中有5对执政官。

产调查中，把有一定财产但不曾在骑兵军团登记而是干其他营生的人也称为骑士。公元前67年规定，骑士财产资格为40万塞斯退斯。这样一来，许多通过在省里包税、放高利贷，或在罗马和意大利包工、经商等活动致富的人，也取得了骑士的身份。于是骑士成为罗马社会的一个阶层，他们财产很多，生活也很富裕，但身世不显贵，前途有待发展。

自从盖约·格拉古之后，骑士等级的地位有了明显的提高，他们取得了担任法官和陪审官的权力。在剧场，骑士有自己的荣誉座位，装饰方面可穿镶窄边的紧身衣，戴金戒指等。

奥古斯都元首制政权建立以来，国家范围大了，事情复杂，许多事元首须派自己得力的专员去承办，为此他需要很多助理行政人员。而罗马旧显宦出身的贵族阶层，抱有旧日传统的傲气，不愿受人差遣，为私人办事。因此当奥古斯都需用助手而自己家族成员又不够用时，先是使用被释奴隶甚至自己的奴隶去充当重任，稍后转向吸收骑士阶层。

奥古斯都为骑士阶层设了很多官职。为了得到能干的人才，他慎重挑选，并要求他们去经受一定的培训和进身阶梯。凡元老和旧骑士阶层的青年子弟都可经元首指定为骑士。原来的百夫长、富有的村镇居民、被释奴隶及其后代等无显贵身份者也都是骑士级的候补人选。

凡骑士必须有相应的从军经历，须任军士10年左右，任低级军官、辅军骑兵小队长等。有这种基础后，便可以在罗马城防军、消防军或近卫军中任职，有武职也有文职，如各级指挥官、军需官、财务官、参谋等。此后经选拔可成为骑士。35岁以下的骑士，每年7月15日要接受元首的检阅，贵族子弟未成年的士官生，由一位王室青年任领队也参加检阅。奥古斯都从骑士中选拔人才作为元首代理人，委以在罗马、意大利和各省的重要职务。这些职务主要包括帝国交通督办、海军司令、消防军司令、粮食督办、近卫军长、罗马市长、皇家金库总管、埃及总督，等等。担任这些职务的骑士，一般权力都很大。

在奥古斯都时代开始形成的整套元首制行政机构中，骑士占了很重要的地位。这些新官员领取厚俸，任期较长，并逐渐积累了专业知识，成为专职官员。他们与共和国时代元老阶层的业余官员已很不相同。他们不像元老阶层那样把荣誉和祖国看得最重，他们最看重的是提拔他们的元首。元首也通过他们控制各要害部门，使自己实权远远大于元老院。这些新官属于帝国时代新的官僚机构，正逐渐取元老院而代之。随着时代的进展，他们作为元首的亲信很为人们所羡慕，以致有些元老也宁愿放弃元老级的荣誉感，而情愿担任骑士的官爵。

三、平民

共和末季，大贵族和军阀寡头操纵了人民大会及其他立法选举机构，罗马的公民已无实际参政权。他们手中握有一张选票,多被操纵,换取了生活上的吃喝、看戏、闲暇。所以元首代替军人寡头集团当权,对元老和骑士来说,有失有得,但对平民来说则是有失无得,他们进一步处于被动地位。

帝国之初,人民大会的选举虽还保留,但执政官和行政长官的选举都是先指定候选人,投票只是走过场,后来索性连这种形式也取消了。奥古斯都发布的法令,常以"平民决议"的名义发出,但实际上未经表决,只是他以第一公民身份独自发出的旨意而已。平民中不许集会结社,连民间组织的消防队也解散了。

意大利和各省自治市市民的参政权似乎比罗马市民还多一些。多数城市还举行市元老院和行政官员的选举,不过有时也受中央政权的干涉。意大利和省自治市也有改善平民待遇的立法,如发放粮食,养育贫儿,提供娱乐等。除国家外,豪门权贵也须时时发放钱粮赈济贫民。这对大批无业平民心安理得地过依附生活很有影响。

在罗马,平民依附贵族已成习俗。保护制已根深蒂固。独立的小王公志愿投靠高官显贵,受其荫庇,以保证自己的地位和生活水平。一般平民,特别是无业者,也分别投靠豪富或官员门下,为其效忠服务,以换取钱财食粮。他们的义务包括问早安,随侍出门以壮威风,或受派遣出去办事。元老贵族往往把自己不愿出头干的事交给被保护人去做。共和末季,各派操纵选举也多通过被保护人去活动。有些被保护人试图得到更多的好处,甚至遗产,因此对保护人极尽恭维谄媚之能事。城市中道德风气败坏,呈江河日下之势,寡廉鲜耻之辈比比皆是。

靠国家和富人施舍生活的平民固然很多,但总体上讲,大多数平民还是有一定职业和谋生手段的。平民中有各种自由职业者,如医生、教师、律师、音乐工作者、舞蹈员、演员、丑角、工匠、手艺人、建筑工、商人、旧货商、苦力工等。罗马城里,许多手工业者组成了行会,被释奴隶和奴隶也参加。会社以慈善事业为主,以照顾生老病死为目的,对政治事务并不关心。

意大利的城市里闲人比罗马人少,更多人从事农业和手工业。意大利自治市中也兴节日演戏、供餐等娱乐,不过比起罗马来就小巫见大巫了。

平民阶层除依附高官显贵者外,一般生活不可能太好。城里住房简陋、拥挤,时时遭火灾和倒塌的威胁。但元首制时代大多时间太平无战事,工作和财产有一定保障,秩序大体安定。罗马和意大利人都免了直接税,只纳几种间接税:遗产税5%、销售税1%(售奴税4%)、释奴税5%、海港进出口捐若干。平民无权也没有任何责任感,对社会事业、保卫国家漠不关心,士兵多来自意大利以外。

行省居民地位不如意大利平民,他们没有做官的机会,受官府压制,没有罗马公民权,不能上诉,还要缴纳直接税:土地税和人头税。但他们不纳遗产税。

元首制以来,平民成分也有很大变化,许多以前的奴隶变成了平民,平民中意大利人的比例愈来愈小。随着平民成分的变化,平民的政治态度也愈来愈冷漠,乡土感情、爱国主义、民主和共和的传统都不见了,甚至平民上层也不关心政治了。唯有少数人保留一点怀旧思故的淡淡哀愁而已。

四、奴隶和被释奴隶

罗马的奴隶制到奥古斯都时代已经有了很长时间的历史，这时的奴隶制比起公元前1世纪已发生了不少的变化。

首先，对外战争少了，奴隶来源减少，奴隶的身价相对来说比较高了；其次，家生奴隶多起来，有利于人道主义观念的增长；再者，长期积累的经验使奴隶主阶级认识到，奴隶是物质财富的创造者，虐待奴隶会使他们早死，在经济上不合算；还有长期从事生产的经验和磨炼使很多奴隶有了才干和技术，成为奴隶主不可缺少的帮手和依靠。由于这种种原因，公元后1世纪，尽管奴隶仍处于社会的最底层，法律上无地位，他们所受的实际待遇以及他们的社会地位虽因人而异，但总的说有了很大的改善。

例如在稍晚些时，即公元1世纪后半叶，有些元首就以立法的形式，对虐待奴隶的行为加以一定的限制。克劳狄在50年立法规定，"凡奴隶病中被主人遗弃，病好之后应获自由"。元首韦斯帕芗在75年立法规定"凡女奴被主人强迫为娼者，应得自由"。图密善于90年立法禁止伤害奴隶肢体使之致残。哈德良于100年立法禁止售卖奴隶为角斗士，禁止杀害奴隶。

事实上，早在共和国时代就不是所有的奴隶都遭到十分恶劣的待遇，有一小部分奴隶早就比一般奴隶取得了较为优越的待遇。这些奴隶主要包括：那些能负责办事，主人可委以重任，对主人有重大价值的人，以及一些本人文化水平高、有成就的人。如医生、教师、哲学家、作家、演员、乐师、会计师、经商代理人、秘书、管庄、监工头、船长等。罗马统治者何以乐于委托奴隶而不雇佣自由人做这些负责的工作？这也有种种实际的或历史形成的原因。首先，被征服的地中海人文化高，罗马人须利用希腊化世界的人教育和培训自己人，发展罗马文化要靠有教养的外来奴隶帮助；其次，管理庞大的帝国需要有能力的管理人才；再者，罗马自由公民除服军役外，有一种不愿受雇于人的传统，把为私人服役视为轻贱，因此，元首和高官都宁愿利用奴隶和被释奴隶为自己办事。[①] 奥古斯都时代，首都的一些重要大事如粮食供应、救火、饮水供应、大路的修筑等都被元首交给他的奴隶去负责。于是这些奴隶成为一些有特权的人，因为主人的地位和权柄很大程度是通过他们的代理来实现的。加以他们不像其他官员任期有限，任期是不受宪法制约的，可长期为主人办事服务，成为亲信，能直接向元首进言，提供消息或封锁消息，对昏庸的元首，他们甚至可以操纵。元首的奴隶常常娶自由妇女为妻，他们自己也拥有奴隶。有一统计数字提到，462名元首奴隶的妻子只有1/4是奴隶，其余都是自由人之女。一些高官的奴隶也往往因担任机要秘书和财务总

---

① 卢善（Lucian）曾著文认为给富人当教师或当文学家领月津贴有低三下四之嫌，但后来在另一文中，他又自称在省政府任职，为元首服务，不算低下。

管等要职而得到优厚的待遇。

不过，即使是这些受重用、手握大权的奴隶，在法律上，他们的地位也还是非常低下的，他们还需要以获得释放的正式手续取得被释奴隶的身份。

在罗马也有一些帮主人经营产业或工商业的奴隶，或分到一些土地资财被允许独立经营的奴隶，这些奴隶常常有一些私人储蓄，他们可以利用这些积蓄赎买自己的自由。早在西塞罗时代，"一个勤快而诚实的奴隶七年可以赎身"，辛尼加提到"奴隶刮肠省下钱来赎买自由"。总之，早在共和国时代就有奴隶赎买自由，到元首制时代，这种通过赎买而获得自由的奴隶为数已经很多。

不过，在元首制时代，罗马还存在着广大的命运悲惨的奴隶。这时期罗马作家经常提到在土地上耕作的带镣铐劳动的奴隶，而且认为加上镣铐是理所当然的，因为他们犯了过错。农业奴隶和矿工奴隶多数终身服苦役，没有赎取自由的希望，大多生命短促。

处境稍好的干其他营生的奴隶，在未摆脱其奴隶身份时，也随时有遭到主人残忍虐待的可能。例如，苏埃托尼乌斯提到，奥古斯都时有一受信任的奴隶因受贿出卖了信件而被打折了腿。辛尼加提到，讲究的奴隶主家里，主人吃饭时奴隶必须侍立两旁，鸦雀无声，敢于出声者须受鞭笞。塔西佗还提到，奴隶一人犯罪，奴隶全家连坐遭殃的事。

直到很长时间以后，这种虐杀奴隶的个别例子在罗马帝国还是可以找到。不过，与此同时优待奴隶和大量释放奴隶的例子也不少。在帝国时代，释放奴隶之风盛行，以致被释奴隶在罗马社会上已经形成一个专门的阶层。这是罗马历史上非常特殊的现象。

对于罗马人来说释放奴隶是十分正常的现象。罗马很早就有了释放奴隶的做法。被释奴隶税开征之早就是明证。[①] 后来，随着奴隶数量的增多，被释奴隶数量也大为增加。据阿庇安记载，苏拉曾一次释放奴隶 10 000 人。6 年，奥古斯都下令组织的消防队7000 人都是被释奴隶。

据学者研究，罗马城现存的有铭文的墓碑约两万两千件，其中约 1/3 明确提供了死者的身份，在这里面有 3/4 是被释奴隶。又据姓氏学家推测，其 2/3 未明确死者身份的墓碑，奴隶和被释奴隶占同样高的比例，即也占其中的 3/4。虽不能因此下结论说多数罗马人是被释奴隶的后代，但至少可以承认被释奴隶在罗马为数很多。[②]

几乎所有被释奴隶都得到罗马公民权，其中有些人经商致富，社会地位很高。元老院承认许多骑士和元老是被释奴隶的后代。奥古斯都时派大量被释奴隶担任专员、

---

① 公元前 357 年，曼利乌斯法（Lex Manlia）规定征被释奴隶税，按赎价 5%，为应付危机之用，入圣库（Aerarium Sanctius）。

② Tacitus, *Annals*, 13.

代理总督等要职。克劳狄时被释奴隶帕拉斯官至行政长官级。① 帝国之初以来许多官职由于习惯由奴隶或被释奴隶担任，整个帝国前半期这些要职仍保留给他们，有些专员职务相当于省总督、部长或总理，如埃及总督、海军大将等要职1世纪时常由被释奴隶担任，直到2世纪才正式成为骑士级的官职。

当然，被释奴隶即使身居高位也难以抹掉其出身低下的痕迹，他们在法律地位和社会身份等方面都与自由公民有很大的不同。

首先，他们对前主人仍负一定的义务，他们与前主人之间还存在着保护和被保护的关系。习惯上，他们要对前主人终生感激不尽，这样主人才满意，不然会遭到主人或社会的指责。56年，元老院曾讨论对不知感恩的被释奴隶再奴役的问题。② 有些主人甚至要求被释奴隶继续为其子女效劳。元首规定对此应合理对待，凡已生两子女者，应免除对前主人的义务。③

在宗教和政治权利方面，被释奴隶一般低于自由民，他们可担任异族外来宗教的祭司，但不能当罗马教的祭司。即使他们做了高官仍可受刑。原来还规定被释奴隶不能当近卫军，但后来甚至连近卫军长官也由他们当了。看来这些禁令也不一定都能执行。

一般来说，被释奴隶很难隐瞒自己的身份，因为根据罗马人的姓名规则，被释奴隶一般须用主人的第一、第二名，自己原奴隶名为第三名。原奴隶名多带有奴隶特色，很容易看出其出身。一般被释奴隶服装的特点是戴一种只有被释奴隶才戴的小帽。第一辈被释奴隶不能入元老和骑士级，儿孙辈就不限了。

被释奴隶娶妻生子，其后代都变成全权公民。这些原籍外邦的公民在罗马和意大利增长很快。可能是为了防止被释奴隶过快增长，奥古斯都曾几次立法限制释放奴隶。公元前2年立法规定，凡用遗嘱释放奴隶者，其人数最多一次不能超过100人。公元4年又限制奴隶年龄，不足30岁者释放不合法。又规定释放奴隶要履行正式手续，必须在一个行政长官级以上的官员在场时举行释奴仪式，不然释放后得不到公民权。但实际上这些禁令都未见得能认真执行。

在罗马，不但被释奴隶数量很多，而且获得赎身或释放的奴隶许多都是青壮年。根据学者对罗马遗留下来的墓碑的研究，相当一部分奴隶是在30岁以前被释放的，甚至元首的奴隶也多是在30到40岁之间获释。为什么会出现这种现象？这可能有多种原因。

据查，在树碑纪念的年龄在30岁以下就去世的被释奴隶中有3/5是女性，有些碑文还写明她们同主人有婚姻关系。这种情况的被释奴隶显然是由于感情关系而获释的。

① Pliny the younger, *Letters*, 8.
② Tacitus, *Annals*, 13.
③ K. Hopkins, *Conquerors and Slaves*, 130.

有的奴隶主则是为了获取更多的利益而释放奴隶的。这些奴隶主常常与奴隶订立契约，允许奴隶用一定的赎金赎身。赎买自由的希望往往使奴隶循规蹈矩，努力工作。这样，在未赎取之前，主人便已得到赎买时奴隶所缴纳的丰厚赎金还本有余，又足够奴隶主用来买一个更年轻的奴隶。如未赎身前奴隶死亡，主人可得奴隶积累的财产。只有少数主人肯慷慨地向死者妻儿赠送财产和自由。

此外，也有些则是为了扩大政治势力，获得更多的拥护者和选票，或为了从国家那里获取更多的救济粮而释放奴隶的。

确实我们也发现有一部分奴隶主则是出于道义的考虑而释放奴隶。帝国初期，罗马的一些社会活动家和哲学家常常攻击对奴隶的残酷剥削，使伪善的主人难堪。主人认识到释放奴隶既有利可图，又可逃避指责，所以也愿意做这件事。

由于这些原因，罗马帝国时期，不断有人较大规模地释放奴隶，而且释放成年有为的奴隶。这对罗马国家来说是有利的，因为这能更好地发挥居民的才智和作用，使更多的人自愿为社会服务。

第十章
全盛时期的罗马帝国

第一节　弗拉维王朝

尼录自杀以后，罗马政局出现了一系列新的变化。罗马人既没有在朱理亚·克劳狄王朝里寻找尼录的接班人，也没有再恢复共和国的统治形式。替代尼录的是一些与军队有密切关系的新元首。首先是近西班牙总督加尔巴，他被所辖军团拥立为元首。加尔巴是一位功勋卓著且有丰富政治经验的行政长官。来到罗马后，他公开表示不赞成专制制度，并自称是"元老院和罗马人民的副将"。同时，他又对士兵尤其是近卫军采取十分强硬的措施。甚至威胁近卫军说，他要用严厉的纪律来整饬他们的放荡行为。他声称："他习惯于选拔，而不是收买他的士兵"。这显然是与近卫军的要求相违背的。由于这些缘故，他遭到了近卫军的强力反对，才当了7个月的元首就被近卫军士兵杀死。加尔巴的最大失误是他并不明白，他的上台是西班牙军队拥立的结果。既然西班牙军团可以拥立自己喜欢的人为元首，那么其他的军团也可以拥立自己喜欢的人为元首。

69年1月15日，近卫军推选奥托为元首，除去西班牙、高卢和不列颠以外，元老院和大部分行省都承认了奥托。然而，奥托政权的寿命也很短，仅维持了3个月。莱茵军团公开表态，不服从他的领导，他们宣布自己的军事指挥官维特里乌斯为元首，并派兵进攻罗马。在阿尔卑斯山脚下双方发生一次激战，奥托兵败自杀。意大利为莱茵军团所控，其首领维特里乌斯的元首地位也得到了元老院的迅速承认。

莱茵军团的行为开创了边疆军团干预罗马政治的新局面。莱茵军团的胜利，也使得其他军团尤其是多瑙河兵团和东方军团垂涎起来。莱茵军团与多瑙河兵团和东方军团间的矛盾凸现。多瑙河军团拒绝接受维特里乌斯的元首地位，公开拥立正在犹太作战的罗马指挥官弗拉维乌斯·韦斯帕芗为元首。"因为他们已经发现了元首政权的秘密，即不仅在罗马，就是在其他地方也可以成为罗马的首脑"。[①] 69年秋天，多瑙河军团还没等东方军团到来，就开始向罗马进军。同年十月，多瑙河军团击败莱茵军团的主力。12月，占领罗马城。维特里乌斯被杀，元老院在韦斯帕芗不在场的情况下，正式承认他为罗马元首。[②] 68—69年的大规模军团骚乱终以罗马多瑙河军团和东方军团的胜利而告结束。从此，罗马进入了弗拉维王朝统治的时代（69—96年）。

弗拉维王朝是一个家族王朝，时间虽短，但在罗马历史上占有非常重要的地位。尤其是弗拉维王朝所推行的行政管理和税收政策对后世影响很大。

---

① Tacitus, *Histories*, 1.
② 韦斯帕芗大约要在半年后才到达罗马。

一、韦斯帕芗

韦斯帕芗出生于意大利的萨宾地区。祖父是一个普通士兵，父亲是一位很小的税务官。虽然在出身方面他不及其他贵族，但他精明能干，热情大方。他完全靠自身的才能升至统领整个罗马世界，是罗马历史上第一个出身于非贵族阶级的元首。

韦斯帕芗即位时，帝国局势非常艰难。国库一贫如洗，军纪败坏不堪，行省起义不断。韦斯帕芗首先对各地起义加以残酷镇压。70 年，韦斯帕芗的儿子提图斯率军围困犹太起义的中心耶路撒冷，最后城被罗马军攻陷。城内大部分居民在可怕的巷战中阵亡，小部分被俘的居民则被卖为奴隶。神庙在突击时被毁，城市被夷为平地。提图斯本人因这次胜利而在罗马举行了辉煌的凯旋仪式。① 他的凯旋门至今还立在以往曾为罗马广场的地方。接着，韦斯帕芗又镇压了高卢和莱茵河的日耳曼人起义。恢复了罗马在莱茵河以南的统治。

韦斯帕芗在镇压了各地的起义后，针对"一部分军队由于胜利趾高气扬，飞扬跋扈；另一部分军队则因可耻的失败痛心疾首，怨气冲天"这种状况，采取坚决措施，对军队进行改革。首先，他遣散和处死维特里乌斯的士兵，解散参加起义的日耳曼军团，减少近卫军步兵队的数目：从维特里乌斯当政时期的十六队减至九队，把意大利的无产者从军队行伍中彻底排除出去，规定：除一部分近卫军外，地方上的驻屯军皆从各省招募。近卫军长官一职由其儿子提图斯担任，防止近卫军不断干预政治。

其次，建立新的征募辅军的政策。按照过去的政策，辅军都从那些根本没有都市生活的各族人民和部落中征募，因此，这些人的文化程度很低。从韦斯帕芗开始，选军和辅军之间的来源发生明显变化，选军和辅军之间的本质渐趋消失。这两种军队都从行省里征募，有行省居民，也有罗马公民出身的士兵。辅军虽然享有其种族番号，但并非仅限于某一部落或某一地区的人。例如，色雷斯军团里就有许多其他种族的人。这种把各民族、各部落混合于军事团体中的政策是多民族国家的一种明智的政策。也正是从韦斯帕芗开始，在一个行省的辅军中，本地征调的辅军部队已不再占多数了。以埃及和阿非利加的辅军而言，本地的步兵营往往只占少数，而多数部队的番号与埃及和阿非利加无关，而且其中的士兵纵然有几个出生于埃及和阿非利加的，但为数也不多。

对于常驻罗马城的部队，韦斯帕芗也同样采用开放政策，他不但从意大利人那里招募，而且也从外省，尤其是罗马化程度较高的地区，如高卢南部、西班牙、马其顿等地招募。军队帝国化是韦斯帕芗军事改革的重要内容。

在内政方面，他迫使元老院通过特殊法令，赋予他非常广泛的权力，使他有权采取他认为对国家利益十分必要的一切措施。从而用法律的形式把元首的地位巩固起来。

---

① Josephus, *The Jewish War*, 6.

73 年，韦斯帕芗利用监察官权，对元老院进行改革，清除最腐败分子，并将意大利人和行省居民中最有威望的人遴选出来，让其进入元老院。同时，为扩大帝国和元首政治的社会基础，他除了处理好元首和罗马公民的关系以外，将千余家行省富豪从西班牙和高卢等地迁入罗马，授予西班牙原有城市和西方许多城市以拉丁公民权。这样，罗马元首与意大利居民、行省居民的关系更加密切。

为了充实耗竭的国库，韦斯帕芗紧缩宫廷开支，广开税源，甚至坟地、厕所也要上税。这些措施引起了社会各方的不满，甚至连他自己的儿子提图斯也不理解。但这些措施确实是统治领土广阔的帝国所必需的。经过韦斯帕芗几年的努力，罗马财政大有好转，正是在他的统治时期，罗马在城市中心开始修建可容纳 85 000 人的弗拉维圆形大剧场。这一剧场在提图斯为元首时竣工，一直保存至今。它既是罗马帝国强盛的标志，也是罗马文明发达的一种象征。

二、提图斯和图密善

79 年夏天，韦斯帕芗去世，其长子提图斯继位。提图斯年轻时随父亲在东方军团服役，参与对犹太人的战争，韦斯帕芗就任元首后，他继续留在东方，担任犹太战争的总指挥，并带领罗马军队取得了最后的胜利。在罗马人看来，提图斯勤勉能干，体恤民众，其统治时代，被当时人称作是"人类的欢乐（Deliciae Generis Humani）"时代。不过，在提图斯继位的那一年，意大利遭受了一场大的自然灾难。此年的 8 月 24 至 25 日，维苏威火山突然爆发，这次火山喷发埋没了庞培伊、赫兰尼乌姆、斯塔比（斯塔比亚海堡）、奥普隆提斯等坎佩尼亚城镇。著名科学家老普林尼（23—79 年）在这场灾难中遇难。

81 年，提图斯因患热病去世。近卫军立即宣布其弟图密善为元首，不久，元老院也投票把元首这一头衔授予图密善。

在图密善统治时期（81—96 年），元首与元老院之间的平衡关系遭到破坏。元首要求元老院称他为"主人（Dominus）"和"我们的神（Deus Noster）"。由元首左右组成的元首御前会议完全把元老院排挤在外。为了补偿国家和宫廷的庞大开支，他既不开源，也不节流，而是采用暴君尼录采用过的没收政策，毫不留情地向那些惯于逃税的达官显贵开刀，征收他们欠缴的税款。如若不缴，就没收其财产。

图密善的专制统治激起了元老贵族的强烈反对。在当时的作家如塔西佗、朱文纳里斯等的作品里都充满了讽刺元首的内容。反对派从公元 1 世纪 80 年代起不断组织反对元首的阴谋。图密善就用流放和死刑的办法加以反击。88 年，日耳曼总督萨尔图尼乌斯发动暴动，图密善进行严厉镇压，大批阴谋的参加者被杀。进入公元 1 世纪 90 年代，反对图密善的阴谋一个接着一个，以致图密善政府公开地走上了恐怖道路，许多人被处死，财产遭没收，甚至连元首家族的一些成员也不能幸免。图密善的血腥统治，使宫廷的高级官吏成天处于恐慌和自危状态。96 年 6 月，图密善终于被最亲近的人杀死在自己的卧室里。参与阴谋的人有图密善的妻子、两个近卫军指挥官和一些高级官员。

对于图密善历史上存在着两种完全不同的态度。贵族们因为不满于他明显的王政倾向、严峻和傲慢的性格，所以都不喜欢他。而军队士兵、普通人民和行省居民却又非常拥护他。他的行政能力虽然不及他的父亲，但他确实也为罗马的有效管理做了许多工作。这一点甚至连根本否定他的苏埃托尼乌斯也不得不承认。① 图密善之死，也就宣告了弗拉维王朝的结束。元老院乘机推举出旧贵族元老出身的涅尔瓦为元首。罗马历史于是进入了一个崭新的时期——安东尼王朝时期。

第二节　全盛时期的罗马帝国

英国著名历史学家爱德华·吉本在其名著《罗马帝国衰亡史》一书中曾这样写道："如果让一个人说出，在世界历史的什么时代人类过着最为幸福、繁荣的生活，他定会毫不犹豫地说，那是从图密善去世到康茂德继位的那段时间。那时广袤的罗马帝国按照仁政和明智的原则完全处于专制权力的统治之下。接连四代在为人和权威方面很自然地普遍受到尊重的罗马元首坚决而温和地控制着所有的军队。涅尔瓦、图拉真、哈德良和两位安东尼全都喜爱自由生活的景象，并愿意把自己看成是负责的执法者，因而一直保持着文官政府的形式。如果他们那一时代的罗马人能够安享一种合乎理性的自由生活，这几位君王是完全可以享有恢复共和制的荣誉的"。② 吉本的话虽然有所夸大，但在许多方面还是有一定道理的。

史学界普遍认为：安东尼王朝是罗马帝国的全盛时期。这一王朝从96年开始至192年结束，共经历了96年。其中有6位元首，他们分别是：涅尔瓦（96—98年在位）、图拉真（98—117年在位）、哈德良（117—138年在位）、安东尼（138—161年在位）、马尔库斯·奥理略（161—180年在位）和康茂德（180—192年在位）。③ 除康茂德以外，他们都是罗马帝国的杰出领导人，他们为罗马帝国的繁荣作出了贡献。

一、涅尔瓦和图拉真时期的罗马帝国

涅尔瓦为罗马旧贵族元老出身，曾参与了96年推翻图密善的宫廷政变，后经元老院推选而成为元首，所以与元老贵族有非常密切的关系。涅尔瓦即位不久就发誓，凡

---

① Suetonius, *The Lives of Caesars*：Domitian, 8.
② ［英］爱德华·吉本：《罗马帝国衰亡史》，上册，1页，黄宜思、黄雨石译，北京，商务印书馆，1997。
③ 算上与奥理略共治的元首维鲁斯，那么安东尼王朝的元首应为七位。

国之大事皆得由元老院磋商，并且保证不随意杀害元老。此外，他又对罗马的一些制度作了必要的改革。他赦免了被图密善放逐的人，恢复了他们的财产，缓和了他们的敌意，从而争取到了这些人的支持；同时，他还免除了许多捐税，降低了遗产税，解除了韦斯帕芗强加于犹太人的捐献。他紧缩开支以弥补国库的亏损。然而，过分的节廉也引起了近卫军士兵的不满。98 年，近卫军在卡斯佩里乌斯·埃里亚努斯的带领下包围皇宫，要求元首释放刺杀图密善的刺客佩特洛尼乌斯·谢格图都等，并要求杀死涅尔瓦的几个顾问。涅尔瓦在近卫军士兵的胁迫下被迫让步。这件事给他很大的教训，使他彻底认识到：军队是元首制政治稳固的基础，没有军队支持的元首是无法对帝国行使统治的。于是，他便效法奥古斯都，认自己的一位军事将领、上日耳曼尼亚的总督马尔库斯·乌尔披乌斯·图拉真为继子，并授予他恺撒的名字和保民官的权力。这样一来，图拉真不但成了涅尔瓦的继承者，而且也成了他的誓言，即凡国之大事皆得由元老院磋商，并且保证不谋害元老的承继者。图拉真是一位非常出色的大统帅，有丰富的行政经验，而在他的背后则有强大的上日耳曼军团。涅尔瓦把图拉真过继为儿子实际上也就解决了用军事因素巩固新的统治的艰难任务。

在涅尔瓦统治时期，尤其值得一提的是，是他首先创立了国家慈抚制度（Alimentum）。这一制度的主要受益者是贫苦的自由居民，其宗旨是帮助最困难的自由居民，来抚养他们的孩子。为此，他将价值六千万塞斯退斯的土地分配给贫民。后来的元首大多继承了这一制度。涅尔瓦这一措施的实行本身就说明意大利的经济，特别是农业经济，到公元 1 世纪末已经出现了明显的衰落。

98 年年初，涅尔瓦因病去世，正在科隆戍守的图拉真奉召继元首位。图拉真是第一位行省出身的元首。他出生于西班牙的伊塔利卡。他的父亲是罗马人，曾出任行省总督和执政官。图拉真一直随父亲在军队里长大，后从军，成为一位有名的军事指挥员。91 年他曾出任过执政官。图拉真的继位本身就表明罗马和意大利的贵族在政治上垄断地位已经消失；帝国各省富有的贵族上层已经掌握了帝国的领导权。

图拉真出身行省，但并不意味着他不懂传统。应该说，他比许多前任都明白元老院在罗马政治上的地位。所以，在内政方面，他非常重视元老院的作用，保护元老的利益，特别强调元老院成员的社会责任，要求元老院成员必须以 1/3 的财产在意大利购买地产。同时，为了减轻下层民众的疾苦，他发布命令：减轻农民赋税，以低息贷款给小农，让其购买土地，发展生产。

图拉真是奥古斯都以后第一个成功地拓展罗马帝国疆域的元首。101—106 年，图拉真曾两次兴兵攻打多瑙河下游的达西亚人，推翻了达西亚国王戴凯巴路斯的统治，把他的王国变为罗马的一个行省，并将大批罗马士兵和贫民移殖到那里去屯垦，既保卫多瑙河地区之安全，又解决了许多士兵和贫民的土地问题。现今的罗马尼亚就是由这些罗马人的殖民地发展而来的。通过这场战争，图拉真掠获了大量的财宝，仅奉献归朱庇特神庙的钱财就达到 5000 万塞斯退斯。为了庆祝这场战争的胜利，图拉真在罗马宣布罗马人民放假 123 天。元老院则通过决议，决定为图拉真建立纪功碑。这一纪功碑即有名的图拉真纪功柱一直完好地保持至今。

图拉真对达西亚的征服使罗马在黑海沿岸的势力得到进一步的加强。此后，图拉真便把其侵略的矛头从西方移向东方，开始了其一生中最后的征战。自公元前 1 世纪中叶以来，帕提亚一直是罗马帝国的劲敌，两国之间战争不断，疆界时有变动。图拉真为打败帕提亚人，曾进行了 18 年的战争。105—106 年，驻守在叙利亚的罗马军团，根据图拉真的命令占据了巴勒斯坦与阿拉伯沙漠之间的大部分地区和西奈半岛，建立了罗马的一个新行省——阿拉伯行省。接着在 114 年，图拉真又以亚美尼亚王国的宗主权问题为借口，向帕提亚大举进攻。次年罗马军队吞并了美索不达米亚。116 年，罗军沿底格里斯河南下，占领了两河流域，攻陷了帕提亚的首都特西丰，直抵波斯湾口。当时，图拉真站在波斯湾头颇有感慨，悔恨自己到了晚年才开始从事亚历山大远征的事业。图拉真在这片土地上建立了三个行省：改亚美尼亚国为亚美尼亚省；在亚述的故址上设立亚述省；在两河流域设立美索不达米亚省。① 图拉真是第一个也是最后一个到达波斯湾头的罗马元首。

公元前 30 年至 115 年罗马帝国征服的地区

时　间	地　区
公元前 30 年	埃　及
公元前 27 年	阿奎塔尼亚、阿卡亚
公元前 25 年	加拉提亚
公元前 16 年	路西塔尼亚
公元前 15 年	雷提亚、诺里库姆
公元前 14 年	科帝阿尔卑斯、滨海阿尔卑斯
6 年	麦西亚、犹大王国
10 年	潘诺尼亚
12 年	上、下日耳曼尼亚
17 年	科马吉尼、卡帕多西亚

---

① 见（美）M. 罗斯托夫采夫：《罗马帝国社会经济史》，上，284 页，马雍、厉以宁译，北京，商务印书馆，1985。

时　间	地　区
40 年	毛里塔尼亚
43 年	不列颠、色雷斯
106 年	达西亚、阿拉伯
114 年	亚美尼亚
115 年	美索不达米亚

到图拉真时期，罗马帝国的版图已经扩大到了最大范围。它东起两河流域，西及不列颠的大部分地区，南括埃及、北非，北抵莱茵河和位于多瑙河以北的达西亚。

在罗马历史上，图拉真显然是一位文治武功两方面都取得辉煌成就的元首。塔西佗曾经对涅尔瓦和图拉真执政的时代有过这样的评价，认为："在这段时间里，我们享有这样一种少有的幸福：我们在这一时期里可以按照自己的愿望去想，可以按照心里想的去说"。① 这显然是这位学者在经过多年的比较后得出的结论。

二、哈德良和安东尼的内政外交

图拉真在弥留之际，将哈德良收为养子。哈德良也出生于西班牙的伊塔利卡，是图拉真的表侄。从早年起，他就跟随图拉真转战各地，深得这位元首的赏识，被不时委以重任。图拉真死后不久，他便被叙利亚军团推为元首，这一行动不久又得到了元老院的批准。

哈德良是在军营里继任元首职位的，所以他继位后所做的第一件重要的事，就是调整图拉真的对外扩张政策。哈德良清楚地认识到，只有把帝国的全部力量集中起来，才能把图拉真的东方征服继续下去。而在当时，北方和西方的边防力量十分空虚，美索不达米亚的居民又明显地对罗马怀有敌意，要在这样的形势下固守越出幼发拉底河右岸的新边界将是十分困难的事。所以哈德良就任不久，就果断地放弃了图拉真所设立的亚述省和美索不达米亚省，并且让亚美尼亚重新成立仅仅依附于罗马的小王国，把罗马帝国在东方的边界缩回到幼发拉底河一线。不过，他还是保留了罗马帝国进入波斯湾尽头的通道。在其他的边界上，哈德良也采取同样的措施，主动放弃大规模的进攻政策，而仅着眼于防守。为了抵御日耳曼人的南侵，他在现今德意志的南部筑了一道长城。把莱茵河上游与多瑙河上游连成一片。此外，他又在不列颠岛北部建造了横贯东西的"哈德良边墙"，以防御那些居住在现今苏格兰的"蛮族"的侵入。在理顺对外政策以后，哈德良便把主要精力投入到帝国的内政建设方面。

---

① Tacitus, *The Histories*, 1.

哈德良在内政方面的主要措施，就是加强元首的个人权力，完善官僚机构。综观罗马帝国历史，我们可以发现，哈德良时代是罗马国家制度官僚化发展最大的时代之一。帝国的官僚管理制度在朱理亚·克劳狄时代就已奠定了基础。以后在弗拉维时期又有进一步的发展。但那时在中央官僚机构中占重要地位的是被释奴隶，因为中央机构和元首私人家业的管理机构没有什么分别，而后者的成员又主要来自元首的被释奴隶和奴隶。这种情况并不符合整个奴隶主阶级的利益，特别是不符合中等奴隶主阶层的利益。因此，必须要有所改变。到弗拉维当政的时候，帝国行政机构中被释奴隶的数目有所减少，但整个变化并不明显。骑士等级逐渐成了帝国官僚的主要补充者。到了哈德良时代，骑士几乎挤走了所有的被释奴隶，成为帝国官僚的主要补充者。

与此同时，哈德良还把由奥古斯都创建的元首御前会议变成一个官僚机构，元首御前会议的成员与普通官吏一样，能定时从国库中拿到薪金，因此，元首御前会议本身便失去了最后的独立处事的痕迹，变成了被元首付薪，为元首服务，唯元首马首是瞻的工具。因为元首御前会议成了常设机构，元老院的作用明显削弱。尤其值得注意的是，哈德良让许多法学家进入元首御前会议，以此来加强元首御前会议的审判职能，使其获得了解释法律的权力，从而为元首进一步集权奠定了法律基础。

哈德良时期虽然停止了对外征服，但在镇压内部起义方面却是不遗余力的。132年，哈德良出巡巴勒斯坦，他为了加强对犹太人的控制，决定在耶路撒冷的原址上另建一座新城，使之成为罗马人的居留地。并在原先耶路撒冷的耶和华神庙的场址上建立罗马主神朱庇特神庙。结果引起了巴勒斯坦全部犹太居民的大规模起义。领导这次起义的是牧师叶列萨尔和绰号为巴尔科克巴（意为"星辰之子"）的西门。起义军采用游击战的方法，不时地打击罗马的殖民者和罗马军队。134年，哈德良被迫派大军镇压。在长达三年的战争中，罗马人共毁灭犹太城镇50座，夷平犹太村庄985座，屠杀当地居民达58万人之多。[①] 经过这次浩劫，巴勒斯坦的犹太人开始过上背井离乡的悲惨生活，流落于世界各地。

138年夏天，哈德良病逝，由养子安东尼即位，安东尼是哈德良妻子的外甥侄儿，也是一位出生于高卢地区的罗马元首。安东尼在就任元首后所使用的名字是元首提图斯·埃里乌斯·恺撒·哈德良·安东尼·奥古斯都·庇乌斯。他之所以取得了"庇乌斯"[②] 这一绰号，主要是他反对元老院的指令，坚持把自己的继父奉为神明。在安东尼统治的23年中，由于他继承了哈德良的政策，可以说是整个帝国历史上最安定的时期。

在内政方面，安东尼十分注意调整各方面的关系。他即位后首先免除人民的欠税，将大量的私产捐入国库，并承担全部节日的费用。同时，又购买酒、油、米、麦，免费将其分配给平民。他善于理财，勤俭治国，所以死后国库充盈，结余达27亿塞斯退斯。

---

① Dio Cassius, *Roman History*, 69, 12, 1.
② 拉丁文为"虔诚"之意。

他勤于朝政，"如关心自己一样关心别人"。但为了保卫边疆，他也举行过一些军事活动。在不列颠，罗马人击退了苏格兰部落的骚扰，把边界向北推行了100公里，并在这里修筑了一道新的防御线——安东尼城墙。在黑海北部，从北高加索向前推进的阿兰尼人，攻袭本都北岸的希腊城市，后又侵犯了奥力维亚；罗马军队从美西西开来救援，并一举击退了阿兰尼人的入侵，免除了阿兰尼人对这一地区的大规模蹂躏，保卫了罗马国境的安宁。

安东尼的政策，得到了罗马人民的普遍拥护，所以他在罗马历史上享有很高的地位。

应该说，安东尼王朝的前四位元首统治时期（96—161年）是罗马中央政权最稳固的时期。在当时，罗马不但政治稳定，经济也有了快速的发展，罗马与世界之间的交往也日趋紧密。正如吉本所言："古代世界最遥远的地方的宝物珍品都被搜刮了去供给罗马人的挥霍。斯基太的森林提供了贵重的毛皮。琥珀从波罗的海岸由陆路运到多瑙河，蛮族对这些无用的商品在交换中能得这样的高价不胜惊异。巴比伦的地毯和东方其他制造品需求很大；但最重要的对外贸易部门是同阿拉伯和印度进行的。每年，约当夏至时，一支一百二十艘船的舰队从红海上埃及的一个港口迈奥肖尔莫斯出航。它们靠定期的季候风之助大约四十天横渡大洋。马拉巴尔海岸或锡兰岛通常是他们航行的尽头，在这些市场上，来自亚洲更遥远的国家的商人们等待着他们的来临。舰队返回埃及的时间确定在12月或1月，只要他们满载的货物一旦运到，就从红海用骆驼背到尼罗河，顺流而下，直抵亚历山大里亚城，于是毫不耽搁地源源注入帝国的首都。"①难怪当时的人们都称这个时期为帝国的"黄金时代"。

但从马尔库斯·奥理略开始，帝国境内繁荣的局面逐渐消失。当康茂德继位时，罗马帝国已经进入了政治和经济全面危机的前夕，连当时人狄奥也感叹，"从马尔库斯·奥理略死后，我们的历史从黄金时代进入了白银时代。"

---

① 见吉本：《罗马帝国衰亡史》，第2章，53～54页。翻译有改动。又见斯特拉波：《地理学》，2，5，12。

第十一章
西罗马帝国的灭亡

第一节　3 世纪危机

安东尼王朝的繁荣是真实的，但同时也是短暂的，它仅仅维持了半个多世纪。到马尔库斯·奥理略和维鲁斯共同执政时，罗马的内、外矛盾开始凸显。奴隶制危机的迹象到处出现，东方的帕提亚人屡犯东疆，边境战事不断。而正当罗马军队疲于抗击时，北方的日耳曼人又乘虚而入。罗马帝国已经步入其自身发展的衰亡期。

162 年，也就是马尔库斯·奥理略和维鲁斯共同执政第二年，罗马东方爆发了和帕提亚人的战争。维鲁斯前往前线指挥作战，并取得重大胜利。罗马军队不但占领了亚美尼亚，而且把美索不达米亚并入帝国版图。此战不久，西方的多瑙河上又传来了边警。自从图拉真以来，多瑙河沿线已经安定了半个多世纪。外边的日耳曼人很久都不敢进犯。可是到了 167 年，却有马可曼尼、夸提等日耳曼人渡过多瑙河，进入潘诺尼亚行省，一直打到意大利的北部，迫使马尔库斯·奥理略亲自带兵抗敌。从此揭开了日耳曼人与罗马人之间长达数个世纪的战争。起初，罗马军队打了不少胜仗，看起来，罗马的实力还显得很强，它完全有可能把帝国的边界向北推展到喀尔巴阡山。然而事态的发展并不顺利。西方的战事还未结束，东方的叙利亚又发生了新暴动。东方的暴动虽得以平息，但多瑙河上的战争却毫无进展。他让一些野蛮人定居帝国境内，还让其为帝国服役，替帝国守边。180 年，马尔库斯·奥理略死于温多波那（今维也纳）前线。马尔库斯·奥理略没有按照先例，将元首位传至罗马最有才能之公民，而是将其传给自己的儿子康茂德。康茂德继位后，为了应付日益窘迫的军费，主动与日耳曼人签订和约，允许日耳曼人以"同盟"之身份在帝国境内定居、安家。帝国和日耳曼人之间的边界线开始失去效能，进入罗马帝国的大门已经打开，日耳曼人的大批入侵也就是时间问题。

一、严重的经济危机

从公元 3 世纪 30 年代开始至 80 年代，罗马社会陷入了严重的危机。政治混乱，内战连绵，帝国政府全面瘫痪，劳动民众痛苦不堪。这种全面的混乱现象，历史上称作 3 世纪危机。

罗马在公元 3 世纪发生的社会危机有其深刻的历史根源和经济根源，与奴隶制的发展规则有密切的关系。罗马帝国是奴隶制帝国，奴隶是罗马帝国的主要生产者。奴隶的劳动不但维系着罗马权贵们的舒适生活，而且维系着帝国经济的有序运作。然而，奴隶始终处于社会的最底层。尽管哈德良"禁止主人滥杀奴隶，并且下令依法来审判他们所犯之罪，如果他们值得这样做的话。他还禁止没有理由地将奴隶卖为角斗士，把女奴卖给老鸨。"① 安东

---

① *Scriptores Historiae Augustae*, *Hadrianus*, 18.

尼·庇乌斯元首甚至规定，毫无理由地杀害奴隶的人，如同杀害他人的奴隶一样，应受同样处罚。安东尼·庇乌斯元首的另一宪令，又制止主人过分严酷。他在某些行省总督询问关于逃亡到庙宇里去和到元首塑像那边去的奴隶的情况之后规定，如果认为主人的严酷难以忍受，可以强制主人在公平合理的条件下出卖奴隶，主人可以取得其价金。[①] 但从公民法和万民法的角度来看：奴隶不是人，而是物，是主人的财产，是"会说话的工具"。他依附于自己的主人而生存。另一方面，因为罗马帝国主要是建立在剥削奴隶劳动的基础上的，所以只有经常进行战争才能不断补充大量奴隶，从而保证其自身的存在和发展。战争给罗马带来众多的人力资源，使强制劳动和集中较大规模的劳动成为可能。然而，在图拉真之后，随着罗马对外征服实力的日益削弱和消失，奴隶来源明显减少，奴隶成本不断提高。使用奴隶劳动已经越来越无利可图。更为严重的是，大量的奴隶劳动也对小生产者——农民和手工业者——的自由劳动产生了很大的影响。一种视劳动为耻的寄生心理在自由人中不断蔓延。公民们宁愿在城市里过着"面包加竞技场"的腐朽生活，也不愿意参加创造财富的生产劳动。早在65年，辛尼加在写给卢齐利乌斯的一封信中，对体力劳动就表示了轻蔑。他这样写道：

> 众所周知，有些东西仅仅出现在我们的记忆中。如玻璃窗的使用，它能让充足的阳光透过一块透明的玻璃照进房间；浴池下层结构及其嵌在墙上的管道，能发出热量，使池内土下水温相等。……还有速记，它能够记下最快的演讲，手舌并驾齐驱。但所有这些都是最卑贱的奴隶发明的。哲学则处于更高的地位，她并不训练人的手，而是精神的导师。……是的，我说，她绝不是一个仅仅为生产日常必需品而制造工具的工匠。

这些观念是罗马社会的真实反映，也是罗马自由民的真实想法，对于罗马社会的发展有严重的阻碍作用。至奴隶制衰落时，这种障碍作用就显得更为明显。正如恩格斯所说："奴隶制已不再有利，因此也就灭亡了。但是垂死的奴隶制却留下了它那有毒的刺，即鄙视自由民的生产劳动。在这里罗马世界就陷入了绝境：奴隶制在经济上已经不可能了，而自由民的劳动却在道德上受鄙视。前者是已经不能再作为社会生产的基本形式，后者是还不能成为这种形式。只是一次彻底革命才能摆脱这种绝境。"[②]

罗马城市的发展与农业有密切的关系。在奴隶制大田庄繁盛的时期，各地的农业曾有过较高的商品生产率，粮食、葡萄、橄榄都有过较大的市场。3世纪以后，由于政局混乱，军阀割据，再加上奴隶来源匮乏，大农庄生产日趋萧条，对市场的供应日益减少，加上城市商业的衰落，这个萎缩的趋势更加迅速，结果是大农庄越来越变成了自给

---

① 查士丁尼：《法学总论》，18页，北京，商务印书馆，1997。略有修改。
② 《马克思恩格斯选集》，第4卷，150页，北京，人民出版社，1995。

自足的整体。缺少奴隶劳动的大农庄，只得放弃大规模的耕作，把大农庄的土地分成许多小块，分别让隶农租种。"现在小规模经营又成为唯一有利的形式。田庄一个一个地分成了小块土地，分别租给缴纳一定款项的世袭佃农，或者租给分成制农民……但是这种小块土地主要的是租给隶农"。① 隶农制在帝国后期得到了快速的发展。隶农制的快速发展本身就是奴隶制衰落的结果，同时也是奴隶制走向衰落的一种表现。当然，奴隶制的衰落与退至次要生产方式并不是一夜完成的，它经历了很长的一段时间。

在帝国罗马，除了奴隶以外，还有隶农、行省下层居民等，他们都受到罗马国家的严厉剥削，尤其是到了 3 世纪以后，更是处于苦不堪言的状态。有的甚至愿意到"蛮族"那里去寻求自由。

二、政治混乱局面的加深

罗马于公元 3 世纪爆发的危机绝对不是一个局部的危机，也不仅仅是某个行业的危机，而是整个社会的危机。在这一时间段内，罗马不但经济衰退，而且政治混乱的局面也相当严重。中央管理失控，士兵的政治作用凸显，政局混乱，内战不休。192 年，康茂德被杀，贝提纳克斯（Pertinax）被推上元首宝座。但不过 3 个月，又为朱里阿努斯（Julianus）替代。朱里阿努斯开创了一个花钱买元首位的先例。大约与此同时，两位行省将军也被当地驻军立为元首。其中一位是上潘诺尼亚军团拥立的塞维鲁；另一位是叙利亚拥立的尼格尔。元老院遵照塞维鲁的命令，将上任不及 9 周的朱里阿努斯杀死。此后，塞维鲁挥师攻入罗马。194 年，塞维鲁在伊苏斯击败尼格尔。197 年，他又打败帝国西部有影响的人物阿尔比努斯，消除所有帝国政权的竞争者。罗马进入了塞维鲁王朝时期。

塞维鲁王朝的创立者是塞维鲁，他是阿非利加人。培养他成长的学校是军营，终身给其带来利益的是士兵，军队是其夺取元首宝座的主力，也是其权力稳定的保障。所以，当他执政后，其政策的中心就是讨好和笼络军队。他改造近卫军，把近卫军人数增加至过去的四倍；他增加军团数量，把图拉真时的 30 个增至 33 个；他允许士兵在服役期间娶妻生子，居住营外。即使临死时，他还叮嘱儿子们："让士兵发财，其余的人可以不管。"② 这句话虽短，但它正确地道出了塞维鲁政权的本质。正是在这种军人政权的控制下，罗马纳税者的负担日趋加重，社会中产阶级纷纷破产。

塞维鲁死后，他的儿子卡拉卡拉（211—217 年在位）继位。卡拉卡拉为贿买军队，被迫扩大税源，以减轻国库的财政负担。212 年，他颁布敕令，把罗马公民权授予帝国全体自由公民（投降者除外）。这个敕令的颁布使各行省居民除了缴纳他们应缴的各种捐税外，还要和罗马公民一样负担遗产税（Vicesima hereditarum）和被释奴隶税（Man-

---

① 《马克思恩格斯选集》，第 4 卷，145～146 页，北京，人民出版社，1995。

② Dio Cassius, *Roman History*, 77.

umissionum）。与这一现象形成明显反差的是在意大利人和罗马人中出现了自愿放弃公民权的现象。217 年，卡拉卡拉为近卫军所杀。

235 年，塞维鲁王朝被暴动的士兵推翻，罗马的政治危机也因为塞维鲁王朝的灭亡而更加加剧，罗马的"士兵元首"时代开始出现，元首的更迭颇似走马灯。这场政治危机一直波及了整个帝国并且持续了五十余年的时间。

塞维鲁王朝被推翻后，士兵们马上拥立马克西密努斯为元首。但他仅统治了 3 年，又为士兵所弃，成为士兵手中的刀下鬼。从这时起，国内发生了长期的混战。元首不断出现，又不断被杀，整个帝国完全处于群龙无首的无政府状态。

迦太基城的主教（248—256 年）启伯里安的下述文字是当时情况的真实反映。他这样写道：

> 看，道路被匪徒盘踞了，海上被海盗封锁了，到处是战争、营房、血腥的恐怖。全世界灌注了互相屠杀所流的血；如果只是个人杀人，就被认为是犯罪，然而，如果是公然杀人，则认为是勇敢的行为。有罪可以不受惩罚，这不是由于没有罪恶，而是由于坏事大得骇人听闻……人们不但实行犯罪，而且教导犯罪……
>
> ……尽管法律写在十二铜表上，尽管它刻在铜表上让大家知道，但是，就在法律的面前实行犯罪，侵犯法权。无罪甚至在应该得保障的地方也不能得到保护。相互的争执激烈到发狂的地步，罗马人之间没有和平，市场上响彻敌对的叫声。那里备有短剑、投枪、拷问器械：钳子和拷问台，还有火。对于一个人的肉体所施的刑罚比他的肢体数目还多。谁在抵御这些呢？保护人吗？可是他是背信弃义者和欺骗者。法官吗？可是他出卖自己的判决。本来是用来消除犯罪的人，但是，他自己就容许犯罪；而且，为了陷害无辜的被告，法官本人也就犯罪。
>
> 法律没有什么可怕，检查官和审判官没有什么可敬，收买得到的东西，就引不起畏惧。
>
> 那些你认为有钱的人，他们从这里到那里游玩取乐，把贫苦者从自己的邻居排出，他们无限制地向各方面扩展自己的地产，他们攫取了大量的黄金与白银，他们拥有无数的金钱，这些金钱被堆成堆或埋藏在地下，那些置身于全部财富当中的人，为忧虑和烦恼所折磨，为的是财产可千万不要被强盗偷走。[①]

帝国的无政府状况加重了下层民众的负担，使帝国境内的广大人民民不聊生，迫

---

① 周一良、吴于廑主编：《世界通史资料选辑》，上古部分，417～418 页，北京，商务印书馆，1985。

使其起义反抗。3 世纪初，在帝国的中心区意大利，就发生了布拉暴动。238 年，北非掀起奴隶、隶农和当地土著居民（柏柏尔人）的起义。[①] 263 年，西西里行省再次爆发奴隶起义。十年以后，罗马造币工人发动暴动，在凯里乌斯山的一次战斗中，起义者杀死了 7000 名罗马士兵。公元 3 世纪中叶，高卢地区爆发巴高达（Bagaudae，意为战士）运动。凡此种种都表明：罗马的社会矛盾已经相当尖锐，罗马的社会已经处在了崩溃的前夕。

3 世纪政治危机简表

时 间	元 首	篡位者	外 敌
235/238 年	马克西密努斯		阿勒曼尼、萨尔马提亚、加尔比和哥特
238 年	戈尔第安一、二世；普比埃努斯和巴比努斯		
238/244 年	戈尔第安三世		加尔比和哥特 波斯人
244/249 年	阿拉伯的菲力普	乌拉尼乌斯、帕加提安、乔达比安	波斯人、阿勒曼尼、加尔比和哥特
249/251 年	德西乌斯		加尔比和哥特
251/253 年	加鲁斯	埃米利阿努斯	哥特、波斯人、法兰克、阿勒曼尼
253/259—260 年	瓦勒良	印格努乌斯 奥达那图斯 波斯图姆斯	哥特、法兰克、阿勒曼尼、萨克森、摩尔、波斯、夸特和马科曼尼、罗克索拉尼、萨尔马提亚
259/260—268 年	加里埃努斯	马克利阿努斯 奎图斯 莱加利阿努斯 奥莱努斯 波斯图姆斯 莱利阿努斯 马利乌斯 奥达那图斯 瓦巴拉图斯（芝纳比亚）	法兰克、阿勒曼尼、波斯、哥特

----

① 见周一良、吴于廑主编：世界通史资料选辑，上古部分，426～429 页，北京，商务印书馆，1985。

时　间	元　首	篡　位　者	外　敌
268/270 年	克劳狄二世	马利乌斯 维克多利努斯 昆提鲁斯 瓦巴拉图斯（芝纳比亚）	阿勒曼尼、哥特、波斯、
270/275 年	奥勒良	维克多利努斯 特特利库斯 打败特特利库斯 打败芝纳比亚	法兰克、阿勒曼尼、加尔比和哥特、萨尔马提亚
275/276 年	塔西佗	弗罗利安	哥特、法兰克
276/282 年	普罗布斯		法兰克、阿勒曼尼、汪达尔、哥特
282/283 年	卡鲁斯		萨尔马提亚
283/285 年	卡利努斯		波　斯
283/284 年	努迈利安努斯		

与此同时，帝国北部的外族又不断对帝国的边境线形成攻击态势。251 年，多瑙河外的哥特人渡过多瑙河，击毙罗马元首狄西乌斯（249—251 年在位），第一次打通了去罗马帝国的道路。在帝国的西北部，法兰克人于 256 年起来到莱茵河下游，不久进入罗马高卢行省。在东方，新兴的波斯萨珊王朝也发兵西进，进攻叙利亚。罗马元首瓦勒良（253—259 年在位）率兵反击，结果成了波斯人的俘虏，备受凌辱。此后，日耳曼人继续涌入，不断打击罗马帝国的军事力量。他们和其他帝国被压迫居民一样逐渐成了动摇罗马帝国大厦的主要力量。

第二节　戴克里先和君士坦丁的统治

一、戴克里先的改革

3 世纪中叶的政治危机，至 3 世纪 80 年代才告结束。而真正结束这一局面的人恰恰是出身低微的戴克里先。

戴克里先（约 245—313 年）出生于达尔马提亚的戴克里亚，是一位被释奴隶的儿子。他经历了从士兵到高级军官的各个阶段，最后成为元首努迈安努斯的宫廷亲卫队长。284 年，努迈安努斯被杀，戴克里先被军队拥立为罗马的最高统治者，完成了由奴隶至将军再至罗马君主的整个过程。对于戴克里先，吉本在其《罗马帝国衰亡史》一书中曾有过下述评论：

> 戴克里先在恪尽自己的权责或在紧要关头，并不是没有担当。但是他绝非英雄人物，缺乏大无畏的气概，无法把危险和权势置之度外，不能以毫无虚伪之心以赢得举世的赞誉。实在说，他的才能偏于实用，不会夸耀引起猜忌；心智均衡，对人性的揣摩富于经验；处理事务精明能干又能讲求技巧；慷慨大方而且生活节俭朴实，常以军人的爽直掩饰深沉之心机；能随时改变手段以达成锲而不舍的目标；为了满足自己的野心，根本不顾虑别人，甚至违背自己的良知；但是有时也会假借社会正义和公众利益之名，以利于达成自己的企图。戴克里先也与奥古斯都一样，被视为新帝国的奠基者，就像恺撒的养子（指奥古斯都）是一位极其出色的政治家。①

这种奠基主要体现在政治体制、经济体制和军事体制的改革上，同时也体现在对基督教的政策上。

戴克里先执政期间，罗马虽仍为帝国之都，但已不是君主和帝国政府办公之地。戴克里先常住小亚的尼科米底亚，在这里发号施令，统治全国。他不受罗马传统的约束，不按奥古斯都制定的制度行事，而是自立规则，自创体制，以地上之神自居，穿戴华丽服饰，要求臣下称其为"多米努斯（Dominus）"，② 觐见时须行跪拜吻袍等大臣之礼。历史上常常把戴克里先所建立的这套统治制度，称作君主制（Dominatus）。

君主制以消除共和制残余为前提。众所周知，罗马共和国的核心是元老院。自奥古斯都以来，元老院虽然已不再是具有重大政治影响的国家机构，但它还保留着一定的影响，是罗马政坛一支不能忽略的力量。元首们可以对它施加压力，但不能轻视它。元首们所发布的法令都要经过元老院的同意。即使他们登位，也要经元老院批准。戴克里先继位后，剥夺了元老院的政治权力，所有全国性的政治问题都已不再交元老院讨论；元老院已失去了其最后的政治意义。正如吉本所言：它"已成为卡皮托里山丘上的一座令人起敬但毫无用处的古迹纪念碑了"。③ 此外，所有与元老院有关的共和制

---

① ［英］爱德华·吉本：《罗马帝国衰亡史》，第 1 卷，314 页，台北，联经出版事业股份有限公司，2004。

② 多米努斯（Dominus）最初不是指统治全国的一国之君，而只是表示对自己家养奴隶握有绝对权力的主人。后来，Dominus Noster 的称谓进入了正式法令和公共纪念碑的铭文之中，成为常见的对最高统治者的谄谀之词。

③ ［英］爱德华·吉本：《罗马帝国衰亡史》，上册，212 页。

行政官职如执政官、监察官、保民官等也都成了荣誉称号。帝国的全部权力都集中到了君主和以君主为首的官僚机构手中。共和制残余至此已被彻底消除。

"四帝共治制（Tetrarchy）"是戴克里先政治体制改革的重中之重。罗马近半个世纪的历史证明：历届元首虽然都竭尽所能掌控帝国，但没有一个人能把帝国的政权牢牢地控制在自己手中。为此，戴克里先特定"四帝共治"原则，以确保帝国的安定与统一。

所谓"四帝共治"实际上就是"帝国统一、四帝分治"①，以分权治理的模式统治帝国。具体而言，先于 286 年将帝国分成东、西两大部分，各设一名"奥古斯都"，分别由戴克里先和他的战友马克西米阿努斯充任。戴克里先掌管东部，坐镇尼科米底亚，管辖亚细亚、埃及和昔列尼、色雷斯和下美西亚，以保护东部帝国的安全；马克西米阿努斯掌管西部，坐镇米兰，分掌意大利、阿非利加、里西亚和诺里克，全权负责西部帝国的秩序。293 年，戴克里先又为两位"奥古斯都"设立两名副职，称"恺撒"。加列里乌斯管辖巴尔干其他行省和多瑙河地区，首府设在西尔米伊；君士坦西乌斯掌管西欧各省和毛里塔尼亚，首府设在特里尔。罗马仍被认为是帝国的首都，但已失去了政治意义，只是成为举行某些仪式的场所，变成了一座特殊的博物馆。两位恺撒既是两位奥古斯都的助手，也是奥古斯都未来的接班人。名义上帝国的立法权和行政权由两位"奥古斯都"掌控，但实际上最高权力仍由戴克里先掌握。戴克里先实行"四帝共治制"的目的：一是加强帝国的统治；二是想通过这种方法确立起比较稳定的帝国继承体系。遗憾的是这一措施并没有产生持久的作用。

行省是帝国的重要组成部分，也是戴克里先关注的重点。戴克里先在 297—305 年间对行省进行了全面、系统的改组，这是自奥古斯都以来的第一次。他取消了元首省和元老院省的划分，意大利的特殊地位也因此消失了。整个帝国划分为 12 个大行政区（Dioceses）。它们分别是：（1）东方行政区（埃及、叙利亚、美索不达米亚和阿拉伯），有行省 18 个；（2）亚细亚行政区，有 9 个行省；（3）本都行政区，有 7 个行省；（4）色雷斯和下美西亚行政区，有 6 个行省；（5）美西亚、马其顿和阿卡亚②行政区，有 11 个行省；（6）潘诺尼亚和诺里克行政区，有 7 个行省；（7）意大利行政区③，有 16 个行省；（8）维也纳即南部高卢行政区，有 7 个行省；（9）高卢行政区，有 8 个行省；（10）不列颠行政区，有 6 个行省；（11）西班牙行政区，有 7 个行省；（12）阿非利加行政区，有 7 个行省。治理大行政区的是那些副近卫军长官，他们直接隶属于近卫军长官。大行政区下设省，总数从原来的 50 个增加至 109 个④。在各行省，军权和民政管理权彻

---

① 297—305 年。

② 阿卡亚包括希腊、伊庇鲁斯和克里特岛。

③ 意大利行政区除了意大利本土外，还包括西西里等地区。

④ 加上成为特别行政区的罗马城应为 110 个。

底分离，分别掌握在不同的官吏手中。值得注意的是：意大利（不包括罗马）已经丧失了特权地位，与帝国的其他地区一样，必须缴税。这一改革的结果是：行省辖区明显缩小，行省总督与中央作对的机会减少，但同时，也使原先已经臃肿的官僚队伍进一步膨胀。

军队是帝国的基石，也是戴克里先自身安全的保障。戴克里先军事改革的重点是加速帝国军队的专业化进程。他创建骑兵卫队，取名王宫守卫，成员主要由日耳曼人组成；他把军队分为边防部队（limitanei，riparienses）和机动野战部队（Comitatus）①两种。机动野战部队是直属四帝指挥的常备野战军，用以镇压乡村和城镇民众的暴动；边防部队主要镇守在边疆地区，用以巩固边防安全，对付外敌入侵。由于战线增加，军队成本明显提高，军队人数也增至 60 万左右。在这 60 万士兵中，有隶农、有日耳曼人，当然也有帝国居民，军队成分已经越来越往多元的方向发展。军队士兵成分的变化，对于罗马帝国未来的走向有很大的影响。

戴克里先通过这些军政措施成功地确保了罗马帝国的完整与安全。东边和北边的边疆更加稳固，帝国境内的不安定区域也分别被四帝剿抚。帝国终于迎来了久违的安宁。

税收改革是戴克里先所有改革成败的关键。戴克里先的行政、军事改革造成了重叠的官僚体系与庞大的军队，从而导致了军政费用的巨额膨胀。而经济上的衰落与居民的贫困化又加深了国库税源之不足。况且，以前帝国各地征税情形都很不一致，有的地区交实物税，有的地区以现金纳税，有的地区二者兼有，这样就造成了征税制度的混乱。戴克里先改革税制，规定赋税以实物为主，统一全国税收规则，改变征税过程的随意性。他把整个帝国划分成稳固、有序的收税区，建立管理严密、可操作性强的收税网。规定：农村居民一律课征人头税和土地税。人头税的单位是 Caput（人头），成年男子缴全税，妇女减半。城市无地的居民只纳人头税，缴纳货币。为了保护官吏及老兵的利益，戴克里先特规定：官吏、老兵、无产者和奴隶免税。土地税的单位是犹格（Jugerum），这一单位的大小又随着土地的质量、地区和种植物的性质而有所不同。新的税收制度使国家能够较好地控制税源，基本上保证了帝国政权机器的日常运转。但它确实加重了帝国劳动大众的负担，导致了"小农资源枯竭，农田弃置和可耕地变少"等现象。②

货币是一个社会稳定的基础。奥古斯都曾确定了固定的货币重量和不同钱币之间的关系。但从其后继者开始，劣质货币泛滥，充斥市场。为了阻止罗马帝国货币的不断贬值，戴克里先重新制定新的货币标准，规定每个标准金币的含金量为 5.45 克；同时还规定金币和其他货币的兑换标准。

---

① 机动野战部队因直属四帝，所以又可以将其译为侍卫部队或扈从部队。
② Lactantius, *De Mortibus Persecutorum*, Kampen, Kok Agora, 7.

302 年，为抑制全国性物价上涨，戴克里先破天荒颁布"物价敕令（Edictum de Pretiis Venalium Rerum）"，规定所有重要物品的法定最高价格和重要行业工人的最高工资标准。[①] 戴克里先自称：之所以颁布这一敕令的目的不仅是为了单一的自治市、单一的民族、单一的行省利益，而是为了整个世界的利益。其打击犯罪的措施合法、合理，因为当我们的军队在为全体的安全作战时，"奸商则以高于市价四倍、八倍，甚至高得不可形容的价钱敲诈他们，使他们有时候必须花光所有的军饷及奖金去购买一件东西，以至于全国百姓所缴纳来供养士兵的税金，最后都落入那些掠夺者手中；兵士们经过自己服军役而获取的报酬和退伍所得的奖金都送进了利润追求者之手。"[②] 戴克里先的"物价敕令"是世界上以政府法令抗衡经济法则同时又很快遭到经济法则淘汰的典型例子。因为这一敕令不符合罗马经济发展的自身规律，脱离实际，所以，不久就名存实亡了。

为了维护帝国的统一，戴克里先一方面主张复兴罗马的古老宗教，推行罗马古老宗教的信仰；另一方面又强调君主政权的神性起源，以证明其政权的合法性。他把罗马旧神朱庇特视作是君主的主要保护者和世俗最高政权的来源，使一切和他们相关的事物都具有神性的光环。

戴克里先的宗教政策显然是与当时已成气候的基督教相矛盾的。众所周知，早期基督教产生于罗马帝国东部的巴勒斯坦地区，后来扩张至帝国各地。参加基督教的成员"最初是奴隶和被释放的奴隶，穷人和无权者，被罗马征服或驱散的人们"。他们都"属于人民最下层的'受苦受难的人'……在城市里，是形形色色的破产的自由人……此外还有被释放的奴隶和特别是未被释放的奴隶；在意大利、西西里、阿非利加的大庄园里，是奴隶；在各行省农业地区，是日益陷入债务奴役的小农。"[③] 公元 2 世纪以后，有相当多的罗马富人加入了基督教，进入了教会的上层，从而使基督教的性质发生了很大的变化。到了公元 3 世纪，帝国境内信奉基督教的人数就达 600 万。与此同时，基督教的组织形式越来越完善，教会的数目也越来越多。据统计，帝国境内的教会在 98 年为 42 个，以后的两个世纪内，教会又以平均每年大约递增两个的速度发展。教会的迅速发展显然是与戴克里先的治国理念相违背的。教会敌视罗马帝国，他们或拒绝参军，或不遵守纪律，不承认君主为神。基督教作家甚至用各种理由来证明罗马帝国末日的不可避免性，称戴克里先的"黄金时代"为渎神时代。这一切都对戴克里先的君主制政权形成巨大的挑战。303 年 2 月 23 日，戴克里先下令拆除尼科米底亚的

---

① 关于物价敕令的中译文，参见周一良、吴于廑主编：《世界通史资料选辑》，上古部分，418～423 页。

② Naphtali Lewis and Meyer Reinhold, *Roman Civilization*, Vol. 2, Columbia University Press, 1966, p. 465.

③ 《马克思恩格斯全集》，第 22 卷，541 页，北京，人民出版社，1965。

基督教教堂，命令基督教徒交出他们的经文焚毁。同年夏天，他下令逮捕所有基督教教会主教。稍后，他又发布敕令，规定只要被捕基督徒向罗马神灵献祭，就可获释。次年，他又命令所有基督徒向罗马神灵献祭，否则处死。戴克里先对基督徒的迫害政策来势凶猛，涉及面广，但持续时间不长，历时两年，没有造成持久的影响。它随着305 年戴克里先的自动退位而告结束。从罗马历史上看，戴克里先对基督徒的迫害也是最后一次大规模的迫害基督教活动。在这次迫害中，约有 3000 名基督徒殉难，也有许多人被迫退出教会，有的甚至叛教。据犹西比乌斯记载：在巴勒斯坦的 20 名主教中，19 名叛教，只有 1 人坚持信仰基督教，被判处死刑，所有神甫中也只有 1 人被罚下矿劳动。①

戴克里先执政大事记

时间/年	戴克里先执政大事要略
284	戴克里先被军队选为奥古斯都
285	击败卡里努斯；马克西米阿努斯成为恺撒
286	马克西米阿努斯成为奥古斯都，与戴克里先共治帝国
293	君士坦提乌斯和加勒里乌斯晋升恺撒位
294	戴克里先货币改革
296	不列颠再次被征服
297	波斯攻击罗马帝国；反摩尼教
298	尼斯比斯和约
301	最高限价法令颁布
303—304	迫害基督教
304	去罗马进行就职 20 年庆典
305	戴克里先和马克西米阿努斯同时退位

戴克里先进行的一系列改革措施，虽然暂时稳定了帝国的统治。但因为这些措施完全是建立在强制执行的基础上的，违背客观规律，尤其是经济方面的客观规律，所以好景不长，不久也就失去了作用。305 年，戴克里先和马克西米阿努斯宣布退位，罗马帝国再度陷入无序和混乱状态。324 年，君士坦丁击败帝国的另一竞争对手李锡尼，结束长达 18 年的混战，并最后将帝国统一起来。帝国进入了君士坦丁家族统治的时代。

---

① Eusebius, *Ecclesiastical History*, 8.

二、君士坦丁的统治

君士坦丁出生于上美西亚的内索斯。他是罗马帝国西方奥古斯都君士坦提乌斯的儿子。306 年夏天，君士坦提乌斯在担任奥古斯都仅 15 个月之后死于不列颠的约克。君士坦丁当即就被军队宣布为奥古斯都。君士坦丁显然是"四帝共治制"的受益者，但同时也是戴克里先退休以后"四帝共治"混乱局面的结束者。312 年，君士坦丁在罗马的米尔维安桥打败了马克西米阿努斯之子马克森提乌斯（Maxentius），成为西部唯一的奥古斯都。313 年，李锡尼击败马克西米努斯·戴亚，成为东部地中海的唯一统治者。至此，罗马帝国又进入了两头统治的局面。324 年，李锡尼在遭到数次失败后投降，君士坦丁胜利进入尼科米底亚，成为罗马帝国唯一享有绝对权力的统治者。这一地位至死没有动摇。

君士坦丁治理国家的最大特色就是废除四帝共治体制，加强个人的独裁权力，实行典型的家族统治。除了他自己为奥古斯都直接控制帝国的核心地区以外，他任命三个儿子和一个侄子为恺撒，协助其治理帝国。其中君士坦丁二世于 317 年 3 月成为恺撒，掌管西班牙、高卢和不列颠；君士坦提乌斯于 324 年 11 月成为恺撒，管辖叙利亚、埃及等省；君士坦斯于 333 年 12 月立为恺撒，治理意大利、伊利里亚和北非，[①] 335 年9 月，君士坦丁任命其侄儿达尔马提乌斯为恺撒，此后，他又任命另一侄子汉尼拔阿努斯为"王中之王和本都诸国之王"。各辖区分别处理自己的具体事务，但所有大事皆由君士坦丁决定。非常遗憾的是君士坦丁没有具体安排哪一位恺撒接替他的奥古斯都位，这就为未来君士坦丁儿子们的相互残杀埋下了祸根。

君士坦丁大事记

时间/年	君士坦丁执政大事要略
306	君士坦丁之父君士坦提乌斯去世；君士坦丁在不列颠约克被军队举为奥古斯都；马克森提乌斯在罗马为奥古斯都
308	卡努顿会议
310	图米提乌斯·亚历山大叛乱
311	加列里乌斯声明；加列里乌斯去世
312	君士坦丁取得米尔维安桥胜利
313	米兰声明；李锡尼取得对戴亚的胜利

---

① 见北京师范大学世界古代史教研室编：《世界古代及中古史资料选辑》，284～286 页，北京，北京师范大学出版社，1991。

续 表

时间/年	君士坦丁执政大事要略
316	君士坦丁与李锡尼间的战争
317	克里斯普斯、君士坦丁二世为恺撒
324	君士坦丁战胜李锡尼；君士坦提乌斯二世为恺撒
325	尼西亚会议
326	克里斯普斯被处死
330	迁都君士坦丁堡
333	君士坦斯为恺撒
335	达尔马提乌斯为恺撒
337	君士坦丁去世

324 年，君士坦丁模仿戴克里先把帝国的权力中心放在东方，选址拜占廷作为未来的新都，开始建设。330 年，君士坦丁正式迁都拜占廷，并以自己的名字命名该城，称君士坦丁堡（Constantinople），即君士坦丁之城，又称"第二罗马"。迁都君士坦丁堡意义有二：一在军事上，可以监视、控制帝国的东、西两条战线，即：多瑙河战线和幼发拉底河战线；二在政治上，可以摆脱罗马传统势力的牵制，独立行使自己的权力，建立效忠于自己的官僚和军队系统。

从政治上讲，君士坦丁充分展现了其作为政治家在治国方面睿智独到的一面。他在巩固原有统治力量的基础上，又不断扶植新的政权基础，使基督教成为维护帝国统治的重要政治力量。基督教是与罗马传统信仰格格不入的宗教，其信众主要集中在帝国的东部，基督教虽然屡次受到罗马政府的迫害，但其发展速度还是相当惊人。利用基督教这一力量为自己的政治服务一直是君士坦丁所追求的目标。313 年，他与东部帝国的奥古斯都李锡尼联名发表著名的《米兰指示》①，现将主要内容翻译如下：

鉴于不能否定信仰自由，每人都应有权根据自己的信念和愿望奉信自己选择的宗教，我们早已下令要求允许基督教徒（及其他人等）保留自己的信仰和教派。……

我，君士坦丁奥古斯都和我，李锡尼奥古斯都选定吉日在米兰聚会讨论一切有关公益和安全的大事。在一切有利于万民的大事中，我们认为首先应

---

① 以前多称作《米兰敕令》，又称《宽容敕令》。但从犹西比乌斯留下的全文看，君士坦丁和李锡尼在米兰并没有发表一个总结性的敕令，而只是对行省总督发表了详细的指示。

作出规定保证尊重对神的信仰，就是给基督教徒及其他一切人以无限制的权力去按自己的意愿和方式信仰宗教，俾使天上的一切神祇都受到应有的崇拜，从而对我们和我们治下众人普施恩泽。因此，从有利而且明智的角度出发，我们决定采取下述政策，具体说，即我们认为无论何人都不应被拒绝其虔信基督教或其他他认为对自己最合宜的宗教的权利。这样，我们以开明思想予以崇敬的最高神祇将普降幸福于万民。因此特通知阁下，我们的意愿是将前次送达阁下的有关基督教徒的信件中所含规定完全作废。现在凡愿接基督教徒方式信仰者应自由无条件地保留其信仰，不受任何干扰和干预。这一切，我们愿明白无误地讲清以便阁下获悉我们已经给所谓"基督教徒"以自由信奉其宗教的绝对权利。通过了解我们颁给所涉及之人以此种特惠，阁下可理解对于其他人也应该颁给同样的自由和不受限制的宗教信仰，这是与我们时代的和平精神相一致的，即每人都可有无限的信奉自己所选择的宗教之自由。这样做是为了表白我们无意贬低任何形式的崇拜和信仰。

此外，特别关于基督教，我们决议应规定下列条款：关于他们经常集会的场所，我们向你们下达的前信中，曾提到一条既定政策。现在重申，无论何人前次购得此种场所，或由国库出款，或用其他款项，均应将该场所交还给基督徒，不得要求付款或任何补偿，不得作弊或有任何含糊。如有人作为接受礼物而获得此种场所，他们同样应将原地点尽快交还给基督教徒。此外，如购有此种地点或作为礼物接受此种地点之人提出申请要求特惠，那就请他们向各大区副首长提出申请以便我们考虑他们的要求看是否应给以特惠。所有这一切都应在你们的干预下立即迅速转交给基督教组织不得有误。

再者这些所谓基督教徒不仅拥有其经常聚会的场所，而且还拥有一些不属个人而属其集体，即教会所有的财产。对此，你们应依我们上面所提之法令，毫不含糊而且无争议地归还给基督教徒，即还给他们的组织或集体。当然。依照上述规定，凡无偿交还教产者将会由我们捐款给予补偿。

在此诸事务上希你们能以最有效手段进行干预，力求此项指示迅速全部付诸实施以维护上述基督教组织之利益，并使我们的仁政在公共和平治安上得以体现。

至此，如前所述，我们在许多事情上已享受到的天赐恩惠将继续长存并使我们和万民共同繁荣昌盛。鉴于此法令及仁政应公布于万民，希你们广发告示，将此文件四处张贴，以求家喻户晓，千万不要使我们的仁政掩埋于默默无闻之中。①

---

① Eusebius, *Ecclesiastical History*, 10, 5.

《米兰指示》的价值就在于：罗马帝国的当政者正式宣布所有人都有信奉宗教的自由，并公开承认基督教的合法地位。这在罗马历史上是具有划时代意义的。此后，君士坦丁又采取各种措施扶植基督教。君士坦丁的基督教政策不但改变了罗马政府传统的基督教政策，把基督徒从传统的受迫害者变成了保护的对象，而且还改变了基督徒对罗马政府的看法，使基督徒从罗马政府的反对者转变成政府的支持者，从而为基督教最后成为罗马帝国的国教打下了重要的基础。正是在君士坦丁的扶植下，基督教得到了很大的发展，大批民众纷纷改信基督教，中等阶级的上层，也因为基督教神职人员可以享受各种特权而纷纷皈依了基督教。

教会是基督教的组织核心，也是必须严加控制的对象。对教会的教义、宗教活动、人事、经济严加管理是君士坦丁的一大特色。325年，为了更有效地利用基督教为自己的统治服务，统一主教们的思想和行为，统一基督教的教义，解决教会内关于神学问题的争论，突出君主在解决宗教事务方面的领导力量，君士坦丁在小亚细亚的尼西亚城召开了一次由各地基督教会主教参加的会议。会议在王宫的最大会议厅举行，君士坦丁亲临大会。犹西比乌斯描写了这次会议的盛况。"欧罗巴、阿非利加和亚细亚所有教会上帝的奴仆中居首位的主教都来了；从西利西亚、腓尼基、阿拉伯、巴勒斯坦、埃及、底比斯、利比亚以及美索不达米亚来的主教全都遵从上帝的旨意，济济一堂齐集于此。波斯的一名主教也参加了这次宗教大会，西徐亚的主教也未缺席。本都、加利西亚、庞非利亚和卡巴多细亚的人也来了。福利基亚细心挑选最精干的人来参加，色雷斯、马其顿、亚加亚、伊庇鲁斯和很多位于这些地区以外很远的人也来了，总共出席者二百五十多位主教。"犹西比乌斯认为："这是一次决定结束各种矛盾的会议。开会那天参加者均已到齐。会议在王宫中最大的大厅里举行；大厅两侧设置了一排排座位，全体与会者谨慎地坐定，人人屏声静气，等待君主驾临。于是君主近臣执事一个、两个、三个相继进来。来者不像往常，并非他的侍臣或卫士，而是信奉基督的顾问和臣下。然后执事者示意君主驾到了，于是全体起立，君主本人步入大厅走到中央。……他身披紫红色长袍，上面镶满为此盛会特别装饰的珠宝，金碧辉煌，光彩夺目。至于他本人，显然敬畏上帝和虔信的美德使他容光焕发、神采奕奕。"① 会议在君士坦丁的主持下达成共识，即："我们信仰唯一的上帝、天父、万能的神、一切肉眼可见和不可见事物的创造者。我们信仰唯一的主耶稣基督，上帝之子，来自圣父，唯一的独子，也就是说，来自圣父本质，上帝来自上帝，光来自光，真神来自真神，来自而非造自圣父同质，一切事物经由他而存在，包括天上和尘世，为了我们人类，为了拯救我们，他下凡化为肉身。成为人，承受痛苦，在第三日升天，会前来审判有生命的和已过世的。我们也信仰圣灵。但是那些说他曾经不存在，在他出生前他并不存在，以及他来自虚无，或者那些说他与上帝不同质，或圣子会改变，公教和使徒教会诅咒

---

① Eusebius, *Life of Constantine*, 3, 6–10.

这些人。"① 会议同时宣布：阿里乌斯派为"异端"。337 年，也就是在君士坦丁生命结束之时，他由尼科米底亚主教犹西比乌斯施洗，正式成为基督教徒。君士坦丁是第一位成为基督教徒的罗马最高统治者。

君士坦丁对基督教的支持和利用，固然与其统治有关，但他的这些措施对基督教本身的发展确实有重大的意义。从此以后，基督教也就成了西方社会唯一重要的宗教。大约在 392 年，罗马君主狄奥多西正式承认基督教为罗马国教。

第三节　西罗马帝国的灭亡

一、罗马帝国后期的人民起义

337 年 5 月 22 日，君士坦丁去世。去世以前，君士坦丁没有具体指定自己的接班人，罗马最高权力出现空缺。为争夺奥古斯都位，皇族内部发生厮杀，君士坦丁自己的兄弟和他们的多位儿子以及大臣皆遭杀害。337 年 9 月 9 日，君士坦丁的三个儿子各自冠上奥古斯都头衔，帝国三分。君士坦丁的长子和三子统领西部，次子君士坦提乌斯掌控东部。不久，兄弟间又刀兵相加，为独享政权而不惜相互残杀。353 年，君士坦丁的次子君士坦提乌斯二世一统帝国，但最后又被君士坦丁的侄子朱里亚努斯推翻。363 年，朱里亚努斯在与波斯的战争中负伤，并死于返回途中。君士坦丁王朝也随着君士坦丁家族间内乱的结束而结束。此后，帝国又出现了两个奥古斯都，东西帝国间的分裂已经在所难免。

君士坦丁家族统治表

时间/年	君士坦丁家族统治情况要略
337	君士坦丁二世、君士坦提乌斯二世和君士坦斯为奥古斯都
340	君士坦丁二世去世
350	君士坦斯去世
353	君士坦提乌斯二世统一帝国
354	加鲁斯恺撒被处死
355	朱里亚努斯为恺撒
357	君士坦提乌斯二世到达罗马

① Socrates Scholasticus, *Ecclesiastical Histories*, 1, 8.

时间/年	君士坦丁家族统治情况要略
360	朱里亚努斯为奥古斯都
361	君士坦提乌斯二世去世
363	朱里亚努斯因伤去世

　　4 世纪 70 年代，日耳曼人大规模的迁徙活动拉开帷幕，其迁徙的目的地就是罗马帝国。西哥特人起到了先导的作用。"哥特人散布在色雷斯的每个角落，并且小心翼翼地向前推进，而那些早先已经投降于罗马人的同乡或俘虏则把富有的村落，特别是那些可以找到丰富粮食的村落指给他们。除了与生俱来的自信以外，下面的帮助对他们也是一种很大的鼓励，即：以前被商人出卖的本族人，还有当他们初来时，因为饥饿交迫被用来换一口劣质葡萄酒或几块可怜的面包而把自己卖掉的人们一天天地归来投靠他们。此外，还有许多善于挖掘金矿的工人以及不能忍受重税的人们也归附了他们。这些人受到大家一致的欢迎，而且愿意大力为游荡在不熟悉地方的哥特人效劳，他们指给那些哥特人隐蔽的粮库、当地人隐蔽的地点和躲避场所。"① 378 年，东部帝国的奥古斯都瓦伦斯（364—378 年在位）在和移入罗马境内的西哥特人的作战中战败身亡，4 万余罗马士兵被杀。西哥特人开始向巴尔干挺进，并逐渐成了帝国境内的主人。

　　在日耳曼的迁徙过程中，罗马国家不但对民众缺少保护能力，相反还残酷地压迫他们。正如恩格斯所言："罗马的世界霸权的刨子，刨削地中海盆地的所有地区已经有数百年之久。凡在希腊语没有进行抵抗的地方，一切民族语言都不得不让位于被败坏的拉丁语；一切民族差别都消失了，高卢人、伊比利亚人、利古里亚人、诺里克人都不复存在，他们都变成罗马人了。罗马的行政和罗马的法到处摧毁了古代的血族团体，这样也就摧毁了地方的和民族的自主性的最后残余。新出炉的罗马公民身份并没有提供任何补偿；它并不表现任何民族性，它只是民族性欠缺的表现。新民族［neue Nationen］的要素是到处都具备的；各行省的拉丁方言差别越来越大；一度使意大利、高卢、西班牙、阿非利加成为独立区域的自然疆界依然存在，依然使人感觉得到。但是，任何地方都不具备能够把这些要素结成新民族［neue Nation］的力量，任何地方都还没有显示出发展能力或抵抗力的痕迹，更不用说创造力了。广大领土上的广大人群，只有一条把他们自己联结起来的纽带，这就是罗马国家，而这个国家随着时间的推移却成了他们最凶恶的敌人和压迫者。各行省消灭了罗马，罗马本身变成了行省的城市，像其他城市一样；它虽然有特权，但已经不再居于统治地位，已经不再是世界帝国的中心了，甚至也不再是皇帝［Augustus——引者注］和副皇帝［Caesae——引者注］的

---

① Ammianus Marcellinus, *History*, 31, 6.

所在地了，他们现在住在君士坦丁堡、特里尔、米兰。罗马国家变成了一架庞大的复杂机器，专门用来榨取臣民的膏血。捐税、国家徭役和各种代役租使人民大众日益陷于穷困的深渊；地方官、收税官以及兵士的勒索，更使压迫加重到使人不能忍受的地步。罗马国家及其世界霸权引起了这样的结果：它把自己的生存权建立在对内维持秩序对外防御野蛮人的基础上；然而它的秩序却比最坏的无秩序还要坏，它说是保护公民防御野蛮人的，而公民却把野蛮人奉为救星来祈望。"① 395 年，罗马帝国正式由狄奥多西的短暂的统一走向永恒的分裂。

政局的混乱、帝国的无序以及经济的衰退，导致民众生活的极度困难。民众与地方政府、中央政府的矛盾越来越烈，反抗斗争连绵不断，并日益形成规模较大的地方性抗争运动。其中对罗马帝国打击较重的有高卢的巴高达运动和发生在北非的阿哥尼斯特运动。

高卢是帝国西部罗马化程度最高的行省，也是帝国后期反抗罗马最激烈的地区之一。186 年，高卢爆发大规模的起义，起义军选举马特努斯为首领，攻打城镇和庄园。马特努斯曾设想将起义军化整为零，分成小股打击敌人，并乔装越过阿尔卑斯山脉，准备在"圣母节"罗马会合，杀死康茂德。后因被人告密，起义失败。

进入 3 世纪后，罗马经济衰败不堪，政局动荡不安，从 238—253 年的 15 年间，罗马换了 10 位元首。各行省拥兵自重，独霸一方，帝国陷于四分五裂的政治局面。在这样的形势下，高卢重新掀起了反抗罗马的斗争，史称巴高达运动。"巴高达"意为"战士"。这个名称来源于克勒特（克勒特是高卢的古代民族）语"巴加"（斗争）一词，参加巴高达运动的大多是"被邪恶和凶残的法官折磨的人，是被剥削者，是生活无路的人。他们失去享受罗马自由的权利，也失去对罗马名字的尊敬"。②

270 年，巴高达聚众起事，他们攻陷高卢重镇奥古斯托敦（今法国的奥尔良），打击豪门贵族，没收他们的财产。到 283—286 年，巴高达运动进入高潮。戴克里先遣马克西米阿努斯率领东方军团前往镇压，并取得重大成果。巴高达运动再次转入低潮。

5 世纪初，四分五裂的罗马帝国已处于风雨飘摇之中。在这个激烈动荡的年代里，巴高达运动又出现了新的高潮。408 年，当罗马统帅撒拉率领士兵路过阿尔卑斯山隘时，巴高达对其发动袭击，他们不仅歼灭了罗马官兵，而且缴获了大量战利品。与此同时，高卢西北部发生了阿尔摩利卡的大起义。435 年，巴高达首领提巴托在当地起义群众配合下，控制了整个阿尔摩利卡地区。

面对巴高达运动的不断发展，罗马统治者也加强了镇压力度。447 年，罗马大将艾息阿斯调遣阿兰人前去围剿。巴高达虽经浴血奋战，但终因众寡悬殊，最后失败。

从 4 世纪 30 年代至 40 年代开始，在北非爆发了规模巨大的阿哥尼斯特运动。"阿

---

① 《马克思恩格斯选集》，第 4 卷，148～150 页，北京，人民出版社，1995。
② Salvianus, *De gubernatione dei*, 5, 6.

哥尼斯特"意为"争取正当信仰的战士"。反对者称其为浪人（Circumcelliones）。运动的参加者是奴隶、隶农和其他贫苦人民以及遭受罗马统治的柏柏尔人。运动的中心是努米底亚和毛里塔尼亚。领导这次运动的是柏柏尔人阿斯基尔和法西尔。起义者以木棍为武器，袭击大地主的领地，焚毁奴隶名单和债券。40年代后，阿哥尼斯特运动因遭到军队的镇压而暂告失败。

到了70年代，阿哥尼斯特运动再度形成高潮。领导这次起义的是毛里塔尼亚的部落首领费尔姆。起义者焚烧恺撒利亚城，占领了毛里塔尼亚的大部分地区。在起义发展过程中，曾有许多罗马士兵参加了起义队伍。373年，罗马政府派狄奥多西前往镇压。经过两年战争，罗马取得了决定性的胜利，费尔姆战败自杀，起义再次转入低潮。

高卢的巴高达运动和北非的阿哥尼斯特运动是帝国晚期最大的群众运动，它沉重地打击了罗马统治者，加速了罗马帝国的灭亡，为"蛮族"的入侵创造了有利的条件。

二、日耳曼人的入侵和西罗马帝国的灭亡

日耳曼人最早居住在波罗的海西岸与斯堪的纳维亚半岛南部。在恺撒时代，即前1世纪中叶，日耳曼人还根本没有定居下来。奥古斯都时期，日耳曼人的生活状况略有变化。据斯特拉波记载："所有这些（日耳曼）民族的共同特点是：他们由于生活方式简单而便于迁徙，因为他们不从事耕作，不搜集财宝；他们住在他们每天都能搭起来的小屋里；他们像游牧人那样，吃的大多都是畜产品；他们还有一点也很像游牧人，即：他们也用车来运输财物，赶着家畜，想到哪里，就到哪里。"① 至1世纪末、2世纪初，日耳曼人的生活状况就有了明显的改变。他们已基本上结束了游牧状态，在多瑙河、莱茵河和维斯瓦河之间的广大地区定居下来，并不时对罗马帝国的北部防线构成威胁。

早在公元前2世纪末期，罗马人和日耳曼人就有了接触。日耳曼人的两支森布里人和条顿尼人为了寻求土地，进入罗马国土，最后被罗马将军马略击败。这是罗马与日耳曼人之间发生的第一次战争。奥古斯都时期，罗马曾一度将领土扩大至易北河地区，许多日耳曼人成为罗马帝国的居民。9年，日耳曼启努斯奇（Cherusci）部全歼瓦鲁斯领导的3个罗马军团，从而遏制住了罗马向北推进的势头，使罗马北部疆域确定在易北河与多瑙河一线。172年，马尔库斯·奥里略允许一部分日耳曼人越过多瑙河，定居于帝国境内，力图以"蛮族"之力来抵御其他"蛮族"的进攻。3世纪以后，罗马帝国面临重大危机，"主要民族的代表都萎靡不振。不讲道德。罗马人已名存实亡。"而帝国北边的日耳曼人却有了很大的变化。"他们经过战争的锻炼，贪求别人的财产。他们的发源地是人口众多的北方诸国，因为天寒地冻，娱乐的机会很少，家庭的束缚加强了。但是，这些地方并不能把人们留下来，首先是因为天气太冷，人们不愿意在此久

---

① Strabo, *Geography*, 7, 1.

居；其次是贫瘠的土地勉强能补偿耕种者的繁重劳动，产品不能满足居民的需要。在这些地区，这些原因使人口大量繁殖，同时也促使他们向外扩张，侵犯邻居。要是有另一片更富饶的土地，条件更诱人，便能把他们留下来，必须有一支军队才能把他们打败。没有这两个起遏止作用的条件，相反的，他们的愿望十分强烈，又天不怕地不怕，他们就会越出边境，大量的人冲进邻近各国，把帝国弄得面目全非。"① 此后，越来越多的日耳曼人拥进罗马帝国。

然而，日耳曼人的大规模迁徙活动，却是从 4 世纪后半期开始的，而这一活动又与匈奴人的西迁有密切的关系。匈奴是一个古老的游牧民族，分布于中国北方的蒙古草原。从秦朝以来，匈奴就不断和中原的汉族政权发生军事冲突。汉武帝对匈奴的大规模军事打击，削弱了匈奴的有生力量，基本上消除了匈奴对西汉的威胁。东汉初年，匈奴对中原的威胁再度出现。建武 24 年（48 年）匈奴分裂为南北两部，南部匈奴得东汉政府允许而内附，并逐渐与汉族融合为一；北部匈奴受到多方势力的进攻，尤其是汉和帝永元元年至三年（89—91 年）汉军的数次重创，被迫向西迁徙。匈奴主力的向西迁徙，使西域地区的形势发生了有利于汉政权的变化。正是这一次"巩固边疆"的胜利，不但改变了中国北方的力量，而且也改变了中亚和欧洲未来发展的方向。西迁的匈奴人继续向西推进，成为 3 世纪以来日益增强的"民族大迁徙"的直接推动力，游牧民族和农耕民族之间的冲突再次上升为罗马人必须面对的主题。

罗马人最早记载匈奴人的学者是 4 世纪的历史学家阿米阿努斯。他在其《历史》中这样写道："匈奴人（Huns）……身体强壮，四肢发达，颈项粗壮，长相丑陋，看上去很像是两腿站立的野兽。……他们的生活方式极其野蛮原始。他们不用火，也不用熟食，只吃野生植物的根和所有半生不熟的野兽肉。他们只将野兽肉放在他们的大腿与马背间温暖一下就生吃下去。他们没有房屋……只在山林间到处漫游，从孩儿时他们就学会了承受饥渴寒冷的本领。……他们不曾有任何君主对他们进行治理，但颇满足于首领的约束，在首领的领导下，他们克服各种困难。在他们的国度里，没有人种过庄稼，也没有人摸过犁头。他们没有固定的居所，没有作为家庭生活中心的火炉和定居的生活方式，也没有法律；只是到处漫游，好像逃亡的犯人一样。他们唯一的住所就是他们的车子。"② 375 年游牧的匈奴人开始向近邻东哥特人发起进攻。这一进攻揭开了"蛮族"部落向西方大迁徙的序幕，成为日耳曼人征服欧洲罗马帝国的起点。当然，加速罗马帝国（西罗马帝国）灭亡的力量还包括匈奴人和斯拉夫人。日耳曼人的组成部分很多，范围分布也十分广泛。其中主要的有：在多瑙河和黑海沿岸的哥特人，后来分为东哥特人和西哥特人（东哥特人主要在台伯河下游，西哥特人主要在多瑙河下游）；在易北河以及易北河以南地区的伦巴德人、汪达尔人、勃艮第人；莱茵河上游

---

① 卡尔·马克思：《历史学笔记》，219 ～ 220 页，北京：红旗出版社，1992。

② Ammianus Marcellinus, *History*, 31, 2.

的阿拉曼人；莱茵河中游的法兰克人；莱茵河下游的盎格鲁人、萨克逊人。在日耳曼人的北部是斯拉夫人，东部是西迁的匈奴人。日耳曼人大迁徙通常从哥特人进入罗马帝国算起，而哥特人的迁徙又与匈奴人的进攻密切相关。

哥特人原住在维斯拉河河口和河口彼岸，2世纪迁到黑海北岸。在4世纪形成两个部落联盟：东哥特人和西哥特人。哥特人和罗马帝国有所接触，或作为雇佣兵，或受雇戍守边疆。370年，罗马君主瓦伦斯明文规定：除被规定的两处互市外，不准其进入帝国从事贸易。375年，匈奴人在国王巴兰姆伯尔的率领下，越过顿河向东哥特人进攻。他们征服了东哥特人，并且和东哥特人一起向西哥特人发动进攻。西哥特人派人向瓦伦斯求救。当时的学者犹纳皮乌斯（Eunapius）曾这样写道：一大批哥特人，都想渡河逃避匈奴人的凶残。其适合战斗年龄的人，总数不下20万。他们站在河岸上，仰天惊叫，伸手求助，诚恳请求准其渡河，以避劫难，并且说为了报答这一大恩，愿永远效忠于罗马帝国。① 帝国政府允诺西哥特人在放下武器和交出人质的前提下，进入美西亚（今天的保加利亚），成为罗马人民的同盟者。376年，包括20万武装士兵的西哥特人渡过多瑙河，来到他们被指定的移民区。但是，不久他们就由于无法忍受帝国官员的欺压和剥削而由罗马帝国的"同盟者"变成了罗马帝国的敌人。378年，帝国境内的西哥特人暴动，君主瓦伦斯亲率大军镇压，结果在哈德良堡被西哥特人打败，瓦伦斯及4万余罗马士兵被杀。这是自坎尼战役以来，罗马人与外族作战中所遭遇到的最大一次失利。司令官狄奥多西用伊利里亚（今天的南斯拉夫）的土地平息了西哥特人的行动，并因此成了帝国的新君主。395年，狄奥多西一死，罗马帝国则由分治走向分裂，其统治力量进一步削弱。

400年匈奴人在乌尔丁的率领下占据了整个多瑙河盆地，迫使日耳曼人进一步迁徙。409年，阿拉里克这位带有罗马人军事长官头衔的西哥特国王，巧妙地利用东、西帝国间的利益冲突，率领西哥特人进入意大利，向罗马索取大量赎金。其中有：5000磅黄金，3万磅白银，4000件长袍，3000件丝绸织物，还有3000磅胡椒。② 410年，号称"永恒之城"的罗马城被西哥特人攻陷。其后西哥特人又北上进入高卢南部，在那里打败了汪达尔和苏维汇人，并于419年建立了以土鲁斯为首都的土鲁斯王国。

汪达尔人原来在斯堪的纳维亚半岛的南部，1世纪时占据维斯拉河与奥德河之间的地区。4世纪时迁到潘诺尼亚（今天的匈牙利）。后又有苏维汇人和阿兰人与他们杂居。乘着罗马帝国对付东、西哥特人的进攻之便，汪达尔人、苏维汇人和阿兰人越过莱茵河，于409年侵入高卢。随后又转入西班牙，占领了西部和南部。苏维汇人占领了比利牛斯半岛的西北部，汪达尔人夺取南部。412年西哥特人进入高卢，415年大败汪达尔人。汪达尔人和阿兰人被迫撤至半岛南端，苏维汇人到半岛的西北隅。形势对汪达尔

① Eunapii Sardiani, *Excerpta de Legationibus Gentium ad Romanos*, 6.
② Zosimus, *Histories*, 5.

人非常不利，汪达尔国王盖塞利克于是决定用攻打罗马北非行省来扭转自身的被动局面。他们到达北非后就联合当地的反抗力量"阿哥尼斯特"，向罗马驻军发动进攻，并迫使西罗马君主瓦连提安努斯三世于 435 年在希波城签订协议，承认汪达尔人的同盟身份。439 年，盖塞利克占领迦太基。442 年，盖塞利克定迦太基为首都，正式立国，建立汪达尔王国。汪达尔人之所以能在罗马帝国的领土上建立国家，显然是与当地居民对罗马帝国的强烈不满分不开的。正如舒尔茨所言：当不及 8 万人的汪达尔进攻北非时，"当地居民没有表示出任何严重抵抗的迹象；博尼法斯（北非的罗马总督）曾用哥特人的雇佣兵来保卫希波，而当地居民并未予以多少协助，乡间的游牧部落或是采取暧昧态度、或是利用罗马总督的困难进行攻击和从事掠夺的远征。这种风纪败坏是社会情况的产物，也许这方面非洲发展得比罗马帝国的其他部分更为差些。自由农民早已变成了大土地所有者的农奴，他们的地位比起随处可见的奴隶群众好不了多少。随着皇权威严的降低，不择手段的总督们执行的暴敛政策日益恶劣到了空前的程度，也轮到大地主们成为这种政策的容易的受害者了。从前有野心的人争着要当元老，这时却没有一个稍有财富的人愿意在大城镇里的元老院中占一席位了，因为元老们必须补足岁入中的全部亏空，而这时亏空是经常的和大量的。……血腥的起义一再发生，最后总可以追源到赋税的压力。"①

455 年 6 月，盖塞利克率领汪达尔舰队进军罗马，并再次将罗马城攻克，对其进行了持续 15 天的大肆洗劫，罗马城惨遭有史以来最大的破坏。"汪达尔主义"由此成为毁灭文化的专用词。法兰克人也是日耳曼部落的一支。他们居住在莱茵河下游地区。从 3 世纪开始，法兰克人经常侵袭高卢。到 4 世纪末，其中的一支滨海法兰克人居住在埃斯考河和马斯河下游一带，他们是罗马人的同盟者；另一支滨河法兰克人则定居在莱茵河和马斯河之间。5 世纪初，法兰克人向高卢南部地区推进。法兰克人的迁徙与其他日耳曼部落的迁徙形式有所不同，他们不是采用流动形式，占一处流动一次，倾巢占地，倾巢迁徙，而是在保有原有土地的基础上不断扩大地盘，具有更为稳定而牢固的根基。451 年 6 月 20 日的沙龙会战之后，匈奴人的首领和西罗马的统帅相继撤回，滨海法兰克人的军事首领墨洛温乘机东侵把疆域从埃斯考河推进到松姆河流域。在法兰克人向北高卢迁徙的同时，勃艮第人又进入了高卢的东南地区。

勃艮第人原居住在莱茵河上游的波恩荷尔姆岛，后来迁到奥德河口一带，4 世纪时相继南下，渡过莱茵河进入高卢。5 世纪时在其首领贡德里斯的率领下迁至罗纳河。5 世纪中叶参与对抗匈奴人的沙龙之战。不久，贡德里斯就建立了勃艮第王国，定都里昂。勃艮第人因为长期与罗马人为邻，所以很快同化于罗马文化之中。在 5 世纪时，勃艮第人就已经习惯于拉丁语、罗马的风俗和财产关系了。

大约到 5 世纪中叶，西哥特人、法兰克人和勃艮第人已经瓜分了罗马帝国中高卢地

---

① 赫·乔·韦尔斯：《世界史纲》，555 页，北京：人民出版社，1982。

区的土地。西哥特王国占据了整个西南部的阿奎坦尼亚地区和南部的普罗旺斯地区；勃艮第王国则主宰着东南部的罗纳河流域和索恩河流域地区；而西部的阿尔摩利克半岛，则由从不列颠渡海而来的不列颠人占有。只有中部的从卢瓦尔河到松姆河地区以及马斯考河上游地带，仍属于西罗马帝国。但由于勃艮第王国的阻隔，这一地区逐渐形成了一个与世隔绝的、独立的政治实体，因为从464年起这里的统治者为西阿格留斯，史称"西阿格留斯王国"。它的东北部为法兰克人所占据。而伴随着日耳曼人在高卢、西班牙和阿非利加等地的定居和建国，西罗马帝国的实际疆域也仅限于意大利一地了。

与此同时，匈奴人又参与了对罗马帝国的进攻，成为瓦解西罗马帝国的主要力量之一。

5世纪初，匈奴人占据了整个多瑙河流域盆地。20年代，匈奴进入新兴的阿提拉王朝统治时期，匈奴的势力日趋强盛。447年，阿提拉兴兵进攻罗马。东罗马君主被迫请求签约，为之提供大笔的岁贡。50年代初阿提拉又将兵锋转向西方。451年，占领高卢，并直逼高卢地区最具战略地位的奥尔良城。西罗马的亚伊细阿斯为了保存帝国，组织罗马帝国的同盟者西哥特人、勃艮第人和法兰克人与罗马人一起去同匈奴人作战。尽管匈奴人最终攻下了奥尔良城，但是罗马人及其同盟者却又迫使阿提拉退出奥尔良。6月20日，在卡塔劳尼安平原上的特洛伊城附近，双方展开了一场沙龙大战，大战的结果是大约有16万人战死疆场，西哥特的国王战死，阿提拉被迫退回匈牙利。

第二年，阿提拉再次进犯罗马。西罗马由于失去了同盟者的帮助而无法再抵抗匈奴人的攻击。阿提拉攻下意大利东北部的要地阿奎莱亚，并直攻罗马城。在接受了西罗马君主提出的议和后，阿提拉带着丰厚的礼物和贡品撤出意大利。453年阿提拉去世，阿提拉帝国随之瓦解。但是西罗马帝国已经无力阻止各"蛮族"王国的独立以及对它的瓜分了。

阿提拉帝国瓦解以后，罗马城又遭到了入侵的汪达尔人的巨大破坏。此时，在罗马发号施令的实际上已不是君主，而是一些雇佣兵首领。476年，最后一位西罗马君主罗慕路斯·奥古斯都被奥多亚克废除。西罗马帝国正式灭亡。486年，西罗马帝国最后一支军事力量即残留的"西阿格留斯王国"被法兰克人灭亡。此后，东罗马帝国又延续了近1000年时间。

罗马将军凯旋年表
(Fasti Triumphales)

　　罗马是一个依靠武力建国的国家。武力是其保护自身存在的重要手段，也是成就帝国的关键要素。崇尚武力是罗马的悠久传统，更是罗马的核心价值，在罗马文化中占有重要的地位。举行凯旋是罗马公民追求的最高目标，也是国家对罗马将领的最高奖赏。从罗马建国到东罗马帝国灭亡，罗马大约进行了 500 次凯旋仪式。这在世界历史上都是绝无仅有的。

　　以下是根据公元前 12 年罗马编录的凯旋表编制的罗马王政和共和时期的凯旋时间和军事将领获凯旋理由表，它对于我们深刻理解罗马的民族精神有十分重要的参考作用。

时间（公元前）	将军①获凯旋的日期和理由
752/1	Romulus 因战胜 Caeninenses 而于 3 月 1 日举行凯旋
［752/1］	Romulus 因战胜 Antemnates 而于？日举行凯旋
丢失 11 行	
？	Ancus Marcius……因战胜萨宾、Vcientes 而于？日举行凯旋
？	L. Tarquinius Priscus 因战胜拉丁而于 7 月 1 日举行凯旋
588	L. Tarquinius Priscus 因战胜埃特鲁里亚而于 4 月 1 日举行凯旋
585/4	L. Tarquinius Priscus 因战胜萨宾而于 9 月 13 日举行凯旋
571/0	Ser. Tullius 因战胜埃特鲁里亚而于 11 月 25 日举行凯旋
567/6	Ser. Tullius（Ⅱ）因战胜埃特鲁里亚而于 5 月 25 日举行凯旋
［……］	Ser. Tullius（Ⅲ）因战胜埃特鲁里亚而于？举行凯旋
［……］	L. Tarquinius［Superbus］因战胜伏尔西人而于？举行凯旋
［……］	L. Tarquinius Superbus（Ⅱ）因战胜萨宾……而于？举行凯旋
［509/8］	P. Valer［ius Volusi f.……Poplicola］因战胜 Veientes、Tarquinienses 而于 3 月 1 日举行凯旋
［505/4］	M. Valerius［Volusi f.……Volusus］因战胜萨宾而于？举行凯旋
［505/4］	P. Postumius［Q. f.……Tubertus］因战胜萨宾……而于？举行凯旋

---

　　① 将军第一名字简写情况说明：A. = Aulus、Ap. = Appius、C. = Gaius、Cn. = Gnaeus、D. = Decimus、Fl. = Flavius、K. = Kaeso、L. = Lucius、M. = Marcus、M'. = Manius、Mam. = Mamercus、N. = Numerius、P. = Publius、Q. = Quintus、Ser. = Servius、Sex. = Sextus、Sp. = Spurius、T. = Titus、Ti. = Tiberius。在编制此表时，参照 *Fasti Triumphales Popvli Romani*，Editi ed Illustrati de Ettore Pais，Roma，1920。

［504/3］	P. Valerius ［Volusi f.......] Poplicola （Ⅱ）因战胜萨宾、Veientes 而于？举行凯旋
503/2	P. Postumius ［Q. f......Tubertus] 因战胜萨宾而于 4 月 3 日举行小凯旋
503/2	Agrippa ［Menenius C. f......] Lanatus 因战胜萨宾而于 4 月 4 日举行凯旋
502/1	Sp. Cassius ［......Vicellinus] 因战胜萨宾……而于？举行凯旋
［？496/5］	A. Postumius ［P. f......Albus] Regillensis 因战胜拉丁而于？举行凯旋
［494/3］	M'. Valerius ［Volusi f......Maximus] 因战胜萨宾、Medullini……而于？举行凯旋
丢失 6 行	
［486/5］	Sp. Cassius......Vicellinus （Ⅱ）因战胜伏尔西人、赫尔尼其人……而于？举行凯旋
475/4	［P. Valerius P. f. Volusi n.] Poplicola 因战胜 Veientes、萨宾而于 5 月 1 日举行凯旋
474/3	A. Manlius Cn. f. P. n. Vulso 因战胜 Veientes 而于 3 月 15 日举行小凯旋
［468/7］	T. Quinctius L. f. L. n. Capitolinus Barbatus 因战胜伏尔西人而于？举行凯旋
［462/1］	L. Lucretius T. f. T. n. Tricipitinus 因战胜厄魁人、伏尔西人而于？举行小凯旋
［462/1］	［T. Veturius T. f......] Geminus ［Cicurinus] 因战胜厄魁人、伏尔西人......而于？举行凯旋
［459/8］	Q. Fabius M. f. K. n. Vibulanus 因战胜厄魁人、伏尔西人而于？举行凯旋
459/8	［L.] Cornelius Ser. f. P. n. ［Maluginensis Uritinus] 因战胜伏尔西人而于 5 月 12 日举行凯旋
458/7	［L.] Quinctius L. f. L. n. Cincinnatus 因战胜厄魁人而于 9 月 13 日举行凯旋
449/8	［L. Valerius] P. f. P. n. Poplicola Potitus 因战胜厄魁人而于 8 月 13 日举行凯旋

449/8	[M.] Horatius M. f. L. n. Barbatus 因战胜萨宾而于 8 月 24 日举行凯旋
443/2	[M. Geganius] M. [f.......] Macerinus 因战胜伏尔西人而于 9 月 5 日举行凯旋
437/6	[M. Valerius M. f. M'. n. （?）Lactuca Maxi] mus 因战胜？而于 8 月 13 日举行凯旋
丢失 25 行	
[367/6]	M. Furius L. f. Sp. n. Camillus（Ⅳ）因战胜高卢而于？举行凯旋
361/0	T. Quinctius ...... Pennus Capitolinus Crispinus 因战胜高卢而于？举行凯旋
361/0	C. Sulpicius M. f. Q. n. Peticus 因战胜赫尔尼其人而于？举行凯旋
360/59	C. Poetelius C. f. Q. n. Libo Visolus] 因战胜高卢、Tiburtes 而于 7 月 29 日举行凯旋
360/59	M. Fabius N. f. M. n. Ambustus 因战胜赫尔尼其人而于 9 月 5 日举行小凯旋
358/7	C. Sulpicius M. f. Q. n. Peticus（Ⅱ）因战胜高卢而于 5 月 7 日举行凯旋
358/7	C. Plautius P. f. P. n. Proculus 因战胜赫尔尼其人而于 5 月 15 日举行凯旋
357/6	C. Marcius L. f. C. n. Rutilus 因战胜 Privernates 而于 6 月 1 日举行凯旋
356/5	C. Marcius L. f. C. n. Rutilus 因战胜埃特鲁里亚而于 5 月 6 日举行凯旋
354/3	M. Fabius N. f. M. n. Ambustus（Ⅱ）因战胜 Tiburtes 而于 6 月 3 日举行凯旋
350/49	[M. Popi] llius M. f. C. n. Laenas 因战胜高卢而于 2 月 17 日举行凯旋
346/5	[M. Va] lerius M. f. M. n. Corvus 因战胜伏尔西人、Satricani 而于 2 月 1 日举行凯旋
343/2	[M. Vale] rius M. f. M. n. Corvus（Ⅱ）因战胜萨姆尼特而于 9 月 21 日举行凯旋
343/2	[A. Cor] nelius P. f. A. n. Cossus Arvina 因战胜萨姆尼特而于 9 月 22 日举行凯旋
340/39	[T.] Manlius L. f. A. n. Imperiosus Torquatus 因战胜拉丁、坎佩尼亚人、Sidicini、Aurunci 而于 5 月 18 日举行凯旋
339/8	[Q. P] ublilius Q. f. Q. n. Philo 因战胜拉丁而于 1 月 13 日举行凯旋

338/7	L. Furius Sp. f. M. n. Camillus 因战胜 Pedani、Tiburtes 而于 9 月 27 日举行凯旋
338/7	C. Maenius P. f. P. n. 因战胜 Antiates、Lavinii、Veliterni 而于 9 月 29 日举行凯旋
335/4	［M. Vale］rius M. f. M. n. Corvus（Ⅲ）因战胜 Caleni 而于 3 月 15 日举行凯旋
329/8	［L.］Aemilius L. f. L. n. Mamercinus Privernas 因战胜 Privernates 而于 3 月 1 日举行凯旋
329/8	C. Plautius P. f. P. n. Decianus 因战胜 Privernates 而于 3 月 1 日举行凯旋
326/5	Q Publilius Q. f. Q. n. Philo（Ⅱ）因战萨姆尼特、Palaeopolitani 而于 5 月 1 日举行凯旋
324/3	L. Papirius Sp. f. L. n. Cursor 因战胜萨姆尼特而于 3 月 5 日举行凯旋
322/1	L. Fulvius L. f. L. n. Curvus 因战胜萨姆尼特而于 2 月 17 日举行凯旋
322/1	Q. Fabius M. f. N. n. Maximus Rullianus 因战胜萨姆尼特、阿普里亚人而于 2 月 18 日举行凯旋
319/8	L. Papirius Sp. f. L. n. Cursor（Ⅱ）因战胜萨姆尼特而于 8 月 21 日举行凯旋
314/3	C. Sulpicius Ser. f. Q. n. Longus 因战胜萨姆尼特而于 7 月 1 日举行凯旋
312/1	M. Valerius M. f. M. n. Maximus 因战胜萨姆尼特、Sorani 而于 8 月 13 日举行凯旋
311/0	C. Junius C. f. C. n. Bubulcus Brutus 因战胜萨姆尼特而于 8 月 5 日举行凯旋
311/0	Q. Aemilius Q. f. L. n. Barbula 因战胜埃特鲁里亚而于 8 月 13 日举行凯旋
309/8	L. Papirius Sp. f. L. n. Cursor（Ⅲ）因战胜萨姆尼特而于 10 月 15 日举行凯旋
309/8	Q. Fabius M. f. N. n. Maximus Rullianus（Ⅱ）因战胜埃特鲁里亚而于 11 月 13 日举行凯旋
306/5	Q. Marcius Q. f. Q. n. Tremulus 因战胜 Anagnini、赫尔尼其人而于 6 月 29 日举行凯旋
305/4	M. Fulvius L. f. L. n. Curvus Paetinus 因战胜萨姆尼特而于 10 月 5 日举行凯旋

304/3	P. Sempronius P. f. C. n. Sophus 因战胜厄魁人而于 9 月 24 日举行凯旋
304/3	P. Sulpicius Ser. f. P. n. Saverrio 因战胜萨姆尼特而于 10 月 29 日举行凯旋
302/1	C. Junius C. f. C. n. Bubulcus Brutus（Ⅱ）因战胜厄魁人而于 7 月 30 日举行凯旋
301/0	M. Valerius M. f. M. n. Corvus（Ⅳ）因战胜埃特鲁里亚、马尔喜人而于 11 月 21 日举行凯旋
［299/8］	M. Fulvius Cn. f. Cn. n. Paetinus 因战胜萨姆尼特、Nequinates 而于 9 月 24 日举行凯旋
298/7	Cn. Fulvius Cn. f. Cn. n. Maximus Centumalus 因战胜萨姆尼特、埃特鲁里亚而于 11 月 13 日举行凯旋
295/4	Q. Fabius M. f. N. n. Maximus Rullianus（Ⅲ）因战胜萨姆尼特、埃特鲁里亚、高卢而于 9 月 4 日举行凯旋
294/3	L. Postumius L. f. Sp. n. Megellus 因战胜萨姆尼特、埃特鲁里亚而于 3 月 27 日举行凯旋
294/3	M. Atilius M. f. M. n. Regulus 因战胜 Volsones、萨姆尼特而于 3 月 28 日举行凯旋
293/2	Sp. Carvilius C. f. C. n. Maximus 因战胜萨姆尼特而于 1 月 13 日举行凯旋
293/2	［L. Papiriu］s L. f. Sp. n. Cursor 因战胜萨姆尼特而于 2 月 13 日举行凯旋
291/0	［Q. Fabius Q. f. M. n. M］aximus Gurges 因战胜萨姆尼特而于？举行凯旋
丢失 21 行	
［282/1］	C. Fabricius C. f. C. n. Luscinus 因战胜萨姆尼特、路卡尼亚人、布鲁提人而于 3 月 5 日举行凯旋
281/0	［Q. Mar］cius Q. f. Q. n. 菲力普因战胜埃特鲁里亚而于 4 月 1 日举行凯旋
280/79	［Ti. Coru］ncanius Ti. f. Ti. n. 因战胜 Vulsinienses、Vulcientes 而于 2 月 1 日举行凯旋
280/79	［L. ］Aemilius Q. f. Q. n. Barbula 因战胜塔兰托人、萨姆尼特人、Sallentini 而于 7 月 10 日举行凯旋

278/7	C. Fabricius C. f. C. n. Luscinus（Ⅱ）因战胜路卡尼亚人、布鲁提人、塔兰托人、萨姆尼特而于 12 月 13 日举行凯旋
277/6	C. Junius C. f. C. n. Brutus Bubulcus 因战胜路卡尼亚人、布鲁提人而于 1 月 5 日举行凯旋
276/5	Q. Fabius Q. f. M. n. Maximus Gurges（Ⅱ）因战胜萨姆尼特、路卡尼亚人、布鲁提人而于 2 月 17 日举行凯旋
275/4	M'. Curius M'. f. M'. n. Dentatus（Ⅳ）因战胜萨姆尼特、皮鲁斯国王而于？举行凯旋
275/4	［L. Cornelius］Ti. f. Ser. n. Lentulus［Caudinus］因战胜萨姆尼特、［路卡尼亚人］而于 3 月 1 日举行凯旋
273/2	［C. Claudius］M. f. C. n. Canina 因战胜路卡尼亚人、萨姆尼特、布鲁提人而于 2 月 17 日举行凯旋
［272/1］	［Sp. Carvilius C. f. C. n. Ma］ximus（Ⅱ）因战胜萨姆尼特、路卡尼亚人、布鲁提人、塔兰托人而于？举行凯旋
［272/1］	L. Papirius L. f.［Sp. n.］Cursor（Ⅱ）因战胜塔兰托人、［路卡尼亚人］、萨姆尼特、布鲁提人而于？举行凯旋
［270/69］	［Cn.］Cornelius P. f. Cn. n. Blasio 因战胜 Regini 而于？举行凯旋
［268/7］	［P.］Sempronius P. f. P. n. Sophus 因战胜 Picentes 而于？举行凯旋
［268/7］	Ap. Claudius Ap. f. C. n.［Russus］因战胜 Picentes，［……］而于？举行凯旋
［267/6］	M. Atilius M. f. L. n. Regulus 因战胜 Sallentini 而于 1 月 23 日举行凯旋
［267/6］	L. Junius L. f. L. n. Libo 因战胜 Sallentini 而于 1 月 23 日举行凯旋
266/5	D. Junius D. f. D. n. Pera 因战胜 Sassinates 而于 9 月 26 日举行凯旋
266/5	N. Fabius C. f. M. n. Pictor 因战胜 Sassinates 而于 10 月 5 日举行凯旋
266/5	N. Fabius C. f. M. n. Pictor（Ⅱ）因战胜 Sallentini、Messapii 而于 2 月 1 日举行凯旋
266/5	D. Junius D. f. D. n. Pera（Ⅱ）因战胜 Sallentini、Messapii 而于 2 月 5 日举行凯旋
264/3	M. Fulvius Q. f. M. n. Flaccus 因战胜 Vulsinienses 而于 11 月 1 日举行凯旋
263/2	M'. Valerius M. f. M. n. Maximus Messalla 因战胜迦太基人、西伦国王而于 3 月 17 日举行凯旋

260/59	C. Duilius M. f. M. n. 因战胜西西里人、迦太基海军而举行第一次海战凯旋
259/8	L. Cornelius L. f. Cn. n. Scipio 因战胜迦太基人、撒丁人、科西嘉人而于 3 月 11 日举行凯旋
258/7	C. Aquillius M. f. C. n. Florus 因战胜迦太基人而于 10 月 4 日举行凯旋
[258/7]	C. Sulpicius Q. f. Q. n. Paterculus 因战胜迦太基人、撒丁人而于 10 月 5 日举行凯旋
[257/6]	A. Atilius A. f. C. n. Caiatinus 因战胜西西里、迦太基人而于 1 月 17 日举行海战凯旋
[257/6]	C. Atilius M. f. M. n. Regulus 因战胜迦太基人而于？举行凯旋
[256/5]	L. Manlius A. f. P. n. Vulso Longus 因战胜迦太基人而于？举行海战凯旋
[254/3]	Ser. Fulvius M. f. M. n. Paetinus Nobilior 因战胜迦太基人而于 1 月 18 日举行海战凯旋
254/3	M. Aemilius M. f. L. n. Paullus 因战胜 Cossurenses、迦太基人而于 1 月 19 日举行海战凯旋
253/2	Cn. Cornelius L. f. Cn. n. Asina 因战胜迦太基人而于 3 月 23 日举行凯旋
253/2	C. Sempronius Ti. f. Ti. n. Blaesus 因战胜迦太基人而于 4 月 1 日举行凯旋
252/1	C. Aurelius L. f. C. n. Cotta 因战胜迦太基人、西西里人而于 4 月 13 日举行凯旋
[250/49]	L. Caecilius L. f. C. n. Metellus 因战胜迦太基人而于 9 月 7 日举行凯旋
241/0	C. Lutatius C. f. C. n. Catulus 因战胜西西里的迦太基人而于 10 月 4 日举行海战凯旋
241/0	Q. Valerius Q. f. P. n. Falto 因出征西西里取胜而于 10 月 6 日举行海战凯旋
241/0	Q. Lutatius C. f. C. n. Cerco 因战胜 Falisci 而于 3 月 1 日举行凯旋
241/0	A. Manlius T. f. T. n. Torquatus 因战胜 Falisci 而于 3 月 4 日举行凯旋
[236/5]	P. Cornelius L. f. Ti. n. Lentulus 因战胜利古里亚人而于？举行凯旋
[235/4]	T. Manlius T. f. T. n. Torquatus 因战胜撒丁人而于 3 月 10 日举行凯旋
[234/3]	Sp. Carvilius Sp. f. C. n. Maximus 因战胜撒丁人而于 4 月 1 日举行凯旋

233/2	Q. Fabius Q. f. Q. n. Maximus Verrucosus 因战胜利古里亚人而于 2 月 1 日举行凯旋
［233/2］	M'. Pomponius M'. f. M'. n. Matho 因战胜撒丁人而于 3 月 15 日举行凯旋
231/0	C. Papirius C. f. L. n. Maso 因战胜科西嘉人而于 3 月 5 日举行凯旋
228/7	Cn. Fulvius Cn. f. Cn. n. Centumalus 因战胜伊利里亚人而于 6 月 21 日举行海战凯旋
225/4	L. Aemilius Q. f. Cn. n. Papus 因战胜高卢而于 3 月 5 日举行凯旋
223/2	C. Flaminius C. f. L. n 因战胜高卢而于 3 月 10 日举行凯旋
223/2	P. Furius Sp. f. M. n. Philus 因战胜高卢、利古里亚人而于 3 月 12 日举行凯旋
［222/1］	M. Claudius M. f. M. n. Marcellus 因战胜 Insubrian、高卢、日耳曼人而于 3 月 1 日举行凯旋
丢失数行	
［197/6］	Q. Minucius C. f. C. n. Rufus 因战胜高卢人、利古里亚人而于？举行凯旋
［196/5］	M. Claudius M. f. M. n. Marcellus 因战胜 Insubrian、高卢而于 3 月 4 日举行凯旋
［196/5］	Cn. Cornelius ［……］ Blasio 因战胜 Celtiberi……而于？举行小凯旋
［195/4］	M. Helv ［ius……因战胜 Celtiberi……］而于？举行小凯旋
［195/4］	Q. Mi ［nucius Q. f. L. n. Thermus］因出征远西班牙……而于？举行凯旋
［194/3］	M. Por ［cius M. f. Cato 因出征 ［近西班牙……］而于？举行凯旋
［194/3］	T. Quinc ［tius T. f. L. n. Flamininus］因出征马其顿、菲力普国王取胜而于？举行凯旋
［191/0］	M. Fulvius M. f. Ser. n. Nobilior 因出征远西班牙取胜而于 12 月 16 日举行小凯旋
［191/0］	P. Cornelius ［Cn. f. L. n. Nasica 因战胜波伊高卢……］而于？举行凯旋
［189/8］	L. Aemilius M. f. ……Regillus 因出征安底奥库斯国王取胜而于 2 月 1 日举行海战凯旋
［189/8］	L. Cornelius P. f. L. n. Scipio 因出征安底奥库斯国王取胜而于 2 月 28 日举行凯旋

[188/7]	Q. Fabius Q. f. Q. n. Labeo 因出征安底奥库斯国王取胜而于 2 月 5 日举行海战凯旋
[187/6]	[M. Ful] vius M. f. Ser. n. Nobil ior（Ⅱ）因战胜 Aetolians、Ceph [al-lenia] 而于 12 月 21 日举行凯旋
[187/6]	[Cn. Manlius] Cn. f. L. n. Vulso 因出征亚细亚的高卢而于 3 月 5 日举行凯旋
丢失约 19 行	
178/7	[Ti. Sempronius P. f. Ti. n.] Gracchus 因战胜 Celt] iberi、西班牙人而于 2 月 3 日举行凯旋
178/7	[L. Postumius] A. f. A. n. Albinus 因出征 Lusitania、西班牙取胜而于 2 月 4 日举行凯旋
[177/6]	C. Claudius [Ap. f. P. n.] Pulcher 因战胜 Istri、利古里亚人而于？举行凯旋
[175/4]	Ti. Sempronius P. f. Ti. n. Gracchus（Ⅱ）因出征撒丁人取胜而于 2 月 23 日举行凯旋
[175/4]	M. Titin [ius ......] M. n. Curvus 因出征近西班牙……而于？举行凯旋
[175/4]	M. Aemilius M. f. M. n. Lepidus 因出征利古里亚人取胜而于 3 月 12 日举行凯旋
[175/4]	P. Mucius Q. f. P. n. Scaevola 因战胜利古里亚人而于 3 月 12 日举行凯旋
[174/3]	Ap. Claudius C. f. Ap. n. Centho 因出征西班牙的 Celtiberia 取胜而于 3 月 1 日举行小凯旋
[172/1]	[C. Ci] cereius ...... 因出征科西嘉人而于 10 月 1 日举行凯旋
[167/6]	L. Aemilius L. f. M. n. Paullus（Ⅱ）因出征马其顿、伯修斯国王取胜而于 11 月 27—29 日举行凯旋
[167/6]	Cn. Octavius Cn. f. Cn. n. 因出征马其顿、伯修斯国王取胜而于 12 月 1 日举行海战凯旋
167/6	L. Anicius L. f. M. n. Gallus 因战胜 Genthius 国王、伊利亚人而于 2 月 17 日举行凯旋
166/5	M. Claudius M. f. M. n. Marcellus 因战胜高卢人、利古里亚人、Eleates 而于？举行凯旋

166/5	［C. Sulpici］us C. f. C. n. Galus 因战胜利古里亚 Ta［……］rni 而于 2 月 20 日举行凯旋
［158/7］	［M. Fulvius］M. f. M. n. Nobilior 因战胜利古里亚 Eleates 而于 8 月 19 日举行凯旋
［155/4］	［M. Claudius］M. f. M. n. Marcellus（Ⅱ）因战胜 Apua［ni.……］而于？举行凯旋
［155/4］	［P. Cornelius］P. f. Cn. n.［Scipio Nasica 因战胜达尔马提亚人……］而于？举行凯旋
丢失 33 行	
129	C. Sempronius C. f. C. n. Tuditanus 因战胜 Iapydes 而于 10 月 1 日举行凯旋
126	M'. Aquillius M'. f. M'. n. 因出征 Asia 取胜而于 11 月 11 日举行凯旋
123	M. Fulvius M. f. Q. n. Flaccus 因战胜利古里亚人、Vocontii、Salluvii［……］而于？举行凯旋
［122］	C. Sextius C. f. C. n. Calvinus 因战胜利古里亚人、Vocontii、Salluvii［……］而于？举行凯旋
［122］	L. Aurelius L. f. L. n. Orestes 因出征撒丁人取胜而于 12 月 8 日举行凯旋
［121］	Q. Caecilius Q. f. Q. n. Metellus Balearicus 因战胜 Baleares 而于？举行凯旋
［120］	Q. Fabius Q. Aemiliani f. Q. n. Maximus 因战胜 Allobroges、Bituitus、Arverni 国王而于？举行凯旋
［120］	Cn. Domitius Cn. f. Cn. n. Ahenobarbus 因战胜 Arvernian 高卢而于？举行凯旋
［117］	L. Caecilius L. f. Q. n. Metellus Delmaticus 因战胜达尔马提亚人而于？举行凯旋
［117］	Q. Marcius Q. f. Q. n. Rex 因战胜利古里亚 Styni 而于 12 月 3 日举行凯旋
115/5	M. Aemilius M. f. L. n. Scaurus 因战胜卡尔尼高卢人而于？举行凯旋
111	M. Caecilius Q. f. Q. n. Metellus 因出征撒丁人取胜而于 7 月 15 日举行凯旋
111	［C. Caeci］lius Q. f. Q. n.［Metellus Capruarius 因出征色雷斯取胜而于 7 月 15 日举行凯旋

110	［M. Livius C. f. M. Aemiliani n.］Drusus 因战胜 Scordisci、马其顿而于 5 月 1 日举行凯旋
107	［Q. Servilius Cn. f. Cn. n.］Caepio 因出征远西班牙取胜而于 10 月 28 日举行凯旋
106	［Q. Caecilius L. f. Q. n. Metel］lus Numidicus 因战胜努米底亚人、朱古达国王［……］而于? 举行凯旋
106	［M. Minucius Q. f.……Rufus 因战胜 Scordisci、色雷斯人而于? 举行凯旋
104	［C. Marius C. f. C. n. 因战胜努米底亚人、朱古达国王而于 1 月 1 日举行凯旋
丢失 11 行	
98	L. Cornelius P. f. L. n. Dolabella 因出征远西班牙 Lusitani 取胜而于 1 月 26 日举行凯旋
93	T. Didius T. f. Ser. n. （Ⅱ）因出征西班牙的 Celtiberi 取胜而于 6 月 10 日举行凯旋
93	P. Licinius M. f. P. n. Crassus 因战胜 Lusitani 而于 6 月 12 日举行凯旋
89	Cn. Pompeius Sex. f. Cn. n. Strabo 因战胜阿斯库鲁姆的匹赛浓而于 12 月 25 日举行凯旋
88	［P.］Servilius C. f. M. n. Vatia 因战胜? 而于 10 月 21 日举行凯旋
81	［L. Cornelius L. f. P. n. Sull］a Felix 因战胜米特里达递国王而于 1 月 27—28 日举行凯旋
81	［L. Licinius L. f.……Murena 因战胜米特里达递国王……］而于? 举行凯旋
丢失 30 行	
［62］	［Q. Caecilius C. f. Q. n. Metellus Creticus 因出征克里特……］而于? 举行凯旋
61	［Cn. Pompeius Cn. f. Sex. n. Magnus （Ⅲ）］因出征亚细亚、本都、亚美尼亚、Paphla］gonia、卡帕多西亚、西里西亚、叙利亚、斯基太人、犹太、阿拉伯、海盗取胜而于 9 月 28—29 日举行凯旋
54	C. Pomptinus……因战胜 Allobroges （?）而于 11 月 2 日举行凯旋
丢失约 16 行	

[45]	Q. Fabius Q. f. Q. n. Maximus 因出征西班牙取胜而于 10 月 13 日举行凯旋
[45]	Q. Pedius M. f. 因出征西班牙取胜而于 12 月 13 日举行凯旋
[44]	C. Julius C. f. C. n. Caesar（Ⅵ）因战胜阿尔班山区居民而于 1 月 26 日举行小凯旋
[43]	L. Munatius L. f. L. n. Plancus 因出征高卢取胜而于 12 月 29 日举行凯旋
[43]	M. Aemilius M. f. Q. n. Lepidus（Ⅱ）因出征西班牙取胜而于 12 月 31 日举行凯旋
[42]	P. Vatinius P. f 因战胜伊利里库姆人而于 7 月 31 日举行凯旋
[41]	L. Antonius M. f. M. n. 因出征阿尔卑斯山区部族取胜而于 1 月 1 日举行凯旋
[40]	Imp. Caesar Divi f. 因？而于？举行小凯旋
[40]	M. Antonius M. f. M. n. 因？而于？举行小凯旋
[39]	L. Marcius L. f. C. n. Censorinus 因出征马其顿取胜而于 1 月 1 日举行凯旋
[？39]	C. Asinius Cn. f. Pollio 因出征？取胜而于 10 月 25 日举行凯旋
[38]	P. Ventidius P. f. 因出征帕提亚人等取胜而于 11 月 27 日举行凯旋
36	Cn. Domitius M. f. M. n. Calvinus 因出征西班牙取胜而于 7 月 17 日举行凯旋
36	Imp. Caesar Divi f.（Ⅱ）因出征西西里取胜而于 11 月 13 日举行小凯旋
34	T. Statilius T. f. Taurus 因出征阿非利加取胜而于 6 月 30 日举行凯旋
34	C. Sosius C. f. T. n. 因出征犹太取胜而于 9 月 3 日举行凯旋
34	C. Norbanus C. f. Flaccus 因出征西班牙取胜而于 9 月 12 日举行凯旋
丢失 17 行	
[28]	[C. Carrinas C. f. ...... 因出征高卢]取胜而于 7 月 14 日举行凯旋
[28]	L. Autronius P. f. L. n. Paetus 因出征阿非利加取胜而于 8 月 16 日举行凯旋
27	M. Licinius M. f. M. n. Crassus 因出征色雷斯、Getae 取胜而于 7 月 4 日举行凯旋

281

27	M. Valerius M. f. M. n. Messalla Corvinus 因出征高卢取胜而于 9 月 25 日举行凯旋
26	Sex. Appuleius Sex. f. Sex. n. 因出征西班牙取胜而于 1 月 26 日举行凯旋
21	L. Sempronius L. f. L. n. Atratinus 因出征阿非利加取胜而于 10 月 12 日举行凯旋
19	L. Cornelius P. f. Balbus 因出征阿非利加取胜而于 3 月 27 日举行凯旋

　　罗马凯旋年表又名卡皮托里年表（Fasti Capitolini），现保存于罗马的卡皮托里博物馆。从严格意义上讲，罗马的凯旋表是一部历史，是一部浓缩了的罗马扩张史。它代表着罗马的巨大成功，彰显着罗马精神的伟大；罗马的凯旋表是一座丰碑，是一座由无数将士铸就的丰碑。它记录着一代代将士在开疆拓土方面为罗马人创下的伟绩，诉说着"罗马不是一天建成"的道理。在罗马民族的历史里，凯旋是一个非常重要的"关键词"，它渗透于罗马民族的文化里，贯彻于罗马公民的行为中。凯旋是仪式，是传统，更是精神价值的展现、政治统治的艺术。了解和读懂凯旋是每一位学习罗马史的学者必须具备的基本条件。

罗马独裁官名录表
(List of Roman Dictators)

　　罗马独裁官（Dictator）是罗马危急时期设立的一种官职，任期6个月，具有超越任何正规行政官员的绝对权力。独裁官是根据罗马形势的需要，由元老院决定（Senatus Consultum），授权执政官物色并任命的罗马最高官员。一般而言，因战事而任命的独裁官（Dictator rei gerendae causa）较多，当然也有为召开公民大会（Comitiorum habendorum causa）、主持公共比赛（Ludorum faciendorum causa）等而设立的独裁官。至苏拉时期，罗马独裁官的性质发生了很大的变化，苏拉变成了罗马历史上第一个无限期独裁官。苏拉以后的恺撒又在结束内战后成了罗马的终身独裁官，力图永远成为凌驾于共和国之上的主人。当然，事与愿违，恺撒最后还是被共和国的拥护者所杀害。罗马的独裁官也因此永远退出了历史的舞台。

- 501 B. C. : Titus Larcius Flavus
- 501 B. C. : Manius Valerius
- 498 B. C. : Aulus Postumius Albus Regillensis
- 494 B. C. : Manius Valerius Maximus
- 463 B. C. : Gaius Acmilius Mamercus?
- 458 B. C. : Lucius Quinctius Cincinnatus（Ⅰ）
- 439 B. C. : Lucius Quinctius Cincinnatus（Ⅱ）
- 437 B. C. : Mamercus Aemilius Mamercinus（Ⅰ）
- 435 B. C. : Quintus Servilius Priscus Fidenas（Ⅰ）
- 434 B. C. : Mamercus Aemilius Mamercinus（Ⅱ）
- 431 B. C. : Aulus Postumius Tubertus
- 426 B. C. : Mamercus Aemilius Mamercinus（Ⅲ）
- 418 B. C. : Quintus Servilius Priscus Fidenas（Ⅱ）
- 408 B. C. : Publius Cornelius Rutilus Cossus
- 396 B. C. : Marcus Furius Camillus（Ⅰ）
- 390 B. C. : Marcus Furius Camillus（Ⅱ）
- 389 B. C. : Marcus Furius Camillus（Ⅲ）
- 385 B. C. : Aulus Cornelius Cossus
- 380 B. C. : Titus Quinctius Cincinnatus Capitolinus
- 368 B. C. : Marcus Furius Camillus（Ⅳ）
- 368 B. C. : Publius Manlius Capitolinus
- 367 B. C. : Marcus Furius Camillus（Ⅰ）
- 363 B. C. : Lucius Manlius Capitolinus Imperiosus
- 362 B. C. : Appius Claudius Crassus Inregillensis
- 361 B. C. : Titus Quinctius Poenus Capitolinus Crispinus

- 360 B. C. ：Quintus Servilius Ahala
- 358 B. C. ：Gaius Sulpicius Peticus
- 356 B. C. ：Gaius Marcius Rutilus
- 353 B. C. ：Titus Manlius Imperiosus Torquatus（Ⅰ）
- 352 B. C. ：Gaius Julius Iullus
- 351 B. C. ：Marcus Fabius Ambustus
- 350 B. C. ：Lucius Furius Camillus（Ⅰ）
- 349 B. C. ：Titus Manlius Imperiosus Torquatus（Ⅱ）
- 345 B. C. ：Lucius Furius Camillus（Ⅱ）
- 344 B. C. ：Publius Valerius Publicola
- 342 B. C. ：Marcus Valerius Corvus（Ⅰ）
- 340 B. C. ：Lucius Papirius Crassus
- 339 B. C. ：Quintus Publilius Philo
- 335 B. C. ：Lucius Aemilius Mamercinus Privernas
- 333 B. C. ：Publius Cornelius Rufinus
- 332 B. C. ：Marcus Papirius Crassus
- 331 B. C. ：Gnaeus Quinctius Capitolinus
- 325 B. C. ：Lucius Papirius Cursor（Ⅰ）
- 324 B. C. ：Lucius Papirius Cursor（Ⅱ）
- 322 B. C. ：Aulus Cornelius Cossus Arvina
- 320 B. C. ：Gaius Maenius（Ⅰ）
- 320 B. C. ：Lucius Cornelius Lentulus
- 320 B. C. ：Titus Manlius Imperiosus Torquatus（Ⅲ）
- 316 B. C. ：Lucius Aemilius Mamercinus Privernas
- 315 B. C. ：Quintus Fabius Maximus Rullianus（Ⅰ）
- 314 B. C. ：Gaius Maenius（Ⅱ）
- 313 B. C. ：Gaius Poetelius Libo Visolus
- 313 B. C. ：Quintus Fabius Maximus Rullianus（Ⅱ）
- 312 B. C. ：Gaius Sulpicius Longus
- 312 B. C. ：Gaius Junius Bubulcus Brutus
- 310 B. C. ：Lucius Papirius Cursor（Ⅲ）
- 309 B. C. ：Lucius Papirius Cursor（Ⅳ）
- 306 B. C. ：Publius Cornelius Scipio Barbatus
- 302 B. C. ：Gaius Junius Bubulcus Brutus（Ⅱ?）
- 302 B. C. ：Marcus Valerius Corvus（Ⅱ）

- 301 B. C. : Marcus Valerius Corvus（Ⅲ）
- 291—285B. C. : Marcus Aemilius Barbula
- 291—285B. C. : Appius Claudius Caecus
- 291—285B. C. : Publius Cornelius Rufinus
- 287 B. C. : Quintus Hortensius
- 280 B. C. : Gnaeus Domitius Ahenobarbus
- 263 B. C. : Gnaeus Fulvius Maximus Centumalus
- 257 B. C. : Quintus Ogulnius Gallus
- 249 B. C. : Marcus Claudius Glicia
- 249 B. C. : Aulus Atilius Caiatinus
- 246 B. C. : Tiberius Coruncanius
- 231 B. C. : Gaius Duilius
- 224 B. C. : Lucius Caecilius Metellus
- 221 B. C. : Quintus Fabius Maximus Verrucosus Cunctator（Ⅰ）
- 217 B. C. : Quintus Fabius Maximus Verrucosus Cunctator（Ⅱ）
- 217 B. C. : Marcus Minucius Rufus
- 216 B. C. : Marcus Junius Pera
- 216 B. C. : Marcus Fabius Buteo
- 213 B. C. : Gaius Claudius Centho
- 210 B. C. : Quintus Fulvius Flaccus
- 208 B. C. : Titus Manlius Torquatus
- 207 B. C. : Marcus Livius Salinator
- 205 B. C. : Quintus Caecilius Metellus
- 203 B. C. : Publius Sulpicius Galba Maximus
- 202 B. C. : Gaius Servilius Geminus
- 82/81—81B. C. : Lucius Cornelius Sulla Felix
- 49—45 B. C. : Gaius Julius Caesar（Ⅰ—Ⅴ）
- 44 B. C. : Gaius Julius Caesar

罗马独裁官名录表主要根据 T. R. S. Broughton，*Magistrates of the Roman Republic* 一书编制而成。

罗马大事年表

年代（公元前）	重要事件
	早期意大利
5000—2000	意大利新石器时代
2000—1800	意大利黄铜时代
2000	巴拉非特文化
1800—1500	亚平宁文化的产生和发展期
1800—1000/800	意大利青铜时代
1700	特拉马拉文化产生
1400	迈锡尼贸易者到达南部意大利
1250	在埃特鲁里亚出现迈锡尼陶器
1200/1150	意大利后青铜时代，亚平宁和特拉马拉文化开始接近
1000/800	意大利进入铁器时代。威兰诺瓦文化
750	帕拉丁出现小茅屋
700	埃特鲁里亚文化开始兴盛
650	埃特鲁里亚势力扩大到坎佩尼亚
500	埃特鲁里亚势力扩大到北部意大利
	早期罗马
800/750	罗马方城
7 世纪	四区城的建立
625/600	埃特鲁里亚势力在罗马出现
6 世纪	塞尔维乌斯城建成
	传统的日期
753—717	罗慕路斯在位
716—673	努玛·庞庇里乌斯在位
672—641	图鲁斯·荷斯提里乌斯在位
640—616	安库斯·马尔契乌斯在位，罗马领土扩大到第勒尼安海
616—578	老塔克文在位
578—535	塞尔维乌斯·图里乌斯在位
534—510	高傲者塔克文在位
524	埃特鲁里亚在库麦城下战败
510—509	塔克文家族被逐出罗马，王政时代结束，罗马共和制时代开始
508	罗马与迦太基签订条约，罗马与波森那间的战争

504	克劳狄乌斯家族移居罗马
501	罗马首次任命独裁官
496	罗马与拉丁联盟发生战争
494	平民第一次撤至圣山，平民保民官产生
493	罗马与拉丁人缔结同盟条约
486	斯普里乌斯·卡西乌斯的土地法
482—474	维伊战争
471	普布里利乌斯法。平民会议和人民保民官被政府承认
469	保民官增至 10 人
451—450	十人委员会和"十二铜表法"
449	平民第二次撤至圣山。瓦列里乌斯和赫拉提乌斯法，明确保民官的权力
447	人民选举财务官，部落会议可能于这一年出现
445	卡努利乌斯法，具有协议权力的军事保民官代替了执政官
443	监察官设立
438—426	对维伊的第二次战争
421	财务官增加到 4 人，平民被允许出任财务官职
406—396	第三次维伊战争
396	军饷制的引进
390	高卢人侵入罗马
376	李锡尼—赛克斯都提出法案
367	李锡尼—赛克斯都法案被通过。执政官职务恢复。牙座营造官设立
366	平民首次出任执政官职。行政长官职位设置
358	罗马与拉丁人订立条约
357	罗马征收被释奴隶税
356	第一次从平民中选出独裁官
351	第一次从平民中选出监察官
348	罗马恢复对迦太基人的条约
343—341	第一次萨姆尼特战争
340—338	拉丁战争
339	普布里利乌斯法
338	拉丁同盟分解，罗马彻底征服拉丁姆

242	外事行政长官设立
241	罗马占领西西里，百人队大会改革
241—238	迦太基雇佣军暴动
238—225	罗马占领撒丁和科西嘉岛
237	哈米尔卡出征西班牙
236	高卢人蹂躏北部意大利
234—149	M. P. 迦图
232	弗拉明尼努斯的土地法
231	罗马向哈米尔卡处派遣使团
230	哈斯德鲁巴接替哈米尔卡的职务
229—228	第一次伊利里古姆战争
227	行政长官增至4人，西西里及撒丁岛均由行政长官管辖
226	罗马与哈斯德鲁巴订立条约
225	但拉孟之役
221	汉尼拔接替哈斯德鲁巴的职位
219	第二次伊利里古姆战争。汉尼拔攻占萨贡图母
218—201	第二次布匿战争
218	克劳狄乌斯法。汉尼拔到达意大利北部
217	特拉西美努斯湖之战
216	坎尼之战
215	罗马加征公民税，迦太基与菲力普和叙拉古联盟
214—205	第一次马其顿战争
213	汉尼拔占领塔兰托，罗马围攻叙拉古
212—211	罗马与埃托利亚联盟
211	汉尼拔进军罗马，加普亚和叙拉古陷落
210左右—126	波利比乌斯
209	新迦太基和塔兰托被罗马人攻占
206	西班牙的迦太基势力被肃清
205	西庇阿担任执政官
204	西庇阿率军于阿非利加登陆
203	迦太基召汉尼拔回国
	菲力普与安底奥库斯订立条约
202	扎玛之战

132—130	阿里斯托尼库斯起义
129	小西庇阿突然去世，罗马在原帕加马王国的领土上设置亚细亚行省
125	弗拉古斯建议将公民权授予拉丁人，弗里洁莱城暴动
123—122	盖约·格拉古担任保民官
121	盖约·格拉古被杀
119	格拉古土地委员会被解散
118	米奇普萨去世，阿德巴尔、希耶姆普撒尔和朱古达共同治理努米底亚
117	希耶姆普撒尔被朱古达派人杀死
116	元老院派遣使者到努米底亚
116—27	M. T. 瓦罗
112	朱古达攻占塞尔塔
111—105	朱古达战争，托里乌斯战争
107	马略出任执政官
106—43	西塞罗
105	森布里和条顿尼人击溃罗马军队于阿芬西奥（今奥兰治）
104—100	西西里第二次奴隶起义
103	萨图尔尼努斯当选为保民官
102	马略击败条顿尼人
101	马略击败森布里人
101—44	盖乌斯·朱理亚·恺撒
101—100	马略和萨图尔尼努斯结成联盟
91	德鲁苏斯当选为保民官
90—88	意大利战争
90	朱理亚法律
89	普劳提乌斯·帕庇利乌斯法
88	苏尔庇契乌斯·卢福斯法，苏拉占领罗马
88—85	第一次米特里达梯战争
87	秦纳和马略控制罗马，苏拉前往巴尔干半岛
86	苏拉攻占并掠夺雅典，马略去世
85	苏拉与米特里达梯订立达尔丹努斯和约
84	秦纳被杀

83—82	意大利内战，第二次米特里达梯战争
81—79	苏拉的独裁统治
80—72	塞多里乌斯领导路西塔尼亚人反抗罗马的战争
79	苏拉辞去独裁官职
78	苏拉去世
77	庞培出征西班牙
74—63	第三次米特里达梯战争
73—71	斯巴达古斯起义
70	庞培和克拉苏当选为执政官
67	奥路斯·伽比尼乌斯法，庞培与海盗的斗争
66	盖乌斯·马尼利乌斯法，第一次喀提林阴谋
66—24	斯特拉波
66—62	庞培在东方的战争
65	克拉苏当选为监察官
63	西塞罗出任执政官，儒鲁斯土地法，恺撒当选为大祭司长，第二次喀提林阴谋
63—14	盖乌斯·屋大维（奥古斯都）
62	喀提林死。庞培在解决了东方事务以后返回意大利。恺撒出任行政长官
61	恺撒出任远西班牙总督
60	恺撒从西班牙回来。恺撒、庞培和克拉苏三人结成联盟：即前三头同盟
59	恺撒当选为执政官，瓦提尼乌斯法授予恺撒治理外高卢和伊利里乌姆行省的大权，元老院又授予他治理那尔旁高卢的权力
59—17	T. 李维
58	克劳狄乌斯当选为保民官，西塞罗被流放
57	克劳狄乌斯与米罗在罗马的骚乱。西塞罗结束流放生活，回到罗马
56	三头间产生裂痕，路卡会议
55	庞培和克拉苏第三次当选为执政官，恺撒出征日耳曼及不列颠

54	庞培派副官统治西班牙，罗马出现暴乱，恺撒第二次远征不列颠，东北高卢发生大暴动，克拉苏准备与帕提亚人作战
53	罗马陷入混乱状况，7月以前选不出执政官。罗马军在卡雷被帕提亚人击溃，统帅克拉苏被杀，恺撒平息高卢人的暴动
52	米罗杀死克劳狄乌斯，庞培在8月以前一直为独一执政官
51	帕提亚入侵叙利亚，托勒密十二与克娄奥帕特拉共同统治埃及
50	恺撒返回山南高卢，马塞鲁斯请求庞培拯救共和国
49	恺撒渡过卢比孔河，内战开始。庞培离开意大利，前往希腊。恺撒第一次当选为独裁官
48	恺撒第二次当选为执政官，恺撒来到希腊，与庞培决战于法萨鲁斯，庞培被杀，亚历山大里亚战争。克娄奥帕特拉成为埃及女王
47	恺撒第二次当选为独裁官（缺席），安东尼为他的骑兵长官，恺撒离开埃及，在解决东方事务后返回意大利
46	恺撒取得了塔普索斯战争的胜利，恺撒第三次当选为执政官，第三次当选为独裁官，进行各种改革
45	恺撒第四次当选为独裁官，第四次当选为执政官，孟达之战
44	恺撒第五次当选为独裁官（终身独裁官），第五次当选为执政官，3月15日，恺撒遇刺身亡
43	穆提那之战，屋大维被宣布为执政官，安东尼、屋大维和李必达结成三人同盟：即后三头同盟，公敌宣告，西塞罗被杀
42	恺撒被宣布为神，塞克斯图斯·庞培控制西西里，腓力比之战
41	意大利的培鲁西亚战争，安东尼在小亚遇见克娄奥帕特拉
40	布隆图辛条约，安东尼与屋大维亚结婚，帕提亚人入侵叙利亚
39	米塞努姆条约
38—36	对塞克斯图斯·庞培的战争
37	塔兰托条约，安东尼和克娄奥帕特拉结婚
36	李必达被剥夺对阿非利加的统辖权
35	塞克斯图斯·庞培死
34	安东尼侵入阿美尼亚

46—120 左右	普鲁塔克
54—68	尼录在位
55—120 左右	塔西佗
59	阿格里庇娜被杀
61	罗马市长被奴隶杀死，400 多名奴隶被处死，罗马发生骚乱
62—114	小普林尼
64	罗马大火，尼录捕杀"嫌疑犯"，迫害基督徒
65	谋杀尼录之阴谋被揭露，大批元老被杀
66—67	尼录在希腊进行演艺旅行
66—70	犹太人起义
68—69	内战
69—79	韦斯帕芗在位。弗拉维王朝开始
70	耶路撒冷陷落
79	维苏威火山爆发，提图斯继位
81—96	图密善在位
86—89	达西亚战争
96—98	涅尔瓦在位
98—117	图拉真在位
101—102	第一次达西亚战争
105—106	第二次达西亚战争
115—117	帕提亚战争
117—138	哈德良在位
138—161	安东尼在位
161—180	奥理略在位
161—165	帕提亚战争
180—192	康茂德在位
193—211	塞维鲁在位
212—217	卡拉卡拉在位
235	塞维鲁王朝灭亡
270	奥勒良继位
284—476	晚期帝国
284—305	戴克里先在位
313	米兰指示，承认基督教为合法

进一步阅读的
近现代著作

1. Alan Watson. Roman Slave Law. The Johns Hopkins University Press，1987

2. J. Boardman. Rome：A Cultural and Literary Companion. Oxford，2000

3. N. Bagnall. The Punic Wars：Rome，Carthage and the Struggle for the Mediterranean. London，1999

4. W. Ball. Rome in the East：the Transformation of an Empire. London，2000

5. G. Alfody. Social History of Rome. Groom Helm，1985

6. E. Badian. Roman Imperialism in the Late Republic. Pretoria，1967

7. T. D. Barnes. The New Empire of Diocletian & Constantine. Harvard University Press，1982

8. M. Beard. Rome in the Late Republic. London：Duckworth，1985

9. A. E. R. Boak. A History of Rome to A. D. 565. Macmillan Publishing Company，1977

10. H. C. Boren. Roman Society. Lexington，1992

11. K. R. Bradley. Slaves and Masters. Oxford，1984

12. D. Braund. Roman and the Friendly King. London，1984

13. P. A. Brunt. Social Conflicts in the Roman Republic. London，1971

14. A. C. Bush. Studies in Roman Social Structure. University Press of America，1982

15. M. Cary and Scutlard. A History of Rome，down to the Reign of Constatine. The Macmillan Press，1979

16. V. Chapot. The Roman World. London，1928

17. Gian Biagio Conte. Latin Literature. The Johns Hopkins University Press，1999

18. C. H. Coster. Late Roman Studies. Harvard University Press，1968

19. David F. Graf. Rome and the Arabian Frontier：from the Nabataeans to the Saracens Aldershot，Hampshire. Great Britain，1999

20. S. Dill. Roman Society from Nero to Marcus Aurelius. London，1905

21. S. Dill. Roman Society in the Last Century of the Western Empire. London，1905

22. M. Dodgeon. The Roman Eastern Frontier and the Persian War. London，Routledge，1991

23. D. Dudley. The Romans. Hutchinson Co，1970

24. R. Duran—Jones. The Economy of Roman Empire. Cambridge，1982

25. D. F. Epstern. Personal Enmity in Roman Politics 218—43B. C.，Croon Helm，1954

26. G. Ferrero. The Greatness and Decline of Rome. vol. 1，2，3，4，5. New York，1971

27. M. I. Finley. Aspects of Antiquity. The Viking Press，1975

28. M. I. Finley. Ancient Sicily. London，1986

29. M. I. Finley. Slavery in Classical Antiquity. Cambridge，1960

30. M. I. Finley. Ancient Economy. London，1985

31. M. I. Finley. Studies of Ancient Society. London，1974

32. M. I. Finley. Politics in the Ancient World. Cambridge，1983

33. W. W. Fowler. Julius Caesar. New York，1978

34. T. Frank. An Economic Survey of Ancient Rome. vol. 1，2，3，4，5，6. Baltimore，1933—1940

35. T. Frank. Roman Imperialism. New York，1914

36. L. Friedlander. Roman Life and Manners under the Early Empire. vol. 1，2，3，4. Arno Press，1979

37. P. D. A. Garnsey. Trade in the Ancient Economy. London，1983

38. P. D. A. Garnsey. The Roman Empire. London，1987

39. M. Gelzer. The Roman Nobility. Oxford，1969

40. M. Grant. The Fall of the Roman Empire. London，1990

41. M. Grant. Civilization of Ancient Mediterranean. New York，1988

42. K. Greene. The Archaeology of the Roman Economy. London，1986

43. E. S. Gruen. The Last Generation of the Roman Republic. California University Press，1974

44. R. Alan Gurval. Actium and Augustus. The University of Michigan Press，1998

45. M. F. Heichelheim. A History of the Roman People. New York，1984

46. M. F. Heichelheim. An Ancient Economic History. New York，1958—1961. vol. 1，2.3

47. K. Hopkins. Conquerors and Slave. Cambridge，1980

48. K. Hopkins. Death and Renewal. Cambridge，1983

49. A. H. M. Jones. The Later Roman Empire 284—602，vol. 1，2. Oxford，1973

50. H. J. Loane. Industry and Commerce of the City of Rome. Arno Press，1979

51. K. Lomas. Rome and the Western Greeks，350B. C. —A. D. 200：Conquest and Acculturation in Southern Italy. London，1993

52. R. Macmullen. Roman Social Relations 50B. C. to A. D. 284. Yale University Press，1974

53. J. E. Merdinger. Rome and the African Church in the Time of Augustine. Yale University Press，1997

54. R. Meggs. Roman Ostia. Clarendon Press，1973

55. R. Mellor. Tacitus. New York，1993

56. T. Mommsen. The History of Roman. vol. 1，2，3，4. Everyman's Library. New York，1911

57. T. Mommsen. The Province of the Roman Empire. vol. 1，2. London，1909

58. R. E. A. Palmer. The Archaic Community of the Romans. Cambridge University Press，1970

59. T. W. Potter. Roman Italy. British Mtlseum Publicaiion，1987

60. Kurt A. Raaflaub and Mark Toher. Between Republic and Empire：Interpretations of Augustus and his Prineipate. University of California Press，1990

61. J. Richardson. Roman Provincial Administration：227B. C. to A. D. 117. Bristol. 1976

62. M. Rostovtzeff. The Social and Economic History of Roman Empire. Oxford, 1957

63. Rollins. Rome in the Fourth Century A. D. Jefferson, N. C. McFarland, 1991

64. H. H. Scullard. Roman Politics, 220—150B. C. Greenwood Press, 1973

65. H. H. Scullard. From the Gracchi to Nero. Cornell University Press, 1982

66. D. Shotter. Augustus Caesar. London, 1991

67. C. G. Starr. The Roman Empire. Oxford, 1982

68. R. Syme. Roman Revolution. Oxford, 1985

69. R. Syme. Roman Paper. vol. 1, 2, 3. Oxford, 1979—1984

70. L. R. Taylor. Party Politics in the Age of Caesar. California University Press, 1949

71. J. Wacher. The Roman Empire. London, 1987

72. G. Webster. The Roman Imperial Army. New Jersey, 1985

73. W. L. Westerman. The Slave System of Greek and Roman Antiquity. New York, 1957

74. T. Wiedeman. Greek and Roman Slavery. The Johns Hopkins University Press, 1981